ASTROLOGIA DOS RELACIONAMENTOS ÍNTIMOS

Stephen Arroyo

ASTROLOGIA DOS RELACIONAMENTOS ÍNTIMOS

Fatores energéticos no amor, sexo e compatibilidade

Tradução:
RITA LUPPI

Editora Pensamento
SÃO PAULO

Título do original: *Person-to-person Astrology: Energy Factors in Love, Sex & Compatibility*

1ª edição 2010.
2ª reimpressão 2020.

Astrologia dos Relacionamentos Íntimos: Fatores Energéticos no Amor, Sexo e Compatibilidade foi patrocinado pela Society for the Study of Native Arts and Science, uma instituição educacional sem fins lucrativos cujos objetivos são desenvolver uma perspectiva educacional e intercultural interligando vários campos científicos, sociais e artísticos; alimentar uma visão holística das artes, da ciência, das ciências humanas e da cura; e publicar e distribuir literatura sobre a relação entre a mente, o corpo e a natureza.

Coordenação editorial: Denise de C. Rocha Delela e Roseli de S. Ferraz
Preparação de originais: Denise Pessoa
Revisão de provas: Liliane Scaramelli

Dados Internacionais de Catalogação na Publicação (CIP)
(Câmara Brasileira do Livro, SP, Brasil)

Arroyo, Stephen
Astrologia dos relacionamentos íntimos : fatores energéticos no amor, sexo e compatibilidade / Stephen Arroyo ; tradução Rita Luppi. -- São Paulo : Pensamento, 2010.

Título original: Person-to-person astrology : energy factor in love, sex & compatibility
ISBN 978-85-315-1675-7
1. Amor - Miscelânea 2. Astrologia 3. Astrologia e sexo I. Título.

10-05811 CDD-133.5864677

Índices para catálogo sistemático:
1. Astrologia : Guias para a vida amorosa 133.5864677

Direitos de tradução para a língua portuguesa
adquiridos com exclusividade pela
EDITORA PENSAMENTO-CULTRIX LTDA.
Rua Dr. Mário Vicente, 368 – 04270-000 – São Paulo, SP
Fone: (11) 2066-9000
E-mail: atendimento@editorapensamento.com.br
http://www.editorapensamento.com.br
que se reserva a propriedade literária desta tradução.
Foi feito o depósito legal.

Dedicatória

A todas as centenas de pessoas que contribuíram para este projeto de duas décadas, por meio de sugestões, cartas, respostas a questionários, ou da confiante sinceridade nas entrevistas de consulta astrológica. E também para as futuras gerações, incluindo Isaac, Rose, Ginger e Lucas, na esperança de que eles venham a olhar sem hesitação para o que a astrologia pode oferecer no sentido de melhorar a compreensão deles próprios e dos outros.

Agradecimentos

Minha profunda gratidão para Aina Kemanis, pelo encorajamento, apoio, longas conversas, pesquisa, refinamento editorial e o gentil empurrãozinho, sem o que este livro nunca se completaria. Agradeço também a Barbara Boyd, que provou ser a editora perfeita para um autor especializado que escreve para um público abrangente. A combinação de sua percepção arguta, sua magnífica habilidade linguística, seu humor e sua crítica penetrante com sua diplomacia fez o trabalho de edição ser mais divertido que tedioso. Agradeço ainda a todos os que me encorajaram e me deram apoio intelectual, especialmente a Kathy Mullins e Jim Feil, por me ajudarem a manter o foco na escrita.

Sumário

Prefácio

É melhor debater uma questão sem resolvê-la
do que resolver uma questão sem debatê-la.
Joseph Joubert, filósofo francês e autor de *Pensées*

Em 1980 publiquei o livro *Relationships & Life Cycles*, em que identifiquei Marte como símbolo do "ego masculino" e Vênus como o "ego feminino". Isso aconteceu 12 anos antes de John Gray publicar o *best-seller Men Are from Mars, Women Are from Venus*, cujas ideias básicas ele descobriu em parte na astrologia. Como o próprio John Gray reconheceu ao escrever o prefácio de outro livro, em 1977 (*Love and War Between the Signs*, de Amy Keehn):

> Minha percepção de que homens e mulheres têm características ao mesmo tempo marcianas e venusianas foi diretamente influenciada por meu conhecimento da antiga prática da astrologia [...] Eu sabia que a masculinidade ou a feminilidade não eram os únicos fatores que determinam as necessidades e os atos de uma pessoa. Compreendi que precisamos levar em conta os efeitos da astrologia e a influência de todos os 12 signos. (p. xi)

O estrondoso sucesso do livro de Gray revelou o quanto uma enorme variedade de pessoas, com níveis de instrução diversos, reconhece o valor e a utilidade desses conceitos e o poder do simbolismo arquetípico de Marte e Vênus. A persistente popularidade do livro e suas várias sequências provaram que esses conceitos psicológicos e símbolos planetários ajudam a esclarecer a identidade sexual das pessoas, necessidades emocionais, motivações inconscientes e dinâmicas de relacionamento.

Este volume é bem mais abrangente que meu livro anterior e se baseia em pesquisa muito mais extensa e em 25 anos de experiência. O livro inclui citações extraídas de centenas de questionários e entrevistas pessoais. Ademais, foi escrito originalmente para o público em geral, que pode não ter nenhum conhecimento prévio sobre astrologia ou ter apenas uma ligeira familiaridade com os significados básicos dos signos solares.

Em 1976, quando foi publicado meu primeiro livro – *Astrology, Psychology and the Four Elements: An Energy Approach to Astrology & Its Use in the Counseling Arts*[1] – ele foi o primeiro a descrever e definir a astrologia como uma moderna, acessível e precisa "linguagem da energia", que é o tema central também deste volume. Desde aquela época, milhares de livros e relatórios de pesquisas em psicologia, artes da cura, nova física e outros campos têm sido publicados, estabelecendo a realidade teórica e prática do ponto de vista de que a vida é inteligível como um sistema de inter-relações e interações de campos de energia. Como Lynne McTaggart escreveu em seu aclamado livro *The Field*, nossa compreensão de como o mundo e o corpo funcionam, e também de como nos definimos, vem sendo radicalmente modificada pela coleção de evidências que legitimam essa nova maneira de ver a vida.

> Os seres humanos e todos os seres vivos são uma aglutinação energética dentro de um campo de energia ligado a todas as coisas no mundo... Não existe dualidade "eu" e "não-eu" para nosso corpo em relação ao universo, mas sim um campo de energia fundamental. (TF, p. XV)

Durante toda a minha vida tenho demonstrado a tendência natural de questionar e muitas vezes desafiar a ortodoxia estabelecida, qualquer que seja o campo de interesse a que minha peregrinação pela vida me leve. Escolhi a citação de Joseph Joubert para abrir o prefácio a fim de estabelecer o tom e elucidar a finalidade deste livro. Em diversos pontos questiono ou desafio várias tendências ou hipóteses, sociais, científicas ou acadêmicas, e também rejeito fortemente, ou ao menos contradigo, algumas das crenças comuns ou modismos correntes em psicologia, em educação e também na astrologia tradicional. O leitor pode admitir que – no espírito da citação de Joubert – faço isso não

[1] *Astrologia, Psicologia e os Quatro Elementos*, publicado pela Editora Pensamento, São Paulo, 1984.

tanto para proclamar uma conclusão, ou um ponto de vista ou teoria alternativa integralmente formulada, mas principalmente para fazer que pensemos de um jeito novo e na esperança de encorajar um olhar mais aberto sobre muitas questões. Como disse um grande mestre espiritual quando em sua primeira visita aos Estados Unidos, "provincianismo e rigidez de pensamento" são grandes obstáculos ao verdadeiro entendimento e crescimento pessoal. E para favorecer esse alargamento da visão, inseri citações de dezenas de pessoas perspicazes e dotadas de grande discernimento, algumas das quais se encontram no ponto crucial de desenvolvimento de novas teorias e novos modelos para a natureza e o comportamento humanos. Não importa o quanto o leitor reaja no início a algumas das concepções aqui expressas; minha maior esperança é que este livro seja, acima de tudo, uma jornada estimulante e de reflexão.

O leitor deve notar que uso abreviaturas do começo ao fim do livro para indicar citações extraídas de entrevistas do autor (EA) e questionários do autor (QA). Sinto que essas citações não editadas de inúmeras pessoas de todas as idades e estilos de vida, não só ilustram muitas correlações astrológicas, mas também fazem que o essencial nos símbolos planetários adquira vida através dos detalhes da observação e da experiência da vida real. Ler os relatos de pessoas com fatores astrológicos diversos dará ao leitor a possibilidade de um exame completo e profundo sobre o significado dos símbolos planetários na experiência imediata.

Além disso, uso essas abreviaturas para me referir às fontes da maioria das citações, o que não só poupa bastante espaço, mas também possibilita uma leitura fluida, sem muitas interrupções. As abreviaturas estão integradas à bibliografia no apêndice F, para que o leitor possa realmente obter mais detalhes sobre as publicações específicas.

Nota do autor

Um convite pessoal ao leitor

> Astrologia é astronomia aplicada
> para propósitos psicológicos.
> Ralph Metzner, psicólogo, Ph.D.

Devo assumir que qualquer pessoa que olhar para este livro terá que admitir no mínimo alguma curiosidade a respeito de poder encontrar na astrologia algo interessante, incisivo ou ao menos estimulante sobre sua vida pessoal. Por isso, se o leitor for honesto consigo mesmo, provavelmente vai reconhecer que, na consciência ou num nível mais profundo dos sentimentos, suspeita que a astrologia *pode* conter alguma coisa de valor ou interesse, mesmo sendo um tanto descrente ou cético quanto aos conteúdos dessa ciência ou à forma como eles normalmente são apresentados.

Gostaria de enfatizar que compartilhei dessa precaução e desse ceticismo quando comecei a investigar e experimentar a astrologia, mais de 35 anos atrás. De fato, ainda hoje, guardo fortes reservas com relação a várias afirmações expressas em publicações sobre astrologia ou por profissionais da área. Mantenho meu ceticismo com relação a muitas tentativas de previsão ou de uma análise simplista que tantas vezes se encontram nesse campo. E, no entanto, embora em algum momento décadas atrás eu tenha literalmente jogado longe alguns livros do assunto, jurando que não gastaria mais nem um minuto com esse tema frustrante, apesar de eu mesmo continuamente me sentir atraído a voltar a examinar o cerne daquelas percepções e revelações certamente terríveis que nenhum outro campo de estudo podia igualar. Em particular nos perigosos mas infinitamente fascinantes e cruciais campos da natureza humana, da motivação, das diferenças de personalidade e das necessidades no relacionamento, mesmo depois de ter estudado inúmeras teorias psicológicas e sistemas terapêuticos, não pude contar com a astrologia mais do que com qualquer outro instrumento para desenvolver um discernimento psicológico sólido, métodos *confiáveis* de entender as pessoas e níveis *mensuráveis* de avaliação de compatibilidade. A astrologia, quando adequadamente compreendida, é capaz de fornecer uma combinação única de simplicidade e complexidade, imaginação e medição (arte e ciência), das dimensões qualitativa e quantitativa da vida, e do pessoal e do cósmico, perfeitamente sintonizada com os múltiplos níveis da psicologia e da natureza humanas.

Assim, felicito o leitor por superar o maior obstáculo para conseguir chegar livremente às percepções e à compreensão que essa astrologia inteligente e moderna pode fornecer. Obviamente, o leitor deste livro está entre a minoria de pessoas perspicazes no mundo ocidental que alcançaram objetividade e realismo na sua visão da astrologia, em vez de impensadamente expressar a reação comum de verbalizar opiniões fortes sobre o assunto sem ter investigado do que se trata! A astrologia é um sistema singular de entendimento humano. Como disse o professor Paul Feyerabend, da University of California, em Berkeley, na década de 1970, quando se recusou a assinar um documento no qual diversos "cientistas" condenavam a astrologia: "A ciência é um dos muitos modos de pensar desenvolvidos pelo homem, mas não necessariamente o melhor" (IHH, p. 339). Assim o professor Feyerabend, considerado por muitos um dos pensadores mais originais do século XX, reconheceu o fato decisivo de que há uma multiplicidade de formas de pensar, e de que a astrologia pode ser um outro método significativo de representar a vida. Por exemplo, vejo-a como uma linguagem que traduz de modo notavelmente correto a experiência de vida. Corajosamente, o professor Feyerabend também tomou posição contra a moderna religião do cientificismo que penetra no mundo ocidental e frequentemente tenta rejeitar a astrologia como se tivesse sido "provado" que ela é incorreta, mera relíquia obsoleta de superstições do passado. E no entanto, quando todos aqueles "cientistas" receberam carta de uma organização profissional de astrologia solicitando que submetessem os estudos em que haviam baseado suas "opiniões" científicas sobre astrologia, *nenhum deles apresentou nem mesmo a mais fraca evidência* de ter examinado alguma parte do vasto campo de correlações celestiais com a experiência humana.

De fato, o professor Feyerabend (versado em astronomia, física e filosofia) causou polêmica com seus escritos criticando incisivamente as limitações e a "totalitária" busca pelo poder da rígida visão de mundo da ciência moderna. Ele escreveu em *Against Method* (1988): "Precisamos fazer que os cientistas parem de assumir o comando da educação e de ensinar como 'fato' e como 'o único método verdadeiro' qualquer que seja o mito do dia" (p. 168). E, em *Knowledge, Science and Relativism* (1999), destacou como a "ciência" tem se tornado a nova religião, a autoridade máxima do mundo moderno, que pune os heréticos e facilmente obtém atenção da mídia para exagerar seus sucessos e benefícios, ou denegrir qualquer campo de estudo (como a astrologia ou certas terapias alternativas) que ela julgue ameaçador. Considere a citação abaixo, a respeito do papel da ciência na educação moderna, a partir da intensidade do que acabo de mencionar:

> "Fatos" científicos são ensinados em idade muito tenra, da mesma forma como os "fatos" religiosos eram ensinados apenas um século atrás. [...] Mas a ciência é exceção à crítica. Na sociedade como um todo o julgamento dos cientistas é recebido com a mesma reverência com que era aceito o julgamento dos bispos e cardeais não muito tempo atrás. [...] a ciência agora se torna tão opressiva quanto as ideologias contra as quais teve que lutar um dia. (Ibid., p. 182)

Como foi observado, a condenação coletiva da astrologia, de forma organizada e amplamente publicada, feita por cientistas e acadêmicos desinformados e bastante influenciados, foi especialmente chocante e decepcionante porque revelou uma espantosa ignorância da história da ciência e da astronomia. Como acentuou Arthur Koestler em seu brilhante trabalho sobre a história da ciência, *The Sleepwalkers*, o uso corrente do termo "ciência" não implica "as mesmas ricas e universais associações que a 'Filosofia Natural' implicava no século XVII, nos dias em que Kepler escreveu *Sobre a Harmonia do Mundo*, e Galileu, *O Mensageiro das Estrelas*". Koestler explica como a "questão cósmica" desses visionários pioneiros foi muitas vezes chamada de "Nova Filosofia" e direcionada principalmente para o *entendimento*, e não a conquista, da natureza. Nos tempos antigos os astrólogos eram procurados para orientação porque eram considerados os cientistas de sua época, capazes de medir e prever o movimento dos planetas. De certo modo, como mostra o professor de história Theodore Zeldin, a astrologia era a "tecnologia" de muitos períodos e culturas do mundo antigo.

> Foi Ptolomeu de Alexandria (*c.* 127-51 d.C.), o mais bem-sucedido escritor de livros didáticos de todos os tempos, quem fez da astrologia uma crença internacional. Tudo o que ficou conhecido em matemática, astronomia, geografia, história, música, ótica foi estabelecido pelos trabalhos de Ptolomeu, que foram o compêndio mundial de informação autodidata por 1.400 anos, e a astrologia estava incluída ali como um ramo da ciência. (IHH, p. 340)

O psiquiatra C. G. Jung, um controverso cientista do século XX, não só publicou um estudo estatístico dos indicadores de compatibilidade da astrologia tradicional, mas também usou muito a astrologia em sua vida pessoal e profissional, embora de forma bem discreta, visto que seus trabalhos de psicologia profunda já eram considerados extremamente polêmicos. De fato, foi Jung quem disse que "a astrologia representa uma somatória de todos os conhecimentos psicológicos da antiguidade" (trecho extraído de comentário sobre *O Segredo da Flor Dourada*) e inspirou muitas pessoas instruídas e não preconceituosas a indagar mais a fundo o que a astrologia tem a oferecer como um modo de jogar luz sobre a psicologia humana. Eu mesmo fui levado a investigar a astrologia a partir da leitura de Jung anos atrás, indo de fato tão longe a ponto de estudar em profundidade mais da metade de suas obras completas e no fim ir até a Suíça fazer uma visita a sua filha, uma sofisticada e inteligente profissional da *moderna* astrologia.

Muitos dos astrólogos do mundo antigo acreditavam em viver de acordo com as leis e ciclos naturais, e descobriram que a astrologia era bastante instrutiva a respeito dessas mesmas leis. Embora não se ouçam mais frases como "vivendo de acordo com as leis naturais" ou "alinhado com os ritmos da natureza ou do cosmos", especialmente partindo de pessoas de orientação científica, os princípios centrais e as correspondências da astrologia persistem como realidades que milhões de pessoas em todo o mundo consideram extraordinária e singularmente úteis para o entendimento da vida cotidiana. Após quatro décadas trabalhando com astrologia e testando-a, posso dizer inequivocamente que a astrologia (quando usada corretamente!) é muito mais precisa e até "científica" no que se refere a entender as pessoas – seus modos de percepção, valores inatos e preconceitos, diferenças de personalidade, períodos de crise, relacionamentos, motivações, momentos de crescimento intenso e desafios, clareza quanto à tomada de decisões, etc. – do que qualquer outro método, incluindo todo tipo de psicologia que me seja familiar.

Os séculos de ridículo e de preconceito antiastrologia que se seguiram desde o tempo do auge da aceitação dessa ciência não se originaram do avanço da ciência materialista nem da rígida animosidade semirreligiosa para com os antigos sistemas baseados nos planetas, mas se devem – um tanto justificadamente – à desastrada mistura das antigas verdades da astrologia e seus correlatos com a adivinhação e outras práticas supersticiosas. Como o professor Zeldin escreve, a astrologia "corrompeu-se em tradição de oráculo e reforçou a fascinação pelo exótico" (IHH, p. 341). Além disso, infelizmente, gerações de "astrólogos" (incluída aqui toda a gama – não só estudantes sérios, pesquisadores sistemáticos e sinceros buscadores da verdade, mas também ocultistas supersticiosos, exibicionistas egocêntricos e charlatães mercenários) com muita frequência continuaram a preferir a mistura da astrologia verdadeira com predição ou outras práticas questionáveis ao trabalho mais exigente de esclarecimento e utilização da astrologia de uma forma mais pura e exata, isto é, como ciência precisa e disciplinada, baseada em princípios específicos e mensuráveis, cuja aplicação na vida humana é vasta e particularmente confiável nas suas descrições da experiência pessoal dos indivíduos.

Hoje, no início do século XXI, há um *corpus* sobre astrologia que pode ser visto legitimamente como constitutivo de uma verdadeira ciência da psicologia e da natureza humanas. E há milhares de profissionais no mundo ocidental (propagando-se através da Rússia, Europa Oriental, Turquia, Índia e até Coreia e China) que vêm se libertando de velhos métodos supersticiosos e irresponsáveis de instigação de medo, adivinhação e alertas rígidos e fatalistas, que muitas vezes têm sido a causa da má reputação da astrologia nos meios mais instruídos. Por mais de 35 anos venho desenvolvendo um tipo de astrologia – definida e explorada em detalhes em sete livros meus já publicados – que inclui tanto as estruturas simbólicas quanto a matemática formal e pode ser utilizada corretamente para uma ampla variedade de propósitos: compreender a energia humana afinada com suas variações associadas à motivação e consciência; analisar a complexidade da dinâmica tanto individual quanto dos relacionamentos; medir e regular *com precisão segura* o tempo dos ciclos de mudança e crescimento na vida das pessoas; e ainda assim manter a simplicidade reverenda da descrição simbólica do sistema solar de padrões infinitamente variados de vida individual.

Uma das belezas da astrologia e parte do seu apelo é sua simplicidade inspiradora, e no entanto é necessário esclarecer que é um campo de estudo *complexo* – essa é uma das razões por que a descrição genérica e *não individualizada* de determinado fator astrológico em alguns livros ou programas de computador às vezes soa como falsa. Uma graduação confiável ou cursos de astrologia certificados nos dois lados do Atlântico podem levar de três a quatro anos. Menciono isso para salientar que se deve dar à astrologia algum tempo para que ela ecoe no interior da pessoa, em vez de fazer um julgamento rápido sobre sua precisão ou utilidade. Afinal de contas, se não passamos a entender de física, meteorologia ou economia depois de apenas ter lido um livro ou feito um curso de fim de semana, devemos culpar a própria ciência, ou a superficialidade da nossa investigação? E se a astrologia é difícil de "explicar" nas bases do atual estágio do conhecimento, não há razão para rejeitá-la e assim negar à humanidade seus muitos benefícios. Como disse Winston Churchill, que sempre foi receptivo a qualquer coisa que fosse realmente eficaz, a um famoso herborista que o tratou de 1950 a 1957: "Só porque você não pode explicar uma coisa, não há razão para negá-la" (Maurice Messegue, *Of Men and Plants*, p. 149).

A complexidade inerente à genuína e sofisticada astrologia moderna conduz aos tópicos e observações que apresento a seguir, que espero que o leitor iniciante no assunto considere com seriedade e até recorra periodicamente a eles enquanto estiver lendo este livro.

Orientações importantes para iniciantes em astrologia

- Necessariamente, qualquer um que escreva sobre fatores astrológicos específicos terá que generalizar um pouco. Tentei ser tão preciso quanto o espaço e a linguagem permitem, mas inevitavelmente tive que omitir referências a muitas exceções às regras gerais, delicadas nuances de significado e a menção a muitos outros fatores astrológicos que podem alterar ou colorir as tendências psicológicas básicas de uma pessoa.

- Portanto, é necessário enfatizar que somente *um mapa natal completo*, baseado em horário e local exatos do nascimento, pode fazer justiça à complexidade do padrão energético e da caracterização psicológica da vida de cada um. O mapa completo do posicionamento do sistema solar no momento do nascimento da pessoa é mais como um raio X das tendências naturais da pessoa, das dimensões psicológicas e da sintonia energética individual. A astrologia genuína de forma alguma "amontoa as pessoas em 12 cestas" como alguns pensam ou equivocadamente levam a mal. Na astrologia moderna cada um é considerado como *uma expressão total e única de princípios universais, padrões e energias*. De fato, a astrologia é vista mais beneficamente como uma *linguagem de energias e princípios universais*. Ou, transpondo para a terminologia usada em muitos ramos avançados das ciências da saúde, *a astrologia mostra como o campo energético de uma pessoa está intimamente relacionado ao campo energético mais amplo do ambiente cósmico.*

- Pode-se conceber que o mapa natal (ou horóscopo) é simplesmente um **mapa do sistema solar** como observado no local e hora exatos do nascimento. Poderíamos dizer que o sistema solar e o universo *focalizaram aquele instante para se expressarem em um ser humano individual nascido naquele ponto do tempo e do espaço*. Como Jung declarou, o que quer que nasça em um momento no tempo carrega a marca singular ou impressão daquele momento. Por exemplo, um degustador de vinhos, simplesmente por testar uma safra específica, muitas vezes pode dizer o tipo da uva, de onde ela provém e o ano da colheita. Da mesma forma, astrólogos experientes geralmente podem dizer onde está o Sol, a Lua ou o ascendente de uma pessoa simplesmente sintonizando-se por alguns instantes com as vibrações e a personalidade dela. Na realidade, qualquer pessoa pode começar a observar as diferenças de energia e consciência entre os seus semelhantes aprendendo as bases da astrologia e perguntando regularmente às pessoas sua data de aniversário.

- Naturalmente, no início dos seus estudos astrológicos, uns poucos leitores serão capazes de analisar um mapa natal completo de forma abrangente e correta, mesmo que tenham calculado apenas um (ver apêndice B para o cálculo do mapa). Esse é o motivo por que recomendo no final que se marque uma consulta com um profissional da astrologia experiente e qualificado, mas sempre perguntando especificamente – antes de se comprometer com a consulta! – qual é a abordagem da pessoa e se ela está disposta a ter uma *conversa exploratória de amplo alcance, mais do que apenas uma "leitura" superficial*, o que, infelizmente, ainda é muito comum entre os profissionais. Advogo o tipo de interação e discussão psicologicamente mais penetrante, que possibilita conhecer o potencial completo do simbolismo astrológico do mapa, como um reflexo da expressão autêntica do eu interior.

Introdução

Amor genuíno é uma peregrinação. Acontece quando
não há estratégia, mas é muito raro porque a
maioria das pessoas é estrategista.

Anita Brookner

A princípio pode parecer um tanto surpreendente que alguém tentando esclarecer as questões difíceis dos relacionamentos na sociedade moderna possa se voltar para uma arte/ciência antiga como a astrologia como fonte de discernimento. No entanto, descobri que a astrologia – talvez em parte por ser tão atemporal e enraizada nas configurações perenes do céu – fornece a necessária objetividade que muitos tipos de psicologia popular e modismos acadêmicos falham em suprir. Afinal, só um sistema tão universal (e mensurável, com os planetas sendo os pontos de referência) pode ser útil para todo tipo de pessoa: ricos e pobres, instruídos ou não, jovens e velhos, e com uma enorme variedade de experiências culturais.

É necessário lembrar que o ambiente social e cultural que nos rodeia, assim como a personalidade e a experiência do autor, colore toda e qualquer teoria da psicologia humana, do comportamento e dos relacionamentos. Aplicar uma teoria limitada a todos os seres humanos me parece ser uma aventura tola, especialmente por ser tão difícil *mensurar* (o "deus" da ciência materialista) o comportamento e porque experimentos com seres humanos quase sempre são irrepetíveis. Como as várias controvérsias no campo da psicologia têm mostrado nos últimos tempos, é relativamente fácil colher dados e selecioná-los para apresentar algo como "científico" quando na verdade é extremamente tendencioso. O grande problema no campo da psicologia relacionado às teorias da personalidade e do comportamento, é que elas geralmente são úteis somente para um pequeno segmento de qualquer sociedade ou população. A astrologia, por outro lado, é de longe a mais abrangente "teoria da personalidade", que unifica e fornece o alicerce para as teorias mais especializadas. Por exemplo, a astrologia demonstra sua singularidade abrangente pela descrição precisa dos *vários tipos de consciência,* assim como da vasta lista de diferenças individuais.

Suspendendo por um tempo o julgamento (e o ceticismo), pode-se caminhar para além das suposições e preconceitos da sociedade moderna e honestamente examinar o que é possível aprender a partir de uma fonte permanente, universal e generosa: a astrologia (que também se pode chamar de "psicologia cósmica" ou "psicologia celestial"). Desse modo é possível descobrir – como aconteceu comigo – que a astrologia pode fornecer instrumentos para o entendimento profundo de uma grande variedade de tipos de personalidade e consciência individual, assim como algumas das fontes mais fundas da motivação humana. A astrologia pode ainda fornecer a chave para o entendimento, por meios especialmente notáveis – como será discutido mais adiante neste livro –, das muitas dimensões dos relacionamentos íntimos entre seres humanos.

Hoje há muita hipocrisia e mensagens contraditórias nas sociedades ocidentais. São partes da psicose de massa da vida moderna no mundo ocidental que parecem estar se propagando como uma infecção para cada vez mais países e setores da sociedade em todo o mundo. O Oriente e o Oriente Médio, claro, têm suas próprias formas de hipocrisia e negação. Uma convergência de diversos fatores (social, comercial, religioso, comunicação eletrônica e outros) levou à maior confusão da história humana nos relacionamentos, nos papéis de gênero, na identidade e no estilo de vida. O fato de ser politicamente correto negar essa confusão não afeta seja qual for a realidade dessa situação nem seu impacto na vida humana individual e na saúde psicológica das sociedades como grupos de convivência integrada. Esse assunto é discutido com mais profundidade no capítulo 3, com comentários feitos por um grande número de psicólogos experientes. Mas, para ilustrar o que quero dizer, considere o seguinte:

- A cultura ocidental promove cada vez mais a homogeneidade e a conformidade enquanto protesta da boca para fora a favor da "individualidade", da "singularidade", da "criatividade" e da "expressão". Testemunha a destruição por atacado de pequenas empresas por monstros corporativos sem lucro financiados com dinheiro público, assim como a "cultura" popular vendida às massas por uma desumana e degradante mídia global que visa as crianças como sua principal fonte de lucro.

- Muitos políticos ocidentais falam sobre "valores familiares" enquanto sua política, na realidade, acelera a destruição das famílias, dos pequenos negócios e das comunidades mais distantes.

- Muito dano emocional e psicológico vem sendo causado nos últimos anos pelo fato de se encorajar os jovens a se identificarem com uma "tribo", qualquer que seja, mesmo quando são muito novos e inexperientes para fazer um julgamento esclarecido sobre a própria personalidade, valores e natureza emocional e sexual. Por exemplo, alguns rígidos e estridentes defensores politicamente corretos do "feminismo" e certos grupos extremistas *gays* politicamente hiperativos ganharam muita publicidade nos últimos anos. Promover esses pontos de vista – em geral cáusticos e intencionalmente ofensivos – sobre a vida e a sexualidade tem resultado em uma geração cada vez mais confusa, com homens muitas vezes pateticamente submissos, ou ao menos aparentemente pouco firmes, e mulheres querendo cair de amores por um homem que possam dominar completamente. Em especial quando jovens inexperientes são marcados o tempo todo na escola por códigos de discurso e comportamento "sem juízo de valor", e em geral ensinados a não questionar sua ética ou ramificações sociais, podemos perguntar seriamente se essa política da onipresença em tempo real é míope ou se vai contribuir de verdade para uma sociedade saudável e coesa. A força de coação para agir de acordo com o que se considera politicamente correto e "aceitável" dificilmente estimula a *autenticidade* na expressão pessoal *ou nos relacionamentos.* Em consequência disso, vem se desenvolvendo uma tolerância generalizada para com a insinceridade, e que eu saiba essa situação não está sendo monitorada em nenhum lugar. Ela terá certamente repercussões amplas e duradouras que ainda não são previsíveis. Por exemplo, como escreveu o historiador Theodore Zeldin em *An Intimate History of Humanity*: "A julgar pela história do preconceito, é mais provável que os antigos preconceitos machistas tenham sido escondidos do que subitamente deixado de existir" (p. 344).

- Hoje, no Ocidente, a "intimidade" de um modo ou de outro é promovida por muitas forças (comunicação de massa, modismos acadêmicos, videoclipes, alojamentos mistos de estudantes, etc.), o que faz que os jovens em formação ergam barreiras e imagens e pretextos para proteger o eu incipiente das interações ameaçadoras profundas. A comunicação de massa vende a "intimidade" rápida e facilmente alcançável (ignorando o esforço, o risco emocional e a revelação de si mesmo necessários); no entanto, ao mesmo tempo, uma imagem idealizada do casamento em geral também é fomentada (porque aperta certos "botões" emocionais e também produz múltiplos filões de lucro comercial)... tudo o que muitas vezes leva à desilusão destruidora quando a realidade bate.

Em resumo, qualquer pessoa que viva no Ocidente hoje, prestando atenção às tendências e conflitos ativos na sociedade moderna, não pode deixar de notar o stress e as difíceis escolhas pessoais com que as pessoas deparam. Mas em vez de confiar nos clichês socialmente aceitos ou em gurus populares, não seria mais benéfico e incentivador do crescimento buscar o *entendimento* genuíno? Como um grande professor me disse uma vez, em relacionamentos, *o entendimento é mais importante que o amor*. Hoje, há tanto fanatismo e uma polarização dos sexos tão furiosa e hipersensível que é difícil até falar sobre muitas questões de relacionamento sem se tornar alvo de ataques. E no entanto, a menos que enfrentemos honestamente certas coisas e voltemos a nos expressar com autenticidade, a maioria de nós vai continuar a ser constrangida pelo centramento excessivo em si mesmo e por uma profunda falta de confiança interna. A acentuada e mal orientada ênfase no estímulo para que todo mundo tenha muita autoestima não é um bom substituto para a verdadeira e sólida confiança em si mesmo aprendida e alcançada por meio da experiência. De fato, conforme Christina H. Sommers, coautora de *One Nation Under Therapy*, a ideia de que a autoestima saudável é indispensável para uma boa vida é um mito moderno:

> Autoestima é uma noção mal definida. Ninguém sabe como medir; ninguém sabe se pode ser aprendida ou ensinada. A ligação entre autoestima, traços de bom caráter e sucesso na vida não é clara. Sempre houve homens e mulheres de enorme talento humildes e depreciativos com relação a si mesmos. Por outro lado, não é incomum para assaltantes, falsos artistas e até assassinos pensar muito bem de si mesmos.

Uma aceitação realista de si mesmo, baseada em um entendimento preciso da própria natureza, necessidades e motivações, é muito mais valiosa que a aparência atraente e relativamente superficial da autoestima, que pode muito bem ser só um insípido egotismo. Se há algo que o estudo da astrologia e seus significados profundos pode proporcionar, é *a genuína confiança no que é autêntico em si mesmo*, estimulando assim a capacidade de relaxar na aceitação da verdadeira natureza da pessoa. É hora de tentar um novo método de ganhar perspectiva sobre nós mesmos, nossos papéis sociais e relacionamentos. Realmente não há escolha a não ser tentar uma nova abordagem se quisermos ganhar mais clareza com relação aos dilemas modernos. Como disse Einstein: "Os problemas significativos de hoje não podem ser resolvidos no mesmo nível de pensamento que os criou."

Este livro aprofunda muito do que expus em obras anteriores, mas de maneira geral é apresentado de um modo acessível ao leitor comum, que não é perito em astrologia. Enfatizo o que está enraizado na experiência real das pessoas, citando vários clientes, respostas a questionários e centenas de entrevistas. Ouço frequentemente que as muitas referências às experiências reais das pessoas e também a observações individuais específicas são o que, entre outras coisas, diferencia meus escritos sobre astrologia da maioria dos outros livros nesse campo. Neste livro, portanto, tentei tornar real o que os livros abstratos e teóricos sobre astrologia meramente sugerem. Nem sempre concordo integralmente com as tradições astrológicas, embora em geral considere a maioria dos símbolos e significados *fundamentais* absolutamente confiáveis; e, neste e em outros livros, costumo dar exemplos de observações específicas que confirmam minhas visões às vezes pouco convencionais.

Há tantos livros básicos de astrologia que me parece absurdo repetir aqui muitos dos fatores e definições fundamentais. Forneço minhas próprias definições e palavras-chave preferidas, das quais algumas se encontram no apêndice A. Mas prefiro focalizar os fatores astrológicos mais notavelmente precisos que tenho encontrado, assim como aqueles discernimentos que me parecem mais importantes, quer confirmem ou não as tradições astrológicas.

1
Compatibilidade e a linguagem dos relacionamentos

O encontro de duas personalidades é como o contato
de duas substâncias químicas: se houver qualquer
reação, ambos serão transformados.

C. G. Jung, psiquiatra

Neste livro, adotei uma abordagem que possibilita descrever e, em grande parte, entender a interação dinâmica entre duas pessoas por meio da linguagem da astrologia. Muitos leitores ouvem termos como "química sexual", ou podem comentar com um amigo sobre um novo relacionamento: "Simplesmente não há química entre nós." Embora eu naturalmente não pretenda analisar relacionamentos baseados na química corporal, tomo uma via paralela para entender as dinâmicas interpessoais: há interações, catalisadores, trocas afetivas, transformações e, às vezes, explosões.

No entanto, em vez de usar a terminologia química, uso a linguagem da *energia* de um modo até certo ponto semelhante a como ela vem sendo cada vez mais usada em muitos ramos inovadores das artes da cura nos últimos anos. Em resumo, ao considerar qualquer relacionamento próximo, focalizo a necessidade de cada um para o que poderíamos chamar de *nutrição energética*, e também como as duas pessoas "alimentam" ou estimulam uma à outra de certas maneiras, e esgotam ou bloqueiam uma à outra de outras maneiras.

Além disso, uma das experiências mais estimulantes e surpreendentes de minha vida intelectual foi descobrir que os "quatro elementos" da antiga astrologia (ar, fogo, água e terra) fornecem uma linguagem primorosa para descrever essas energias e as interações energéticas nos relacionamentos. Gostei especialmente da proximidade do significado dos quatro elementos quando comecei a examinar sua aplicação prática. Ar ou fogo – assim como outros símbolos da linguagem astrológica, como Vênus ou Marte – me atraem não só porque fazem sentido imediato, quase tátil, para mim e confirmam minha experiência emocional, física e energética com outras pessoas, mas também porque são transculturais, não sexistas, simples e intemporais (existem sistemas de elementos nas mais variadas culturas há pelo menos 3 mil anos). Os símbolos astrológicos têm ainda a grande vantagem de transcender a linguagem cada vez mais politizada e comparativa da cultura popular e da psicologia ocidentais, que tem tornado quase impossível perceber a realidade da experiência particular de uma pessoa, especialmente no segmento "instruído" da sociedade. As múltiplas camadas de conceitos contraditórios, teorias psicológicas preconcebidas e enganos que entulham nossa vida sexual e emocional têm criado tantas ilusões, hipersensibilidades e ressentimentos que é extremamente difícil para muitas pessoas a percepção nítida de sua própria situação e necessidades.

Uma coisa que está faltando na grande maioria dos escritos e teorias atuais sobre a psicologia do amor, sexo e compatibilidade é o reconhecimento claro de que as pessoas são de naturezas – imensamente – diferentes e, portanto, adaptadas a estilos de vida, métodos de aprendizagem, interesses, deveres, métodos de comunicação, hábitos emocionais e papéis sociais totalmente diferentes. A falha em confrontar um fato tão óbvio da vida escancara um vazio e uma questão tão crucial que a consciência de sua importância revela a completa falta de um fundamento teórico sólido embasando muitas das teorias psicológicas, populares ou acadêmicas. Talvez tenhamos que atentar para o que disse o grande filósofo e cientista internacionalmente reconhecido Teilhard de Chardin e procurar uma estrutura de referência mais ampla para o entendimento humano. Ele afirma: "O fenômeno humano deve ser medido em uma escala cósmica."

Embora muitos acadêmicos e psicólogos não vão sequer considerar usar a astrologia nem mesmo como modelo para o entendimento da natureza humana, eles devem ao menos reconhecer que não têm um sistema exato ou científico que explique as profundas e impressionantes diferenças na personalidade e no comportamento humanos. Certamente, aqueles que posam de "cientistas" ou jornalistas reportando "achados científicos recentes" devem ao menos de vez em quando admitir que as "verdades estatísticas" e as generalizações de manchetes elaboradas a partir delas podem, de fato, ter muito pouca exatidão *quando aplicadas a vidas individuais.* Essas afirmações e reportagens da mídia só fazem amplificar a confusão, a tensão, a aflição, o centramento em si mesmo e o medo modernos; e frequentemente aumentam ainda mais a polarização destrutiva dos sexos.

Hoje vivemos naquilo que um amigo inglês chamou de "novo vitorianismo" – uma forma de hipocrisia oposta à versão de 1890. Em vez de discrição pública e mundanidade privada, temos a ampla ostentação pública de comportamento, gostos e desejos bastante espalhafatosos e muitas vezes medonhos e intencionalmente repulsivos. Mas, por trás dessa mídia exibicionista movida pelo frenesi cultural, jaz uma profunda solidão, insegurança e a crescente inabilidade para se relacionar com o sexo oposto. Essa inabilidade (apesar de infindáveis livros, cursos, teorias e oficinas sobre relacionamentos) vem crescendo porque, em muitas parcelas da sociedade ocidental, não há normas sociais sólidas nem papéis claramente definidos que perdurem até os dias de hoje e possibilitem que se tenha um contato saudável com o sexo oposto.

De fato, minha observação é que o sexo (à parte de um contexto emocional ou de relacionamento) está tão superenfatizado hoje em parte por causa da sociedade urbana e industrializada em que vivemos – estamos todos desenraizados na Terra! Perdemos o contato pleno com o corpo e os sentidos associados com a saúde, o estilo de vida natural, e – para muitos – o sexo permanece como o único contato que ainda temos com a força de vida primordial, física, e com o mundo da natureza. Hoje há infinitos e variados pontos de vista sobre sexo, como:

- Sexo é a química gerada entre os corpos.
- Sexo se desenvolve a partir do amor.
- Sexo é só um instinto automático e impessoal.
- Sexo é uma habilidade a ser aprendida – tente com mais afinco e você vai fazer melhor.
- Sexo só vem quando você tem fama, poder e dinheiro.
- Sexo só acontece quando você gasta bastante dinheiro em roupas, maquiagem, etc.

Há muitos livros de astrologia sobre "signos do sexo", "signos do amor" ou equivalentes, mas na verdade o signo solar sozinho não descreve nem explica a natureza emocional ou sexual de uma pessoa. O sistema solar é obviamente mais complexo que apenas o Sol; daí que, do ponto de vista da astrologia, o extenso sistema solar da natureza psicológica de cada pessoa seja muito mais complexo que apenas o signo solar. Como poderemos verificar mais adiante, muitos outros fatores, especialmente Vênus, Marte e Lua, devem ser incluídos em qualquer análise das sintonias de nossos relacionamentos ou de nossa psicologia cósmica.

Este livro focaliza em grande parte o tema da "compatibilidade". O significado mais literal de "compatibilidade" deriva do latim *cum passus*, que quer dizer "caminhar com" ou "caminhar junto". Essa é uma imagem de que gosto especialmente: duas pessoas caminhando juntas através da vida, em harmonia ou num ritmo mútuo confortável, não necessariamente buscando uma na outra a própria satisfação na vida, mas enfrentando juntas as experiências na medida em que vão acontecendo. Esse aspecto dinâmico da compatibilidade se reflete no reconhecimento espontâneo de muitos casais satisfeitos quando dizem simplesmente: "Estamos indo bem!"

A palavra "compatibilidade" guarda uma relação próxima com "compaixão", do latim *compati*, "simpatizar". Esse aspecto do significado do termo "compatibilidade" faz lembrar a semelhança simpática entre dois instrumentos musicais, uma imagem exata de duas pessoas vivenciando a harmonia na troca de energias. Em suma, todos os aspectos do meu entendimento do que seja compatibilidade implicam *ação* – movimento mútuo quando há acordo, com cada um fluindo *num nível de energia*, o que também implica apoio mútuo e uma direção comum na vida.

Vou contar ainda um pouco dos antecedentes deste livro e da linguagem astrológica que venho desenvolvendo ao longo dos anos. Ao trabalhar com as pessoas individualmente, descobri que quando usava **a linguagem simples da experiência** para explicar a astrologia (em vez das abstrações muitas vezes encontradas nos livros), pessoas de todo tipo conseguiam entender sem problemas. Uma semana de trabalho típica na minha prática de aconselhamento pode incluir clientes tão diversos quanto um plantador de peras, um pastor protestante, uma dona de casa casada com um rancheiro, a inquieta esposa de um professor criando os filhos, um empresário solteiro, um contador, uma bibliotecária, uma moça estudante de artes e um quiroprático que quer usar a astrologia para entender melhor seus pacientes. Durante esses anos tive como clientes muitos professores, médicos, executivos de sucesso, artistas e profissionais de todos os ramos. Entre meus melhores alunos havia um professor de química (que no fim ajudava a ensinar o cálculo do mapa natal para as turmas iniciantes), um engenheiro (que teve de admitir que a rigorosa análise astrológica da compatibilidade era quase inacreditável) e um médico patologista forense (que estava sempre interessado em investigar as causas subjacentes das coisas). Os mais competentes profissionais da astrologia também podem citar uma lista enorme de pessoas extremamente talentosas entre seus clientes ou alunos regulares, mas é compreensível que muitos desses beneficiários das revelações da astrologia prefiram manter discrição devido à visão bastante cética e opiniosa que tantas pessoas têm desse assunto.

Por quase quatro décadas, venho, portanto, desenvolvendo uma linguagem para explicar a astrologia a uma ampla variedade de pessoas. Este livro em particular evoluiu para um estudo em profundidade de apenas alguns fatores astrológicos – especialmente Vênus, Marte e Lua. Em resumo, este livro é um apanhado de informações sintetizadas a partir de um ponto bem mais abrangente. Como em sua maioria estudantes de astrologia são mulheres, a maior parte das respostas completas aos questionários veio delas. Reconheci essa potencial distorção logo que comecei a pesquisa, e tentei equilibrar isso solicitando especificamente entrevistas com muitos homens (e com algumas mulheres que *não* conhecem astrologia, mas cujas datas de aniversário eu sei). Em todo caso, a leve inclinação favorável ao ponto de vista feminino em muitas das citações talvez possa ser considerada como um contrapeso ao meu próprio ponto de vista.

Embora seja possível aplicar a maioria dos princípios examinados aqui a uma grande variedade de relacionamentos interpessoais, meu foco é especificamente nos tipos mais íntimos de relacionamento entre homem e mulher. O escopo deste livro não inclui as relações pais-filho, professor-estudante, empregador-empregado, nem relacionamentos de amizade, apesar de que muitos aspectos desses relacionamentos podem ser mais bem entendidos através de uma compreensão dos princípios e tipos de troca energética examinados aqui.

É importante notar que discutirei amplamente vários *princípios* masculinos, femininos, emocionais e comportamentais – que não devem ser comparados simplesmente com a natureza ou a psicologia do homem ou da mulher. A astrologia possibilita ser muito mais específico que a maior parte do jargão psicológico no que se refere às qualidades masculinas e femininas e aos modos de expressão das pessoas, e o leitor pode usar a linguagem astrológica com essa precisão e flexibilidade. Sexualidade e amor constituem de tal forma um *continuum* que não posso cobrir aqui todo o escopo do assunto. Só a complexidade dos relacionamentos heterossexuais já deixa a mente atônita. Não tento incluir nenhum caso especial nem estilos de vida não tradicionais como foco principal. A melhor escrita ou pesquisa sempre focaliza coisas em relação às quais se tem familiaridade e experiência, e mantive este princípio aqui. Apesar de numerosos clientes meus serem reconhecidamente homossexuais ou estarem em conflito com questões sexuais ou numa confusão de identidade, a grande maioria das análises de compatibilidade (usando comparações de dois mapas natais) que tenho feito é para casais de homem e mulher.

Para uma compreensão mais abrangente de qualquer tipo de relacionamento pela lente astrológica, deve ser feito um mapa natal completo, calculado a partir do horário e local exatos do nascimento. No apêndice B o leitor encontrará as fontes para esse cálculo. (As tábuas nos apêndices C, D e E podem ser usadas para estimar a colocação de alguns corpos planetários nos signos, mas para determinar com precisão – especialmente o signo lunar exato, que se move muito rápido –, é necessário fazer um cálculo matemático completo, utilizando o horário de nascimento mais preciso que se tenha. A memória da mãe pode não ser tão confiável, de modo que só se deve recorrer a ela quando não houver nenhum registro escrito.)

O essencial que desejo que o leitor conceba e aprenda é que há um instrumento fantasticamente revelador e preciso para a compreensão de si mesmo, que até agora tem sido muito negligenciado ou rejeitado com ceticismo. Existe hoje uma psicologia astrológica (que em geral prefiro chamar de "psicologia cósmica" ou "psicologia celestial"), que vem com a idade e é de muito valor para pessoas de todas as camadas sociais e todos os níveis de instrução. Essa "psicologia cósmica" focaliza a *experiência interior* da pessoa, e também identifica suas flutuações de energia nos altos e baixos da vida, tanto no nível individual como nos relacionamentos. Ela estuda a *motivação* individual e examina a maravilhosa coleção de diferentes tipos de consciência que a infinita variedade de personalidades humanas apresenta.

2
Deve-se levar a astrologia a sério? Respostas ao longo dos séculos

É a teoria que decide o que podemos observar.
Albert Einstein

Em muitas culturas antigas, e também em algumas modernas, mais integradas com os ritmos da natureza do que a nossa, a unidade da vida humana com os ciclos e configurações celestes nem precisa ser discutida. Devia ser óbvio para essas pessoas que a vida humana é parte da mesma realidade unificada da vida natural. Isso devia ser aceito sem contestação, e a afirmação de que nós, pessoas modernas e egotistas, somos completamente livres para escolher nossa direção na vida e os resultados que queremos alcançar – independentemente de qualquer força natural – devia ser considerada ridícula, primitiva, tola e arrogante. No entanto, quando o assunto astrologia emerge, nenhum outro campo exceto a religião (e talvez a política) traz à tona opiniões tão extremas e negativas de pessoas sensíveis em outros aspectos, mas que não têm nenhum conhecimento do assunto. Esse viés bastante difundido não é novo.

Os numerosos fanáticos antiastrologia que hoje insistem em seu discurso ignorante, evidentemente não têm respeito nem mesmo pelas muitas pessoas eminentes e brilhantes em toda a história que na verdade descobriram o grande valor de estudar a astrologia, como este capítulo vai mostrar. Ademais, aqueles que aderiram à campanha antiastrologia, sejam "cientistas" ou religiosos fundamentalistas, estão sofrendo de um tipo de superstição que supostamente depreciam, porque permitiram que as *crenças* que induzem ao medo fossem substituídas pelo *conhecimento*. Um preconceito muito popular que considera a astrologia mera diversão tola ou parte da indústria do entretenimento – como a maioria das colunas de horóscopo nos jornais parece confirmar – estimula as atitudes levianas e irresponsáveis da mídia, que definitivamente não conhece o assunto.

Às vezes me surpreendo com o tipo de arrogância que pode incitar tantas pessoas modernas a expressar opiniões veementes sobre astrologia que contradizem algumas das maiores inteligências da história. Será que essas pessoas realmente pensam que se igualam intelectualmente a Galileu, Kepler, Brahe, Descartes, Jung, Marco Aurélio, Emerson, Bacon, Koestler e Goethe? E tenho curiosidade em descobrir o que instiga as pessoas a revelar, de forma tão transparente, sua ignorância, preconceitos e medos. O professor Zeldin apresenta uma explicação: "Muitas vezes, pessoas aparentemente inteligentes destilam desprezo para proteger-se daquilo que não conseguem entender, assim como o animal defende seu território com um cheiro repugnante" (IHH, p. 221).

Outra explicação possível é que o ego moderno vem sendo construído com uma "educação" materialista orgulhosa e de mentalidade tão estreita que, na verdade, muitas pessoas sentem que não são parte do cosmos que as rodeia e lhes dá à luz. Ao contrário, acreditam que são seres completamente independentes com liberdade absoluta de vontade e total conhecimento de tudo o que é importante. Esse tipo de ilusão sobre si mesmo beira uma forma de doença mental e é assombrosamente difundido hoje no mundo ocidental. Tolices assim só podem levar a uma vida de isolamento, decepção e alienação da natureza, do universo *e das outras pessoas.*

Essa lamentável situação no mundo ocidental "instruído" está em total contraste com muitas outras eras – por exemplo, o Renascimento na Europa. Como o professor Anthony Grafton, da Princeton University, demonstra em *Cardano's Cosmos*, os pensadores plenamente instruídos do século XVI (que conheciam inúmeros idiomas antigos e modernos, assim como filosofia, matemática e artes) descobriram na astrologia muito do que hoje chamamos de psicologia, teoria política, astronomia, ciência, filosofia, sociologia e economia – instrumentos fundamentais para analisar a si próprios e entender a natureza humana e a sociedade.

Em parte, a má reputação da qual a astrologia é refém hoje em dia, cresceu a partir da divisão entre os mundos da ciência e da arte, o quantitativo (portanto mensurável) e o qualitativo. Um dos primeiros comentaristas a focalizar este cisma e seus efeitos negativos na ciência e na sociedade foi o brilhante e multitalentoso Arthur Koestler, cujos escritos compõem um dos mais abrangentes conjuntos de realização intelectual dos tempos modernos: romances, jornalismo internacional em vários idiomas, ensaios políticos e sobre transformações sociais, autobiografia e livros sobre psicologia, parapsicologia, teoria criativa e história da ciência. Pessoa de rara coragem física e intelectual, surpreendeu o mundo com seu romance de meados do século XX, *Darkness at Noon,* por revelar a realidade do comunismo soviético, quando a maioria dos artistas, intelectuais e muitos acadêmicos eram simpáticos ao sistema. Alguns dos seus trabalhos posteriores, como *The Act of Creation* e *The Sleepwalkers: A History of Man's Changing Vision of the Universe*, examinam com marcante objetividade e integridade muitas das questões principais da moderna vida científica e intelectual, décadas antes que a maioria das pessoas tivesse consciência dos problemas.

Koestler escreveu em *The Sleepwalkers*: "Contudo, todos os sistemas cosmológicos, de Pitágoras a Copérnico, Descartes e Eddington, refletem os preconceitos inconscientes e as tendências filosóficas ou mesmo políticas de seus autores; e, da física à fisiologia, nenhum ramo da ciência, antiga ou moderna, pode se vangloriar da isenção de preconceito metafísico de um tipo ou de outro" (SWK, p. 11).

O livro de Koestler enfoca o que ele chamou de um "abrangente levantamento da mudança de visão do homem a respeito do universo que o cerca". Menciono seu trabalho porque ele está estreitamente ligado ao motivo pelo qual usei a citação de Einstein no início deste capítulo: a saber, que as teorias que abraçamos determinam o que podemos observar ou imaginar. Se nossas teorias são muito limitadas ou desequilibradas, estamos restringindo desnecessariamente o que conseguimos perceber da vida! Visões convencionais, estreitas, materialistas podem possibilitar uma adaptação melhor junto a alguns de nossos pares e vizinhos e prevenir atritos com alguns dos nossos colegas de trabalho. Mas isso limita seriamente a vida, assim como o potencial intelectual e o desenvolvimento pessoal. Uma resposta à questão "Por que devo levar astrologia a sério?" seria simplesmente: para *ver* mais.

Na verdade, mesmo partindo de um rígido ponto de vista materialista, muitas evidências sustentam o valor dos usos práticos da investigação astrológica. Como disse o dr. Deepak Chopra em uma entrevista: "O corpo está monitorando o movimento das estrelas. Movimentos biológicos são uma função dos movimentos planetários – circadiano, sazonal, etc. [...] Há uma inteligência fundamental que organiza a infinidade de coisas acontecendo no universo e liga todas as coisas umas às outras" (*San Francisco Chronicle*, 11 de janeiro de 1977). De fato, a limitada orientação materialista está se desintegrando em muitos campos de estudo. O cientista ambiental William Keepin analisa, em um artigo do físico David Bohm publicado na revista *Life*, a proposição deste de que o universo é uma entidade única e ininterrupta em movimento fluente (chamado *holomovimento*), na qual cada parte reproduz o todo. As três manifestações básicas dessa entidade são matéria, energia e significado, e cada uma envolve as outras duas. A visão de Bohm foi pressagiada pelo princípio da astrologia antiga "O que está embaixo é como o que está em cima". Em outras palavras, **planetas e pessoas são partes de um processo singular, estreitamente ligadas por padrões de significado**. A astrologia tenta meramente mapear, monitorar ou analisar esses padrões. Mas como o significado não pode ser quantificado, a astrologia não pode ser provada cientificamente para a satisfação daqueles que acreditam que tudo o que é real é mensurável. Mas essa atitude é infrutífera, porque, como ressalta Keepin: "É como tentar provar a beleza da música de Mozart usando a química."

É especialmente curioso que o dr. Keepin use a analogia da música, já que um controverso livro publicado por outro cientista também usa a analogia da música para tentar representar como o sistema solar funciona em relação aos seres humanos, fornecendo assim uma potencial explicação para a desconcertante exatidão da astrologia. O dr. Percy Seymour, o principal conferencista sobre astronomia e astrofísica na University of Plymouth, na Inglaterra, e também pesquisador no Greenwich Royal Observatory, causou uma forte reação entre seus colegas conservadores com a publicação de *Astrology: The Evidence of Science*, que ganhou uma resenha polêmica no *Times* de Londres. O artigo trazia a seguinte citação do livro: "O todo do sistema solar está tocando uma sinfonia no campo magnético da Terra." Mais uma vez, na teoria de Seymour, as correlações entre o sistema solar e o indivíduo são analisadas em termos de vibração, harmonia e ondas de energia. Seymour basicamente descreve o sistema solar como uma intrincada teia de campos planetários e ressonâncias.

Autor de numerosos livros sobre astronomia, incluindo *Cosmic Magnetism*, que conquistou renome acadêmico internacional, Seymour tem doutorado em astronomia e astrofísica e nunca teve muito interesse em astrologia até sentir-se motivado a examiná-la ao saber que ela fora violentamente atacada e rejeitada de um jeito bastante emocional por seus colegas cientistas, que normalmente se diziam objetivos. Numa entrevista ele afirmou: "Examinei os argumentos que supostamente refutam a astrologia, e cheguei à conclusão de que não eram nada científicos – uma forma de intolerância racionalizada sob o manto da linguagem acadêmica" (TMM). Embora suas teorias e hipóteses sejam muito complexas para apresentá-las aqui em detalhes, é bem possível que elas tenham arrombado a porta para o entendimento ao menos parcial de por que a astrologia funciona tão notavelmente. Entre as ideias de Seymour há ainda uma especulação de que há uma sintonia pré-natal para os campos magnéticos dos arredores do sistema solar. Uma citação breve dá uma amostra da sua visão:

> No processo de tentar formular um mecanismo para explicar os resultados de Gauquelin [estudos estatisticamente válidos sobre a relação entre as posições planetárias e escolhas profissionais], fui levado a considerar de forma magnetobiológica um vasto corpo de conhecimento que liga alinhamentos planetários com eventos magnéticos no Sol e as consequências biológicas das flutuações no campo magnético terrestre. Foi isso que, na verdade, me levou à ideia de que há um mecanismo, a ressonância magnética de maré, que pode explicar não apenas o magnetismo solar, mas também por que flutuações específicas na magnetosfera terrestre podem ficar sincronizadas com os efeitos de maré dos planetas. (TMM)

Em suma, chega a ser avassalador o "peso da evidência", como se diz no meio jurídico, de que essas novas perspectivas mais amplas na vida, na ciência, e também na natureza e no potencial humanos, precisam ser aceitas hoje em todos os campos de estudo e em todas as profissões assistenciais. Se de fato estamos começando a ver, ao menos teoricamente, a totalidade do universo (ou ao menos nosso sistema solar) como um sistema completo e organizado de energias, ritmos, funções, etc., então segue que cada sistema orgânico dentro desse todo maior tem alguma relação harmônica com o resto do sistema. Os antigos filósofos, sábios e astrólogos em muitas culturas chamam isso de relação entre microcosmo e macrocosmo.

O que Emerson, Galileu e da Vinci têm em comum?

Mencionei anteriormente algumas das grandes inteligências da história e seu reconhecimento do valor da astrologia. Cito aqui brevemente afirmações e/ou ações dessas pessoas relacionadas à astrologia.

Sir Francis Bacon (1561-1626), contemporâneo de Shakespeare (1564-1616), conhecido por meio dos registros históricos como uma das pessoas mais brilhantes do mundo, frequentemente comparado a Leonardo da Vinci por seu trabalho, conhecimento e originalidade. Chamado por vezes de "pai da ciência moderna", Bacon repreendeu os astrólogos por seu abuso da arte, mas aguardava o dia em que ela poderia ser estabelecida em bases mais racionais, expurgada dos excessos e do tratamento inadequado: "A astrologia pode ser resgatada em vez de ser totalmente rejeitada" (*Advancement of Learning*, World Classics, vol. 1, p. 86). Bacon também escreveu: "A natureza e as disposições dos homens são, não sem verdade, diferenciadas a partir da predominância dos planetas" (*ibid.*).

Johannes Kepler, respeitado pelos astrônomos por sua descoberta das leis que regem o movimento dos planetas, teve uma atitude genuinamente científica. Embora a princípio fosse cético a respeito de muitos aspectos da astrologia, no fim chegou às seguintes conclusões:

> Uma experiência infalível de eventos mundanos em harmonia com as mudanças ocorrendo nos céus instruiu-me e submeteu minha crença relutante [...] Como a experiência nos ensina, esse presente mais bonito de Deus, esse nobre fenômeno das órbitas divinas e suas influências terrenas (isto é, a astrologia), traz má reputação tanto quanto a tendência de alguns de favorecê-lo demais através de tagarelice imprópria e supersticiosa, e assim afastar-nos do seu aprendizado. (Kepler, *Collected Works*, Munique, 1938).

Fiquei especialmente contente ao ver a citação acima (de escritos seus de 1598!) porque tenho declarado e escrito inúmeras vezes que são os astrólogos que geralmente trazem má reputação à astrologia por exigirem demais dela ou tratá-la como uma religião. De fato, Kepler tomou como uma de suas ambições na vida colocar a astrologia em uma posição mais confiável e respeitável. "Porém, por causa desses excessos, os astrólogos não têm mais a quem culpar senão a eles mesmos. Não só por, com tantos abusos, trazerem má reputação e suspeita a essa arte salutar, mas por entenderem tão pouco do seu real valor, pelo qual aqui me levanto" (*ibid.*).

O grande Galileu (1564-1642) ensinou e praticou astrologia por muitas décadas, e fazia conferências sobre o assunto para estudantes de medicina na Universidade de Pádua, na Itália. A astrologia era então considerada um suplemento indispensável da medicina, e ouso dizer que ainda deveria ser. Conheço pessoalmente um grande número de médicos, quiropráticos, psicólogos e psiquiatras que a usam (em geral secretamente) para entender a natureza e a vitalidade de seus pacientes e os ciclos pelos quais eles estão passando. Isso contribui muito para a eficiência na medida em que possibilita ao médico entender o paciente rapidamente e em profundidade.

Um renomado professor de física (não quero pôr sua carreira em risco declarando seu nome) foi citado alguns anos atrás por dizer o seguinte: "A matemática tem sido e continuará a ser a linguagem da ciência, mas a astrologia se tornará a linguagem qualitativa da condição humana."

No campo do gerenciamento de negócios também encontrei certa relutância da parte de gerentes e altos executivos em deixar que outros saibam que eles usam a astrologia ou consultores astrológicos, por isso não posso mencionar muitos exemplos aqui nem divulgar informação confidencial. Porém, Richard Jenrette, que tem o Sol em Áries e é também independente e rico o suficiente para não se importar muito com a opinião dos outros, escreveu amplamente em *The Contrarian Manager* sobre o quanto a astrologia foi útil para ele. Considerando que as pessoas de Áries são em geral impacientes e precisam apreender rápido o essencial das situações e das capacidades das outras pessoas, este me parece um testemunho especialmente convincente. Não há dúvida de que uma pessoa com o Sol em Áries como Jenrette não gastaria tempo com astrologia se não descobrisse logo o seu valor. Jenrette foi um dos fundadores da extremamente bem-sucedida empresa de Wall Street Donaldson, Lufkin & Jenrette (ou DLJ), pioneira das pequenas empresas de pesquisa que no fim foi vendida por muitos milhões de dólares a outra companhia. Recentemente, também estive em contato com um especialista em colocação de executivos no campo farmacêutico, que usa a astrologia para encaixar a pessoa na situação e nas habilidades específicas de gerenciamento requeridas.

O inspirado filósofo norte-americano Ralph Waldo Emerson definiu resumidamente a astrologia assim: "Astrologia é astronomia trazida à Terra e aplicada aos assuntos dos homens." Essa definição parece ser um paralelo quase exato da afirmação do psicólogo Ralph Metzner de que astrologia é "astronomia aplicada a propósitos psicológicos" (do artigo do dr. Metzner "Potential Science and Intuitive Art"), especialmente porque o termo "psicológico" não era corrente na época de Emerson.

No campo literário, poderia citar centenas de exemplos, mas vou me limitar aqui a apenas dois. O grande escritor alemão Goethe escreveu: "A astrologia tem seu início numa sensação remota de alguma grande unidade cósmica." E o controverso e pioneiro escritor norte-americano Henry Miller, que fez comentários cheios de discernimento e apreciação sobre astrologia em vários de seus livros, explicou: "A astrologia não oferece uma explicação das leis do universo, nem de por que o universo existe. O que ela faz, para colocar em termos mais simples, é mostrar que há um ritmo no universo, e que a própria vida do homem participa desse ritmo" (Miller, *Wisdom of the Heart*, Nova York, New Directions, 1960).

Entre os cientistas modernos não há dúvida de que, dentro do campo da psicologia, a astrologia tem sido amplamente usada, testada e aceita. Isso não surpreende na medida em que, provavelmente, a astrologia é mais rigorosamente precisa e útil quando aplicada para o entendimento da enorme variedade de personalidades e motivações humanas. As citações seguintes dão uma mostra do amplo alcance do uso prático que a astrologia pode ter para as pessoas mais voltadas para o aspecto psicológico.

> Os livros didáticos de psicologia das futuras gerações irão olhar para os psicólogos de hoje, que trabalham sem a ajuda da astrologia, como se fossem astrônomos medievais trabalhando sem a ajuda de telescópios. (Richard Tarnas, Ph.D., professor de psicologia do California Institute of Integral Studies; autor de *The Passion of the Western Mind* e *Cosmos and Psyche: Intimations of a New World View*).

> Acima de tudo, a astrologia oferece um sistema de personalidade baseado em um arcabouço externo de referência, que é, portanto, superior aos sistemas arbitrários elaborados em abundância no campo do estudo da personalidade e quase certamente será o sistema universal de psicologia do futuro. Ela oferece uma planta simbólica da mente humana [...] que não pode ser manipulada pelo sujeito que quer

bancar o "bom" ou o "mau", como é relativamente fácil fazer em muitos questionários psicológicos. Ela traz revelações em áreas que a pessoa em geral conhece pouco ou nada [...] repressões, valores nunca verbalizados conscientemente, ambivalências e conflitos projetados em eventos e relacionamentos e nunca encarados de modo consciente. A astrologia dá ainda pistas de potenciais não realizados, talentos, canais naturais de integração e sublimação, etc. Permite a combinação de indivíduos, desde terapeuta e paciente até parceiros conjugais, ou empregado e empregador, etc. É minha firme convicção que a psicoterapia ou o aconselhamento do futuro usarão o horóscopo tão rotineiramente como usamos agora a entrevista e os antecedentes. (Zipporah Dobyns, psicólogo, "Astrology as a Psychological Tool", revista *Aquarian Agent*, 1970)

Ralph Metzner, psicólogo que teve importante atuação na Harvard University e publicou, entre outros títulos, *Maps of Consciousness*, explica, de forma breve mas abrangente, como a astrologia pode contribuir com a psicologia e a compreensão de si mesmo:

Como psicólogo e psicoterapeuta, tenho me interessado por outro aspecto deste assunto ao mesmo tempo desconcertante e fascinante. Temos aqui uma tipologia psicológica e um esquema de exame diagnóstico que excede de longe em complexidade e sofisticação de análise qualquer sistema existente [...] a estrutura de análise – os três alfabetos simbólicos do zodíaco entrosando "signos", "casas" e "aspectos planetários" – é provavelmente mais bem adaptada à complexa variedade de naturezas humanas que os sistemas existentes de tipos, traços, motivos, necessidades, fatores ou escalas.

O sistema tem a vantagem adicional de ser inteiramente independente de qualquer comportamento do sujeito, por isso livre de qualquer tipo de resposta preconceituosa [...] Ao contrário de qualquer outro esquema de avaliação da personalidade, a configuração astrológica tem uma dinâmica própria: o horóscopo interpretado por um astrólogo experiente e habilidoso não só fornece um retrato sintético das inclinações e tendências hereditárias da pessoa, mas aponta para potenciais latentes, sugere direções de crescimento necessário – em resumo, dá um mapa simbólico do processo de realização do ser. (Metzner, 1970, pp. 164-5)

Stanislav Grof, psiquiatra que escreveu sobre astrologia de modo incisivo em livros como *Ancient Wisdom and Modern Science*, foi chefe da pesquisa psiquiátrica do Maryland Psychiatric Research Center e professor assistente de psiquiatria da faculdade de medicina da Johns Hopkins University. Eis o que ele tem a dizer sobre o valor da astrologia:

> Na minha opinião, a astrologia é o único sistema que pode prever com sucesso o conteúdo e o tempo adequado de experiências vividas em estados alterados de consciência na psicoterapia experimental. (Grof, *Ancient Wisdom & Modern Science*, Nova York: Suny Press, 1984).

> A astrologia, uma disciplina rejeitada e ridicularizada pela ciência newtoniana e cartesiana, pode vir a ser de extraordinário valor como fonte de informação sobre o desenvolvimento e a transformação da personalidade [...] Para uma visão que encara a consciência como elemento primordial do universo, urdido no próprio tecido da existência, e que reconhece as estruturas arquetípicas como algo que precede e determina fenômenos no mundo material, a função da astrologia se mostraria absolutamente lógica. (*Ibid.*)

C. G. Jung foi um dos primeiros psicoterapeutas a usar a astrologia para compreender melhor as dinâmicas internas de seus pacientes. Jung reconheceu que usou a astrologia em muitos dos seus casos, especialmente aqueles que ele tinha dificuldade em entender.

> Como sou psicanalista, estou interessado, sobretudo, na luz peculiar que o horóscopo irradia sobre certas complicações de caráter. Nos casos de dificuldade de diagnóstico psicológico, geralmente uso o horóscopo para ganhar uma nova perspectiva, de um ângulo totalmente diferente. Devo dizer que muitas vezes tenho descoberto que os dados astrológicos esclarecem certos pontos que de outra forma eu seria incapaz de entender. (Das cartas de Jung ao professor B. V. Raman, 6 de setembro de 1947)

Em uma entrevista com o editor de uma revista francesa de astrologia, em 1954, Jung declarou:

> Pode-se esperar com considerável certeza que determinada situação psicológica bem definida virá acompanhada de uma configuração astrológica análoga. A astrologia consiste em configurações simbólicas do inconsciente coletivo, que é o tema da psicologia: os "planetas" são os deuses, símbolos dos poderes do inconsciente.

Nessa mesma entrevista, Jung afirmou que a predisposição psíquica inata de uma pessoa "parece estar expressa de modo reconhecível no horóscopo". Em muitos dos seus escritos, ele enfatiza que a astrologia reúne a somatória de todo o conhecimento psicológico antigo, incluindo tanto a predisposição inata das pessoas quanto um modo preciso de prever a duração das crises.

Em suma, é uma tarefa reconhecidamente árdua dominar a astrologia, tanto científica quanto filosoficamente. Mas há uma riqueza nesse assunto antigo que, como foi mostrado neste capítulo, tem sido amplamente identificada como muito valiosa por algumas das mentes mais brilhantes dos registros históricos. Insisto que é, particularmente, a associação de astrologia com *profecia*, na mente de grande parte do público e também – infelizmente – na pretensão de muitos profissionais da astrologia, que tem impedido tantas pessoas inteligentes de examinar esse assunto útil e profundo. Embora muitos astrólogos persistam nas tentativas proféticas e em métodos de séculos passados, felizmente um número cada vez maior de profissionais modernos psicologicamente sintonizados e sofisticados vem deixando de lado essa pretensão injustificada.

Medicina, economia, meteorologia e sismologia são ciências difíceis de ser dominadas com precisão e reconhecidamente falíveis. Assim, muitas vezes acabam frustrando quem busca a certeza. No entanto, poucas pessoas contestam quando esses campos de estudo são referidos como ciências legítimas. A economia, de fato, é geralmente chamada de "ciência desanimadora", em parte porque os economistas muitas vezes fazem previsões que não se concretizam. Mas, tanto na economia como na astrologia, ao deixar de lado perguntas sobre *predições* específicas, pode-se descobrir que há coisas até mais interessantes que se pode aprender e perspectivas mais amplas que se pode ganhar a partir desses campos de estudo – especialmente sobre valores, motivações e comportamento humano.

Em outras palavras, deve-se abordar cada campo de estudo e pesquisa *em seus próprios termos*, e de forma a se beneficiar disso tanto quanto possível, em vez de tentar descobrir uma fantasiosa ciência perfeita. Nenhuma outra ciência jamais alcançou nenhum tipo de perfeição ou infalibilidade, e as pessoas em geral não esperam isso da medicina, da meteorologia ou da economia. Portanto, também não é justo exigir isso da astrologia.

3
Amor, sexo e relacionamentos: ao longo da história e hoje

Amor é algo a ser aprendido. É uma difícil, complexa manutenção da integridade individual do começo ao fim do incalculável processo de polaridade entre seres humanos.

D. H. Lawrence

Amor é um ato de perdão sem fim, um olhar de ternura que se torna um hábito.

Peter Ustinov

No mundo ocidental vivemos uma época certamente estranha, marcados pelo difundido orgulho de nossa "liberdade" e de nosso suposto "conhecimento" moderno, mas ainda aprisionados por nossos medos e inseguranças e muitas vezes tornados inválidos emocionais por nossa falta de autoconhecimento. O conhecido crítico do moderno sistema educacional Charles J. Sykes escreveu: "Em vez de reconhecer que a vida humana é marcada por desapontamentos e limitação, guardamos como relíquia a infinita expectativa – por gratificação psicológica, realização e felicidade –, não como um objetivo a ser alcançado, mas como um direito adquirido" (*Dumbing Down Our Kids*, 1996).

O estado em que se encontra a sociedade moderna e o compasso do estilo de vida moderno dentro da economia obsessiva conduzida pela propaganda criaram um tipo de pessoa desligada do corpo, motivada por uma mistura incoerente de desejos, opiniões e emoções contraditórios. A confusão e a falta de contato com o próprio corpo e as emoções mais profundas (que são absolutamente diferentes dos "sentimentos" superficiais, passageiros e em geral autoindulgentes) muitas vezes levam nosso ser à incapacidade de vivenciar a "polaridade" mencionada na citação de D. H. Lawrence. O termo "polaridade", excetuando as definições eletrônica e magnética da física, também denota as qualidades e sintonias opostas na vida, que são *complementares* e geralmente se estimulam de modo recíproco – homem/mulher, yang/yin, criativo/receptivo, etc. Um dito popular entre os índios americanos hopi reza: "Polaridade é o tear sobre o qual toda a realidade é tecida." E se não conseguimos participar conscientes e felizes dessa dança de polaridades, realmente perdemos muito do que a vida oferece.

Se não conseguimos vivenciar a polaridade, não conseguimos vivenciar o dinamismo na vida, nem a criatividade genuína, o êxtase profundo ou a satisfação da sensação de plenitude, em geral incitados pelo encontro de uma personalidade complementar em um relacionamento significativo. A importância que se dá ao amor e ao sexo e a atitude demonstrada nesse âmbito em qualquer época é inextricavelmente relacionada com o ambiente social, psicológico e físico. Mas hoje, em grande parte do mundo ocidental, o compasso febril da vida, os estilos de vida transitórios e obscuros, o desenraizamento das pessoas nas cidades e os modismos extremados (e até infecções psíquicas) que parecem que se espalham cada vez mais rápido no mundo todo pelos meios eletrônicos, tudo isso contribui para um sentimento de desorientação e ansiedade. Então, as pessoas tateiam em busca de uma experiência de *aterramento* (ou *polaridade*), e como a essência do sexo é a polarização, muitos tentam encontrar completude e satisfação no sexo solitário. De fato, a vida moderna no Ocidente carece cada vez mais de concentração, relaxamento e polarização – coisas que as pessoas tentam encontrar em geral no sexo ou em relacionamentos com nuances sexuais. Mas, por ora, deve ser óbvio para qualquer pessoa vivendo no Ocidente nos últimos anos que a sociedade ocidental sobrecarregou a sexualidade com expectativas, poder e imaginário comercial, o que faz ser cada vez mais difícil construir e viver de forma honesta relacionamentos transparentes baseados nas próprias necessidades e sensibilidades instintivas. Essa questão será examinada mais adiante neste capítulo.

Alguns dos escritos mais surpreendentemente incisivos nessa área crucial da vida moderna vêm sendo produzidos por Stanley Keleman, terapeuta de San Francisco cujo trabalho – é bom salientar – vem sendo feito inicialmente com norte-americanos, tendo se mostrado especialmente pertinente, por isso, a esse ambiente social e psicológico. Seu diagnóstico dos enganos, decepções em relação a si mesmas e necessidades profundas das pessoas de hoje é valoroso e espantosamente provocante para o pensamento, como demonstra a citação abaixo:

> Os níveis de realidade se tornaram confusos. Nas nossas tentativas de criar uma sociedade igualitária, politizamos e distorcemos os gêneros. Vivemos em um clima político que procura apagar as diferenças sexuais, denunciando o conceito de anatomia como destino. Por decreto legislativo, a sociedade busca abandonar a masculinidade e a feminilidade, rejeitando verdades sobre as diferenças e tensões conhecidas por 10 mil anos de registros históricos. Isso produz uma concepção intelectual da igualdade, divorciada das raízes na experiência ou na anatomia. (IDH, p. 58)

Na tentativa de apagar diferenças óbvias e naturais entre os sexos, temos também diminuído efetivamente a experiência da polaridade, que pode preencher, inspirar e curar. Keleman diz ainda:

> Nos últimos anos tem havido um ataque, sutil e ao mesmo tempo ruidoso, aos sentimentos e papéis de macho e fêmea e ao lugar da família e do compromisso. Muitas pessoas na nossa cultura querem enfatizar semelhanças, e não diferenças. (IDH, p. 18)

> Há um encorajamento público para procurar a satisfação de privações instintivas do passado; buscar igualdade sexual em vez de aceitar a diferença; exigir gratificação instantânea e diminuir a importância da lealdade, do compromisso e do esforço. O modelo é um jardim mítico de ócio hedonístico onde homens e mulheres exigem todos os seus direitos políticos e biológicos como adultos, sem ter trabalhado por eles nem desenvolvido a capacidade de criar relacionamentos duradouros, vínculos emocionais ou família. É de admirar que as pessoas estejam confusas sobre sexualidade, papéis e gêneros? (IDH, p. 24)

Pelo fato de muitas pessoas hoje em dia terem perdido o contato com as bases simples da vida e do amor, pode-se dizer deste livro no momento que ele é uma chave para entender a polaridade. Tudo na astrologia, como veremos nos capítulos seguintes, é baseado em polaridade: o Sol caloroso e energizador, e a Lua calmante, suave; Vênus, íntima e harmonizadora, e Marte, impessoal e agressivo; as energias expressivas dos elementos ar e fogo, contrastando com as energias contidas dos elementos terra e água; e muitas outras. Em certo sentido, **a astrologia pode ser vista como a ciência/arte do modo como as energias humanas operam na vida cotidiana**, tanto no âmbito individual quanto no interpessoal. A astrologia pode ser não só iluminadora para os que buscam conhecer melhor a si mesmos, seus parceiros e padrões na vida, mas também extremamente útil como uma correção para equilibrar a desilusão moderna e os conceitos autodestrutivos que parecem dominar cada vez mais o mundo. Keleman diz:

> Quando perturbamos o instinto procriador e distorcemos o significado do gênero, diminuímos algumas das emoções mais profundas e aspirações mais abnegadas de que a humanidade é capaz: a educação e o amor às crianças e a construção de um mundo mais humano para as gerações futuras. (IDH, p. 8)

Antecedentes históricos e culturais

Estudar uma grande variedade de culturas e sua história não deixa de revelar um formidável espectro de modos de expressar o afeto e a sexualidade e de construir as instituições sociais ou os papéis aceitáveis para o relacionamento entre os sexos, a criação de filhos e a intensificação da estabilidade social e entre gerações. Esse estudo também traz à tona a estonteante variedade de maneiras como os seres humanos têm tentado entender os mistérios dos relacionamentos íntimos. É amplamente sabido que os antigos gregos tinham cinco palavras diferentes para designar diferentes tipos de "amor". Talvez a mais intrigante delas seja *eros*, da qual deriva a palavra portuguesa "erótico", bem mais limitada que o vocábulo de origem.

Os gregos acreditavam que a regeneração ininterrupta do ser é inerente ao eros, que insta a pessoa buscar uma forma mais elevada de beleza, bondade e verdade. Sua visão era que o aspecto biológico (a sexualidade física) deveria ser incluído mas também transcendido no eros. O deus Eros, filho de Áries (Marte) e Afrodite (Vênus), polariza forças do masculino e do feminino, sexualidade e relacionamento, firmeza e atração. Não só para os gregos, mas também para muitos outros escritores posteriores de diversas culturas, eros era entendido como aquilo que nos impulsiona a transcender a nós mesmos, traz uma urgência de união e relacionamento, e até um impulso no sentido da união com a verdade, ou com Deus, como descrito por Santo Agostinho. Eros é a força que nos atrai, nos puxa para a frente, enquanto o sexo sozinho nos empurra para trás. Eros se refere a possibilidades, mas é eliminado quando predomina a busca pela satisfação egoísta. Um mito grego descreve como Eros prospera e cresce rapidamente quando está com seu irmão Anteros, mas volta à forma infantil quando se separa dele. Essa é uma boa descrição de como, na visão dos antigos gregos, o amor (Eros) não pode crescer sem a paixão (Anteros), ou ao menos sem um envolvimento dinâmico, emocional ou energético.

Em resumo, um panorama desse mistério semidivino de eros inclui muitos dos assuntos deste livro e abarca numerosos aspectos da vida, que infelizmente hoje se tornou fragmentada, politizada, degradada e separada da rica textura da experiência humana histórica e de nossa profunda necessidade de intimidade. Segundo a dra. Alice S. Rossi, socióloga da University of Massachusetts, "a sociedade moderna é um mero segundo na história evolutiva, e é ingênuo supor que nossos audaciosos experimentozinhos sobre [...] igualdade de papéis sexuais possam subverter milênios de costume e adaptação em um século, que dirá em uma década". Demonstrando disposição semelhante, o terapeuta Stanley Keleman escreveu: "Essa brincadeira em torno dos papéis sexuais tem implicações que ainda não estão articuladas com clareza". (IDH, p. 73)

Na verdade, um pouco mais de familiaridade com os costumes, tradições e formas sociais ao redor do mundo e ao longo da história retiraria muito da tensão dos rígidos pontos de vista declarados hoje com tanta frequência quando se discute amor, sexo e papéis sexuais. Esse material deve, de fato, compor uma boa parte dos cursos ou programas que pretendem ensinar "estudos de gênero" ou "feminismo" ou "sexualidade humana". De acordo com o professor Zeldin, a história do amor não é um movimento de varredura em direção à liberdade maior, mas um fluir e refluir, um turbilhão e longos períodos de calma. Os ocidentais de hoje, adeptos da contracepção, têm muitas alternativas. É surpreendente que o amor seja agora mais valorizado que nunca, que as escolas não ensinem sua história, suas batalhas, a ascensão e queda de seus domínios, seus métodos diplomáticos e retóricos e a hipocrisia de sua economia. (IHH, p. 76)

Casar por amor é um fenômeno relativamente novo na história, ainda hoje observado mais no Ocidente. A maioria dos casamentos no mundo continua a ser arranjada pelos pais ou outras pessoas mais velhas, por razões econômicas e sociais. Em muitas épocas e lugares, casar por "amor" é visto como demonstração de falta de bom senso. Zeldin escreveu:

> Durante a maior parte da história, o amor foi considerado uma ameaça para a estabilidade individual e da sociedade, porque em geral a estabilidade era muito mais valorizada que a liberdade. Ainda nos anos 1950, apenas um quarto dos casais americanos dizia estar envolvido até o pescoço no amor, e na França menos de um terço das mulheres alegava ter vivido um *grand amour*. Quarenta anos depois, metade das mulheres francesas reclamava que os homens não eram românticos o suficiente, e queriam que eles ao menos dissessem "eu te amo" mais vezes. A visão geral dessas mulheres é que a vida moderna faz a paixão amorosa ficar mais difícil que no passado, mas a idade de ouro nunca existiu. Desesperadas, muitas se dizem mais apaixonadas por animais ou esportes do que por pessoas. Na Rússia, no final da *glasnost*, mesmo entre recém-casados, o amor veio somente em quinto lugar na lista de 18 razões para o casamento. O que significa que a paixão é uma arte que as pessoas ainda têm que dominar mais a fundo, que o amor é uma revolução que não acaba (IHH, p. 83).

No entanto, como escreve a historiadora de arte e crítica social Camille Paglia, apesar da revolução sexual e de toda a suposta liberdade de expressão emocional que temos hoje, "o que aprendemos sobre nós mesmos? Praticamente nada. Ao contrário da propaganda feminista, não encontramos as respostas para nenhuma das questões sexuais importantes. Na verdade, [...] mal começamos a apresentar as questões corretamente" (VT, p. 130). Além disso, Paglia ressalta que chegar a objetivos satisfatórios para o entendimento humano e a verdadeira igualdade entre os sexos ficou realmente impossível com "essa tirania autodestrutiva do politicamente correto" (VT, p. 431). Zeldin resume assim a nossa inabilidade para aprender a partir da experiência das gerações anteriores no que se refere a amor e sexo: "Mas toda geração, consciente apenas de como difere das de seus pais e de seus filhos, esquece quão velha é a maioria dos temas de debate entre homens e mulheres, o quanto os humanos continuam a bater a cabeça contra a mesma parede" (IHH, p. 386).

Outro tema corrente ao longo da história com relação a amor e sexo é a *idealização* do sexo oposto ou de um parceiro específico, mais comumente a mulher. Essa idealização, como destaca o professor Zeldin, não ajuda muito a entender realmente nossos parceiros como são, mas oferece uma solução romântica temporária para a solidão e, durante certos períodos na história, uma compensação pela opressiva consciência dos pecados e imperfeições humanas. Essa tendência à idealização é mais uma manifestação do eros através dos tempos, e em muitos casos resultou na produção de uma profunda devoção religiosa; em temas artísticos elevados na poesia, na escultura e na pintura, e até no código de cavalaria, que acrescentou muito para a civilidade nas relações interpessoais. A idealização das mulheres é encontrada em numerosos ramos da história cultural hindu, árabe e cristã.

Além disso, hoje, a idealização do parceiro é evidente, mesmo numa época de satisfação pela suposta conquista de igualdade, realismo e direitos legais entre os sexos. Mas isso de modo geral parece estar assumindo uma forma neurótica, como lutar uma batalha interna entre a idealização (normalmente inconsciente) das emoções românticas de alguém e a necessidade egocêntrica de respeito excessivo por si mesmo, poder pessoal ou liberdade individual descompromissada. De fato, alguns tipos de idealização que nos confundem ou minam nossos relacionamentos atualmente parecem nascer da cultura egocêntrica da "expectativa infinita" mencionada antes neste capítulo.

Uma manifestação de idealização observada hoje no mundo ocidental de colapso de famílias e casamentos, e que tem gerado milhões de dólares para os fomentadores desse conceito, é a das "almas gêmeas". Não vou dizer muito a respeito dessa noção exceto que uma comparação apurada e incisiva dos mapas astrais de duas pessoas geralmente pode revelar se há compatibilidade suficiente para que se considerem parceiras nesse nível de intimidade. A comparação de mapas pode também, de passagem, indicar em que medida a idealização de uma ou de ambas as pessoas é um fator relevante no relacionamento, e também se é uma idealização inspirada, criativa, ou uma glamourização sedutora, ilusória – ou uma combinação das duas coisas. (Interações de Netuno se aplicam especialmente a essa área da análise do relacionamento.)

A tragédia de permitir que a idealização excessiva ou doentia fique desgovernada – na imagem que fazemos dos outros, no que imaginamos ser possível nos relacionamentos íntimos, ou no conceito sublime que temos de nossa própria perfeição – é que isso isola dimensões da vida em uma bolha que paira sobre o chão da realidade prática ou emocional, porém sem nenhum vínculo com ele. A indulgência quanto ao hábito crônico da idealização (permitida por uma sociedade opulenta em lazer e estimulada por muitos aspectos da indústria da terapia e da autoajuda) pode mesmo lacrar a pessoa para muitas áreas mais profundas da experiência pessoal que são enriquecedoras e sustentáveis. O refrão da canção "Anthem", de Leonard Cohen, expressa poeticamente a compreensão iluminada e a energia que a pessoa pode vivenciar quando se reconcilia com os limites realistas nos relacionamentos, algo mais provável de acontecer depois dos 40 anos.

Soe os sinos que ainda podem soar
Esqueça sua oferenda perfeita
Há uma fissura, uma fissura em tudo
É assim que a luz penetra.
(do álbum *The Future*)

Geralmente se lê nos textos das tradições espirituais da Ásia que a mente é "o inimigo do real". No terreno dos relacionamentos, o ideal é o inimigo do real. Isso não quer dizer que não se deva ter ideais individuais na vida. E, certamente, qualquer relacionamento terá uma chance muito maior de prosperar se as duas partes tiverem ideais espirituais e/ou filosóficos comuns. O prático toma lá dá cá que precisa ser aceito nos relacionamentos será examinado mais detalhadamente nos próximos capítulos. Mas é preciso ter em mente um conceito-guia: com um ideal você tem perfeição na mente, mas não necessariamente vida real nem vitalidade. Com a polaridade, você pode ter conflitos, mas também tem fluxo energético e potencial.

Embora as variações culturais e históricas no campo da intimidade humana sejam infinitamente fascinantes, não há espaço no escopo deste livro para examinar a matéria em detalhe. Mas estabeleço esse contexto abrangente não só para montar o palco para o tratamento de muitas dimensões arquetípicas da natureza humana nos capítulos finais do livro, mas também porque quero examinar resumidamente o vasto espectro de comportamentos, imagens e atitudes humanas. Não obstante, em parte porque hoje há tantas expectativas, ideais, estilos de vida, crenças religiosas e tradições culturais, após este capítulo vou ignorar em geral a maioria dos modismos temporários, hipóteses que estão na moda, questões polêmicas e dogmas politicamente corretos. Em vez disso, quero focalizar a sintonia energética essencial da pessoa, uma realidade mais duradoura que boa parte daquilo que aparece como fato na mídia ou como o desvario acadêmico. Ademais, como o conteúdo deste livro é relevante para pessoas do mundo todo, não quero de forma alguma restringir ao paladar limitado e volúvel de uns poucos setores da sociedade ocidental o que a ciência da astrologia pode oferecer.

Tendências sociais, padrões e hipocrisia

Mesmo antes das amargas políticas de gênero das décadas recentes, em muitos países do Ocidente o tecido social já estava esgarçando; mas a desintegração foi precipitada por numerosos fatores que hoje representam um enorme desafio para qualquer um que tente viver uma vida decente e estável, principalmente para quem cria filhos. As taxas de divórcio continuam alarmantes, e o número de crianças envolvidas em divórcios triplicou nos últimos 25 anos. Um estudioso do tema estima que 45% das crianças americanas nascidas em determinado ano vivam com apenas um dos pais por determinado período antes de completar 18 anos. E cada vez mais pessoas estão escolhendo ser pais solteiros. Ninguém tem certeza de qual será o derradeiro impacto dessas tendências, mas muitos estudiosos se preocupam com a possibilidade de que essa instabilidade na família acabe tornando muitas instituições sociais instáveis. Albert Solnit, diretor do Yale Child Study Center, afirma: "O divórcio é uma das mais graves e complexas crises relativas à saúde mental que as crianças enfrentam hoje." Se de fato a astrologia, ou algum outro método, pode ajudar as pessoas a entender melhor os relacionamentos e as necessidades dos parceiros, não há dúvida de que ela vale a pena – na verdade é imperativo que seja examinada e tentada. Afinal de contas, a despeito de todos os programas governamentais, teorias psicológicas, livros de autoajuda e orientações disponíveis para a população, quaisquer que sejam as tendências na maioria das sociedades ocidentais – é preciso admitir –, não parecem estar melhorando.

Um estudo particularmente revelador, por exemplo, pode causar um alarme significativo com relação às tendências sociais correntes. Harry Harlow, um pesquisador de comportamento animal, mostrou que macacos separados de suas mães crescem com graves problemas sociais e de sexualidade. Eles se tornam violentos e confusos a respeito dos papéis sexuais; quando prenhas, as fêmeas ficam hostis, destrutivas, com uma raiva assassina da prole. Nas sociedades humanas também há inúmeras evidências dos efeitos destrutivos da ausência dos pais. E deve-se imaginar que tipo de vida e nível de saúde emocional o futuro reserva para as crianças nascidas hoje. Por exemplo, nos Estados Unidos, casais casados e com filhos são uma categoria demográfica em declínio, que representa hoje menos de 25% dos lares americanos.

Outra tendência preocupante que começou a se difundir recentemente do Ocidente para algumas sociedades conservadoras da Ásia é a degradação dos padrões de comportamento, tanto público quanto privado. O exibicionismo parece ser admirado em alguns segmentos, e muitos "artistas" pop famosos podem ser descritos mais exatamente como artistas performáticos do sexo na mídia. Richard Tomkins ressalta em um artigo no *Financial Times* (26 de março de 2004): "O imaginário sexual agora penetra em todos os aspectos da cultura de massa, especialmente na mídia, nos anúncios, na moda, no entretenimento e na cultura popular." O que ele chama de "pornificação" da sociedade tem um impacto violento e inevitável em todo tipo de relacionamento íntimo, especialmente entre pessoas jovens e também entre pais e filhos. Tomkins chama a atenção para o fato de que, a partir da década de 1960, o comércio "aproveitou e explorou" as novas oportunidades de lucro trazidas pela crescente liberação sexual e começou a vender imagens sexuais como nunca.

Uma repercussão grave do crescente marketing e da estimulação do imaginário na área sexual é o cisma que se desenvolveu entre a natureza sexual e intimidade emocional de uma pessoa e o imaginário cada vez mais estimulado pelo mundo externo. Stanley Keleman afirma: "Quando a mídia promove a ideia de que certas aparências e comportamentos fazem uma pessoa ser considerada desejável, o sexo passa a ser uma fantasia divorciada do nosso desejo mais profundo, assumindo um caráter explorador e desvinculado do corpo" (IDH, p. 18). Ele continua:

> Em vez de aprender com a experiência e o passar do tempo, tentamos imitar imagens do momento. Quando não somos estimulados a desenvolver referências a partir da experiência, mas, ao contrário, tentamos nos guiar apenas por imagens, a personalidade emocional não se desenvolve. Há uma confusa evitação da escolha pessoal em benefício de um modelo impessoal, genérico. (IDH, p. 23)

> A imagem de uma sociedade reprimida está fora de compasso com a verdade. Não somos uma sociedade sexualmente repressiva; somos superestimulados e sensorialmente inflados. Nossa crise nacional é a superestimulação, não a repressão. Televisão, livros, escolas, rádios e jornais disputam nossa atenção, buscando acesso aos sentidos e à vida interior. É um ataque vertiginoso contra o cérebro, os hormônios, o corpo. (IDH, p. 44)

É importante reparar especialmente na frase principal e perceber que todas essas forças externas estão *buscando acesso aos sentidos e à vida interior*! A razão de cobrir um amplo espectro de fatos sobre a sociedade atual e citar uma série de estudiosos e analistas perspicazes antes de entrar nos detalhes do papel da astrologia na compreensão dos relacionamentos é que é preciso *apropriar-se* (ou *reapropriar-se*) da vida interior para conseguir ter relacionamentos prósperos, satisfatórios para as duas partes. Coisa difícil nestes tempos se a pessoa não está atenta às influências sociais e psicológicas e pressões que distorcem, manipulam e debilitam o comportamento autêntico em um relacionamento. Dizendo de outra forma, dedico grande parte deste livro a essas questões tão abrangentes a fim de oferecer um pano de fundo realista para o entendimento de nossa vida atual e descrever, sem disfarçar a verdade, os obstáculos substanciais que é necessário superar para ter relacionamentos satisfatórios e bem-sucedidos no século XXI.

Keleman não faz rodeios quando discute as implicações individuais dessas tendências que aviltam nossa sensibilidade e nossos ideais:

> No exercício indiscriminado dos impulsos sexuais, a oportunidade de agir a partir de mensagens do nosso gênero vindas das profundezas da satisfação emocional se perdeu. O sexo passou a ser uma atividade idealizada fomentada pela estimulação externa. Percebe-se isso na óbvia superestimulação produzida e exigida por nossa cultura, nos usos do sexo tão distantes de uma maturidade pessoal enriquecedora ou da formação de relacionamentos duradouros. O sexo se tornou uma coisa em si mesma, e há uma constante busca de variedade, novas técnicas de excitação e a substituição do contato pela fantasia. Relacionamento não é importante, um futuro não é importante. É o sexo pelo sexo. Isso não é liberdade, mas um uso incorreto que resultou da possibilidade da contracepção. (IDH, p. 75)

Uma ampla variedade de conflitos, situações de duplo vínculo e hipocrisias surgem dessas tendências que descrevi. Uma delas é a contradição entre o desejo de respeito e igualdade declarado por muitas mulheres e sua maneira de vestir, seu comportamento e sua imagem pública intencionalmente projetada. Homens do mundo todo têm notado essa contradição, ainda que muitas mulheres se eximam de qualquer responsabilidade nessa área da vida. Essa negação geralmente deixa os homens perplexos, mas talvez isso possa ser explicado pela seguinte observação de Emma Jung, esposa de C. G. Jung:

> Devido a sua inconsciência, a mulher exerce uma influência mágica no homem, um charme que lhe concede poder sobre ele. Como ela instintivamente sente esse poder e não quer perdê-lo, em geral resiste ao máximo ao processo de tornar-se consciente. (E. Jung, *Animus and Anima*, Continuum International, 1985)

Parece claro para muitos homens que a provocação das mulheres por meio de roupas e comportamentos impróprios deve ser considerada apenas mais um tipo de molestamento sexual, tanto quanto existem as várias formas de sugestionamento agressivo masculino. É difícil para muitos homens em posição de autoridade levar a sério uma reclamação de discriminação na promoção de mulheres quando isso vem de alguém que se veste e se comporta de modo impróprio para o ambiente profissional, demonstrando assim ter pouca consciência do outro e pouco senso de responsabilidade. Keleman expressa essa questão muito claramente:

> A confusão se agrava com as modas sexuais que nos atacam de todo lado. Exposições provocantes significam olhar e admirar, mas não tocar. Roupas que salientam partes do corpo que despertam o desejo sexual não refletem o significado real da satisfação sexual. Na verdade, isso não só produz frustração e resulta em respostas nem um pouco bem-vindas, mas é também um ato de violência contra a verdadeira função da anatomia. Permitimos a superestimulação e ao mesmo tempo persistimos nas exigências sociais de restrição e autocontrole. Não é de surpreender, então, que uma cultura permissiva testemunhe no seu seio uma drástica e crescente escalada de toda espécie de violência. (IDH, p. 48)

Realidade e papéis sociais e sexuais

O mais sábio e querido de meus professores disse uma vez: "Onde há amor não há questionamento sobre direitos e igualdade." Não sei por que as pessoas não aceitam isso como um ideal para *todos* os relacionamentos humanos, embora tenha certeza de que muitas pessoas vão se opor e me considerar um idiota romântico irrecuperável. Mas é bom lembrar que mencionei isso como um *ideal*. Por ter o Sol em Libra (o signo do equilíbrio ou das escalas de justiça), aprecio o equilíbrio das funções complementares dos sexos na vida cotidiana, assim como sua natureza psicológica complementar. E admito que o ideal de uma harmonia justa e equilibrada me atrai, assim como – espero – atrai a maioria das pessoas. Então, talvez seja o momento de examinar algumas das tendências e pontos de vista da sociedade moderna que inibem o desenvolvimento dessa harmonia. Para isso, é importante conhecer a função real dos papéis sociais e sexuais da maneira mais abrangente e realista possível.

No empenho de equilibrar os comentários sobre esse assunto, escancarei meu ponto de vista enfaticamente masculino nesta parte do livro, sem fingir ser capaz de fazer de outro modo, como uma grande quantidade de psicólogos homens que conheci finge fazer. Na verdade, acho que eles estão sendo condescendentes com as mulheres e injustos com os homens, para não dizer hipócritas, por adotar o jargão de "irmandade", "vitimação" e "autorização", quando desafiar os pacientes a pensar de um jeito novo seria talvez mais benéfico. É possível que o fato de seus pacientes serem na maioria mulheres os leve a assumir a *persona* e adotar uma atitude menos autêntica, e até algumas vezes a deturpar a natureza da maioria dos homens para suas pacientes mulheres.

Também sinto que o ponto de vista das mulheres vem sendo ouvido de maneira mais justa nos últimos anos, e o ponto de vista feminista tem sido alvo de comentários em toda parte – especialmente desse tipo de comentário ruidoso e raivoso. Por um tempo, não houve dúvida, mas esse tempo certamente há muito já acabou no mundo ocidental. Como a psiquiatra Eleanor Bertine escreve no seu excelente livro *Jung's Contribution to Our Time*, considerando as versões extremas do feminismo:

"Podemos perdoá-las por sua parcialidade, já que todos os movimentos têm de ser parciais para funcionar. No entanto, a tentativa de apagar as qualidades específicas de cada sexo e reduzir a mulher a um tipo de homem menos eficiente porém mais sobrecarregado não agradou às mulheres mais que aos homens. Psicologicamente, o único contentamento verdadeiro vem da realização das potencialidades inerentes à pessoa, e não da distorção do que se é para imitar o outro" (p. 135).

Mais uma vez, a última frase acima faz lembrar o quanto a expressão *autêntica* está distorcida pela aderência excessiva a conceitos abstratos, modismos sociais ou extrem*ismos* de todo tipo – como vimos acontecer ao longo do século XX com as distorções de personalidade e da integridade individual exibidas por tantas pessoas submetidas a formas de governo e situações sociais em que se sentiam intimidadas. Mas a sociedade como um todo também pagou um preço por apaziguar impensadamente os extremistas de gênero adaptando-se rápido demais às suas exigências. A Europa faria bem em analisar com todo o cuidado os verdadeiros resultados desse apaziguamento tão ávido, mal pensado e mal planejado dos ativistas de gênero dos Estados Unidos. Por exemplo, paga-se um preço muito alto – social, emocional, legal e econômico – por flertar excessivamente com as noções mais extremas do feminismo. A experiente empresária Sarah McCarthy ressalta em uma coluna da revista *Forbes* que esse "fascismo cultural" tem de fato banalizado o movimento das mulheres. Ela aponta que a abordagem exagerada afastou os aliados naturais das mulheres e fez que homens e mulheres que queriam trabalhar "ombro a ombro" se ocupassem, em vez disso, em vigiar *por sobre o ombro*, com medo de ações judiciais ou acusações de assédio – jogos inocentes, nuances e flertes leves que colaboravam para *aliviar* a tensão no local de trabalho, agora viraram crime. Ela opina ainda sobre outro ponto importante:

> Sou uma feminista, mas a lei me faz ter receio de contratar mulheres. Se um dos nossos cozinheiros ou gerentes [...] ofender alguém, isso pode nos custar 100 mil dólares de indenização por danos morais mais as custas do processo. Isto vai para a liderança do movimento de mulheres: vocês prestaram um desserviço às mulheres [...] estão amedrontando os gerentes a ponto de levá-los a contratar homens em detrimento das mulheres. Sei disso porque também estou apavorada. ("In My Opinion", *Forbes*, 9 de dezembro de 1991)

Uma das percepções mais iluminadas e profundas já expressas pelo terapeuta Stanley Keleman é: "A importância dos papéis é que eles são canais e locais de acesso ao quinhão que a natureza pretende que cada um de nós viva." (IDH, p. 63). Rejeitar completamente os papéis sociais e sexuais que se desenvolveram durante milhares de anos é negar a realidade dos seres humanos e de suas sociedades de uma forma cujo impacto estamos longe de imaginar. Parece que chegou a hora de enfrentar certas realidades antes que as sociedades ocidentais tentem moldá-las de acordo com um conceito imaginário de "pessoa" que é no máximo apenas um experimento recente. Mais uma vez, Keleman ilumina a questão:

> O gênero é o ingrediente que determina o relacionamento entre os sexos, e ele vem sendo desafiado pelo conceito atual de "pessoa". Supõe-se que a pessoa esteja livre de masculinidade ou feminilidade, um tipo de estado ideal do ego, sem gênero biológico e emocional. Essa noção de pessoa tem adentrado as áreas política, legal e judicial, onde a igualdade significa superar a discriminação de gênero. A ideia de oportunidades iguais dentro das leis e instituições tem sido estendida e vem sendo interpretada no sentido de que homens e mulheres são seres iguais, biológica e emocionalmente. Criamos uma pessoa mitológica, assexuada, sem base na realidade biológica, derivada apenas da fantasia política, legal e sexual. (IDH, p. 72)

Ao aceitar os dogmas dos que defendem de maneira extremista o papel de gênero, estamos criando novos mal-entendidos e prestando um desserviço a ambos os sexos, à sociedade como um todo. Quando as mulheres aceitam as opiniões extremas das "feministas" mais ruidosas e agressivas, estão se forçando a construir muitas das características que chegaram a antipatizar nos homens, e em geral acabam destruindo, negando ou desvalorizando as melhores características que a maioria das mulheres expressa de forma totalmente natural. Enquanto as mulheres no Ocidente estão reconhecidamente deixando para trás um papel antiquado e restrito, os homens estão apenas começando a fazer o mesmo, normalmente sem grande ajuda das mulheres. Muitos estudos têm demonstrado o quanto os homens, em diversos países, se sentem oprimidos física, social e psicologicamente por um papel sexual e social antiquado. Pode-se ler, por exemplo, *The Mith of Male Power*, de Warren Farrell, Ph.D., uma extraordinária fonte de casos difíceis de encontrar. O autor foi até eleito o primeiro membro do quadro masculino da National Organization for Women em Nova York, cargo que abandonou quando se convenceu de que aquela forma de feminismo era "um sistema parcial de política de gênero".

Muitas das ideias, acusações e até políticas institucionais criadas pelo ativismo extremista de papel sexual têm forçado os homens a reagir, não sem alguma relutância, depois de ficar na defensiva por anos e permitir que uma avalanche de propaganda e intolerância afetasse sua mente e seus relacionamentos. Falando francamente, a maioria dos homens não quer *competir* com as mulheres. Eles *precisam* das mulheres, aparentemente de um modo e em um nível de intensidade que as mulheres em geral não entendem (veja a próxima seção deste capítulo para mais detalhes). Mas depois de terem sido forçados a viver uma infinidade de situações de duplo vínculo e se sentirem fartos do comportamento pouco autêntico e até mesmo hipócrita que foi exigido deles, homens de várias idades e níveis sociais e educacionais estão dizendo: "Chega!"

E o que são esses "duplos vínculos"? Eis alguns:

- A mulher "moderna" diz que quer homens que tenham características "mais suaves", liberdade na expressão emocional, gentileza e vulnerabilidade. Mas os homens, tentando se abrir para essas partes reprimidas de si mesmos, queixam-se de que as mulheres perdem o respeito por eles quando não se mostram "fortes e no controle" – características tradicionais dos homens.

- A partir da observação acima, uma pesquisa revelou que a maioria dos altos executivos tem esposas que não trabalham, muitas vezes uma necessidade para gerenciar um estilo de vida complexo. Porém, praticamente todas as altas executivas têm maridos que trabalham em tempo integral. É interessante especular se a mulher o respeitaria se ele não trabalhasse também.

- Há graves problemas em tentar ser um homem "integral" porque o mundo dos negócios ainda é orientado por uma ética profissional inflexível que não reconhece as necessidades pessoais, a expressão emocional ou as incertezas dos homens em transição de estilo de vida. (Mulheres que entram neste "mundo dos homens", ao contrário de modificá-lo, parecem se adaptar à típica ética de trabalho masculina, de sacrificar-se pela empresa trabalhando demais.)

- Enquanto os homens se despedem da charada insensível na qual o sexo é um jogo de conquista, cada vez mais mulheres rejeitam compromisso sério, assim como também adotam a velha tática do "macho" de testar seus poderes de conquista.

- Muitos homens têm enorme dificuldade de dar suporte emocional a outros homens. Em contraste com a rede de suporte que as mulheres construíram, grande parte dos homens acha difícil até mesmo ser amigo de verdade de outro homem; aqueles que acreditam que têm uma genuína amizade masculina admitem que muitas vezes há uma barreira para discutir assuntos mais pessoais.

- Muitas mulheres, quando perguntadas, dizem automaticamente que querem amor ou profundo companheirismo em um relacionamento, mas, em estudos confidenciais ou pesquisas em profundidade, elas geralmente revelam outros motivos, como dinheiro, segurança, *status*, filhos, sexo regular, etc. Homens românticos mas também crédulos, que levam essas afirmações das mulheres ao pé da letra, normalmente ficam abalados e desiludidos ao lidar com esse comportamento falso, como muitos terapeutas podem confirmar. (Reconhecidamente, isso parece ser um paralelo a um comportamento masculino bem comum e em geral bastante censurado publicamente pelas mulheres, de prometer qualquer coisa para ter sexo!)

- Como a liberdade sexual se difundiu, mais comportamentos de amplo espectro vêm sendo explorados pelas mulheres; mas muitos homens sentem que não há um progresso paralelo na honestidade interpessoal das mulheres a respeito de seus desejos. Em sua maioria, as mulheres ainda esperam que os homens iniciem o sexo, mas ainda esperam também que eles adivinhem como fazer isso do jeito que elas preferem. Se um homem é direto e sincero sobre sua paixão ou desejo ardente, embora algumas recebam muito bem essa honestidade, a maioria das mulheres ainda considera isso impróprio e instintivamente se mostram insultadas ou indignadas, reagindo com raiva, lágrimas e outros sinais de desapontamento. Mas, apesar da aversão por uma honestidade assim tão direta, hoje os conselheiros e terapeutas ouvem muitas mulheres se queixarem de não estar sexualmente satisfeitas e de não encontrar homens que sejam realmente agressivos ou "potentes".

A estreiteza do papel do homem e os duplos vínculos embutidos têm ainda outro impacto que é especialmente pertinente a este livro. É sabido que as mulheres são bem mais abertas para as áreas mais sutis, intuitivas e inexplicáveis, porém legítimas, da experiência humana. A astrologia é estudada e usada, e valorizada, por uma quantidade muito maior de mulheres – para quem sua exatidão é completamente óbvia – do que de homens. No entanto, isso é em parte um fenômeno cultural, relacionado portanto com os papéis sociais. Por exemplo, em muitos lugares da Ásia os homens são os mais sérios e aplicados estudiosos de astrologia e constituem a maioria dos profissionais dessa área. Entretanto, na maior parte do mundo ocidental, o papel masculino é tradicionalmente relacionado à mente analítica "lógica" e à "ciência" no sentido mais rígido, e não como uma metodologia objetiva. Isso tem causado a muitos homens um medo do "irracional" que não apenas impõe uma severa limitação nas áreas da vida que eles considerarão dignas de explorar, mas também limita sua capacidade de se relacionar com os outros e com sua própria vida interior. A muitos homens no Ocidente falta o que se chama "intuição", a capacidade de sentir o significado de uma situação ou seu potencial, assim como o instinto natural de confiar em suas respostas quando as pistas não estão todas visíveis. Sem sombra de dúvida, está na hora de os homens se livrarem de um papel tão restritivo, visto que isso afeta não só os relacionamentos, mas também a amplitude intelectual, a criatividade, a expressão emocional e a saúde física.

A mal avaliada necessidade que os homens têm das mulheres

O material sobre papéis femininos e masculinos publicado nas duas últimas décadas daria para encher uma enorme biblioteca. Mas há muito menos pesquisas e comentários perspicazes sobre como os sexos veem um ao outro ou tentam entender as necessidades do outro num relacionamento íntimo. Por exemplo, poucas mulheres parecem ter ao menos uma pálida ideia de como os homens precisam desesperadamente da companhia , do apoio e – ouso dizer – da feminilidade delas. O que sustenta essa observação, com exemplos ao longo de toda a história, poderia tomar quinhentas páginas, mas vou mencionar umas poucas atitudes de ampla concordância e algumas citações.

Poucas mulheres entendem a *violência* da sexualidade masculina e a atração que os homens sentem por elas – sua intensidade, rapidez e natureza obsessiva e persistente. Que muitas ignoram esse fato da vida é algo que se revela não apenas por afirmações e expectativas ingênuas que as mulheres (incluindo as feministas) expressam, mas talvez principalmente pelo estilo de indumentária que muitas delas se esforçam em adotar. Robert A. Johnson escreve: "Pouquíssimas mulheres entendem como é grande num homem a fome de se aproximar da feminilidade" (*SHE: Understanding Feminine Psychology*, p. 27). Há mais de duzentos anos, o grande pensador e escritor francês Michel de Montaigne escreveu a respeito com surpreendente objetividade: "O anseio sensual que nos atrai para as mulheres procura apenas expulsar essa dor de que um desejo ardente e sincero realmente nos possui, e só quer aquietá-lo para descansar e ficar livre dessa febre" (*Essays*).

Esse é um dos piores aspectos de algumas sociedades modernas que aumentam as exigências e pressões que a vida cotidiana impõe a todos, incluindo mulheres e em geral até crianças, a ser cada vez mais competitivos; mas essa qualidade faz que as mulheres sejam cada vez menos complementares aos homens, que continuam a precisar delas mais do que conseguem dizer. É óbvio que se faz necessária uma comunicação bem melhor e mais profunda entre os sexos, não só para entender mas também para conhecer as necessidades do outro. Nathaniel Branden escreveu a respeito:

> Na minha experiência, muito do que se chama guerra dos sexos é o resultado do medo de rejeição, abandono ou perda. Em geral homens e mulheres têm grande resistência a aceitar o quanto precisam uns dos outros, quão importante é o sexo oposto para a alegria da vida e a realização das potencialidades masculinas e femininas. É comum as pessoas sentirem quase ódio quanto ao fato de que precisamos do sexo oposto tanto quanto ele de nós. (*The Psychology of Romantic Love*)

Estudos e bobagens: como entendemos sexo, amor e relacionamentos hoje

Há muitos anos venho sentindo que a maioria dos estudos modernos neste campo teve falhas gigantescas e, na verdade, careceu da profundidade humana necessária para ter alguma ressonância com a experiência das pessoas. Muitos dos ensinamentos, pesquisas, abordagens de aconselhamento e estudos parecem tão abstratos e mecânicos que é como se falassem de uma sociedade futurista de robôs ou zumbis sem sentimentos, tradições sociais, valores religiosos, ideais espirituais nem anseios emocionais. A descrição despersonalizada da vida íntima que resultou daí não foi apenas ofensiva e ridícula, mas completamente inexata. No passado, quando os modelos de vida pessoal, sexual e familiar estavam nas mãos de padres e ministros e as pessoas buscavam neles conselhos autorizados, isso foi um tipo de limitação; mas todos esperavam e em geral compensavam isso. Porém hoje, quando as pessoas olham para o moderno clero de psicoterapeutas e para os que propõem a crença inquestionável na "ciência", encontram uma outra forma de limitação, que exclui muito da riqueza da vida e oferece pequenas promessas de um futuro feliz e satisfatório. E estamos só começando a compreender as limitações daquelas abordagens e a aprender como compensá-las – normalmente por ignorar boa parte da informação oferecida pela mídia!

Keleman escreve:

> Terapeutas e conselheiros muito frequentemente sustentam essas noções por estimularem a sexualidade descomprometida e o sexo, diminuindo por omissão sua seriedade e seu mistério. Pouco ou nada é dito a respeito do valor da contenção e da maturidade, ou da força inerente à natureza emocional da sexualidade, ou dos esforços que são parte indissociável do vínculo heterossexual. Os valores da família e dos relacionamentos de longo prazo são muito provincianos, restritivos ou enfadonhos. O aumento dramático do número de famílias de mães ou pais solteiros testemunha essa versão moderna da liberdade. Não só há cada vez menos modelos de vínculo heterossexual bem-sucedido, mas nós, como cultura, estamos nos afastando das verdades duráveis que a interação heterossexual tem a ensinar. (IDH, p. 7)

A mídia hoje está cheia de estudos estatísticos que passam por "científicos", mas suas bases e tendências raramente são examinadas. Quem concorda em gastar seu tempo respondendo questionários sobre determinado assunto obviamente está mais focalizado naquele assunto do que outras pessoas. Quem se apresenta como voluntário para participar de estudos sobre vida íntima normalmente dá mais importância ao assunto do que o público em geral. São pessoas que não se importam de revelar detalhes de sua vida privada para estranhos, definindo assim a si próprias como totalmente fora da "média". Portanto, não podemos assumir que são capazes de falar por outros. De fato, essas pessoas não são representativas de nenhuma "média". As abordagens feitas nesses estudos costumam ser completamente mecânicas, como se as pessoas fossem todas o mesmo modelo da mesma máquina, com poucas diferenças individuais em termos de emoções, sensibilidade, intensidade, necessidades, gostos ou valores. Que absurdo! Keleman acrescenta:

> Há literatura profissional em sexualidade que explica o sexo como uma função mecânica, não mais do que estímulo-resposta. É como se a sexualidade humana funcionasse como uma máquina, ligada para funcionar deste modo ou daquele. Muitas visões correntes da sexualidade a divorciam, deliberada e continuamente, do desenvolvimento emocional da pessoa. Há uma concentração na técnica e no desempenho, na descrição da sexualidade como programação mecânica, catarse orgástica ou realização narcisista. (IDH, p. 18)

Embora estudos sobre sexo e relacionamentos como os livros de Shere Hite fornecem informações úteis sobre as variedades de natureza humana e comportamento, eles ainda não dão nenhuma pista sobre coisas que a astrologia pode esclarecer, a saber:

- Um entendimento da compatibilidade em muitos níveis específicos.
- Métodos para identificar uma pessoa cuja sintonia energética seja complementar à de outra.
- Uma percepção mais profunda de por que uma pessoa sente e pensa de determinada maneira e tem necessidades específicas.

Ao reunir dados e material para este livro, fiquei bem atento a essas questões. Sem dúvida o tipo de pessoa mais mental que se diverte analisando sua vida íntima respondeu ao questionário de forma mais extensa e detalhada. (Em astrologia esse seria o tipo mercurial.) Mas procurei compensar isso selecionando para este livro apenas as respostas com maior discernimento, em vez de usar um método estatístico, e também descrevendo muitas histórias de casos, assim como fazendo diversas entrevistas por iniciativa própria e com voluntários. Na verdade, em geral me pegava entrevistando muita gente em qualquer lugar, até quem resistia de alguma forma ao questionário. Em todo caso, fico satisfeito com o fato de que as citações literais das pessoas nos capítulos adiante constituam uma contribuição significativa e imparcial para a precisão do material e as conclusões gerais apresentadas.

4
Astrologia no século XXI: um novo ponto de vista

Onde está a sabedoria
Que perdemos com o conhecimento?
Onde está o conhecimento
Que perdemos com a informação?
T. S. Eliot

Uma década atrás era comum dizer que a quantidade de informação disponível dobrava a cada cinco anos. Quem sabe qual é a velocidade do bombardeio de informação agora, com a expansão da internet e a existência de milhares de bancos de dados? Porém, a proporção de informação *usada* para o total de informação disponível diminui diariamente! E, sem sombra de dúvida, a proporção de informação *útil* prontamente disponível deve estar no nível mais baixo da história. Com a acentuada queda dos padrões acadêmicos, escolares e jornalísticos e a ampla rebeldia contra todas as formas de autoridade, amplificada em escala global pela internet, a analogia de que a internet é um imenso museu sem curador parece cada vez mais apropriada.

No entanto, com toda essa disponibilidade de informação e pseudoconhecimento, alguém que busque um entendimento profundo da vida humana e paz de espírito pode muito bem fazer as mesmas perguntas que o grande poeta T. S. Eliot propõe nos versos acima: onde está a sabedoria? Em outras palavras, o que pode nos dar verdadeira compreensão e discernimento de nossa situação individual e das dificuldades culturais e interpessoais de nossa sociedade? É preciso admitir que as tendências das últimas décadas falharam em fornecer soluções com esse nível de sutileza, portanto precisamos tentar uma abordagem nova, *holística*, que acolha e integre a ampla variedade de iniciativas humanas e modos de examinar a natureza humana. As distinções artificiais do passado devem ser rejeitadas quando interferem em nossa busca por métodos *benéficos* e resultados práticos.

O filósofo e historiador dr. Vartan Gregorian, ex-presidente da Biblioteca Pública de Nova York, afirma:

> Preocupa-me que a busca pelo progresso técnico não seja mais um meio, mas tenha se tornado um fim em si mesma, escapando ao controle humano e, assim, dominando o homem, alienando-o de si mesmo, da sociedade e do ambiente [...] Testemunhamos um abismo crescente e, em minha opinião, artificial e desnecessário entre as ciências humanas e as demais ciências [...] Acredito na *reintegração* do conhecimento, se sobrevivermos como sociedade [...] tecnologia é um artefato cultural, algo que criamos. É um meio para um fim, e é preciso decidir que fim é esse. É preciso controlar e canalizar a tecnologia, ou ela nos levará na direção errada. (*Publishers Weekly*, 30 de maio de 1986)

Em diversos livros seus, Arthur Koestler, cujo trabalho impressionante e variado descrevi no capítulo 2, indica um meio de construir uma ponte sobre a destrutiva e desnecessária lacuna entre as abordagens quantitativa e qualitativa do entendimento da vida. Ele ressalta que uma mistura de curiosidade e admiração (componentes do mental e do emocional) "motiva as viagens de exploração de cientistas e artistas". De fato, seria meio caminho andado na direção da cooperação entre as diferentes disciplinas, profissões e facções da sociedade se todos enxergassem a diversidade de abordagens consideradas autênticas "viagens de exploração" dignas de respeito. Koestler elaborou um gráfico (veja figura 4.1) que tomei a liberdade de alterar um pouco – acrescentando a astrologia, por exemplo – em seu papel de método de investigação da personalidade e da experiência humanas, do relacionamento com o outro e dos ciclos e energias da vida, baseado em sua combinação singular das dimensões quantitativa e qualitativa.

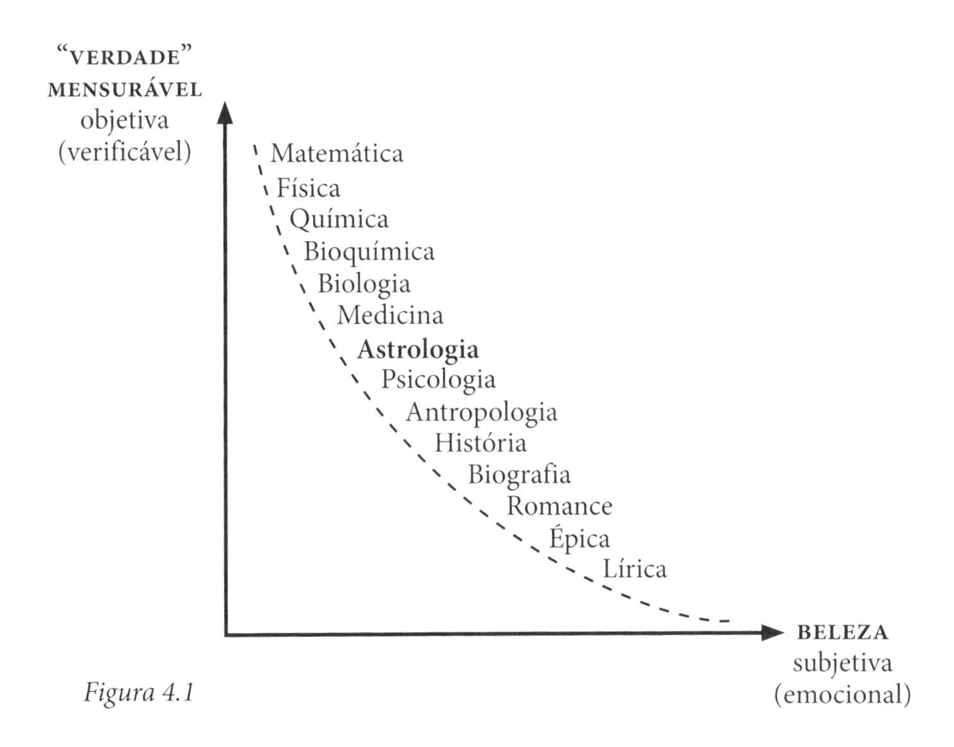

Figura 4.1

Koestler diz que esse diagrama, apresentado em *The Act of Creation*, destinava-se a ilustrar a continuidade das "duas culturas" (ciências humanas e demais ciências) e o amplo espectro de muitos campos de estudo:

> O eixo vertical representa a dimensão da "verdade objetiva", verificável pela experimentação; o eixo horizontal representa a experiência subjetiva da "beleza"; o primeiro governado pelo intelecto, o segundo pelas emoções. O quadro mostra as províncias vizinhas à ciência e à arte, organizadas em uma série contínua. Ao nos movermos para baixo ao longo da curva inclinada, a "verificabilidade objetiva" diminui gradativamente enquanto o fator subjetivo, emocional, aumenta. Contudo, mesmo nos pontos mais altos da curva, o campo da pura matemática, encontramos perturbadores paradoxos lógicos que não podem ser resolvidos, e matemáticos ansiando pela "beleza nas equações". Ao descermos da matemática para a física subatômica, a interpretação de dados empíricos vai ficando cada vez mais controversa; e assim pode-se descer pela curva partindo das chamadas ciências exatas, como química, biologia e medicina – uma ciência, aliás, bem menos exata –, e chegar a domí-

nios mais híbridos, como psicologia, biografia, romance biográfico e, por último, a pura ficção. [...] O objetivo desse jogo é mostrar que independentemente da escala de valores que se decide aplicar, percorre-se uma série contínua até o fim, sem encontrar nenhuma rachadura no vaso grego – nem abismo entre as duas culturas. (AOC, p. 372)

Há inúmeros modos de descrever a astrologia, mas no contexto do diagrama de Koestler, seria apropriado chamá-la de um tipo de *biografia matemática* quando ela é aplicada para o entendimento de uma pessoa. É um termo adequado porque a astrologia examina tanto a vida interior quanto a exterior, mas com base em um alicerce de medições precisas dos planetas – sua localização no céu e suas relações geométricas entre si e com a Terra. De fato, um mapa natal (ou *horóscopo*, para usar o antigo termo grego) é simplesmente um mapa do céu como observado da Terra no momento e local exatos do nascimento. Isso foi particularmente notável para mim, logo depois pensei no termo "biografia matemática", quando lembrei que o grande filósofo, compositor e astrólogo Dane Rudhyar (1895-1990) já chamava a astrologia de "álgebra da vida" em 1936. Essa descrição aparece em *The Astrology of Personality*, a primeira integração moderna da sofisticação da astrologia com a profundidade da psicologia. Esse livro, que a tantos influenciou, ainda está em catálogo e já vendeu centenas de milhares de exemplares em diversos idiomas.

Outra forma simples de abordar a astrologia, especialmente para iniciantes no assunto, é vê-la apenas como extensão e ampliação da realidade cotidiana. Ela simplesmente lida com o tempo e os ciclos planetários (incluindo os *ciclos da Terra)*. Todos vivenciamos a realidade de um dia (a rotação da Terra sobre seu eixo), de um mês (aproximadamente um ciclo lunar completo), de um ano (uma rotação completa da Terra em volta do Sol). Todo mundo vê (na verdade não há como deixar de ver) as correlações óbvias da experiência diária com esses ciclos do sistema solar. No intuito de ser capaz de se referir às bases fundamentais da astrologia, então temos que simplesmente expandir as fronteiras da consciência além da órbita da Terra e da Lua para outras dimensões da vida. Temos apenas que sintonizar com *outros* ciclos dentro do nosso sistema solar, reconhecendo que eles também têm um lugar na ecologia funcional do sistema como um todo. Reconhecidamente, os ciclos e ritmos da Terra, da Lua e do Sol têm as conexões mais *óbvias* com experiências comuns a todos os seres humanos. Mas não seria razoável admitir que os outros planetas também têm conexões semelhantes com nossa vida, ainda que mais sutis ou mais difíceis de ser percebidas pelos sentidos físicos?

De fato, cada vez mais descobertas e modelos criados pela ciência contemporânea apontam para a inevitável uniformidade e interconexão de toda criação e de todas as dimensões da vida. E, com o passar do tempo, as abordagens qualitativa e quantitativa vão parecendo menos estranhas. Koestler explicou em *The Sleepwalkers* como, por algum tempo, a abordagem quantitativa ameaçou obliterar todos os outros modos de entender a vida:

> A afirmação de Galileu de que "o livro da natureza é escrito na linguagem matemática" foi considerada por seus contemporâneos um paradoxo; hoje é um dogma inquestionável. Por muito tempo a redução de qualidade para quantidade – de cor, som, radiação para frequências vibracionais – foi tão notavelmente bem-sucedida que parecia responder a todas as perguntas. Mas quando a física abordou os constituintes básicos da matéria, a qualidade deu a volta por cima: o método da redução à quantidade ainda funciona, mas já não sabemos exatamente o que é que está sendo reduzido nesse caso. (SWK, p. 544)

Em outras palavras, a abordagem quantitativa, que insiste que na vida só as coisas mensuráveis são consideradas *reais*, chegou ao seu extremo, ao ponto paradoxal em que somos forçados a reconhecer mais uma vez a realidade e o profundo valor das qualidades, princípios, virtudes e campos de experiência universais que são absolutamente imensuráveis. Enfatizo aqui que a própria astrologia é um sistema integrado e sintetizador que *incorpora tanto o quantitativo quanto o qualitativo*; por isso é uma linguagem de descrições e distinções qualitativas, baseada num fundamento de medições matemáticas precisas do sistema solar.

Nas últimas décadas, vem acontecendo uma explosão de novas ideias e modelos que sintetizam as velhas dicotomias sobre as quais as pessoas discutem de forma infrutífera há tanto tempo. As rígidas categorias antigas da "ciência" se desintegraram, deixando espaço para respirarmos intelectual, emocional e espiritualmente. De fato, podemos conceber que a "verdade" científica seja *sempre* expressa nos termos da visão de mundo da época. Em consequência disso, a versão científica da verdade ou realidade em vigor vai mudar inevitavelmente, podendo até ser descartada no futuro. Qualquer pessoa honesta que esteja familiarizada com a história do pensamento humano deve reconhecer que, provavelmente, há muito de superstição e mal-entendido embutido nas afirmações da ciência moderna, assim como na ciência e mitos antigos.

Laurence L. Cassidy, Ph.D., SJ, cientista que também estuda e usa a astrologia, escreveu em um artigo que muitas teorias da física agora sugerem que a comunicação no universo acontece instantaneamente. Explicando por que todos os planetas no nosso sistema solar são relevantes para a vida humana, não importa quão distantes estejam da Terra, ele acrescenta: "[...] a distância espacial não faz diferença na determinação de causa e efeito". (CSA)

Em *The Field*, Lynne McTaggart sintetiza boa parte da pesquisa recente em ciência e artes curativas, que também aponta para essa unidade emergente no modo como conceituamos o funcionamento da vida e nossa própria natureza. Ela afirma: "Há uma subestrutura de sustentação do universo que é essencialmente um agente de registro de tudo, fornecendo meios para que tudo se comunique entre si" (TF, p. 294). Mais adiante, a autora conclui que "as pessoas são inseparáveis do seu ambiente. A consciência viva não é uma entidade isolada" (p. 294). Muito do que está nesse livro reporta à evidência que desmonta velhas noções de separação, limitações de tempo e espaço e formas materiais distintas. McTaggart declara que "podemos ser vistos mais como uma complexa rede de campos de energia em algum tipo de interação dinâmica" (p. 14). E acrescenta: "Só se pode entender o universo como uma teia dinâmica de interligação [...] através do tempo e do espaço" (*ibid.*). Essa terminologia é notavelmente semelhante à parte da linguagem de energia com que descrevi a astrologia há trinta anos, em *Astrologia, Psicologia e os Quatro Elementos*. Também é semelhante aos resultados da pesquisa sobre campos eletromagnéticos realizada durante muitas décadas pelo professor e cirurgião ortopédico Robert Becker. Em *The Body Electric*, Becker observa que mesmo campos magnéticos muito pequenos têm uma influência significativa e que "a união geomagnética da vida com o céu e a terra é aparentemente mais como uma rede do que um simples sistema de fio e soquete".

Em relação à astrologia, esses discernimentos contemporâneos e percepções holísticas sobre a natureza da vida e do universo abrem a porta até para a pessoa mais cética e racional dirigir com seriedade um novo olhar para a astrologia. E também possibilitam aos astrólogos (e pesquisadores, médicos e terapeutas, que usam a astrologia talvez de uma forma mais discreta) abarcar mais inteiramente a visão unificada da vida que a astrologia incorpora e *nos ajuda a examinar*. O dr. Laurence Cassidy escreve:

> No que concerne aos astrólogos, tudo isso libera boas lufadas de ar fresco. Em primeiro lugar, não há, literalmente, nenhum fundamento legítimo no entendimento da comunidade científica para denunciar a astrologia como falsa. Pode ser que nossa prática não se encaixe dentro dos limites da "ciência" do modo como o consenso de grupo atualmente entende o termo, mas visto que quase ninguém dessa comunidade sustenta seriamente que o "método científico" é o único caminho para a verdade, não há razão lógica para que um cientista não possa também aceitar a verdade da astrologia, da mesma forma como pode gostar de poesia ou ser um teólogo erudito. Disciplinas diferentes têm metodologias diferentes, e não há razão para condenar a mão por ela não ser o pé. (CSA)

Afinal de contas, nunca devemos esquecer que todos os tipos de campos de estudo apenas criam *modelos*, que só são úteis por um tempo e não representam nenhuma realidade final. Algum tempo depois são substituídos por outros modelos, inevitavelmente. Há uma realidade inconcebível subjacente a esses limitados modelos humanos, da qual apenas uma parte pode ser abarcada pela mente racional ou sistemas científicos. O valor real desses modelos, ao menos nos campos que se referem à saúde humana, física e psicológica, pode ser determinado principalmente por sua utilidade em criar resultados benéficos, comportamentos mais positivos, mais saúde, entendimento e tolerância. E diferentes campos de estudo podem ter modelos e conceitualizações significativamente diferentes a respeito da mesma coisa. Por exemplo, considere os dois modos de descrever o Sol citados a seguir, que se poderia dizer que retratam de maneira concisa a verdadeira divisão entre as pessoas que consideram a astrologia um estudo precioso e as que se consideram "científicas" no sentido mais obsoleto do termo:

> Na verdade, pode-se falar do Sol como um grande acúmulo de gás hidrogênio, e haverá algum significado nessa afirmação na medida em que se entender tanto de química quanto de análise espectroscópica. Mas, pode-se também falar do Sol como símbolo do ego e/ou como a luz da vida de uma pessoa, e isso também terá significado na medida em que se entender de psicologia espiritual. Pode-se argumentar que o segundo tratamento é simplesmente metafórico ou simbólico, e em certo sentido isso é verdade, mas então a descrição do Sol como uma imensa bola de gás hidrogênio não é menos metafórica e/ou simbólica. Possivelmente o que levou a ciência pós-renascentista a desapontar a si mesma e a tantos outros foi sobretudo a forma ingênua como atribuiu uma posição privilegiada a suas metáforas em relação a outras. (CSA)

Como **todos** os modelos são simplesmente modelos, e não uma expressão da verdade suprema, e assim estão fadados a cair em desuso com o tempo, à medida que evoluem o entendimento e a consciência humanos, imagino que seja o momento de as pessoas inteligentes assumirem uma objetividade mais abrangente e com mais perspectiva, já que vários modelos parecem estar em conflito. Um modelo do nosso sistema solar que constatei ser útil para o entendimento da astrologia está descrito por Jeffrey Goodman em *We Are the Earthquake Generation*, num trecho em que ele delineia as visões de um teórico especialmente inovador:

> ... as leis do magnetismo são ainda mais importantes [que as leis da gravidade]. Ele retrata o sistema solar como um campo eletromagnético gigante no qual linhas de força magnética se estendem entre o Sol e os planetas. Diz que o sistema planetário é cuidadosamente equilibrado e que cada planeta atua como uma bússola giratória magnética – o súbito desvio de um deles afeta quase imediatamente e de maneira bastante direta todos os outros através desse campo magnético. Assim [...] planetas pequenos, que têm efeitos gravitacionais pequenos, poderiam no entanto ter efeitos amplos (derivados magneticamente) sobre os outros planetas quando estivessem localizados em posição central. (p. 189)

Por favor, observe a afirmação de que o "desvio de um deles afeta quase imediatamente e de maneira bastante direta todos os outros através desse campo magnético". Essa visão do sistema solar não só permite abolir os rígidos conceitos de tempo e espaço como limitações para a "influência" planetária – justamente como a astrologia pressupõe –, mas também ajuda a explicar de que modo planetas distantes como Netuno e Plutão têm sido relacionados a "efeitos" tão grandiosos na astrologia. Esse modelo do nosso sistema solar como um sistema de energia autossustentável, talvez um pouco como um dínamo eletromagnético, está, na verdade, de acordo com as mais recentes teorias científicas. No nível prático, ele também é útil aos profissionais da astrologia para tentar entender os vários ciclos de energia e mudanças importantes na vida individual que tão frequentemente são de outro modo inexplicáveis.

Então, que tipo de astrologia teremos para o século XXI? Qual é o seu valor, quais são as suas aplicações e em que ela deve se basear? Meu livro anterior tinha centenas de páginas sobre esses assuntos complexos, mas quero enfatizar aqui alguns pontos. O moderno tipo de astrologia a que estou me referindo é:

- fundamentado em observações empíricas e no significado tradicional dos símbolos planetários;

- verificado através de provas empíricas contínuas e do *feedback* das pessoas;

- usado dentro de uma disciplina de princípios básicos claros;

- absolutamente aberto ao refinamento e ao desenvolvimento contínuos através de pesquisa e descobertas.

Durante anos tenho testemunhado o poder inerente de entendimento e cura que a astrologia pode proporcionar, *se efetivamente transmitida* em linguagem clara e direta. Na verdade, a astrologia é a estrutura verdadeiramente inclusiva de que o vasto campo da psicologia precisa desesperadamente para esclarecer a dinâmica das energias e dos princípios vitais que animam a personalidade individual. Usar a astrologia inteligentemente, facilita muito a aceitação de si mesmo. Além disso, revela que *há* ciclos inteligíveis na vida individual, e se a pessoa estiver atenta conseguirá se beneficiar deles ou se adaptar.

Essencialmente, a astrologia mostra a realidade objetiva de cada personalidade individual (da qual a pessoa pode ser consciente apenas até certo ponto) antes que pressões sociais, influências culturais e tipos de formação exerçam seu impacto. Em outras palavras, o mapa natal fornece um traçado simbólico de nossa natureza profunda antes que ela seja colorida por muitos revestimentos. Insegurança passou a ser a queixa mais comum do nosso tempo, mas para ganhar segurança é preciso estar fortemente enraizado dentro de si mesmo por meio de algum tipo de certeza interior e/ou autoconhecimento. A astrologia é uma ferramenta significativa para alcançar essa compreensão de si mesmo e segurança interna, e sua utilidade em esclarecer as questões de compatibilidade nos relacionamentos ajuda a pessoa a se aceitar e ter experiências interpessoais mais satisfatórias. Como veremos nos próximos capítulos, o uso da astrologia desvenda muitos dos mistérios desconcertantes dos relacionamentos, assim como esclarece as necessidades específicas de relacionamento de cada um.

5

Como a astrologia amplifica nosso entendimento da interação energética entre as pessoas

O amor não pode ser forçado, o amor não pode ser persuadido nem provocado. Ele vem do céu, espontâneo e não procurado.

Pearl S. Buck

As interações energéticas entre as pessoas são uma parte da vida tão imediatamente perceptível que muitos de nós aceitamos sem questionar essas reações interpessoais vigorosas, e a força do seu impacto, sem parar para perguntar se aquelas experiências poderiam ser mais bem compreendidas. Ainda mais raramente perguntamos se esses intercâmbios poderosos podem ser representados com clareza por meio de algum sistema, ciência ou linguagem. Em todo o mundo sistemas abrangentes e profundos baseados nos "elementos" vêm sendo usados nas práticas de cura, desde a tradicional medicina chinesa, passando pela medicina ayurvédica indiana, até o sistema de terapia de polaridade desenvolvido por um médico osteopata de Chicago, dr. Randolph Stone. Assim, se familiarizar com os quatro elementos (ar, fogo, água e terra) é valioso não só do ponto de vista do relacionamento e da compatibilidade, mas também com o propósito de entender e melhorar a saúde física. É de admirar que mais pessoas não procurem identificar e entender essas forças poderosas que têm tanto impacto em nossa vida. E como a astrologia é a verdadeira linguagem da energia de que precisamos para alcançar essa clareza, pareceria imprudente ignorar o discernimento e o potencial para uma vida melhor que ela pode oferecer.

O místico persa Rumi, cujas obras são hoje amplamente conhecidas no mundo ocidental por sua beleza inspirada e seu profundo discernimento espiritual, escreveu: "O amor é o astrolábio dos mistérios de Deus." Acho que a maioria das pessoas tem vislumbres suficientes do estado elevado, intoxicado ou transcendente da mente e das emoções por meio de um relacionamento intenso – mesmo que efêmero – para sentir-se em ressonância com essa citação. Para mim isso significa que por meio da experiência do amor pode-se sentir ou intuir mais dos mistérios de Deus, da realidade cósmica ou da dança universal da vida expressos constantemente nos poemas de Rumi. Por meio do amor, diz Rumi, pode-se *vivenciar* alguma parte dessas realidades supremas, mas elas não são acessíveis por meio do pensamento ou da análise! Como tantos dos maiores escritores têm demonstrado, é possível, de vez em quando, descrever diferentes tipos de amor, mas não *explicar*.

A astrologia também não pode explicar o amor, mas pode descrever algumas das interações energéticas que em geral são intensas e por vezes profundas e aparentemente mágicas. É sabido que a astrologia é melhor para explicar o "entender-se bem" com alguém, de uma forma bastante específica, do que para analisar a experiência imponderável que chamamos de "amor". Mas para não subestimar o alcance da aplicação da astrologia, em quase todos os casos que tenho visto, quando duas pessoas vivenciam um amor recíproco especialmente forte, os fatores astrológicos refletem a intensidade e a atração nesse relacionamento, e muitas vezes mostram se ele é profundo ou superficial, e se é provável que seja duradouro. Esse nível complexo de análise vai além do escopo deste livro, que se dirige a iniciantes nos temas da astrologia mais facilmente acessíveis e rapidamente aplicáveis para a compreensão dos relacionamentos. Se os métodos e ideias que apresento neste volume se mostrarem precisos e perspicazes, naturalmente pode-se escolher aprender ainda mais desse campo fascinante.

Antes de ir mais fundo no quanto a astrologia expande nossa compreensão das energias da vida e dos relacionamentos, gostaria de examinar um pouco mais o aspecto transcendente do amor mencionado antes recorrendo a algumas observações feitas pela renomada psiquiatra junguiana Eleanor Bertine. Ela observou ao longo de anos de prática que muitas experiências importantes de amor entre um homem e uma mulher têm não só um poder transformador e um profundo mistério, mas também um poderoso componente de *energia* que talvez forneça o "combustível" para a intensidade da experiência e a possível transformação do casal.

> Lembro-me do enorme abalo que me causou o relâmpago artificial mostrado no Steinmetz Hall durante a Feira Mundial de 1938, em Nova York. Milhões de volts rugindo e crepitando através do espaço entre um polo elétrico e outro [...] Como assisti a isso amedrontada, tornou-se para mim a imagem das emoções opressivas que podem se constelar

entre um homem e uma mulher. Ilustrava a incalculável energia dos instintos e arquétipos dentro de uma relação impetuosa. Isso é algo que está muito além da pequena esfera controlada pela vontade humana. Pertence ao drama dos deuses ou às forças cósmicas [...] Porém, é só esse destino que tem levado muitas pessoas a ascender da infância psicológica à maturidade. A energia do desejo intenso ou se torna destrutiva ou inflama a retorta alquímica para o *magnum opus*. Tenho visto muitas pessoas que já tiveram uma atitude prejudicial, autoindulgente, na verdade totalmente infantil para com a vida, desenvolverem-se com essa experiência e tornarem-se adultos decentes, capazes de assumir qualquer risco exigido pelo relacionamento e pagar o preço, se necessário. Na realidade, não se espera comandar o relâmpago, mas é razoável querer conduzir-se apropriadamente na tempestade.

Isso dá à pessoa a oportunidade de se colocar acima do eu banal e limitado e participar da experiência decisiva das majestosas forças suprapessoais da vida – forças que sempre foram veneradas ou apaziguadas como deuses. (JCT, pp. 154-5)

Traduzindo em poucas palavras alguns dos termos da linguagem astrológica da dra. Bertine: os "deuses" são os poderes arquetípicos no interior da vida humana, representados em muitas culturas pelos planetas. E essa poderosa energia a que ela se refere consiste das forças vitais que se manifestam na vida humana de quatro formas: ar, fogo, água e terra. Os polos a que ela se refere não são apenas macho e fêmea, no sentido de dois tipos de corpo, mas também podem ser descritos como polaridades positivo/negativo, criativo/receptivo, expressivo/retentivo encontradas na vida e na astrologia. Duas das polaridades mais significativas em relação aos relacionamentos são as combinações Sol-Lua e Vênus-Marte, como vamos examinar em detalhe mais adiante.

Interações energéticas: uma experiência, não uma metáfora

Os quatro elementos da moderna astrologia – ar, fogo, água e terra – podem, é claro, ser considerados "meros" símbolos, mas todas as linguagens são compostas de símbolos. Todas as linguagens procuram representar significado e noção, e permitir que as pessoas comuniquem experiências comuns. Por essa razão, no restante deste livro vou simplesmente me referir aos elementos como quatro energias vitais definidas, que podemos experimentar, interagir com elas e usar de formas práticas. Definirei cada uma sistematicamente no capítulo 6, mas antes farei aqui uma introdução a partir de vários ângulos.

Vou dar alguns exemplos desses quatro elementos e suas manifestações e interações, fazendo que esses termos ganhem vida. Quando se acostumar a identificar essas energias e os fatores astrológicos associados a elas, o leitor provavelmente ficará imaginando por que não são todos que reconhecem uma terminologia tão vital e útil.

A interação dos campos de energia entre as pessoas é tão real que se pode sentir isso visceralmente. De fato, as complicações dessa interação têm possibilitado o florescimento de profissões e indústrias, sob a promessa de ajudar as pessoas a lidar com os conflitos, a comunicação pobre, dinâmicas de grupo irritantes ou uma atmosfera desagradável: aconselhamento psicológico para casais, consultoria a pessoal de empresas e grupos de comunicação, treinamento de métodos de trabalho em equipe, entre outras. Na presença de algumas pessoas sua respiração se torna restrita, sua voz enfraquece, seus olhos doem. Perto de outras você se sente à vontade, alegre ou criativamente estimulado. Com outras ainda, pode se sentir irritado ou furioso, ou ficar com o pescoço rígido, dor de cabeça, ou até exausto a ponto de sentir dor no plexo solar. Com algumas pessoas você sente uma hostilidade desproporcional à que o assunto exige, ao passo que com outras se sente aceito e apreciado não importa quão difíceis e estressantes algumas tarefas ou problemas pareçam. Ao discutirmos essas experiências energéticas interpessoais um terapeuta me disse: "Dependendo da pessoa, se você chega a menos de dez passos dela, se sente como se tivesse perdido meio litro de sangue." Basicamente, o campo de energia da outra pessoa interage com o seu, e a energia dela pode ter tamanho impacto sobre a sua que o funcionamento e a integridade do seu próprio campo energético ficam comprometidos. Nesses casos, você pode sentir não só um efeito sobre sua saúde ou energia física, mas em geral também uma sensação de confusão mental e/ou emocional.

Especialmente se você for do tipo sensível, receptivo, vai notar que quase qualquer pessoa o afeta de maneira significativa se você ficar na presença dela por muito tempo. Uma forma de descrever esse fenômeno é dizer que, positivamente, alimentamos ou estimulamos uns aos outros num nível de energia, ou, negativamente, restringimos ou entramos em conflito com as energias da outra pessoa. Na realidade, a maioria dos relacionamentos é uma mistura dessas interações energéticas, o que faz que sejam em muitos casos tão difíceis de entender. Por mais que você "ame" alguém, pode não ser capaz de tolerar essa pessoa em alguns aspectos. Ou pode sentir necessidade de afastar-se fisicamente (e até completamente) de uma pessoa para conseguir recarregar a própria "bateria". Escrevi mais detalhadamente em outros livros sobre casais que descobriram que precisam dormir em quartos separados para manter uma condição melhor de saúde. Em muitos casos eles também percebem que há uma drenagem de energia quando ficam fisicamente próximos por muitas horas. Em alguns poucos casos, no entanto, a estimulação energética recíproca provou ser tão excitante que dormir junto era quase impossível.

Tenho uma amiga, enfermeira há mais de trinta anos, que usa a astrologia para entender colegas de trabalho e pacientes a fim de maximizar os efeitos curativos nas suas relações. Um dia ela comentou comigo: "Você pode realmente ver e vivenciar os elementos através do corpo – não só na energia do paciente, mas também na capacidade ou boa vontade da pessoa para *cuidar* de quem precisa. Aqueles que têm predominância do elemento água são naturalmente os doadores de cuidados e curadores. São muito simpáticos e calmos. Muitas pessoas com falta desse mesmo elemento detestam ter envolvimentos emocionais e são inúteis no que se refere a cuidar de alguém. Uma pessoa cujos elementos predominantes são terra e ar foi ao hospital visitar um amigo doente e, insensivelmente, o acusou: "Você é um péssimo paciente. Fica zangado demais quando está doente."

A visualização dos elementos e de suas interações

Há várias formas de visualizar os elementos e imaginar como eles interagem entre si. Mas, primeiro, se você não conhece ao menos o elemento do seu signo solar, e de preferência também os signos da Lua, de Vênus e de Marte, consulte essa informação no capítulo 6 e nas tábuas dos apêndices C e D para determinar com que elementos você está mais sintonizado. Se você conhece astrologia a ponto de saber qual é o seu signo nascente, ou ascendente (sempre baseado na hora exata do nascimento), então também está dinamicamente sintonizado com o elemento desse signo.

Se puder tirar uns poucos minutos para imaginar como os quatro elementos se combinam (ou não se combinam!), terá uma noção visual imediata de como as *energias* elementais interagem entre si. Em alguma medida, todos os elementos são necessários na vida cotidiana, para que trabalhem efetivamente em todas as áreas da atividade e da experiência humana, mas nem sempre eles combinam bem nos relacionamentos interpessoais. Tradicionalmente, ar e fogo combinam bem, na medida em que o fogo precisa de ar para dar-lhe oxigênio e mantê-lo vivo, e o ar fica um tanto rançoso sem o calor do fogo para mantê-lo em movimento. Da mesma forma, água e terra são tradicionalmente elementos considerados compatíveis, primeiro porque confiam facilmente um no outro, a água encontrando na terra um receptáculo, e a terra se transformando também em lama (quando a água é excessiva) ou em solo fértil que possa produzir em abundância.

Signos do *mesmo* elemento são os mais compatíveis sem esforço nenhum, na medida em que automaticamente se misturam e fluem um no outro. No entanto, para vivenciar outras esferas da vida e outros tipos de realidade e consciência, é preciso também interagir com elementos com os quais não se está especialmente sintonizado. Quase todos os mapas astrais de seres humanos enfatizam uma mistura dos signos do zodíaco (baseada na localização dos planetas) que inclui ao menos dois elementos, e a maioria das pessoas está sintonizada até certo ponto com três. Algumas estão sintonizadas com todos os quatro elementos de um jeito razoavelmente equilibrado, mas isso é raro. Entretanto, muitas pessoas não têm *nenhuma* sintonia com um ou até dois elementos, o que quase invariavelmente cria certos problemas na vida cotidiana, às vezes com um impacto psicológico importante.

De muitas formas a interação energética mais estimulante é entre ar e fogo e também entre terra e água, descritos graficamente no zodíaco pelos signos de ar sempre opostos aos signos de fogo, e os signos de terra sempre opostos aos signos de água. Nos relacionamentos humanos, duas pessoas que tenham os principais fatores do mapa natal em signos opostos, vivenciam uma polaridade astrológica que pode ser especialmente vivificante e estimulante. Os signos opostos (Áries/Libra, Touro/Escorpião, Gêmeos/Sagitário, Câncer/Capricórnio, Leão/Aquário e Virgem/Peixes) não são na verdade de todo *opostos* no temperamento ou nas características gerais, são mais frequentemente *complementares*. Alguns signos opostos podem se atritar em alguma medida (principalmente os "signos fixos" – Touro/Escorpião, Leão/Aquário –, por conta de sua obstinação), mas geralmente signos opostos são estimulantes entre si e se correspondem no nível energético, assim como em geral se atraem.

Muitas vezes acontece também uma atração por alguém com uma sintonia que falta ao outro. Por exemplo, se não tenho nenhum planeta em signos de terra, posso admirar especialmente – ou considerar intrigantes – pessoas com Capricórnio, Touro ou Virgem no mapa astral. Isso não significa que eu seria *compatível* com essa personalidade ou tipo de energia num relacionamento próximo, mas é uma energia complementar com a qual posso aprender bastante e que na verdade pode me ligar à terra de um modo que talvez resulte em um relacionamento compensador em vários níveis. Ou, num outro exemplo, se você não tem planetas em signos de água, pode encontrar alguém de Câncer, Escorpião ou Peixes especialmente interessante na medida em que não só incorporaria, mas também facilmente emanaria a simpatia, sensibilidade e naturalidade com a expressão emocional que você considera tão difícil ou desajeitada. Especialmente em situações de convivência próxima, deve-se ter cuidado ao assumir compromisso com alguém que não tenha nenhuma sintonia significativa com um elemento que seja dominante no seu próprio mapa astral. Nesse caso, o que é *vital* para um, pode ser totalmente desinteressante ou irrelevante para o outro. Na verdade, as duas pessoas podem ser complementares, mas é bom não perder de vista que uma pessoa suprir caridosamente as qualidades ou recursos que faltam na outra é muito perigoso e pode acabar se revelando uma ilusão. Pois, ao tentar manter o relacionamento – como vários conselheiros e terapeutas podem confirmar – esse abismo inato entre as partes não é fácil de transpor, uma vez que a energia da atração física diminui com o tempo. De fato, a sensação de distância e até de alienação pode aumentar.

Outros livros que escrevi trazem muitos exemplos de como os elementos e suas interações podem ser visualizados, mas aqui gostaria de citar o ponto de vista de outra pessoa, que faz os elementos ganharem vida de um modo totalmente informal, mas concreto. O relato abaixo foi escrito por Jeanetta Era e publicado no jornal *Mercury Hour*:

> Não é possível reter o fogo; você vai se machucar se tentar. Não é possível colocá-lo dentro de uma caixa e guardá-lo, pois isso também vai queimar a caixa ou ele vai se sufocar e morrer. O fogo precisa de ar para queimar, mas se recebe muito ar, consome-se rapidamente. A terra dá combustível para que o fogo possa continuar queimando, mas a própria terra pode abafar o fogo. A água mantém o fogo sob controle, mas água demais vai apagá-lo.

Não é possível reter o ar. Coloque-o dentro de uma caixa, se quiser, e mantenha-o ali. Mas lembre-se que, quando o ar não circula, ele fica estagnado e acaba se tornando irrespirável. O ar precisa da gravidade terrena para mantê-lo perto do chão, ou ele se espalha, rarefeito, e se integra ao vazio. De vez em quando o ar precisa de fogo para estimulá-lo e fazer que ele se eleve a alturas maiores, e água para lavar as impurezas, mantê-lo fresco, esfriá-lo e trazê-lo de volta para junto da terra. Mas muita gravidade retém demais o ar no chão, deixa-o pesado e vagaroso, e muito fogo o consome, enquanto muita água produz nuvens que obscurecem a visão.

É possível reter a água, e pode-se usar isso para enriquecer a existência, para o sustento, mas no fim a água vai escoar. A água precisa da terra para ampará-la, por ser pesada demais para circular por aí livre como o ar. Sem a terra ela fluiria continuamente. Mesmo assim, a água vai mudar seu curso ocasionalmente, ou crescer e transbordar, inundando a terra. Às vezes, ela é soprada sobre a terra por uma forte corrente de ar. A água precisa ser arejada para dar o melhor de si. Sem ar ela fica pesada e muito limitada no tipo de vida que irá criar. Nesse caso só a alga parece vicejar. Mas, se o ar vier muito forte, vai encrespar a superfície da água, agitá-la e até forçá-la para fora do seu curso. O fogo faz a água ferver e a purifica, ela precisa disso ocasionalmente, mas se for mantida a proximidade com o fogo por muito tempo, a água se evaporará rapidamente, ou ferverá demais e apagará o fogo.

É possível reter a terra, mas assim ela produz muito pouco. Se você a coloca em uma caixa, ela acaba ficando estéril e deixa de produzir. A terra precisa de ar, o solo tem que ser aerado. Precisa também de água para não ficar muito dura. No entanto, muito ar pode secar a terra, uma corrente de ar muito forte varreria a cobertura do solo, e muita água faz a terra ficar pantanosa. Porém, um fogo ocasional pode ser muito benéfico para uma terra coberta de mato. Serve para limpá-la e fertilizá-la na preparação para um novo plantio. Mas não fogo demais, que poderia endurecer a terra e torná-la estéril.

Então, o modo como tentamos reter um ao outro, em nome do amor, não é benéfico para ninguém, algumas vezes é até perigoso. Quando se decide partilhar a vida com alguém e isso é recíproco, as duas partes se beneficiam. Partilhar a própria natureza faz a pessoa crescer. Os quatro elementos precisam de interação entre si para que se alcance o máximo de crescimento e bem-estar de cada um, ainda que alguns necessitem de outros só em pequenas doses, ou por curtos períodos.

Por outro lado, dois fogos podem rapidamente consumir o espaço entre eles e queimar como um. Dois corpos de água podem arrastar para longe o que quer que esteja entre eles e se tornar um. É quase sempre benéfico misturar terras: a areia deixa o barro mais leve, o solo aluvial enriquece a maioria dos outros tipos de solo e assim por diante. E correntes de ar podem flutuar abençoadamente juntas por toda parte.

Naturalmente, mesmo quando se está no próprio elemento, corre-se o risco de o tiro sair pela culatra, de barro ser misturado com barro, de trovão e relâmpago resultarem em correntes de ar frio encontrando correntes de ar quente, ou de duas ondas enormes se moverem em direções opostas e se chocarem. (janeiro de 1980)

Pode-se dizer mais exatamente que a harmonização dos elementos em uma pessoa revela o que é *real* para ela, onde sua consciência está focalizada e o que a motiva. Por exemplo, signos de ar consideram *conceitos* mais reais que qualquer outra coisa, e isso motiva muito do seu comportamento, especialmente sua necessidade de encontrar outras pessoas que tenham a mesma opinião. Signos de fogo vivem de *inspiração* e são motivados por *aspirações*, que para eles são mais reais que qualquer outra coisa, porque a realidade cotidiana os entedia mortalmente. Signos de água consideram que *emoções* e *anseios* são os fatores mais reais e motivadores na vida, e têm pouco respeito por quem vive apenas dentro da própria cabeça ou na obsessão do mundo material por "fatos objetivos" e aparências externas. E signos de terra julgam infinitamente fascinante e inegavelmente *real* o mundo da natureza e suas *formas* materiais, e são mais motivados pelas *necessidades* práticas e pelo que consideram útil.

Outra maneira de descrever essas categorias profundamente diferentes de personalidade humana e sintonia energética é dizer que o elemento de determinado signo mostra o tipo específico de consciência e o método de percepção mais imediato com o qual a pessoa está sintonizada. Signos de ar estão relacionados com a percepção e a expressão da mente, e também com partilhar suas ideias com os outros. Signos de fogo expressam o caloroso, radiante e energético princípio da vida, que pode se manifestar como entusiasmo e amor, ou somente como ego. Signos de água simbolizam o princípio calmante, curativo, suave da sensibilidade e da receptividade emocional. Signos de terra revelam uma sintonia com o mundo das formas físicas e a capacidade prática de utilizar o mundo material.

O enfrentamento dos fatos e os limites da terapia

Eu seria a última pessoa a defender a visão de que toda terapia ou aconselhamento psicológico para problemas de relacionamento é perda de tempo. Ao contrário, para muitos relacionamentos, especialmente para aqueles que têm uma harmonia considerável e, portanto, uma boa chance de funcionar com algum esforço, é inestimável o ganho de perspectiva que a terapia traz, seja individual ou em grupo. Se o terapeuta usar também as revelações disponibilizadas pela astrologia, a terapia pode ser ainda mais preciosa e oferecer uma perspectiva cósmica – uma noção de como diferentes tipos de personalidade se encaixam no abrangente esquema de vida representado há milênios e em centenas de culturas pelos signos do zodíaco.

No entanto, linhas terapêuticas e métodos de aconselhamento têm seus limites, e não fazem milagre. Quando duas pessoas têm uma incompatibilidade tão intensa que a hostilidade, a irritação, a desconfiança, a sensação de opressão ou os conflitos são continuamente esmagadores, em geral a melhor coisa que um conselheiro pode fazer é ajudar essas pessoas a aceitar os fatos da vida e a realidade de sua própria natureza. Às vezes, essa aceitação consegue ao menos superar alguma amargura ou a tendência de culpar o outro pelos próprios problemas. Se o conselheiro também conhece astrologia, as pessoas podem trabalhar até mesmo uma grande aceitação de certas realidades cósmicas e assim se reconciliar mais rápido com a situação de sua própria vida e começar a se curar. Para relacionamentos que conseguem ir adiante e se desenvolver mais, o entendimento que a astrologia pode proporcionar da natureza singular de cada um estimula a *confiança*, já que assim se consegue enxergar o outro em maior profundidade e aceitá-lo como realmente é. Portanto, não precisamos continuar fomentando medos nem noções imaginárias sobre motivações e comportamentos que geralmente constituem obstáculos ao crescimento futuro de um relacionamento.

Entre as muitas "realidades cósmicas" que a astrologia pode revelar com clareza está a "troca" implícita no relacionamento quando uma pessoa se compromete com outra. Quero dizer com isso que a natureza de cada um é um todo integrado que precisa ser aceito e tratado em sua completude. Em outras palavras, todas as qualidades e atributos de um signo vêm com num pacote! Quando se quer o asseio de Virgem, é preciso suportar também seu caráter meticuloso e, em geral, seu espírito crítico. Quando se quer a paixão de Escorpião, é preciso lidar com seu ciúme e paranoia. Quando se quer a iniciativa e a coragem tão admiradas em Áries, é preciso também competir com o egoísmo e a falta de consideração desse signo. Assim se pode passar por todos os signos do zodíaco, mas ressaltando isso apenas para reconhecer que é um outro fato cósmico da vida que deve ser enfrentado para se estabelecer um relacionamento saudável. No que diz respeito aos relacionamentos próximos, é um sinal de maturidade quando começamos a desistir da ilusão de esperar, exigir ou desejar uma relação na qual todos os fatores sejam idealmente perfeitos para se adaptar a nossa própria personalidade, subterfúgios psicológicos e humores. Em resumo, uma das coisas mais preciosas que a astrologia traz para nossa vida iluminando as "realidades cósmicas" é a definição do que é certo e natural para cada um. Pode-se dizer que é um tipo de *validação cósmica do eu autêntico da pessoa*, e consequentemente ajuda a superar o excesso de dúvidas a respeito de si próprio e a autocrítica.

Apesar de conselheiros e terapeutas acertadamente enfatizarem a "comunicação" no relacionamento, infelizmente eles não têm como conceber e entender o quanto as pessoas são radicalmente diferentes no que se refere a métodos de comunicação e sintonias energéticas. Minha observação geral é que, se a sintonia básica não existe (de empatia, harmonia energética, atenção e entendimento recíproco das ideias do outro), a boa comunicação se transforma numa batalha árdua. Comunicação não é trocar palavras nem concordar com o "lampejo intuitivo" que o terapeuta apresenta como solução. Mas reconhecer que a outra pessoa tem um modo de pensar e se comunicar completamente diferente, mas igualmente legítimo, é com certeza um resultado vantajoso de qualquer terapia ou sessão de aconselhamento – uma realização que pode talvez ficar mais clara e certamente ocorrer mais rápido com o uso da linguagem astrológica.

Na verdade há vários níveis de comunicação entre as pessoas. Mas cada um é capaz de receber e apreciar apenas alguns tipos específicos de comunicação com real clareza e sem "estática". De fato, uma pessoa pode amar outra muito intensamente à sua maneira, mas a outra pode não ser capaz de aceitar ou apreciar isso – ou até de perceber. Num outro exemplo, uma pessoa pode se sentir "amada" exatamente porque certos tipos de comportamento transmitem a mensagem que você está pronto para sintonizar e apreciar. Mas isso não quer dizer necessariamente que a outra pessoa tem mesmo uma afeição sincera por você.

Em relacionamentos íntimos, assim como na vida cotidiana, quando se está realmente sintonizado com alguém de uma forma harmoniosa, não há problemas com o compasso, o ritmo ou a intensidade do próprio fluxo de energia em relação ao do outro. Tudo flui junto naturalmente, e não há críticas veladas porque as duas partes se sentem sem muita "estática" ou conflito, e se fundem com facilidade. Porém, em relacionamentos íntimos, quanto maior a diferença em relação ao parceiro, menor a sintonia, e será preciso reduzir a distância criando determinado estado de espírito, um encanto, emoção ou atmosfera especial.

Por exemplo, todo mundo sabe que em uma situação clássica de romance há em geral uma tentativa de criar um encanto ou um estado de espírito especial. Esse é um ideal associado com o planeta Netuno que as pessoas tentam cuidadosamente criar; e quando são bem-sucedidas veem-se em um lugar mágico, um mundinho próprio, no qual as tensões e as reais e óbvias diferenças ficam reduzidas. Quanto menos compatíveis são as partes, mais *precisam* fazer isso, mais precisam cultivar esse estado ilusório arquetípico de enlevo, porque ele ajuda a sentir ternura. Contudo, esse estado de espírito netuniano ou encanto – geralmente criado por substâncias netunianas (drogas ou álcool) ou velas ou música – é muito frágil se não está baseado em alguma coisa real, como em geral acontece. Se não está baseado em um fluxo real de energia e numa comunicação autêntica, então é fruto da imaginação, do desejo e da visualização, que cria imagens e ilusões. Esse estado de espírito irreal pode ter sua frágil estrutura despedaçada incrivelmente rápido. É só dizer a "coisa errada" ou fazer o "movimento errado" para que o outro perceba que suas palavras ou ações não se encaixam na imagem ideal. A bolha foi alfinetada; a frágil tigela não conterá a água.

Intimidade verdadeira, cumplicidade e sexo bom e significativo são experiências muito especiais e desejadas pela maioria. Por isso as pessoas tentam *forçar* essas experiências estabelecendo um estado de espírito netuniano, uma atmosfera especial, mas o resultado pode desapontar se o fluxo energético não existir ou não for especialmente dinâmico. A comunicação instantânea através de ondas eletromagnéticas e campos de energia que nos vivifiquem *podem* ocorrer espontaneamente. Não podemos fazer isso acontecer. Muitos dos problemas das pessoas, incluindo os sexuais, derivam da tentativa de *forçar* a existência de determinado fluxo de energia. Há uma pressão sobre o parceiro e sobre si mesmo para fingir todo tipo de coisa. Mas esse fingimento nunca resiste. Em qualquer relacionamento, com o passar do tempo, as imagens e ilusões acabam se esfacelando, e aí sim se começa a ver o que realmente existe, uma visão da realidade mostrada no mapa natal o tempo todo, mas que ainda não estávamos prontos para ver.

O que é uma comparação de mapas? O contato com a dinâmica energética interpessoal

Comparar mapas natais (ou fazer uma "comparação de mapas") é um ótimo método de analisar o fluxo energético entre duas pessoas. Para mim, essa é a ferramenta definitiva que possibilita abrir portas inimagináveis para uma visão interior profunda do outro em *todos* os tipos de relacionamento e interação interpessoal. Ao comparar dois mapas, é preciso considerar a harmonia relativa da posição dos planetas de acordo com os elementos e signos, assim como as relações angulares específicas entre os planetas das duas pessoas. As condições específicas dessas relações geométricas estão explicadas mais detalhadamente no capítulo 17, mas devo mencionar agora que quanto mais *próximos* de zero, trinta, sessenta, noventa, 120, 150 e 180 graus forem os ângulos entre os planetas de dois mapas, mais dinâmicas serão as interações energéticas entre as duas pessoas.

Leva alguns anos para ter uma compreensão abrangente da comparação de mapas em toda a sua complexidade, e há muitos livros sobre esse assunto, como o meu próprio *Relationships & Life Cycles*, que inclui o passo a passo das diretrizes e exemplos de uso na análise. (Alguns outros bons livros sobre o assunto estão listados na bibliografia, no apêndice F). Entretanto, focalizando apenas alguns fatores básicos fáceis de determinar, pode-se começar a explorar o potencial dessa técnica extremamente útil, e esses fatores fundamentais – facilmente acessíveis aos iniciantes – são os que pretendo enfatizar neste livro. Uma comparação de mapas pode ser vista mais exatamente como uma representação gráfica da interação de dois campos energéticos, um diagrama que mostra onde e em que medida cada um encoraja, desafia, estimula, bloqueia, esgota ou está em harmonia com o outro.

Quando existe um bloqueio, há uma experiência ou de frustração ou de um severo esvaziamento de energia, ou, às vezes, as duas coisas. Com um intercâmbio harmonioso de energia, há um sentimento de satisfação, vitalização e completude. Naturalmente, em muitos relacionamentos ocorrem os dois tipos de troca de energia, mas em geral com ênfase em um deles. A troca harmoniosa entre duas pessoas traz recursos que ambas podem aproveitar de modo a prover a energia necessária para lidar com áreas mais problemáticas do relacionamento. Se, porém, há uma predominância de troca discordante de energia entre as partes, é só uma questão de tempo até uma delas – ou as duas – querer terminar o relacionamento – quando mais não seja, por pura exaustão.

As energias do mesmo elemento mas de signos diferentes são consideradas as mais compatíveis. Elementos incompatíveis, como água e fogo, podem causar um esgotamento do campo energético de uma pessoa em diferentes níveis. A troca energética entre pessoas do mesmo signo solar que não têm energias compatíveis ou estimulantes da sintonia do outro suficientes para criar dinamismo é considerada a mais neutra. Nesse caso, normalmente os parceiros não alimentam de verdade um ao outro e tendem a se misturar e "agir como um único elemento". Por isso, aqueles que têm o Sol no mesmo signo e não têm outras sintonias compatíveis e energizantes em geral descobrem que isso pode resultar num lento esgotamento do sistema nervoso. Não é necessário estar em conflito com o outro, basta que nenhuma das partes esteja recebendo uma vibração vivificante e levemente diferente. Nossa sintonia natural com essas interações energéticas pode ser observada no caso de uma criança que automaticamente gravita em torno de um dos pais, que alimenta seu campo magnético. Se as energias de ambos os pais são discordantes do padrão energético da criança, o resultado é em geral uma criança delicada e muito nervosa, cuja natureza permanece um mistério para os pais.

Ainda que o elemento do Sol seja o principal combustível energético do indivíduo, os elementos lunares e do ascendente também são inevitavelmente energizados em qualquer pessoa e devem ser levados em conta em qualquer comparação de mapas. Em algum grau, todos estamos sintonizados com todos os elementos, mas as sintonias mais dinâmicas e conscientes são indicadas pelos elementos do Sol, da Lua e do ascendente no mapa natal. Os elementos da polaridade Sol-Lua, em especial, são altamente energizados, portanto uma pessoa estará em maior harmonia e será mais sensível a alguém que compartilhe em alguma medida essa sintonia. Embora haja muitos casamentos, por exemplo, em que os elementos do Sol e da Lua do homem são incompatíveis com os elementos do Sol e da Lua da mulher, a grande maioria ou não dura muito tempo ou se aguenta a despeito da constante frustração de um ou ambos os parceiros, quer isso seja reconhecido conscientemente ou não.

A importância relativa da presença ou ausência desses fatores de compatibilidade na comparação de dois mapas depende do tipo de relacionamento que está sendo analisado, do grau de intimidade envolvido, da proximidade da parceria e de quanto tempo os parceiros passam juntos. Um distante relacionamento de negócios ou uma amizade ocasional não testariam a compatibilidade energética de maneira tão profunda quanto um relacionamento envolvendo namorados que vivem juntos, marido e mulher ou pais e filhos. A harmonia entre sóis e luas é indicativa de compreensão e identificação recíprocas, da consciência imediata da singularidade de cada um. Nesses casos há uma combinação de identidade, uma vitalização mútua, e um estímulo natural da expressão essencial de cada um dos parceiros. Esse tipo de comunhão pode ser indicativo de uma das mais elevadas formas de amor, uma espécie de aceitação e sensibilidade recíprocas que dura muito mais e traz uma satisfação mais profunda que um relacionamento baseado principalmente em indicadores tradicionais de "amor", como interações Vênus-Vênus, Vênus-Marte, Vênus-Sol ou Vênus-Lua. Esses fatores tradicionalmente positivos ou "harmoniosos" em uma comparação de mapas são sempre bons e absolutamente aprazíveis e contribuem muito para suavizar as arestas da vida cotidiana. Mas numa comparação de mapas deve-se evitar um foco estreito demais se o objetivo é entender a faixa mais ampla de compatibilidade e os tipos mais profundos de amor.

Quando não se está bem sintonizado com um elemento, é quase impossível participar plenamente dessa esfera do ser e dessa qualidade de consciência. Em um relacionamento no qual uma pessoa não está em sintonia com o elemento dominante da outra, em geral os parceiros acabam aumentando a distância entre si na medida em que crescem, evoluem e se individualizam cada um à sua maneira. Quanto mais cresce a consciência de sua individualidade essencial, mais eles se resignarão ao fato de que nunca conseguirão compartilhar no nível de profundidade que gostariam. O grau de insatisfação depende das expectativas de cada um no relacionamento, de quanto cada um é dependente dele para a própria realização, e do grau de *intensidade* pessoal buscado através do envolvimento. Um Capricórnio muito impessoal, por exemplo, pode ficar satisfeito com um casamento (simplesmente porque a estrutura básica é segura e confortável) que seria definitivamente frustrante para uma Libra mais voltada para o aspecto pessoal.

Como mencionei antes, as pessoas em geral *são* atraídas para alguém que está em sintonia com um elemento que falta a elas. Um grande número de autores ao versar sobre a comparação de mapas tem afirmado que essa situação é ideal porque uma pessoa "complementa" a outra, cada uma fornecendo algo de que a outra precisa. Essa é uma das mais ouvidas afirmações astrológicas que soam muito bem na teoria, mas na prática muitas vezes não funcionam. É fato que nos sentimos frequentemente tomados de curiosidade e atraídos por pessoas que demonstram ter qualidades ou habilidades que não temos. Todavia, minha experiência indica que só muito raramente conseguimos lidar com essas pessoas *intimamente* por um longo período com algum grau de contentamento. Esse tipo de relacionamento tem mais probabilidade de ser satisfatório se for encarado como um arranjo de prazo relativamente curto orientado para o crescimento ou um relacionamento prático de negócios em que duas personalidades diversas podem ser alternadamente úteis de várias formas para alcançar um objetivo comum. Alguns escritores têm ido até mais longe, afirmando que o relacionamento ideal demonstra um equilíbrio perfeito dos elementos entre as duas pessoas, com uma fornecendo, por exemplo, fogo e terra, e a outra contribuindo com água e ar. Mais uma vez, isso *soa* melhor do que funciona na prática para as duas pessoas, que em geral são tão diferentes que o abismo entre seus tipos particulares de consciência e experiência crescerá a cada ano. Elas normalmente descobrirão ser incapazes de participar plenamente ou entender o mundo da outra.

Alguns métodos de comparação de mapas propostos em vários artigos e livros são supersimplificações bastante radicais dessa arte altamente complexa, e o astrólogo que confia nesses métodos incompletos não pode esperar entender os relacionamentos em profundidade. Não estou enfatizando a importância dos elementos para a exclusão dos métodos mais tradicionais de análise dos aspectos entre mapas, mas simplesmente tentando elucidar os fundamentos profundos do que acontece no nível energético em qualquer relacionamento. Por exemplo, embora aspectos matematicamente exatos (ou intercâmbios de energia) em uma comparação de mapas sempre indiquem um tipo específico de fluxo ou bloqueio de energia, duas pessoas harmoniosamente sintonizadas de acordo com os elementos têm uma chance maior de enfrentar construtivamente os desafios dos seus aspectos mais difíceis ou estressantes.

Alguns fatores-chave na comparação de mapas

Agora vamos resumir alguns dos fatores-chave para enxergar qualquer comparação de mapas natais além da sintonia energética *geral* simbolizada por quaisquer dos quatro elementos que estejam enfatizados nos mapas. Em outras palavras, que dimensões da vida devem ser especialmente examinadas, do modo como estão retratadas pelos fatores principais do mapa natal de cada pessoa?

Sol e Lua. A polaridade mais importante, Sol-Lua, foi discutida antes. Considerando esses fatores dominantes em qualquer mapa natal (chamados de "luminares", na astrologia tradicional), quero acrescentar que em um relacionamento íntimo, se nem o Sol nem a Lua de uma pessoa se harmonizam com um dos luminares da outra, então provavelmente será preciso, para uma *compatibilidade de longa duração*, que tanto o Sol quanto a Lua de uma pessoa estejam sintonizados harmoniosamente com o ascendente da outra.

Um pequeno exemplo pode esclarecer o que quero dizer. Se você tem o Sol em Gêmeos e a Lua em Áries (ar e fogo) e está em um relacionamento com alguém que tem o Sol em Touro e a Lua em Peixes (terra e água), as possibilidades de um relacionamento funcionar bem serão de longe melhores se *você* tiver o ascendente em terra ou água ou se o seu parceiro tiver o ascendente em ar ou fogo.

Harmonias da Lua. Esta área importante da análise de compatibilidade é discutida mais amplamente no capítulo 7. Basta dizer aqui que ter luas compatíveis é uma ajuda incomparável para a harmonia doméstica e para sentir-se à vontade com o parceiro na constante interação da vida diária. Pode-se fazer um teste para verificar o quanto se está à vontade com alguém de um modo lunar, perguntando a si mesmo: eu me sentiria bem e relaxado com essa pessoa fazendo uma viagem de carro de vários dias atravessando o país? Ou me sentiria estranho e tenso para descobrir coisas em comum?

O ascendente. É imperativo determinar o ascendente exato das duas pessoas para ter uma comparação de mapas completa, e para ver como o ascendente se mescla com os planetas do mapa da outra pessoa. O ascendente tem muito a ver com o que os velhos livros de psicologia chamam de "temperamento", e duas pessoas com temperamentos e modos de encarar a vida particularmente discordantes invariavelmente vão ter alguns conflitos para resolver.

Harmonias de Mercúrio. Muito pode ser aprendido pela comparação dos signos de Mercúrio de duas pessoas, o que revela quão facilmente elas desenvolvem uma concordância mental e partilham interesses comuns. Em contraste, mercúrios localizados em elementos diferentes, podem ajudar a explicar pontos de vista e modos de pensar diferentes e, assim contribuir para o entendimento do ponto de vista mental ou intelectual do outro. Os mercúrios não precisam estar em elementos harmoniosos, desde que alguns dos outros planetas se misturem bem com o Mercúrio do parceiro. Os relacionamentos mais estimulantes em geral envolvem pessoas que têm sintonias de Mercúrio agudamente contrastantes. Modos de pensar tão diferentes não devem ser um problema maior desde que haja muito mais em comum e respeito e boa vontade suficientes entre as pessoas.

Polaridade Vênus-Marte. Este vasto assunto forma o núcleo deste livro, portanto vou apenas observar aqui que a compreensão da sintonia de Vênus revela muito sobre os gostos das pessoas, o que lhes dá prazer na vida diária e predileções individuais para o dar e receber emocional. Marte revela muito sobre a energia física em geral, incluindo a energia sexual e, mais amplamente, o *modus operandi* na vida toda – isto é, como se inicia algo tentando conseguir o que se quer.

Polaridade Júpiter e Saturno. Os contatos harmoniosos de Júpiter são especialmente encorajadores e promotores de crescimento, indicando larga aceitação e uma concordância positiva. Os fatores de Júpiter também podem mostrar até certo ponto se existem diferenças religiosas ou filosóficas significativas, ou aspirações compatíveis com essas áreas da vida. Os contatos harmoniosos com Saturno são estabilizadores e podem indicar um compromisso permanente e um senso de responsabilidade. Suas interações mais estressantes podem indicar o mesmo, mas com menos prazer, um forte sentimento de obrigação e, às vezes, até uma pesada sensação de opressão.

Urano, Netuno e Plutão. Os "planetas exteriores" estão além do escopo deste livro, mas são significativos sobretudo na medida em que transformam vigorosamente qualquer um dos fatores astrológicos com que tenham uma interação forte.

6
Os quatro elementos, os doze signos e o signo nascente

Coisas mundanas têm que ser conhecidas para ser amadas;
coisas divinas têm que ser amadas para ser conhecidas.
Pascal

Visto que tantos outros livros cobrem os fatores básicos e o simbolismo da astrologia, e como tantos leitores já conhecem muitos dos fundamentos, apresento neste capítulo, de modo bem conciso, minha própria versão sintetizada das bases astrológicas. Porém, como o ascendente (ou signo nascente) é tão raramente bem explicado e as descrições dadas por tantas fontes focalizam os traços superficiais e a suposta aparência física de pessoas que têm determinado ascendente, vou elaborar um pouco sobre cada um dos signos nascentes no trecho final deste capítulo.

Pode-se dizer que os quatro elementos são a **substância energética da experiência**. Cada um dos elementos se manifesta na natureza humana em três modalidades (chamadas *cardinal, fixo* e *mutável*), resultando nos 12 padrões possíveis de energia que chamamos de signos do zodíaco. Os signos indicam **qualidades específicas de experiência** e possibilitam o entendimento dos diferentes tipos de consciência e percepção que os seres humanos expressam, assim como um exame dos vários tipos de motivação que sentimos.

Os quatro elementos em um mapa natal revelam a capacidade de participar de certas esferas do ser e sintonizar campos específicos de experiência da vida. Esses elementos não têm nada a ver com os elementos químicos e, de fato, os transcendem completamente. O mapa natal é traçado para o exato momento da primeira respiração, quando estabelecemos uma sintonia e um ritmo diretamente com as fontes de energia cósmica. Portanto, o mapa natal revela nosso padrão individual de energia, nossa sintonia com os quatro elementos – fogo, terra, ar e água.

Cada um deles representa um tipo de energia básica e consciência que opera dentro de todos. Cada pessoa está conscientemente mais atenta, e mais sensível, a alguns tipos de energia que outros. O elemento de qualquer signo *enfatizado* em um mapa (pela localização planetária significativa dentro daquele signo) mostra o tipo específico de consciência e método de percepção com que o indivíduo está fortemente sintonizado.

Signos de fogo expressam os calorosos e radiantes princípios energizantes da vida que podem se manifestar como entusiasmo, fé, encorajamento e impulso para expressar a si mesmo.

Signos de terra revelam uma afinação com o mundo das formas físicas e uma habilidade prática de utilizar e aperfeiçoar o mundo material.

Signos de ar estão associados com as percepções e expressões da mente, especialmente no que diz respeito às relações pessoais e a conceitos e ideias abstratos.

Signos de água simbolizam o princípio curativo da sensitividade, sensibilidade aos sentimentos, empatia e fusão emocional com os outros.

Os elementos têm sido tradicionalmente divididos em dois grupos: *fogo* e *ar*, considerados ativos e *expressivos*; e *água* e *terra*, considerados passivos, receptivos e *contidos*. Essa diferenciação é de grande importância em uma abordagem holística do mapa natal. Os termos se referem ao *modo de operação dessas energias* e ao método individual de expressão. Por exemplo, os signos de água e terra são mais *contidos* que os signos de fogo e ar por viverem mais dentro de si próprios e não se permitirem projetar externamente sua energia essencial a não ser com muito cuidado e premeditação. Entretanto, isso possibilita que construam uma fundação sólida para a ação. Os signos de fogo e ar são mais *expressivos* porque estão sempre se expondo, emanando suas energias e substância vital sem reservas (às vezes ignorando completamente os limites): os signos de fogo pela ação direta e os de ar pela interação social e expressão verbal.

Essa classificação dos elementos, e o fato de os signos do mesmo elemento (por exemplo, Áries, Leão e Sagitário – todos de fogo) e os elementos dentro de um mesmo grupo (por exemplo, Touro e Peixes – de terra e água) serem em geral considerados "compatíveis" é da maior importância não só na interpretação de mapas *individuais*, mas também na arte da *comparação de mapas*, usada para analisar a compatibilidade nos relacionamentos íntimos.

Os signos de fogo: Áries, Leão e Sagitário

Os signos de fogo expressam uma energia universal radiante, uma energia excitável e entusiástica que com sua luz traz colorido ao mundo. Os signos de fogo revelam espíritos elevados, grande fé em si mesmos, força inesgotável e honestidade direta.

Conceito-chave:

Energia radiante, confiança e iniciativa

Características e palavras-chave:

impulsividade destemida
espíritos elevados e entusiasmo
motivação para causar impacto na vida
força de propósito
honestidade direta, até rude
orientação expansiva
liberdade de expressão em muitos níveis
força de vontade direcionada e liderança
estilo energético, ostensivo
conduta impaciente
percepção intuitiva das tendências futuras

Os signos de terra: Touro, Virgem e Capricórnio

Os signos de terra confiam totalmente em seus sentidos e razões práticas. O entendimento inato de como o mundo material funciona dá aos signos de terra mais paciência e disciplina que aos outros signos. O elemento terra tende a ser cauteloso, premeditado, um tanto convencional e em geral confiável. Conhecer seu lugar no mundo é especialmente importante para os signos de terra, já que para eles a segurança se mantém como um objetivo constante por toda a vida.

Conceito-chave:

Capacidade prática de utilizar o mundo material

Características e palavras-chave:

sintonia com o mundo físico
sentidos físicos aguçados
natureza prática e aprendizado a partir dos erros
paciência e persistência
disciplina e cautela
confiável e substancial
premeditado
convencional

Os signos de ar: Gêmeos, Libra e Aquário

Os signos de ar expressam a energia vital associada com a respiração e o mundo das ideias arquetípicas que está além do mundo físico; no elemento ar a energia cósmica se realiza em padrões específicos de pensamento. Os signos desse elemento têm a necessidade interna de *se desapegar* das experiências diretas da vida cotidiana, e, assim, ganhar objetividade, perspectiva e uma postura racional em tudo que fazem.

Conceito-chave:

Percepção mental, formulação e expressão

Características e palavras-chave:

vida por meio da mente e da conceitualização
racionalização de toda experiência
desapego e perspectiva
anseio de compreensão
motivação para verbalizar

necessidade de relacionamentos e sociabilidade
comunicativo e curioso
forte necessidade de *compartilhar* ideias
consciência dos outros como indivíduos
sistemas de pensamento e princípios

Os signos de água: Câncer, Escorpião e Peixes

Os signos de água estão em contato com seus sentimentos e em sintonia com as nuances e sutilezas que muitos não chegam sequer a notar. O elemento água representa o reino da emoção *profunda* e da sensibilidade aos sentimentos, desde as paixões compulsivas, passando pelos medos esmagadores, até uma grande aceitação e amor por toda a criação. Os signos de água sabem instintivamente que para realizar os anseios mais profundos da alma precisam se proteger das influências externas para garantir a calma interior necessária para a reflexão profunda, a sutileza da percepção e a tranquilidade interna.

Conceito-chave:

Emoção profunda, empatia e sensibilidade aos sentimentos

Características e palavras-chave:

sensitividade em todos os níveis
motivado por anseios inconscientes
às vezes inconsciente da realidade
intuições, sentimentos viscerais ou ações guiadas pelo medo
purificação e asseio
sensitividade psíquica
reflexão e meditação profundas necessárias para a saúde
discrição habitual e necessidade de privacidade
capacidade para o serviço compassivo
necessidade de envolvimento emocional com os outros

Palavras-chave e planetas regentes dos signos solares

A seguir, uma lista dos signos do zodíaco com as palavras-chave concisas que dizem muito sobre como as pessoas de cada signo solar expressam seu núcleo de consciência e onde encontram sua identidade, consciente ou inconscientemente. As datas indicam aproximadamente o período em que o Sol está em cada signo do zodíaco.

	PLANETA REGENTE	DATAS APROXIMADAS	PALAVRAS-CHAVE
SIGNOS DE FOGO			
Áries	Marte	21/3-20/4	Eu sou (eu faço, eu ajo)
Leão	Sol	23/7-23/8	Eu quero (eu vitalizo, eu dramatizo)
Sagitário	Júpiter	23/11-21/12	Eu entendo (eu inspiro, eu aspiro)
SIGNOS DE TERRA			
Touro	Vênus	21/4-21/5	Eu tenho (eu controlo, eu produzo)
Virgem	Mercúrio	24/8-23/9	Eu sirvo (eu analiso, eu aperfeiçoo)
Capricórnio	Saturno	22/12-20/1	Eu uso (eu organizo, eu consigo)
SIGNOS DE AR			
Gêmeos	Mercúrio	22/5-21/6	Eu penso (eu questiono, eu faço a ligação)
Libra	Vênus	24/9-23/10	Eu equilibro (eu harmonizo, eu relaciono)
Aquário	Saturno e Urano	21/1-19/2	Eu sei (eu revoluciono, eu experimento)
SIGNOS DE ÁGUA			
Câncer	Lua	22/6-22/7	Eu sinto (eu lembro, eu estabeleço)
Escorpião	Marte e Plutão	24/10-22/11	Eu desejo (eu sondo, eu aprofundo)
Peixes	Júpiter e Netuno	20/2 – 20/3	Eu creio (eu escapo, eu imagino)

Os signos do zodíaco e seus conceitos-chave

O agrupamento de signos a seguir é um dos que formulei para expressar não só os conceitos-chave, mas especialmente as características psicológicas de cada signo. Inclui algumas frases precisas que podem ser úteis toda vez que se tentar entender a localização dos planetas nos signos.

SIGNO	CONCEITO-CHAVE	UM PLANETA NESSE SIGNO SERÁ INFLUENCIADO POR ESSAS CARACTERÍSTICAS
SIGNOS DE FOGO		
Cardinal: **Áries**	Liberação intencional de energia direcionada para vivenciar o **novo**	Impulso voluntário para a ação, autoafirmação
Fixo: **Leão**	Calor mantido pela lealdade e a vitalidade radiante	Orgulho e anseio de reconhecimento, senso dramático
Mutável: **Sagitário**	Aspiração incansável que impele na direção de um ideal	Crenças, generalizações, ideais
SIGNOS DE TERRA		
Cardinal: **Capricórnio**	Determinação impessoal para concluir as coisas	Autocontrole, cautela, reserva e ambição
Fixo: **Touro**	Profundidade de avaliação relacionada com as sensações físicas imediatas	Possessividade, retenção, firmeza
Mutável: **Virgem**	Obsequiosidade espontânea, humildade e necessidade de servir	Perfeccionismo, análise, fineza de discernimento
SIGNOS DE AR		
Cardinal: **Libra**	Harmonização de todas as polaridades para a autorrealização	Equilíbrio, imparcialidade, tato
Fixo: **Aquário**	Coordenação desapegada de todas as pessoas e conceitos	Liberdade individualista, extremismo
Mutável: **Gêmeos**	Percepção imediata e verbalização de todas as ligações	Curiosidade inconstante, loquacidade, simpatia
SIGNOS DE ÁGUA		
Cardinal: **Câncer**	Cuidado instintivo e empatia protetora	Sentimento, reserva, mau humor, sensitividade, autodefesa
Fixo: **Escorpião**	Penetração por meio de forte poder emocional	Desejos compulsivos, profundidade, controle, paixão, reserva
Mutável: **Peixes**	Compaixão curativa para com todos os que sofrem	Anseios da alma, idealismo, unidade, inspiração, vulnerabilidade

O ascendente, ou signo nascente

O signo nascente no horizonte leste no exato momento do nascimento é um fator essencial em qualquer mapa natal completo. Porém, para determinar esse signo (normalmente chamado de "ascendente" por ser o signo que *ascende* no horizonte no momento do nascimento), é preciso que se tenha uma informação correta e confiável a respeito do local e horário do nascimento (horário de verão, fuso horário, etc.). Além disso, o método de cálculo deve ser preciso. Por essa razão, recomendo enfaticamente que se use um serviço profissional confiável de cálculo para determinar o mapa natal completo. Serviços pouco confiáveis, falsos astrólogos que se pretendem adivinhos, alguns sites na internet e a maioria das tabelas de consulta rápida nos livros resultam em talvez 50% das pessoas achando que têm um ascendente que na verdade não é o correto.

Por causa da complexidade do cálculo, o melhor que podemos fazer neste livro é aproveitar a estimativa mais aproximada possível usando as tábuas do apêndice E. Certifique-se de subtrair uma hora do horário de nascimento da sua certidão se você sabe que nasceu durante o período de horário de verão. Se ao usar essas tábuas você encontrar um ascendente bem no início ou no final de um signo, é especialmente importante que você compare as qualidades dos dois possíveis signos usando os comentários delineados abaixo. Em muitos casos, o contraste acentuado entre dois signos possibilita fazer um julgamento razoável de qual signo nascente é o mais provável.

Agrupo os signos nascentes por elemento porque todos aqueles que pertencem a um mesmo elemento têm característica energética e sintonia comuns, assim como um modo relativamente semelhante de encarar a vida. O elemento do ascendente denota uma energia espontânea que a pessoa expressa, embora isso em geral seja inconsciente, sobretudo na juventude. Esse elemento simboliza uma atitude em relação à vida que permeia todo o ser e a personalidade. (Pode-se dizer com precisão que essa é uma das tendências fundamentais do ponto de vista da pessoa sobre a vida!) Muitas vezes se diz que o ascendente é a "imagem da personalidade", uma descrição normalmente bem precisa. Contudo, essa imagem não é projetada *intencionalmente*, é espontânea e automática, e os outros geralmente a veem de um jeito superficial e óbvio. O dinamismo do ascendente é tal que tenho que expressar minhas impressões sobre os diferentes ascendentes nas descrições a seguir de modo informal e rápido, baseado na minha experiência, e não atrapalhado por tentar fazer um retrato perfeito de cada um. Estou mais interessado na exatidão que no estilo literário.

Os signos nascentes de fogo e ar estimulam a *expressão* ativa (às vezes há um esgotamento pelo escoamento descontrolado das energias da pessoa) no mundo exterior e o dispêndio dinâmico de energia. Os signos nascentes de terra e água tendem a conservar energia e resistir à manifestação, por isso indicam *contenção* (às vezes repressão) e a tendência a viver dentro de si mesmos.

Enfatizo que o ascendente e seu elemento são decisivamente importantes na análise de relacionamentos próximos, como ficará evidente mais adiante neste livro. Por isso, para entender a astrologia dos relacionamentos íntimos é absolutamente necessário que se determine o ascendente da forma mais precisa possível.

O ascendente em signos de fogo (Áries, Leão, Sagitário)

Grande vitalidade, fisicamente energético, irradia energia visível no mundo. Marcado por uma visão positiva e otimista da vida e uma conduta confiante e rigorosamente honesta. Ativo, quer deixar sua marca na vida e ver os resultados de seus esforços manifestados no mundo. A ênfase na ação pode levar a excessos destrutivos e à desatenção com relação às necessidades mais sutis da própria pessoa e dos outros.

Áries. Fisicamente incansável! Tem que manter novos projetos em andamento o tempo todo, com ênfase no NOVO! Entedia-se facilmente. Audacioso, um pioneiro em muitos campos, gosta especialmente de ser o primeiro a fazer ou descobrir algo. Abarca fácil e rapidamente o essencial de qualquer questão ou situação, talvez de um jeito mais direto e rápido que qualquer outro signo, sendo por isso naturalmente resoluto. Atitude ativa e dinâmica, embora muito impaciente e geralmente abrupta. Tudo em que está envolvido durante o dia sempre parece ser urgente! A habilidade no trato social não só está ausente, mas com frequência não é especialmente valorizada.

Leão. Orgulhoso, mas em geral tenta dar o melhor de si o tempo todo, ganhando assim o respeito que deseja. Digno, normalmente tem um senso de lealdade e integridade difícil de encontrar nos dias de hoje.

Raramente admite fraquezas, e muitas vezes um senso de autoridade senhoril surge de forma natural (via de regra sem o autoritarismo que Capricórnio, por exemplo, manifesta). Portanto, mais um administrador que um líder. O estilo aberto e honesto para com os outros induz respostas leais e afetuosas.

Sagitário. Talvez a personalidade mais "animada" de todas. Atitude espantosamente alegre para com a vida, chega a ostentar um otimismo persistente logo depois de sofrer um trauma, desapontamento ou uma contrariedade maior. Pensamento positivo insuperável, com uma atitude filosófica e/ou religiosa inata, mesmo que pouco convencional. Geralmente uma pessoa grata, com instintos generosos. Exuberância de energias positivas geralmente manifestada como uma ampla capacidade inspiradora, inventiva e/ou estimulante.

O ascendente em signos de terra (Touro, Virgem, Capricórnio)

Uma perspectiva prática. Foco no mundo material e atitudes conservadoras podem inibir a imaginação, limitando as opções da pessoa e/ou restringindo a expressão espontânea. A estabilidade e o caráter confiável em geral são bem desenvolvidas e altamente valorizados pela própria pessoa e pelos outros. Praticidade e paciência inata dão mais tolerância à rotina que outros ascendentes. Uma abordagem sistemática, normalmente junto a canais estabelecidos, é o método mais comum de expressão.

Touro. Sempre *lento*, mas nunca deve ser subestimado, por conta da sua determinação. Em geral tem um traço artístico, e sua infinita paciência com o ritmo da vida também o torna capaz de ser bom com as pessoas. Imperturbável em uma crise ou em acontecimentos alarmantes ou surpreendentes, quando outras pessoas em geral abandonam o barco sob pressão. Insiste em fazer *tudo* no seu próprio passo, muitas vezes enfurecendo os outros. O temperamento calmo é perceptível a todos, mas ocasionalmente cede à raiva, quando não pode fazer do seu jeito ou quando as pessoas pressionam para que acelere seu trabalho.

Virgem. O trabalhador mais detalhista de todos, mas detesta assumir autoridade para tomar decisões por causa da sua humildade inata e tendência a se preocupar. Cronicamente muito nervoso, com um sistema nervoso muito sensível que pode se manifestar como uma meticulosidade exagerada com relação à alimentação e ao ambiente. Gosta realmente de trabalhar, talvez como o único modo que encontra de provar seu valor a si mesmo. Um raro grupo de pessoas realmente humildes que precisam servir aos outros, sem fachada ou afetação.

Capricórnio. Velho antes do tempo, a impressão de solidez, confiança e respeitabilidade que transmite muitas vezes traz uma responsabilidade precoce, com a qual na verdade pode lidar muito bem, *a menos que* ceda ao traço autoritário da personalidade que o faz instintivamente querer dominar os outros. Apesar da imagem de total confiança que procura transmitir, aflige-se muito mais do que aparenta. A noção de *tempo* é um elemento-chave da personalidade, já que em geral há sintonia também com a duração e o desdobramento dos acontecimentos, mas é mais frequentemente muito lento, "roda presa", cauteloso demais, contrariando as expectativas dos outros de ação no momento oportuno.

O ascendente em signos de ar (Gêmeos, Libra, Aquário)

Mentalmente rápido e ativo; inquisitivo, social, amigável, verbal. Em geral inteligente, com discernimento rápido. Pode ser intelectual demais, a ponto de debater cronicamente qualquer coisa sem partir para a ação. Quer *entender* tudo; vive mais no mundo dos conceitos. Tem uma facilidade natural para a comunicação e para perceber o ponto de vista dos outros.

Gêmeos. Imediatamente amigável e sempre curioso. Comunicativo, não há limite para a variedade de interesses que despertam sua atenção ou o atraem efetivamente. Muito falante e/ou intelectual. Palavras, conceitos e novas habilidades o intrigam o tempo todo. Arguto, mas tem problemas para controlar a própria mente. Uma parte do cérebro não reconhece o que a outra parte está pensando ou fazendo, levando a ações contraditórias que confundem ou frustram os outros. Quase sempre talentosos, mas precisam de direção e disciplina para guiar a vida cotidiana.

Libra. Sensível à opinião dos outros, às tendências atuais e à atmosfera social e artística. Instintivamente quer agradar os outros. Pode ser criativo, mas em geral é mais produtivo em parceria ou em equipe por sentir que depende de outros para ter inspiração e confiança em si mesmo. Pensam constantemente, pesando todas as opiniões, talvez com muita análise e pouca ação. Muito zeloso da aparência pessoal, normalmente tem um refinado senso estético. Gentil e simpático na maioria dos contatos pessoais, exceto quando se sente em competição ou tratado injustamente. Tem um discernimento excelente quando aconselha outras pessoas, mas raramente consegue pensar com tanta clareza e decisão sobre as próprias questões, em especial quando está sozinho.

Aquário. Parece socialmente hábil e amigável, mas muitas vezes imparcial demais. Muito perspicaz intelectualmente e "íntimo" das tendências culturais, sociais e profissionais. Fica à vontade em grupos e é relativamente humanitário, mas em geral sem traquejo nas situações íntimas, emocionais. É comum ser exagerado em atitudes e comportamentos – por vezes completamente desligado da mente abstrata e "fora dela", por vezes brilhante, e por vezes surpreendentemente rígido e conservador, preso na armadilha de suas próprias categorias conceituais herméticas.

O ascendente em signos de água: (Câncer, Escorpião, Peixes)

Muito facilmente influenciado pelo ambiente e por outras pessoas. Sensível, temperamental, precavido por conta de um forte sentimento de vulnerabilidade e da possibilidade de ser ferido. Protege a si mesmo, mas também às pessoas com quem se importa. Empático, sente as emoções dos outros imediatamente e de forma vigorosa. Muito reservado, vive profundamente dentro de si mesmo. Confia em pressentimentos e intuições e tem o maior poder de cura de todos os signos nascentes.

Câncer. Muito simpático, mas reservado, vive a maior parte do tempo no seu próprio mundo. Fere-se com facilidade e nunca esquece; está sempre se protegendo e é cauteloso em todas as atividades. Está entre os seres mais decentes da Terra; parece humilde, mas no íntimo exige respeito e é tenaz com relação a seus objetivos, que raramente revela – nem para si mesmo! Embora talvez nunca se chegue a conhecê-lo, *a menos que* se seja aceito em sua pequena "família" interior, uma boa comunicação não verbal pode se desenvolver por meio das correntes emocionais subjacentes.

Escorpião. O signo nascente com uma das piores reputações, mas um reservatório de talentos dos mais abundantes. Muito reservado e intenso, este é o signo dos extremos emocionais, esfera que ele mesmo só vem a entender conscientemente devagar, por meio de experiências profundas e de uma autoanálise rigorosamente honesta. Tem uma inclinação natural para descobrir o que está escondido, negado ou reprimido nos outros, mas tem problemas para lidar com os próprios aspectos reprimidos ou negligenciados. Bons em trabalhos de detetive, pesquisa, cura e tarefas perigosas e desafiadoras. Se quiser obter a informação mais *completa* sobre qualquer coisa, procure alguém com a sintonia de Escorpião.

Peixes. Naturalmente o mais empático, sensível e intuitivo com as pessoas, os animais, os doentes e os espiritualmente necessitados. Muitas vezes artístico ou poético, com notável imaginação criativa, o mundo material é muito duro para ele. Por isso precisa se dedicar a um ideal mais sutil e inspirador que a norma social ou materialista. É comum ter um carisma sobrenatural, embora raramente saiba disso. Mesmo quando parece supersensível ou fraco, pode surpreender pela força espiritual interna que expressa em situações difíceis.

Algumas diretrizes para entender o ascendente

Embora o ascendente seja de profunda importância, não há como negar que, para um entendimento completo, ele deve ser relacionado com o restante do mapa, especialmente com o signo solar. O signo solar é o *cerne da identidade*, o próprio centro da consciência, o modo como assimilamos muito da nossa experiência. *Enquanto o ascendente mostra a atitude em relação à vida, o signo solar mostra a consciência e a própria vida!*

O ascendente modifica a expressão da energia solar. Um livro inteiro poderia ser escrito sobre a interação de todas as 144 combinações de signo solar e ascendente, mas só para dar um exemplo, um ascendente em *Gêmeos* sempre significará uma atitude em relação à vida socialmente mais animada e intelectualmente curiosa, para *qualquer* expressão de energia do signo solar. Pode até acelerar um lento Sol em Touro, fará um Sol em Escorpião ficar mais social e menos fechado, ajudará um Sol em Capricórnio a ser menos defensivo e mais comunicativo, e encorajará um Sol em Câncer a ser menos tímido! No entanto, em todos os casos, não importa quão semelhantes todos esses ascendentes em Gêmeos pareçam ser na atitude e na personalidade observável, a natureza central simbolizada pelo Sol permanece definida pelo signo solar.

Um instrumento útil para entender como o ascendente e o signo solar interagem é a comparação dos elementos dos dois fatores. Por exemplo, uma pessoa com o Sol em Câncer e ascendente de fogo é normalmente mais extrovertida, vigorosamente expressiva e confiante que outra com o Sol em Câncer e um ascendente mais conservador e autoprotetor de terra ou água. Outro exemplo: uma pessoa com o Sol em signo de ar e ascendente em signo de água pode parecer muito mais emocional do que realmente é, enquanto uma pessoa com o Sol em signo de água e ascendente em signo de ar pode parecer mais indiferente e menos emocional do que é no nível mais profundo do ser. Examinar essas várias combinações, seja na imaginação, analisando-as sistematicamente no papel, seja em discussões ou sessões de *brainstorming* com outros estudantes de astrologia, pode ser um exercício extremamente útil e revelador.

7
A Lua: os humores com os quais podemos conviver

Perdemos o cosmos. O Sol já não nos fortalece mais, nem a Lua [...] Agora, temos que voltar ao cosmos, e isso não pode ser feito com um truque. A grande quantidade de respostas que caíram mortas dentro de nós tem que voltar à vida. *Foi preciso 2 mil anos para matá-las.* Quem sabe quanto tempo levará para trazê-las de volta? [...] O que nos falta é vida cósmica, o Sol e a Lua dentro de nós [...]

D. H. Lawrence, *Apocalypse*

Há milhares de livros que enfocam os signos solares, mas muito poucos explicam de maneira inteligente e com alguma profundidade o significado dos igualmente importantes signos lunares. (Uma exceção significativa é *Moon Signs*, de Donna Cunningham, que contém várias percepções e sutilezas psicológicas.) Um dos motivos dessa desigualdade é que a Lua simboliza um aspecto mais subjetivo, mais inconsciente da personalidade, um aspecto tão instintivo e automático que as pessoas podem ter dificuldade para identificar-se com ele. Há outra razão mais prática que essa: enquanto em geral é bem fácil descobrir qual é o signo solar de alguém apenas pela data de nascimento (ver figura 6.1), para saber com certeza qual é o signo lunar é necessário ter um mapa calculado com precisão. Até que isso seja possível, só se pode estimar a localização da Lua usando uma tábua como a que está incluída no apêndice C e – se o signo lunar não for claro e óbvio – tentando determinar em qual dos dois signos é a localização mais provável da Lua, com base nas características inerentes aos signos. A proliferação de colunas de horóscopo em jornais e revistas (assim como na internet, hoje em dia) também contribuiu para a superênfase no signo solar e a negligência em relação ao signo lunar, mas há também razões culturais que discutirei aqui.

O título deste capítulo refere-se a um dos significados essenciais da Lua – as constantes oscilações emocionais que todas as pessoas vivenciam, algumas bem mais que outras. Essas mudanças de humor são semelhantes ao constante aumento e diminuição da luz da Lua a cada mês. Na astrologia, entre uma miríade de significados simbólicos, a Lua e seu signo revelam a sintonia da pessoa nas constantes oscilações do ambiente e sua capacidade de ajustar-se às mudanças internas e externas. Eis uma das lições essenciais de autoconhecimento que conhecer a sintonia da nossa própria Lua pode nos ensinar: não só temos que aprender a *aceitar* nosso humor natural e nossas reações emocionais espontâneas, mas também devemos nos *adaptar* à vida (com a ajuda e, às vezes, apesar de nosso estado de espírito) para ter uma relativa tranquilidade interna.

Ademais, e especialmente importante para o tema deste livro, estudar os signos lunares de uma pessoa e de alguém com quem ela tenha uma relação próxima é tremendamente revelador sobre os humores, as reações e as tendências emocionais naturais das duas pessoas. A comparação das luas diz com bastante segurança se as duas pessoas são emocionalmente compatíveis o suficiente para viver juntas e ser bem-sucedidas nisso. O signo lunar também aponta as energias instintivas e atitudes naturais em relação ao *casamento* e à *criação de um lar* (pode-se chamar de instinto doméstico), tendo assim muita influência no modo como alguém se sente à vontade, física e emocionalmente. A maneira como a pessoa se expressa e se sente acolhida e protegida é revelada em parte pelo signo lunar, que tem assim uma forte influência emocional na competência para a intimidade e – especialmente no caso das mulheres – nas necessidades e atitudes sexuais. Comparar os signos lunares de duas pessoas, portanto, revela de maneira admirável o quanto as necessidades de segurança estão sendo bem atendidas pelo outro e se a pessoa tem uma sensação de familiaridade e apoio.

A comparação de luas não é, de maneira nenhuma, o único método para fazer essa avaliação, mas é sem dúvida um dos mais importantes fatores astrológicos para determinar se podemos estar em harmonia com os humores do outro na vida cotidiana. (Um pouco de harmonia emocional é também especialmente indicado pela compatibilidade da Lua de uma pessoa com o Sol, Vênus, Júpiter ou o ascendente da outra, por exemplo, mesmo que os signos lunares de ambas não sejam em princípio particularmente compatíveis.)

Como os significados lunares essenciais estão delineados no capítulo 5 e no apêndice A, não vou repetir isso aqui. Mas antes de vermos cada um dos signos lunares, devo destacar um par fundamental de características lunares que não deve ser omitido. Primeiro, a Lua tem muito a ver com o funcionamento mental não intelectual, não racional – influenciando nosso pensamento muito mais do que muitas pessoas gostariam de admitir. Quando dizemos "Sinto que...", falamos a partir da sintonia lunar e reconhecemos que, embora o que estamos dizendo não seja necessariamente demonstrável ou lógico, estamos *à vontade* com esse ponto de vista. Igualmente, a Lua revela muito sobre o quanto a pessoa se sente à vontade consigo mesma – o nível de segurança interna. A localização da Lua e seu elemento estão intimamente relacionados ao que é necessário para a pessoa *sentir-se bem consigo mesma.* Ademais, a Lua se refere especialmente aos sentimentos ou comportamentos instintivos que nos sentimos mais à vontade para expressar *em situações sociais.*

Segundo, a expressão-chave mais sucinta para interpretar o signo lunar deve ser *reação instintiva*, já que ele simboliza a forma como respondemos imediata e automaticamente a muitos aspectos da vida e da experiência. Portanto, pode-se elaborar essa ideia pensando, por exemplo, em questões como: quais signos lunares reagem ativamente? (Áries, Sagitário e Peixes); quais reagem com análise imediata? (os signos de ar e Virgem); quais são os especialmente deliberativos? (Capricórnio, Touro e Escorpião); quais tentam esconder as reações emocionais? (Câncer, Escorpião, Capricórnio); e assim por diante, com qualquer questão que possa se apresentar. Esse é um bom exercício para aprender rápido sobre as variadas tendências de cada signo lunar, e o leitor pode experimentar após a leitura deste capítulo.

A Lua, o feminino, passividade e dependência

Uma outra razão da falta de bom material sobre a Lua nos escritos de astrologia é a propensão cultural para a atividade e o desenvolvimento do ego no mundo ocidental, características associadas com o Sol. Na astrologia tradicional, durante uma infinidade de séculos, a Lua era considerada o arquétipo feminino (até mesmo uma deusa) na polaridade Sol-Lua. Ela predominava sobre a família, o lar, o útero, o nascimento de crianças e todas as expressões de cuidado e cura. Normalmente, no mundo moderno, as mulheres se identificam com o signo lunar mais facilmente ainda do que os homens, e pode acontecer de a maioria dos homens do mundo ocidental não conseguir se identificar rapidamente com as qualidades do seu signo lunar. De fato, parece pouco natural para muitos homens ser solicitado a expressar passividade, dependência ou necessidades que podem ser interpretadas como fraquezas (como pedir ajuda). O Sol, afinal de contas, simplesmente brilha a partir de seu próprio poder e grandeza inatos. É a Lua que *reflete* a luz solar, distribuindo ritmicamente maior ou menor quantidade de luz na direção da Terra, no seu previsível ciclo mensal. Esses são símbolos poderosos que podem revelar muito, mas uma observação que podemos fazer sem controvérsia é que a distribuição da luz da Lua é muito mais delicada, suave, calmante e emocionalmente inspiradora que o "impiedoso olhar fixo" do Sol que o poeta Yeats descreveu. A luz e o poder do Sol, sem modulação ou diminuição periódica de intensidade, simplesmente queima toda a vegetação, faz a água evaporar e transforma a Terra num deserto.

Certamente não podemos examinar exaustivamente aqui as questões relativas à alienação de tantos homens em relação a seu lado feminino e os conflitos sociais e psicológicos que isso cria. Há bibliotecas inteiras de livros e artigos relacionados a essas questões! Por isso me restringirei a apenas alguns pontos-chave, muitos dos quais estão descritos com clareza no livro de Herb Goldberg *The Hazards of Being Male*. Ele aponta que a incapacidade de tolerar a passividade destrói o ritmo alternado natural da vida, de atividade seguida de passividade (a essência da Lua!). E diz:

> Sem dúvida, esta é uma das maiores causas de muitos homens serem consumidos ou afligidos por doenças crônicas em idade precoce. A repressão das dimensões passivas impede que se use o tempo regularmente necessário para o descanso e a recuperação. (HBM, p. 47)

Isso explica em parte por que a Lua está ligada à cura e traz a percepção de que entendê-la no mapa natal pode ajudar a desenvolver um estilo de vida saudável e respeitar o tempo de que o corpo precisa para descansar e se recuperar. O homem típico, que resiste a pedir ajuda, por exemplo, deriva dessa resistência masculina a demonstrar qualquer dependência. Quanto mais entendemos o papel da Lua, mais podemos ganhar uma percepção de como o lado lunar da natureza pode dar um suporte enorme à saúde física e emocional de uma pessoa. De fato, já que atualmente tantas mulheres estão na força de trabalho e frequentemente se igualando aos homens nos piores hábitos e estilos de vida tradicionais do Ocidente, muitos desses comentários agora se aplicam a elas também, incluindo a "síndrome de fadiga crônica" e outros distúrbios do stress.

Muitos homens projetam a maioria das suas qualidades lunares nas parceiras, aparentemente admitindo que todos os aspectos do arquétipo feminino são, então, cuidados permanentemente. Mas, como Goldberg explica, os resultados disso podem ser não só nocivos, mas desastrosos:

> Muitos homens adultos, tendo estabelecido um relacionamento importante com uma mulher, começam a abandonar quase todos os outros relacionamentos. A dependência vai crescendo em intensidade, e a crise, se e quando a mulher o deixa, é geralmente devastadora [...] Ao colocar todos os ovos na mesma cesta emocional, alguns homens não têm fonte de alimento da qual extrair qualquer coisa [...] O macho se isola e se aliena de outros homens supostamente para trazer para sua mulher os despojos da vitória competitiva. Agora, a mulher também se proclama sua competidora, até uma inimiga potencial, como declara a ele com epítetos como "machista". Ele não só perdeu sua terra-mãe, mas no seu medo e confusão está se arrastando para ser libertado, não necessariamente para o próprio benefício, mas mais propriamente para agradar a *ela*. (HBM, pp. 13 e 16)

O que geralmente não é mencionado na literatura desse dilema masculino é que muitas mulheres *estimulam* essa dependência influenciando, sutil ou abertamente, o homem a abandonar as velhas amizades – não apenas as amigas mulheres, os amigos homens também. Um grande número de colegas terapeutas tem confirmado o que venho observando com frequência: esse é um comportamento extremamente destrutivo da parte das mulheres, que corrói lentamente a independência e a consciência de si mesmo do homem. Em geral a motivação parece ser o desejo da mulher de dominar a vida emocional e psicológica do homem tão completamente que ele não possa nem mesmo se distrair com a fantasia de se realizar sem ela; portanto, provavelmente ele está cada vez mais concordando com qualquer coisa que ela queira. No entanto, se ela tiver sucesso, será de admirar que continue respeitando-o como antes de influenciá-lo a ficar tão submisso. (Com toda a honestidade, deve-se notar que os homens em geral também tentam isolar a parceira, mas talvez por motivos diferentes e com implicações diferentes também.) Assim, do ponto de vista do homem, entrar em contato com a energia e as características lunares, na verdade, vai fazer que ele fique mais forte a longo prazo e também muito menos vulnerável aos vários tipos de dominação e manipulação emocional.

Quando os termos lunares como os que se seguem se tornam familiares, pode-se perfeitamente aceitar que a Lua também tem uma influência bem maior na sintonia erótica, romântica e sexual para as mulheres do que para os homens: *intimidade, ternura, proximidade, sensibilidade, receptividade emocional* e *atenção protetora*. Porém, um homem com uma forte natureza lunar (especialmente com a Lua proeminente ou outras localizações significativas no signo lunar de Câncer) terá muitos desses sentimentos e necessidades nos relacionamentos próximos, assim como nas interações sexuais. Isso também é verdade para muitos homens que têm a principal ênfase nos dois outros signos de água, Peixes e Escorpião.

Peço observar que no resto deste capítulo vou citar de vez em quando partindo das entrevistas e questionários que fiz alguns anos atrás. Estarão codificados com EA (Entrevista do autor) ou QA (Questionário do autor), e acredito que o leitor encontrará revelações tão vitais e atraentes que não se importará com a informalidade de suas respostas estarem citadas aqui com total liberdade sempre que acrescentarem alguma coisa singular sobre o assunto em questão. Qualquer citação de outras fontes será identificada resumidamente, ou pelas abreviaturas listadas na bibliografia, no apêndice F. Mantenho num nível mínimo as longas citações de fontes porque este não é um trabalho acadêmico nem científico profissional que precise dessas referências enfadonhas. Sempre que possível também uso impressões resumidas para transmitir as características essenciais de cada signo lunar para, assim, os leitores reconhecerem imediatamente aquelas qualidades em si próprios e nos outros – e assim também será fácil de lembrar. Por isso tomo a liberdade de entremear qualquer descrição, frase ou palavra-chave que pareça ser particularmente marcante e precisa.

A Lua nos signos de fogo

Quando a Lua está em Áries, Leão ou Sagitário, as pessoas tendem a reagir às experiências com entusiasmo, em geral com uma postura positiva e ação direta. De fato, podem tender a pular antes de olhar, e não são conhecidas por sua falta de determinação. Sentem-se especialmente à vontade quando podem iniciar ou criar algo novo e/ou estimulando os outros rumo a alguma ação definida ou crença. Podem ser bastante eficientes ao promover ideias, ideais, produtos ou serviços desde que consigam automaticamente inspirar confiança nos outros. Esta é uma razão por que precisam aderir estritamente a padrões éticos em todos os seus empreendimentos, para que sua natural credibilidade não seja mal empregada.

Embora os signos lunares de fogo em geral estejam entre as mais positivas localizações lunares, e embora sua atitude altamente energizada e direta possa motivar e inspirar as pessoas, a aparente exibição de confiança não deveria levar a pessoa a subestimar os estados de espírito desesperados e de incerteza com relação a si mesmas que podem suportar secretamente. (Isso é especialmente verdadeiro para a Lua em Sagitário e Leão, que, de acordo com a minha experiência, precisam ser percebidas e validadas pelos outros, diferentemente do solitário Áries, que não precisa fingir uma demonstração de bravata, visto que prefere ser deixado só e raramente atribui quaisquer contrariedades às próprias deficiências.) O estímulo e as qualidades inspiradoras que esses três signos tão frequentemente expressam, porém, às vezes degeneram em um servir a si mesmo e um sentimento habitual de superioridade, que – é desnecessário dizer – podem acabar trazendo à tona hostilidade ou ressentimento de outras pessoas.

Lua em Áries: Provavelmente o mais simples, honesto e emocionalmente direto de todos os signos lunares, tende a ser decidido quando envolvido no seu mais recente entusiasmo, não gostando de ser incomodado (muito menos por distrações "emocionais" ou "necessidades pessoais" de outra pessoa). Muitos terão milhares de interesses na vida, todos muito importantes e urgentes… até perderem a curiosidade quando a fonte de estímulo deixar de ser nova. Bastante voltado para a ação e portanto em geral um pouco apressado, muitas vezes reage de maneira impaciente, mesmo quando nem de longe está tão aborrecido ou irritado como os outros podem supor a partir de seu comportamento explosivo. Acima de tudo, precisa de *novos* desafios ao longo da vida. Normalmente destemido, o único medo que Lua em Áries tem é o *medo do tédio*.

Geralmente não é bom ouvinte, não só por causa de seu interesse obsessivo por si mesmo, mas também porque tende a pular para conclusões (a menos que tenha, digamos, muito de Gêmeos e Libra no mapa, o que resulta em pessoas que podem ser excelentes na "escuta ativa" – abarcando rápido o essencial e dando respostas energéticas instantâneas). Na verdade, como uma mulher perspicaz com a Lua em Áries destacou, ele precisa *sentir* que não é influenciado pelos outros, portanto *parece* não estar ouvindo observações e conselhos alheios. No entanto, meses depois, pode inadvertidamente revelar que ouviu muito bem e até refletiu a respeito.

Aborrece-se com facilidade, incansável, muito autocentrado, competitivos por natureza – embora muitos (especialmente as mulheres) não gostem de reconhecer isso. Simplesmente tem que ser o melhor em tudo! Como uma mulher escreveu: "Duas mulheres que conheço com Lua em Áries são dominadoras. Acham que sabem todas as respostas e que estão sempre certas" (QA). Todavia, embora instintivamente competitivo, Lua em Áries tende a não guardar rancor desde que possa se encaminhar para um novo interesse bem rapidamente – *a menos que* veja a outra pessoa como um obstáculo à sua liberdade tentando controlá-lo ou limitá-lo. É, de fato, extremamente autossuficiente; prefere independência e liberdade para agir sem restrições e raramente procura qualquer tipo de ajuda dos outros.

Como Grant Lewi escreveu sobre Lua em Áries: "Sua mensagem para si mesmo é: *seja forte, impetuoso, independente, valente*" (AFM), e ele sente essa necessidade interior desde a mais tenra idade, sabendo que é essencialmente sozinho. Este é o signo do "solitário", seu próprio capataz pessoal, sempre impulsionando a si mesmo a ser melhor ou a fazer mais – o que o leva a uma constante sensação de impaciência infinita. Como Debbi Kempton Smith escreveu: "Essas pessoas sentem que a *própria vida* é uma emergência" (SSN), portanto é em geral absolutamente produtivo a fim de fazer o máximo com o seu tempo. Talvez seja assim por Áries também ser tão rápido para se apossar do essencial e fazer pontaria no cerne da questão em muitas situações.

Mulheres com a Lua em Áries (ou Sol neste caso) são geralmente "machistas", pelo menos de uma forma branda ou não doutrinária, porque respeitam a força e a competitividade. Como escreveu uma mulher com a Lua em Áries, na faixa dos 50 anos (que também conheceu outras pessoas com essa Lua):

> Mulheres com a Lua em Áries não toleram "acanhamento" ou mau humor, e assim têm pouca simpatia por muitas mulheres. Podem ficar impacientes com os outros (e consigo mesmas!) para "superar algo e seguir em frente!", visto que gostam de fingir que são destemidas e autossuficientes. Também detestam diminuir a velocidade ou desviar-se de suas atividades e planos. Entendem muito bem os homens e sua necessidade de independência, e os alimentam facilitando essa independência. Para se sentirem energizadas em qualquer tipo de situação ou relacionamento, precisam acreditar que são "as melhores" e reagem rápido a qualquer "desafiante"! (QA)

A Lua em Áries é fisicamente incansável e forte, portanto em geral pode ser atlética. Vi até mesmo uma mulher com Sol em Touro e Lua em Áries tão energética que treinava para triatlo na maior parte do tempo em que estava acordada, ficando absoluta e estritamente focalizada, e impaciente, já que tinha interesse em muitas coisas. Seguem mais algumas observações:

> Homens com Lua em Áries tendem a esperar muito das mulheres. Nas mulheres, dá um forte senso de propósito e liberdade. (QA)

> Lua em Áries pode ser franco a ponto de ser grosseiro. Suas reações emocionais aos estímulos parecem rudes, totalmente espontâneas e sem censura. (QA)

Uma mulher de 30 anos escreveu o seguinte sobre homens com Lua em Áries:

> Eles parecem envolver *totalmente* a sua atenção, de uma forma muito direta e poderosa, no exame minucioso de novos "dados", geralmente até o ponto de monopolizar a conversa ou a atenção do outro até seu interesse empalidecer ou mudar de foco. Também são muito autocentrados: *suas* ideias, *sua* ação, *seus* sentimentos vêm primeiro, e em geral eles não têm muita empatia com as necessidades ou sentimentos dos outros; vão ouvir, mas não são tão bons no que se refere a respostas ou apoio. (QA)

Lua em Leão: Os que têm Lua em Leão reagem de forma calorosa e generosa, muitas vezes com entusiasmo e/ou humor. Há uma simplicidade pueril neles, e, de fato, seu orgulho visível em geral lembra mesmo o de uma criança. Precisam de reconhecimento e demonstrações de afeto, e é comum ficarem com o orgulho ferido se não ganham essa atenção publicamente e em quantidade suficiente. Como todos os signos fixos (Touro, Escorpião e Aquário são os outros), Leão é um signo de *extremos*, portanto é difícil fazer um retrato equilibrado de suas tendências pessoais. Em geral são superficiais e propensos à adulação, mas têm uma considerável integridade pessoal, que não costuma ser comprometida. Como precisa projetar uma imagem grandiosa e meio dramática de si mesma, a pessoa com Lua em Leão pode ser mais propriamente exibicionista. Mas faz isso com tamanha inocência e com tanta expectativa que em geral é perdoada por sua tendência a centrar-se em si mesma e dramatizar. De fato, parece que tem tanta necessidade de atenção e é tão infantil que em pouquíssimos casos há espaço para crianças em sua vida, embora tenha um jeito natural com elas e possa ser ótima como pai ou mãe. Mesmo não sendo um fato científico, é de imaginar que quase ninguém com Lua em Leão tenha filhos, nem mesmo um.

Podem ser leais, às vezes tão cegamente a ponto de ter um comportamento tolo com impacto negativo nos interesses de todo mundo; e podem ser bastante generosos (não se importam que os outros percebam sua benevolência). Falta de visão é talvez um dos piores defeitos de Lua em Leão. Alguns não conseguem enxergar o que está bem debaixo do seu nariz, e são tão autocentrados que nem notam a reação dos outros ao seu comportamento por vezes detestável e majestático. Surpreendentemente, essa visão curta acaba se prolongando até a compreensão do seu próprio potencial. Sempre me espantou a quantidade de pessoas com Lua em Leão (com talentos inatos e capacidades em abundância!) que se vendem barato e terminam em fracasso considerando as capacidades que têm. Não posso deixar de suspeitar que um dos motivos disso seja que seu enorme orgulho as impede de ouvir ou solicitar uma opinião honesta a respeito de si mesmas. Talvez temam em segredo não corresponder totalmente a sua autoimagem. São conhecidas como pessoas que se sentem insultadas com facilidade, e naturalmente não querem expor seu frágil ego a críticas, não importa quão bem-intencionadas possam ser. A menos que desenvolvam um profundo autoconhecimento e a capacidade de aceitar uma opinião autêntica vinda dos outros, podem ficar enredados em sua seriedade e simplicidade, tornando-se fracos, como uma pessoa que nunca cresce.

Pessoas com Lua em Leão têm uma capacidade de encorajar os outros que pode trazer muito apoio e força numa crise. Podem atuar como um sólido sistema de apoio, do jeito que qualquer um gostaria de ter; mas em outros casos parecem fanaticamente convencidas de que estão tendo um impacto forte e positivo sobre os outros (independentemente da verdade) e querem receber agradecimentos por isso. Ser admirado é uma necessidade central de muitos com essa localização da Lua. (Observe que Lua em Leão é muito mais passivo que Sol em Leão, que geralmente está ocupado criando ou fazendo algo.) Tem uma profunda necessidade de projetar uma imagem de grandeza e importância, mesmo que acabe se ressentindo com os outros por não notarem. Em resumo, a vasta gama de personalidades com Lua em Leão desperta reações extremas: são pessoas profundamente amadas e ao mesmo tempo bastante ressentidas! Observe as características extremas e variadas de Lua em Leão nesta resposta ao questionário:

> Lua em Leão sempre quer estar no topo das coisas. Gosta de atenção, e alguns podem ser facilmente pegos pelo ego. Tem uma expressão dinâmica, tende a fazer sentir sua presença [...] em geral tenta arduamente fazer que os outros o vejam como alguém especial, provocando reações de todo tipo. Tende a ser levemente opinioso, mas pode ser bom ouvinte, e também muito preocupado, muito cuidadoso, até um pouco arrogante. Lua em Leão é gregário, dinâmico e pode ser muito criativo. (QA)

Outra observação perspicaz sobre Lua em Leão:

> As mulheres com Lua em Leão são emocionalmente melodramáticas. Perturbam-se com facilidade e tendem a se fixar no que estão sentindo, por vezes a ponto de seus sentimentos se tornarem a questão principal para todos ao redor. Gostam da sensação de ter a atenção de todos sobre si, mesmo quando o preço disso é uma altercação ou outro tipo de conflito. Quando estão satisfeitas em relação à atenção que recebem de todos, em geral abandonam alegremente a questão e com um ar magnânimo permitem que outra pessoa fique sob os "refletores". São artistas performáticas. (QA)

Lua em Sagitário: Tolerante, liberal, com uma atitude animada em relação à vida, Lua em Sagitário é idealista por natureza e instintivamente reage com uma atitude filosófica diante de qualquer contrariedade, sabendo que o *futuro* (e não o passado!) é o que interessa. Fica mais à vontade quando explora ideias, ideais ou lugares ao ar livre e adora a sensação de liberdade sem limite. O horizonte distante é sempre sentido como mais atraente que o aqui e agora. Precisam especialmente de liberdade mental (incluindo espaço religioso e espiritual para aprimorar a si mesmo), já que suas aspirações não são só elevadas, mas ilimitadas! De fato, o termo "animado" deve ter sido inventado por uma pessoa com Lua em Sagitário! Uma mulher com Lua em Sagitário que conheci sempre repetiu como um mantra: "Vejo o copo quase cheio, e não quase vazio." Lua em Sagitário gosta de entreter grupos de pessoas com seu humor. Na verdade, quer dizer *sim* a todas as oportunidades, quer sentir que a vida não tem limites, e assim tende a instintivamente prometer muito mais do que pode dar. Suponho que alegue que todo mundo esquece as coisas rapidamente, como ele, um hábito que faz o tiro sair pela culatra quando amigos e colegas zangados o confrontam exigindo saber por que as promessas não foram cumpridas. Em resposta ao questionário alguém declarou que "uma necessidade de ser tudo para todos" caracteriza Lua em Sagitário. Generosidade e "grandeza" são fatores dominantes na vida, no senso de realidade e na autoimagem dessas pessoas.

Sagitário é o signo mais provável de ser cego em relação à realidade imediata, óbvia para qualquer outra pessoa, de tão focalizado que está no objetivo distante. Como a estrada para o inferno é povoada de boas intenções, Lua em Sagitário precisa certificar-se de que seus objetivos e ideais estão plantados no que é verdadeiramente possível. Precisa de uma ampla visão como guia para motivá-lo na vida, mas também necessita de tempo para um exame periódico de si mesmo a fim de avaliar se está satisfazendo seus ideais. Gosta de aconselhar os outros (sendo em geral bastante "útil" do seu ponto de vista), mas se alguma coisa não funciona... bom, não é problema dele. Lua em Sagitário não gosta muito do peso da "realidade" cotidiana nem de problemas pessoais e emocionais.

Tem dificuldade para lidar com qualquer crítica, e de fato fica mais *indignado* que qualquer outro signo – um orgulho normalmente escondido e que em geral surpreende quem leva a sério sua conduta feliz e positiva. Como Donna Cunningham escreveu: "Se há uma coisa que desarma Lua em Sagitário é ter uma de suas teorias ou convicções de estimação derrubada" (MS). Esse orgulho, manifestado às vezes como uma visão um tanto exaltada de si mesmo (talvez como o único que pode revelar a "verdade"), é parte da natureza dualista de Sagitário, cujo símbolo é o centauro – metade cavalo, metade homem. Sagitário tem a tarefa vitalícia de integrar sua natureza mais idealista com suas tendências impulsivas, egocêntricas e pouco refinadas. No seu pior, são tão orgulhosos de sua "honestidade" (às vezes, vista pelos outros como grosseria) e de sua retidão moral e intelectual que – a menos que alguns fatores mais humildes ou sensíveis também sejam dominantes no mapa natal – podem ser descomprometidos quanto ao modo de expressar-se a ponto de muitas vezes serem considerados imprudentes e desnecessariamente perniciosos.

Talvez a chave para Lua em Sagitário se sentir realmente à vontade consigo mesmo seja aplicar sua honestidade a si mesmo tão asperamente quanto aos outros! Em geral também pensa bem demais de si mesmo, e quer projetar uma autoimagem admirável para os outros. Gosta de sentir-se idealista e honrado, mas, se olhar para si mesmo com honestidade, normalmente terá de admitir que não é tão impecavelmente nobre como gosta de pensar, já que pode racionalizar seu comportamento, como todo mundo, quando isso é conveniente ou vantajoso. Assim, Lua em Sagitário é um bom exemplo de que o modo como a pessoa se sente a respeito de si mesma (sempre diretamente relacionado com a Lua no mapa natal) não é necessariamente igual ao modo como os outros a veem.

Um par de citações extraídas dos questionários pode arrematar essas descrições de Lua em Sagitário:

> Informais, entendem-se bem com estranhos e os aceitam sem discriminação – ainda que às vezes sejam hipócritas e esnobes. Emocionalmente independentes não parecem precisar muito de ninguém, mas conseguem tudo o que querem dos outros. (QA)

> Lua em Sagitário pode ser muito generoso e ter uma postura ativa na vida. Por vezes é intrometido ou apenas dominador de modo geral. Pode ser um pouco insolente, mas normalmente sem entusiasmo. Ambos os sexos podem ser muito diretos. Os homens, muito honestos em sua atitude, dizem o que vem à cabeça. Para as mulheres esta localização é também bastante rude. Ambos os sexos podem ser muitas vezes indelicados; dizem a verdade como a veem e imaginam que os outros devem apenas aceitá-la, não importa o quanto for difícil de engolir. (QA)

A Lua nos signos de terra

Aqueles com a Lua em signos de terra tendem a reagir de um modo muito fundamentado, prático. A reação pode de fato ser tão contida naqueles com Lua em Touro ou Capricórnio que os outros ficam se perguntando se houve mesmo alguma reação. Por outro lado, os que têm Lua em Virgem tendem a reagir a qualquer estímulo um tanto rapidamente, mentalmente e, às vezes, nervosamente, de um modo que é óbvio para qualquer um, mesmo quando a pessoa tenta conter sua reação emocional. Exatamente como a Terra, aqueles com Lua em signos de terra têm uma *crosta* cobrindo suas reações emocionais, e preferem apresentar uma certa *aparência* para o público a revelar suas vulnerabilidades.

Lua em Touro: A Lua fica extraordinariamente feliz no confortável e estável signo de Touro, pois as emoções são uniformes e a pessoa tem poucas dúvidas a respeito de si própria. Os que têm Lua em Touro não se perturbam facilmente, mesmo com poderosos ataques ou acontecimentos chocantes que podem afetar bastante outras pessoas. Eles são, de fato, maravilhosamente resilientes, recuando diante de qualquer revés, desapontamento ou trauma. Um perfeito exemplo nos Estados Unidos é o ex-presidente Bill Clinton, que foi impiedosamente atacado durante seus oito anos de mandato pela ala direitista republicana, apavorada com o fato de que um político talentoso conseguisse finalizar algo da sua plataforma; Clinton, no entanto, mesmo em face do processo de *impeachment* e das chantagens que tentavam tirá-lo do cargo, se manteve e até conservou boa parte da sua popularidade.

É marcante o equilíbrio com que pessoas de Lua em Touro enfrentam as exigências e imprevistos da vida, por isso têm uma influência estável sobre os outros, que valorizam a sua confiança. Observe-se que mencionei "confiança", não presteza! Este signo é conhecido por ser o mais lento do zodíaco, entrando em ação só quando está bem e se sente pronto, mas sempre insistindo em manter seu próprio passo em tudo o que faz. Assim, seu contentamento interno e resistência a mudanças tornam frustrante lidar com ele quando sua obstinação considerável o leva a fincar pé para resistir ao que você quer. O outro lado da moeda é sua marcante persistência quando está focalizado em alcançar determinado objetivo.

Os que têm Lua em Touro estão sintonizados com os ritmos da natureza e da terra, daí seu compasso particular na vida e muito da sua força. São notadamente físicos e sensuais e têm grande necessidade dos "prazeres da vida", insistindo em reservar tempo para se divertir. Essa sintonia peculiar leva a uma confiança na vida terrena que lhes possibilita aceitar os outros com poucas exigências e enfrentar a vida como ela se apresenta. Em geral se mostram satisfeitos com a vida e consigo mesmos. Naturalmente, isso pode resultar em presunção, satisfação presunçosa consigo mesmo e preguiça autoindulgente. Como Grant Lewi escreveu, a chave do crescimento para Lua em Touro é "transformar a satisfação consigo mesmo em autoconfiança ativa". (AFM)

Emocionalmente, os que têm este signo lunar não são completamente frios, mas também não revelam logo seus sentimentos. São bons ouvintes e em geral respondem de forma calorosa e solidamente apoiadora, mas não efusiva. Na verdade preferem não permitir que nada os afete de imediato. Alguns comentários extraídos de três questionários mostram outras perspectivas deste signo lunar:

> Parece muito positivo, garantindo para os homens bons relacionamentos com mulheres. Também parece dar talentos em atividades manuais, como a culinária e outras artes domésticas. (QA)

> Sensual, com fino senso estético, senso de humor, obstinação, persistência, mas às vezes impermeável ao que acontece sob a superfície. (QA)

Homens com Lua em Touro gostam de ser tocados, especialmente abraçados. Também notei certa resistência à mudança. Essa resistência varia (em pessoas diferentes) entre uma relutância em aceitar os humores do outro e a relutância em permitir que *qualquer* espontaneidade fora do comum entre na sua vida. (QA)

Lua em Virgem: Aqueles que têm a Lua em Virgem precisam de uma noção de ordem na própria mente e no ambiente para sentir-se à vontade e seguros. Isso leva sua reação analítica instintiva a todas as experiências da vida, classificando suas percepções e pensamentos em categorias e discriminando-os de acordo com princípios ou preconceitos pessoais. Essa necessidade de ordem também motiva sua obsessão por asseio e pureza. Sentem-se igualmente mais seguros fazendo melhorias definitivas no ambiente, em suas atividades científicas, artísticas ou intelectuais, ou – o que nem sempre é bem recebido – nas outras pessoas. De fato, como uma mulher escreveu no questionário:

> Algumas vezes eles podem ser intrometidos, tentando colocar a vida das pessoas em ordem com conselhos – normalmente de um jeito não muito delicado. Ficam tão ocupados organizando a vida dos amigos que se esquecem do próprio quintal. (QA)

Essa tendência à "intromissão" pode também se manifestar como toda sorte de críticas a distância dirigidas até a pessoas totalmente estranhas que, evidentemente, só não estão à altura do nível de perfeição de Virgem.

Serem úteis faz que se sintam melhor a respeito de si mesmos e os ajuda a superar a habitual desconfiança de si e a sensação de imperfeição pessoal. De fato, "perfeccionismo" é a palavra-chave para Virgem, e sua inevitável consciência das próprias imperfeições frequentemente leva a uma consciência excessiva de si, às vezes tão severa que os torna incapazes de usar seus verdadeiros dons com alguma confiança. Sua tendência a reparar nas imperfeições também dos outros e com tanta frequência verbalizar suas observações muitas vezes faz a outra pessoa se sentir constrangida e improdutivamente confrontada consigo mesma. Aqueles que têm Lua em Virgem fariam melhor se prestassem atenção em sua profunda necessidade de *servir* genuinamente e ajudar os outros ou melhorar as coisas no mundo exterior. Fazendo isso podem acabar sentindo que melhoraram a si mesmos – ao menos do modo modesto como vão se permitir reconhecer. Afinal de contas, Virgem é o signo mais modesto do zodíaco – um dos poucos, na verdade. Pessoas com a Lua em Virgem podem parecer tímidas ou reservadas, e suas reações emocionais são bem caracterizadas no livro cheio de discernimento de Mary Coleman sobre relacionamentos, *Picking Your Perfect Partner*.

> As reações emocionais são convencionais, refinadas e expressas respeitosamente como manda o figurino. Os sentimentos são firmemente dominados e percebidos de relance mais do que realmente enxergados [...] Para alguns, esse decoro impenetrável é provocador. Para outros, a expressão é estudada, inibida e pudica demais. (PIC)

Tipos habitualmente nervosos com tendência a se preocupar, as pessoas com Lua em Virgem em geral encontram tranquilidade pessoal e autoestima no trabalho compulsivo e nos "negócios". O trabalho também fornece um escape para as emoções desagradáveis ou sentimentos depressivos de culpa ou indignidade que tão frequentemente afligem os que têm a Lua nesta posição. Mas como as emoções interferem com a produtividade, como Donna Cunningham ressaltou em *Moon Signs*, por conveniência, elas são colocadas de lado ou suprimidas da rotina da vida cotidiana. Por isso as pessoas com Lua em Virgem estão entre as poucas que amam todo tipo de trabalho pesado trivial e enfadonho – inclusive serviços domésticos.

Dúvida e ceticismo permeiam seu modo de pensar e reagir, e, claro, sempre há algo a criticar em qualquer pessoa, lugar, coisa ou conceito. O infinitamente pequeno está sempre disponível como alvo! Essa tensão mental constante e a sensibilidade de seu sistema nervoso, assim como sua supersintonia com a higiene e a pureza, faz essas pessoas ficarem fascinadas e ávidas por envolver-se em áreas como nutrição, ciências biológicas, terapias naturais, artes de cura e/ou profissões ligadas à medicina. Porém, essa afinidade natural também as inclina para a hipocondria, na pior das hipóteses, ou ao menos para um sistema digestivo e/ou intestinal particularmente sensível. A qualidade da alimentação é de extrema importância para essas pessoas, já que afeta diretamente seus nervos e estado mental, e não só a digestão.

O talento para trabalhos detalhados é sem igual (exceto para aqueles com certos planetas em Virgem), e os que têm a Lua em Virgem costumam ter muita satisfação ao empregar sua destreza profissional natural no que é útil ou nas artes. Como sua mente sempre pode encontrar algo errado em qualquer ideia ou plano, a indecisão muitas vezes aflige essas pessoas. Indecisão moral também é comum, pois suas tendências perfeccionistas e puritanas conflitam com suas tendências mais práticas ou necessidades sensoriais.

Lua em Capricórnio: Quem tem a Lua em Capricórnio, assim como quem tem outros planetas principais ou o ascendente em Capricórnio, parece anormalmente velho e sério quando jovem, mas pode ficar mais leve ao envelhecer. Na juventude é inusitadamente capaz, competente, disciplinado e conservador, trilhando um caminho de conquistas mundanas ou seguindo uma vocação. Sua confiança verdadeira tende a ser temporã, pois o senso de segurança interna se desenvolve com o passar do tempo e a pessoa sente que ao menos a idade, se não as realizações, traz um pouco do respeito que sempre almejaram. No seu melhor, pessoas com Lua em Capricórnio acabam aprendendo a relaxar até certo ponto e confiar mais na vida e nas outras pessoas. A aura de melancolia que as pessoas com sintonia em Capricórnio em geral carregam também pode se dissolver lentamente com o tempo, às vezes com a ajuda de um senso de humor cada vez mais ousado – mas seco.

A flutuante, sensível e emocional Lua não fica à vontade em um signo que costuma ser rígido e distante e se orgulha de não revelar nenhum sinal de vulnerabilidade ou necessidade pessoal. Pessoas com Lua em Capricórnio têm reações instintivas à vida, caracterizadas por autocontrole e cautela, e às vezes por uma postura defensiva ou uma negatividade quase chocante. Sentem que precisam manipular e controlar o mundo (e seus sentimentos) para ganhar o poder, a autoridade e o reconhecimento que desejam tão profundamente. De fato, tendem a sentir-se mais seguras quando sua identidade é confirmada por um papel social, título, dever específico ou manto de autoridade. Mesmo na juventude, quem tem Lua em Capricórnio sente-se à vontade assumindo responsabilidades, principalmente nos papéis de provedor, protetor ou organizador. Em outras palavras, fica mais relaxado e é mais autêntico quando carrega algum peso, ou quando há outros que dependem de sua presença ou atuação! Trabalhador esforçado, partilha com Virgem o primeiro lugar na lista das pessoas que adoram trabalhar, e com frequência acaba alcançando ótimos resultados em termos de sucesso profissional. Pode não ser sempre divertido, mas costuma concluir suas tarefas, mesmo que isso exija muito trabalho árduo, paciência e persistência.

Talvez a coisa mais opressiva a respeito deste grupo seja a obsessão por ser reconhecido como *importante* e detentor de autoridade; em alguns casos há um persistente "complexo de Deus" que permeia a vida pessoal e profissional, na medida em que o constante impulso para estar "no topo" pode comprometer sua capacidade de ter qualquer intimidade com outro ser humano, assim como trazer à tona sua desconfiança automática dos outros. O psicólogo e astrólogo Glenn Perry, Ph.D., escreveu:

> Respostas firmes e controladas muitas vezes levam à solidão e ao desespero e impedem que a pessoa flua e seja sensível às mudanças de humor dos outros. Lua em Capricórnio educa tomando conta e dando ordens. A postura seca e mecânica em relação aos sentimentos

não é simpática e tende a insinuar que o outro é incompetente. Incapaz de responder diretamente às necessidades emocionais, Lua em Capricórnio dá a impressão de ser calejado, endurecido e pouco afetado pelo lado terno da vida. (*Aspects*, outono de 1981)

Se a supressão emocional e a negação se tornarem cronicamente extremas e rígidas, o resultado pode ser uma pessoa com um traço tirânico a quem os outros podem até respeitar – mas a uma distância segura. Porém, de outro ponto de vista (a partir de dentro, por assim dizer) da natureza emocional deste signo lunar, cito aqui um trecho de uma entrevista com uma jovem mulher de Lua em Capricórnio que descreveu a si própria como tendo "seriedade a respeito da vida emocional, interesse em chegar ao âmago das coisas, impaciência com conversa fiada, e necessidade de atingir emocionalmente o cerne da questão". Ela continua:

> Em todas as pessoas com Lua em Capricórnio que conheço (e são muitas) há certa gravidade, uma capacidade de levar muito a sério a vida emocional. Especialmente as mulheres *nunca* ficam de risinhos ou flertando despreocupadas ou coquetes – somos sérias demais para flertar. As mulheres são de um tipo "masculino", eu acho, metódicas à sua maneira (os homens também, na verdade [...] não é uma localização lunar que eu perceba ser instantaneamente amiga de todo mundo, francamente afetuosa). Acho que "umas poucas amizades duradouras e sérias" é uma expressão que resume todas as pessoas com Lua em Capricórnio que conheço. (EA)

A resposta de outra mulher ao questionário enfatiza ainda que mulheres com essa orientação para a competência e a ambição estão sujeitas a sentir-se "ambivalentes a respeito da própria identidade sexual", embora tenham fortes necessidades físicas; e também que mulheres com Lua em Capricórnio têm "uma grande necessidade de aprovação para desenvolver a autoestima" (QA). Dois outros questionários confirmaram a descrição citada acima com relação à postura prática subjacente aos compromissos emocionais. As expressões usadas foram: "fria e defensiva" e "muito calculada – não necessariamente má – apenas muito premeditada, não reage por impulso". Absolutamente radical, eis a resposta de uma experiente profissional da astrologia ao questionário:

Especialmente para os homens, esta localização da Lua indica uma competência marcante para conduzir-se no mundo material, ou ao menos muito interesse e sintonia com assuntos materiais. São sagazes para cuidar das necessidades financeiras. Costumam envolver-se em estruturas seguras, como o serviço público, atividades sindicais, etc. Gostam de segurança financeira. As mulheres também se preocupam com a segurança financeira e são extremamente competentes no mundo material. Tanto homens como mulheres levam as coisas muito a sério, têm uma postura bastante cautelosa. Lua em Capricórnio também é muito sexual, de um jeito bem descontraído. (QA)

Concluindo, nunca se deixe enganar pelo comportamento lento, cauteloso e hesitante de Lua em Capricórnio. Podem ser pessoas conservadoras em muitas *atitudes*, mas na verdade são bastante progressistas e concentradas na *ação voltada para resultados.* Só não gostam de cometer erros.

A Lua nos signos de ar

Se a Lua está em Gêmeos, Libra ou Aquário, a pessoa se adapta ao fluxo da experiência da vida assumindo primeiro uma perspectiva intelectual para avaliar as coisas objetivamente pela lógica, ou pelo uso de conceitos e teorias conhecidos. Naturalmente, essa tendência pode levar à análise excessiva e à consequente falta de clareza nas decisões; mas o potencial para a premeditação construtiva, prudente, inteligente pode ser precioso, e é uma característica muitas vezes ausente em pessoas com Lua em signos de água ou fogo.

Lua em Gêmeos: Se você multiplicar as flutuações da Lua em constante mudança pelo caráter eternamente volúvel de Gêmeos, terá uma vaga ideia da natureza deste signo lunar. É o verdadeiro oposto do que é estável e previsível. A força da Lua em Gêmeos é a rapidez com que reage ao mundo e às outras pessoas, e a rápida ligação que consegue fazer todo tipo de ideias e possibilidades. Adapta-se rapidamente às mudanças e sua percepção é muitas vezes intrigante, pois é motivado por uma curiosidade infinita. De fato, precisa constantemente de uma grande variedade de estímulos mentais para continuar se sentindo vivo e em desenvolvimento.

O problema principal para essas pessoas, e para aqueles que tentam se relacionar intimamente com elas, é que elas nunca parecem saber bem quem são. Sua noção de identidade e segurança interna é difusa, assim como sua concentração. Emoções são mais propriamente território estrangeiro e um tanto desconcertantes para pessoas com Lua em Gêmeos, devido a sua natureza ilógica e flutuante. Assim eles precisam *comunicar-se* verbalmente sobre sua vida emocional para ter algum tipo de clareza mental sobre sentimentos irracionais e inconstantes (embora às vezes falando sem parar, de uma forma tão cansativa que acaba não resultando em clareza). Em resumo, precisam verbalizar as emoções para sentir sua ligação com elas. Em relacionamentos íntimos, essas pessoas loquazes e galanteadoras em geral fazem experiências com seus sentimentos o tempo todo, primeiro expressando uma coisa e depois outra – para profundo desalento e frustração dos parceiros –, como se a crônica inconsistência e o caráter volúvel de Lua em Gêmeos não tivesse impacto na outra pessoa. Este signo lunar é talvez o mais avesso a compromissos que qualquer outro, e sua superficialidade emocional não ajuda em nada. Em resposta ao questionário, uma pessoa com Lua em Gêmeos afirmou: "Há uma lamentável falta de contato com o subconsciente, e embora haja uma análise lógica dos motivos e um exame racional infinitos, nenhuma mudança acontece" (QA). Essa é apenas uma das manifestações da dualidade mental deste signo lunar, no qual uma parte da mente não sabe o que a outra está fazendo ou pensando. Reações contraditórias (até simultaneamente) e pensamentos e emoções difusos em geral são o que leva as pessoas com Lua em Gêmeos a se expandir tão pouco.

Lua em Gêmeos precisa desesperadamente de variedade mental e *aprendizagem* de todo tipo. Mas seu desafio principal na medida em que cresce ao longo da vida é confrontar estas questões: com todas essas ideias e "fatos", ganhei algum conhecimento profundo real, e com todo esse aprendizado ganhei alguma *compreensão*? No seu melhor, as pessoas com Lua em Gêmeos são espirituosas e espantosamente hábeis em muitas áreas, e também têm um estilo animado de comunicação com pessoas de diversos grupos. No seu pior, parecem possuídas pelos próprios pensamentos, e portanto à mercê deles, o que as deixa infinitamente perplexas e confusas. Às vezes também há tanta subjetividade que nem chegam a notar de verdade a pessoa com quem estão conversando e "se comunicando" tão ativamente.

O que mais irrita e coloca Lua em Gêmeos na defensiva em qualquer relacionamento, como aponta Donna Cunningham, é "ter sua inteligência contestada" (MS). Grant Lewi também escreveu de maneira bastante perspicaz sobre o orgulho intelectual de Lua em Gêmeos:

> O autorretrato que mais lhe agrada é aquele que o mostra como um grande intelecto que o mundo ouve com gratidão. Ser tão intelectual quanto gostaria é um grande investimento e pode exigir mais empenho do que está disposto a empregar. A engenhosidade lhe agrada mais que a profundidade. Prefere ser engraçado a ser justo, ser emocionante a ser estável e ser provocador a ser sábio. (AFM)

Na verdade, quem tem a Lua em Gêmeos é em geral muito talentoso e gosta de enfatizar isso, mas sua mente excessivamente ativa e sua tentativa de imaginar tudo por meio de teorias intelectuais pode deixá-lo cronicamente infeliz. Apesar do orgulho intelectual mencionado antes, sua autoimagem tende a ser movediça e duvidosa, talvez porque, mais que tudo, Gêmeos acha difícil *acreditar* realmente em alguma coisa. Em consequência disso, tem em geral uma autoimagem confusa – e, portanto, às vezes também uma identidade sexual obscura –, o que se confirma em muitas entrevistas, questionários e exemplos de respostas de clientes.

Uma outra perspectiva foi fornecida por uma terapeuta que me escreveu o seguinte: "Os homens com Lua em Gêmeos querem uma esposa esperta, cheia de vida, mas em geral depois as suas necessidades emocionais não são satisfeitas por ela, nem por sua superficialidade e tagarelice. Muitas vezes eles também se intimidam com a inteligência dela, e então precisam excluí-la e ignorá-la." Outra resposta ao questionário acrescenta:

> Mulheres com Lua em Gêmeos são muito falantes, muito sociais, projetam um tipo de energia nervosa na vida cotidiana. Há sempre uma atmosfera altamente energética em volta de alguém com Lua em Gêmeos.
>
> Os homens partilham esses traços com as mulheres, mas também parecem ser mais como as pessoas que "têm muitos conhecidos", que estão sempre em atividade social, fazendo alguma coisa, ajudando alguém. Há muita versatilidade em ambos os sexos, interesse em muitos tipos diferentes de pessoas e atividades. (QA)

A citação seguinte – sucinta e equilibrada – é de Mary Coleman, em *Picking Your Perfect Partner*, e resume lindamente tanto o charme quanto a atitude evasiva de Lua em Gêmeos:

> As reações emocionais são despreocupadas, calmas e repentinamente versáteis. Os sentimentos esvoaçam como borboletas e são, assim como elas, difíceis de capturar. Para uns, todo esse colorido e esplendor é irresistível. Para outros, a exposição é fútil, sem emoção e caprichosa demais.

Lua em Libra: Um pouco como Lua em Gêmeos na tendência à indecisão, mas nem de longe tão disperso, este signo lunar *pesa tudo* na mente antes de reagir a qualquer experiência. Pode-se ter uma ideia deste signo lunar imaginando uma combinação da flutuante Lua com o símbolo da "balança da justiça" de Libra, que oscila para um lado e para o outro ajustando continuamente mesmo quando o peso de uma pena é acrescentado a um dos pratos. Na verdade, Lua em Libra em geral compensa qualquer coisa que receba de outra pessoa, normalmente de maneira muito gentil. Leva a sério os relacionamentos pessoais e se orgulha de sua retidão e de sua capacidade de enxergar a situação do ponto de vista da outra pessoa. Essa tendência de se colocar no lugar do outro, mais marcada em Libra do que em qualquer outro signo do zodíaco, pode ir longe a ponto de a pessoa ceder só para agradar à outra– até mesmo ignorando os próprios interesses. Lua em Libra tem uma necessidade de sentir-se querido que motiva em grande medida seu comportamento na intimidade, a ponto de enfraquecer sua tão valorizada objetividade. O desejo de evitar dissabores pode levar a reações superficiais e apaziguadoras que talvez não sejam totalmente sinceras – às vezes até tendendo à adulação. Perde-se com facilidade no campo energético de outra pessoa e fica confuso a respeito de onde um termina e o outro começa. Em outras palavras, as reações espontâneas são modificadas inconscientemente pelo modo como reage o interlocutor!

Há, contudo, pessoas com uma Lua em Libra *não equilibrada* que exemplificam um dos dois modos extremos de expressão: ou a tendência a tentar agradar os outros e evitar *qualquer* aparência de desagrado até o limite da hipocrisia; ou o desagrado ocasional de quem faz disso um ponto especialmente irritante e agressivo, como a mostrar intencionalmente que não se importa com o que o outro pensa. O primeiro grupo, apesar do forte impulso para agradar e fingir gentileza, parece quase inconsciente dos pensamentos e sentimentos reais das outras pessoas. O segundo grupo, naturalmente, nunca se incomodaria nem de leve com os pensamentos e sentimentos de ninguém em situação nenhuma. Nos dois casos, há uma incapacidade de estabelecer uma relação profunda e autêntica.

O resultado pode ser uma vida um pouco solitária, algo particularmente difícil e depressivo para qualquer pessoa com ênfase em Libra, o signo da parceria *par excellence*. Quem tem a Lua nesse signo precisa *partilhar* ideias e idealismo na vida, e sem esse intercâmbio e companheirismo dinâmicos, eles não se sentem seguros nem satisfeitos. Às vezes pode haver lá no fundo um medo enorme da intimidade que acaba tornando as reações emocionais tão inibidas, reguladas e pouco espontâneas. Seria fácil interpretar a motivação do grupo mais agressivo como um meio de garantir que ninguém goste deles, tornando assim impossível um relacionamento próximo no qual tivessem que dar de si honesta e abertamente. Esse tipo de Lua em Libra é totalmente autocentrado e insensível aos demais, e muito exclusivo na sua visão do outro e em seu estilo de vida social. É também extremamente opinioso. Até a mais agradável e atenciosa pessoa com Lua em Libra pode ser bastante opiniosa (ainda que raramente reconheça seu verdadeiro ponto de vista caso isso possa causar desarmonia), mas o tipo mais irritante dessa posição lunar normalmente tem uma opinião tão rígida que faz da verdadeira comunicação uma impossibilidade sem esperança. De modo geral, parece faltar confiança intelectual às pessoas com esse signo lunar, por isso elas parecem incapazes de sentir-se à vontade com a ambivalência natural de Libra em relação a ideias importantes, e tendem a se refugiar em uma opinião segura que não precisa ser questionada ou compartilhada.

A personalidade equilibrada de Lua em Libra consegue lidar prontamente com muitos lados de qualquer questão ou conceito com imparcialidade, e seu estilo de vida está descrito em uma resposta ao questionário: "Raramente vou aos extremos em um aspecto da minha vida, gosto de equilibrar trabalho e lazer, vida social e solidão, o tempo fora e o tempo em casa, atividades sedentárias e caminhar ou andar de bicicleta, etc." (QA)

Lua em Aquário: Lua em Aquário é o inconformado no mais alto grau. Instintivamente reage à maioria das experiências de modo imprevisível e muitas vezes excêntrico. Pode contar com que a resposta será do contra se você disser, fizer ou esperar qualquer coisa mais convencional do ponto de vista social ou intelectual. Independência é o princípio básico de Lua em Aquário, que também se orgulha de sua objetividade e integridade intelectual. É extremamente vinculado à experiência em muitas áreas da vida, e é difícil que aceite a palavra de alguém como "verdade" ou como autoridade máxima – uma característica que não agrada à maioria dos chefes, supervisores ou mesmo amigos próximos, que podem ser muito mais versados em determinada área. Aquário é, afinal, o signo daquele que busca a verdade; e é o signo mais científico do zodíaco, no sentido verdadeiramente experimental do termo.

Lua em Aquário, de fato, se sente mais seguro quando exercita uma completa liberdade de ideias, de expressão e de inovação. Precisa de liberdade como precisa do ar, e é comum rebelar-se contra uma restrição excessiva ou qualquer tentativa de controle. Mudanças radicais periódicas na vida (sociais, geográficas, domésticas ou intelectuais) propiciam esse *espaço* pessoal de que Lua em Aquário precisa desesperadamente, rejuvenescendo-o e alimentando-o, embora possam ser muito difíceis de suportar, tanto para Lua em Aquário como para seus parceiros. Lua em Aquário tem, na verdade, uma natureza emocional ímpar, que enfurece ou frustra pessoas mais convencionais ou previsíveis, levando-o a reagir de maneira bem excêntrica a muitas situações. O fato é que embora pareça mentalmente frio, indiferente e, em alguns casos, até desprovido de sentimentos humanos normais, a pressão emocional se acumula com o tempo (na medida em que descobre que é impossível manter-se afinado com paixões incômodas e tenebrosas e necessidades embaraçosas); isso acaba explodindo em ações impulsivas, radicais, ou em súbitas mudanças de planos ou pontos de vista. Mais que qualquer outro, Aquário é o signo do *extremismo*.

Este signo lunar precisa estar socialmente envolvido de alguma maneira, ou diretamente com muitas pessoas (ensinando ou organizando conferências), ou por meio da publicidade, do ativismo social ou político. Lua em Aquário tem uma *necessidade* emocional de afetar grandes grupos de pessoas. Sua compreensão humanitária das necessidades mais amplas tanto humanas quanto sociais é, a bem dizer, muito mais perspicaz que sua compreensão das necessidades individuais de cada um. Pessoas com esse signo lunar em geral gostam de estudar sociedades ou línguas ou outras questões globais, e as ciências sociais muitas vezes são um campo de interesse para elas. Lua em Aquário realmente se *identifica* com a sociedade ou com a humanidade como um todo. A postura impessoal costuma suscitar críticas a sua indiferença e "frieza", mas na verdade todo esse distanciamento possibilita reagir às crises emocionais dos outros sem perder a objetividade e mantendo-se acima do turbulento e confuso nível emocional. A capacidade de manter-se lúcido e imparcial faz de Lua em Aquário um amigo leal e valorizado. Como aponta Debbi Kempton Smith:

> São bons amigos e precisam ter amigos por quem fariam tudo. Pode-se contar a eles *qualquer* coisa, que eles entenderão. São totalmente honestos e dignos de confiança, justos, razoáveis e diretos [...] Você acaba descobrindo quão irracionalmente leais essas pessoas podem ser. Ainda que sejam frias e reservadas, grudam como cola nas pessoas que amam e respeitam. Ficam em uma situação muito mais tempo do que outros conseguiriam suportar... (SSN, pp. 96-7)

De fato, pessoas com Lua em Aquário raramente encontram seu senso de segurança com a família e parentes. Quando mais não seja, sentem-se *muito pouco* à vontade com esses grupos e com as obrigações e o protocolo social decorrentes. Sempre parecem estar insatisfeitos com o modo de vida e a falta de comunicação de seus pais, e às vezes esse sentimento se estende ao país ou à cultura da sua juventude. Portanto, não só precisam se afastar da "opressiva" influência familiar, parental e cultural, mas também às vezes extrapolam essa insatisfação sobre toda a sociedade e com frequência isso explica muitos tipos de protesto social. Bons exemplos são John Lennon e Timothy Leary. Um traço de rebeldia permeia, assim, suas memórias de infância e as influências dos pais, e isso afeta seu comportamento social por toda a vida. *Insistem* em se libertar das obrigações sociais e dos valores convencionais.

O automático traço "do contra" que mencionei antes se manifesta nas reações interpessoais, no modo de pensar e discutir ideias e no estilo de vida. Mas são os antagonismos emocionais e a independência que às vezes causam dificuldades nos relacionamentos de Lua em Aquário devido à sensação de distância ou ao ressentimento dos outros. Geralmente há uma indiferença em relação à sensibilidade das outras pessoas. Afinal de contas, considerando que Lua em Aquário interpreta as emoções e as abstrai em um nível mais amplo, mais universal, como se pode esperar que lide com os detalhes pessoais mais insignificantes com que precisaria se envolver para manifestar simpatia? Lua em Aquário prefere manter o foco estável e uma perspectiva ampla a ser tragado pelo pântano infinitamente confuso de emoções que muitas pessoas gostariam que ele tolerasse.

Há observações especialmente originais sobre este signo lunar em algumas respostas que obtive durante a pesquisa e cito brevemente aqui:

> Aversão à rotina e uma forte necessidade de provar autossuficiência. Um fio de distanciamento nos relacionamentos parece sempre presente, assim como o que não é convencional. *Segurança com animação* é o objetivo mais difícil de alcançar na vida; precisa de estímulo constante em um ambiente estável. (EA)

> Tive uma boa quantidade de relacionamentos próximos com pessoas com Lua em Aquário e nenhuma delas me pressionou para que eu fosse diferente do que sou; aceitam ou rejeitam as pessoas, mas raramente colocam alguém na berlinda. Considero as pessoas com Lua em Aquário muito francas, quando se abrem. Realmente me sinto constantemente desafiado ao tentar entender a natureza independente e no entanto sentimental de Lua em Aquário. (QA)

Entrevistas com várias pessoas bastante perspicazes de ambos os sexos produziram algumas observações curiosas sobre as diferenças entre homens e mulheres que têm a Lua neste signo. Ambos os sexos podem se *fixar* por um bom tempo (às vezes dias), em algum estado de espírito extremo – ou negativo, ou inabalavelmente otimista. Mas os homens eram em geral muito menos analíticos com respeito ao seu estado emocional atual. De fato, enquanto os homens com Lua em Aquário eram vistos como donos de um humor notavelmente estável – estável demais, talvez, na visão de muitas pessoas que gostariam que eles fossem mais obviamente sensíveis no nível dos sentimentos –, as mulheres com Lua em Aquário parecem concentrar-se em suas emoções e humores e, então, representá-los de uma maneira bem extrema. Como disse um terapeuta, essas mulheres analisam a situação e decidem que estado de espírito vão assumir, e depois representam ostensivamente! Em outras palavras, a Lua em signo de ar para mulheres em geral se expressa pelo gasto excessivo de tempo e energia na avaliação de como se sentem e, depois, pela *decisão* mental de continuar se sentindo assim por mais algum tempo!

São pessoas muito distantes na vida diária! É possível que nunca se saiba o que estão pensando ou sentindo, e muitas vezes parecem não estar sequer ouvindo! Não gostam de brigas! Podem se distanciar imediatamente, tornando-se muito difíceis de alcançar ou decifrar. São contudo bem práticas, independentes e confiantes, quando reagem. É comum um toque "diferente" em seu estilo de vida ou em seus interesses. Tenho visto essa localização lunar em mapas de pessoas com estilo de vida e atitude sexual muito abertos ou "liberados", e também em mapas de pessoas com uma atitude bastante experimental e rude em relação ao sexo. (QA)

A Lua nos signos de água

A Lua em Câncer, Escorpião ou Peixes representa um modo de reagir à vida matizado por uma intensidade emocional instintiva. Isso pode se manifestar como medo ou sensação de vulnerabilidade, ou apenas como um envolvimento muito direto e profundo com a experiência cotidiana. Pessoas com Lua em signos de água invariavelmente terão de lutar, ao menos durante algumas décadas, para controlar ou canalizar antigos padrões de hábitos que podem interferir na clareza de perspectiva e no estabelecimento de uma atitude objetiva, pois há uma tendência a relembrar mais os aspectos negativos da experiência do passado. Proteger a si mesmo é uma motivação tão forte que essas pessoas costumam viver no fundo de si mesmas de um jeito muito contido.

Lua em Câncer: Quem tem a Lua no próprio signo solar sempre reage com grande sensibilidade a todo tipo de experiência. De fato, em geral são pessoas exageradamente sensíveis a muitas formas de influxo de vida: a qualidade do ambiente, a atmosfera social, os humores das outras pessoas, etc. No seu melhor, de todos os signos lunares, este é o ouvinte que responde melhor; no seu pior, é tão subjetivo e autoprotetor que realmente não tem nenhum interesse em ninguém mais. Os que são confiantes, centrados em si mesmos e emocionalmente tranquilos e satisfeitos podem ser soberbamente sintonizados com as necessidades emocionais e sentimentos dos outros. Por outro lado, os que estão à mercê dos próprios humores e sentimentos depressivos não podem contar com uma intuição precisa pois muitas vezes perdem o senso de "realidade objetiva".

Outro modo de explicar as manifestações mais extremas de Lua em Câncer é focalizar a tendência canceriana instintiva à *proteção*. São pessoas que precisam desesperadamente de um estilo de vida que traga alguma sensação de *segurança*. Na verdade, sentem-se mais seguras quando empenhadas em proteger ou cuidar dos outros, mas também precisam de cuidados e proteção na própria vida particular para se sentir intimamente seguros. A tendência de Câncer de proteger vigorosamente seus sentimentos contra qualquer ameaça, real ou imaginária – uma característica muitas vezes notada por quem se relaciona com essas pessoas – pode levar a uma superproteção tão excessiva de suas emoções íntimas que a comunicação e o verdadeiro compartilhar ficam muito difíceis. Essa necessidade de proteção é real porque Câncer se fere facilmente até com pequenas insensibilidades dos outros ou com o que pareça ser desprezo pessoal. Lua em Câncer, portanto, tende a se afastar ou esconder à menor provocação, porque precisa da segurança da privacidade total. Sua extrema sensibilidade pode causar problemas com os outros, que talvez encarem suas reações desmedidas a pequenas coisas como suscetibilidade. Uma mulher que não só tinha o pai com Lua em Câncer, mas também viveu por dez anos com um marido de Lua em Câncer, disse: "Eu me sentia sempre pisando em ovos perto deles."

Lua em Câncer se sente à vontade principalmente com aqueles que lhe são familiares. Portanto, lar e família são atrações naturais, pois só ali encontra essa tão almejada sensação de segurança, onde não se sente tão vulnerável como no mundo mais amplo do lado de fora. Lua em Câncer tem uma necessidade infantil de proximidade, dependência e estilo de vida simples, e um senso quase primitivo de unidade tribal ou familiar que não é verbalizado. Assim, quem tem este signo lunar costuma ser bastante *apegado* e não gosta muito de mudanças. É um signo muito conservador, para quem as tradições significam muito. Tanto homens quanto mulheres com Lua em Câncer são totalmente sentimentais e temperamentais – no seu melhor, muito leais e apoiadores de velhos amigos e parentes; no seu pior, agem da maneira mais infantil, com lamúrias e manipulação, para que todos saibam como se sentem mal e o quanto têm sofrido. Como uma mulher escreveu: "Às vezes sinto que essas pessoas têm uma capacidade monumental de 'pôr a culpa' nos outros (ou em si mesmos)." (QA)

A série de expressões que Lua em Câncer pode exibir é vasta e, portanto, muito difícil de descrever em alguns parágrafos. Lua em Câncer é tão facilmente influenciada pelos outros e também por outros fatores no mapa natal que só mesclando a influência de Câncer com os outros fatores do mapa é possível descrever as variações individuais com algum grau de precisão. A série de expressões é óbvia, por exemplo, partindo das várias citações de respostas ao questionário que se seguem. Não obstante, sinto que é justo dizer que quanto mais abrangente a personalidade (como mostrado pelos outros fatores do mapa) e mais idealista, tanto mais Lua em Câncer *reflete* e se mescla com as energias mais expansivas e positivas. Como Grant Lewi aconselha àqueles com Lua em Câncer: "Ativem sua simpatia interessando-se pelos outros" (AFM). Quando as pessoas de Lua em Câncer conseguem correr o risco de deixar sua concha e usar sua espantosa simpatia e intuição em trocas autênticas e honestas com os outros, não há localização lunar melhor, mais humana e mais simpática. Algumas citações de respostas ao questionário ajudam a preencher o quadro deste signo lunar:

> A Lua em Câncer em homens lhes dá um bom entendimento das mulheres e também proximidade com a mãe. Nas mulheres há uma tendência a serem mal compreendidas e muito facilmente feridas. Certamente este é um lugar criativo para a Lua – a imaginação ganha asas. (QA)

> As alturas e profundidades das emoções! Às vezes períodos "negros". Os homens querem um relacionamento próximo com as mulheres. (QA)

> Realmente, esta posição lunar é melhor para mulheres que para homens. Não vejo mulheres com Lua em Câncer serem tão pegajosas, possessivas e medrosas como normalmente são descritas. Na maioria, parecem ser fortes, felizes e ter sucesso nos relacionamentos. Essas mulheres são grandes mães, mesmo que não tenham filhos, são um tipo universal de mãe. (QA)

Lua em Escorpião: Aqueles com Lua em Escorpião reagem intensamente à experiência, mas em geral se esforçam para esconder ou expressar seus poderosos sentimentos. Há uma vida emocional secreta nessas pessoas, ou, pelo menos, elas gostam de pensar que estão conseguindo esconder suas emoções dos outros. Na realidade, em muitos casos, a energia aquosa está explodindo de um jeito absolutamente óbvio para os outros. Muitas experiências são incubadas na privacidade, às vezes gerando ressentimentos ou espírito vingativo para com os outros. Todas as pessoas com esta localização lunar precisam de envolvimento emocional intenso e profundo, e o modo como buscam satisfazer essa necessidade e expressar seu foco apaixonado e concentrado determina em grande medida se encontrarão tranquilidade emocional e felicidade na vida.

Extremismo emocional é um termo que tenho usado para caracterizar o signo de Escorpião, e sempre que a emocional Lua está localizada neste signo de sentimentos profundamente poderosos, o extremismo está presente de uma forma ou de outra: a luta entre o desejo de controlar as emoções e a necessidade de expressá-las; uma discrição instintiva em contraste com o forte desejo de sondar o desconhecido em si próprio e no outro; o medo de ser esmagado por sentimentos fortes e áreas "tabus" da experiência, enquanto se é fortemente atraído para elas; e o medo de perder o controle sobre as energias sexual e emocional (que frequentemente leva a pessoa a sufocá-las) em oposição à ânsia muitas vezes obsessiva por uma descarga sexual e emocional.

No melhor dos casos, pessoas com Lua em Escorpião acabam desenvolvendo um nível de poder emocional controlado que subordina suas fortes intuições e emoções, ao mesmo tempo que ajuda a superar o medo do desapego e da vulnerabilidade. A necessidade de envolvimento passional e a espantosa desenvoltura de Lua em Escorpião podem encontrar um nicho nas artes curativas, na pesquisa ou na psicoterapia, ou ainda em áreas de alto risco. Escorpião costuma ser bom numa crise, pois inspira tanto o autocontrole como a forte determinação – este é um signo capaz de criar inconscientemente uma crise para tornar a vida mais intensa quando não há nada mais à mão. Uma confiança interior pode se desenvolver quando Lua em Escorpião se dá conta de que, se consegue ultrapassar o excesso de medo e paranoia, pode ser guiados por suas convicções internas e intuições, que muitas vezes se mostram de uma exatidão extraordinária. De fato, pessoas de sucesso que têm grande sintonia com Escorpião realizam seu potencial por deixarem cada vez mais que as "sensações viscerais" as guiem. A noção passional de propósito ou missão de vida pode assim dar suporte a uma confiança positiva e saudável, e a mística e o carisma refletirão essa certeza interna.

Porém, antes que essa certeza interna seja alcançada, por vezes uma ânsia desesperada e quase inconsciente por segurança pode aparecer na vida da pessoa e na personalidade. Há uma necessidade de *mergulhar* fundo na vida e na experiência, e isso pode ser direcionado para muitos canais, alguns já mencionados acima. Às vezes há um interesse aparentemente grande em história, ocultismo, pesquisa científica ou outros campos de estudo que tentam identificar as leis que regem a vida. Debbi

Kempton Smith traça um quadro incisivo da alienação de Lua em Escorpião em relação a suas próprias emoções e sugere um modo de trabalhar com essa tendência para ter uma vida emocional mais satisfatória.

> Eles precisam tão ardentemente se sentir no controle que não conseguem ver o que está mesmo acontecendo. Então, partem com crueldade para cima do outro, para fazê-lo saber quão perversamente feriu seus sentimentos [...] Quando crescem, já são bons em esconder suas reações das outras pessoas. Infelizmente, porém, aprenderam também a esconder suas reações de *si próprios*. Os homens, especialmente, precisam de uma mulher que seja um pouco psicóloga, alguém paciente – e resistente e destemida! – o bastante para ajudá-los a desenterrar os sentimentos que têm tanto medo de mostrar.
>
> Chega um dia em que percebem que não há problema em ter sentimentos de vulnerabilidade e que partilhar esses sentimentos com alguém em quem confiam é o melhor modo de não se ferirem. Até esse dia chegar, porém, atravessam sozinhos a vida emocional. (SSN, pp. 92-3)

Em outras palavras, quando consegue confrontar e superar o padrão de impedimento emocional e suspeita automática, a pessoa com Lua em Escorpião consegue finalmente sentir-se *alimentada* pela troca de energia emocional. As citações seguintes, de entrevistas e questionários, completam o retrato de Lua em Escorpião:

> Homens com Lua em Escorpião são todos muito trancados, mais fechados que aqueles que têm o Sol ou o ascendente em Escorpião. As mulheres não são tão fechadas como os homens, embora sejam reservadas e egoístas. (QA)

> Particularmente as mulheres com Lua em Escorpião mostram um comportamento bastante invejoso, e se infiltram na vida das outras pessoas, às vezes fingindo ter os mesmos interesses para ingressar mais facilmente no seu ambiente e vida particular. (EA)

> Lua em Escorpião tem uma relação de amor e ódio tanto com a mãe quanto com as mulheres. Especialmente para as mulheres, a mãe sempre foi uma grande influência. Os homens costumam sentir-se subjugados pelo feminino, tendendo assim a se esconder atrás de uma máscara. (QA)

Lua em Peixes: Há muitos tipos de expressão e personalidade com a Lua em Peixes: desde pessoas profundamente simpáticas e generosas (em geral com dons de cura), a inspirados criadores artísticos, como Leonardo da Vinci, Goethe e Michelangelo, ou ainda funcionários públicos, líderes espirituais e sociais, como Martin Luther King Jr. e Ramakrishna, párias sociais que vivem ao sabor do vento e pegam o que podem, gente que abusa de drogas e álcool e outros escapistas crônicos. Em todo caso, Lua em Peixes invariavelmente tem muita imaginação e uma conduta simpática e sensível, sendo em geral reconhecidamente compassivos e idealistas. De fato, Lua em Peixes prefere ser visto e sentir-se como alguém com verdadeira sensibilidade e compreensão. E realmente alimenta os outros e se sente mais seguro consigo mesmo ao expressar sua simpatia natural para com a humanidade por meio da arte ou do serviço, atividades que lhe dão o senso de união com o universo que busca consciente e inconscientemente.

Os nascidos com Lua em Peixes tendem a reagir à experiência cotidiana com uma notável empatia pelos outros, mas também com óbvia vulnerabilidade e expressões vagas e evasivas. De fato, as pessoas fortemente sintonizadas com Peixes em geral são chamadas de sonhadoras, confusas ou desligadas. Embora isso possa ser verdade, o que normalmente não é dito é que essas pessoas *precisam* de períodos de descontração, devaneio, fantasia, fruição de música ou outros tipos de "fuga" para trazê-las de volta ao seu equilíbrio emocional. Esses momentos de "evasão" são necessários para Peixes, que tem poucas defesas psicológicas e absorve com muita facilidade as influências psíquicas daqueles com quem entra em contato. Em especial pessoas com Lua em Peixes têm uma persistente necessidade emocional de escapar das limitações e do confinamento da vida cotidiana, do mundo material e da prisão dos próprios padrões mentais. No nível mais profundo, Peixes precisa escapar do "eu" limitado, da identidade egoica com todos os seus medos e inseguranças. Uma grande sensação de contentamento advém quando Peixes transpõe os limites da personalidade individual ou transcende o eu pessoal por meio de algum método de autoconhecimento ou prática espiritual.

Todavia, uma das muitas contradições de Peixes é que tenta escapar também do autoconhecimento! Com frequência não quer saber de sua verdadeira natureza nem da visão dos outros a seu respeito. (Um pouco como os outros dois signos de água – Câncer e Escorpião –, Peixes fica mais à vontade permanecendo no seu mundo particular e subjetivo, onde ouve o que quer ou o que tem medo de ouvir, e não o que alguém realmente possa dizer.) Esse é um aspecto-chave da personalidade de

Lua em Peixes – costuma ignorar ou fugir de uma noção mais realista de si mesmo e de uma autoavaliação honesta e sem subterfúgios. Talvez porque seja tão idealista que também idealize a si mesmo. Gosta de pensar sobre si mesmo da maneira mais agradável possível: em geral sente que é mais simpático, gentil e sensível que qualquer outra pessoa, mas às vezes é na verdade sensível (ou supersensível) só a si mesmo. Com a Lua em Peixes (assim como o Sol e o ascendente em Peixes) um "ego escondido" fica aparente. Embora não demonstre muita consciência e óbvia centralização no ego, Peixes mostra muito de um ego inconsciente, orgulho e manipulação dos outros. Lua em Peixes costuma manipular os outros despertando piedade. Em outros momentos, essa manipulação passiva se expressa na forma de mensagens vagas, obscuras, na tentativa de seduzir a outra pessoa a assumir manifestamente um compromisso ou decisão. Em casos extremos, "expõe abertamente seus pensamentos", e às vezes há até uma expressão de dor no rosto que denuncia tanto sofrimento que se pode imaginar que esteja a ponto de se desfazer em lágrimas, afogando o outro com suas necessidades emocionais.

A *dualidade* da natureza de Peixes tem sido pouco enfatizada na literatura astrológica, e no entanto é a chave para entender muitas das tendências opostas expressas por esse signo. O antigo símbolo de Peixes são *dois peixes nadando em direções opostas*. O dualismo representado por esse símbolo arquetípico se manifesta em Peixes de uma infinidade de maneiras, totalmente insondáveis não só para os outros mas também para a própria pessoa de Peixes. Na realidade, Peixes pode ter duas atividades mentais ou emocionais bem diferentes acontecendo ao mesmo tempo, e esse processo complexo e muitas vezes contraditório pode não estar sob seu controle. O psicólogo e astrólogo Glenn Perry escreveu com bastante propriedade sobre Lua em Peixes:

> Peixes está e não está com você ao mesmo tempo. A noção do próprio limite pode ser tão fraca que a pessoa tem dificuldade de saber se os sentimentos que vivencia são dela, do outro ou de quem quer que seja. A natureza às vezes assustadora e opressiva dessa experiência pode favorecer a repressão dos sentimentos de modo geral. ("A Lua", in *Aspects*, outono de 1981)

Talvez essa dualidade inata, incompreensível tanto para as pessoas com Lua em Peixes como para as demais, ajude a explicar por que eles tão frequentemente se sentem como se estivessem numa prisão emocional e/ou mental. Isso esclarece como eles conseguem viver em seu próprio mundo a ponto de muitas vezes não ver o outro como indivíduo, e ao mesmo tempo parecer tão sensíveis às outras pessoas. Mas essa complexidade da experiência interna naturalmente leva a pessoa a uma noção complicada e às vezes confusa de si mesma. Os sentimentos a respeito de si mesma são, assim, com frequência nebulosos e podem tender à dúvida. Isso inibe a autoconfiança e torna o autoentendimento muito problemático, particularmente porque, para quem tem uma forte sintonia com Peixes, é difícil ter clareza de discernimento.

Essa capacidade de parecer tão pessoal e ao mesmo tempo ser tão impessoal ilumina dois aspectos da vida dessas pessoas: expressão verbal e relacionamentos. Como devem reconhecer aqueles que se relacionam com muitas pessoas com Lua (ou Sol) em Peixes, em geral há um fluxo verbal óbvio e desinibido que ao menos parece comunicação fácil. Peixes pode de fato ter talento verbal, linguístico ou poético, e costuma ser naturalmente eficiente como conselheiro ou terapeuta. Em algumas pessoas de Peixes, porém, esse fluxo se transforma num palavrório descontrolado de memórias e emoções que revela o quanto estão perdidas em seu mundo subjetivo. Algumas divagam interminavelmente sobre sua vida particular, sentimentos ou experiências (às vezes para pessoas totalmente desconhecidas) mesmo que ninguém esteja prestando a menor atenção. Muitas vezes parece que estão só se aliviando de pressões ou fardos emocionais, ou apenas arejando as águas da memória, e não verdadeiramente se revelando. Em outras palavras, as revelações "pessoais" não são na verdade tão pessoais assim.

A relação entre o que é pessoal e o que é impessoal também esclarece bastante o modo como Lua em Peixes se comporta nos relacionamentos próximos. Ainda que seja muito carente e tenda à dependência emocional, sua aversão a assumir qualquer compromisso definitivo obviamente não ajuda na construção de um relacionamento estável. Além disso, como uma mulher declarou em uma entrevista: "Quando está com uma pessoa de Lua em Peixes, você nunca se sente 'especial', pois ela ama a todos!" (EA). Sua falta de clareza a respeito de como se sente, seus humores e sua instabilidade emocional também contribuem para que os relacionamentos íntimos sejam complicados. Às vezes Lua em Peixes se envolve com e/ou toma conta de pessoas que muitos evitariam, apenas por serem tão obviamente carentes ou até um pouco desesperados. Embora o amplo círculo de empatia que sente e expressa possa causar problemas em sua vida pessoal, Peixes precisa se manter fiel a esse senso idealista e instintivo de união que vivencia tão intensamente. Albert Einstein, Sol em Peixes, escreveu: "Nossa tarefa tem que ser libertar-nos [...] ampliando nosso círculo de compaixão para abraçar todas as criaturas vivas assim como toda a natureza e sua beleza." Para concluir esta seção, mais algumas citações de questionários:

> Lua em Peixes pode ser muito criativo, mas é bem difícil chegar ao fundo dessas pessoas; parecem não entender *nem as próprias* motivações. (QA)

Observe a variedade de observações nos seguintes comentários sobre homens com Lua em Peixes, feitos por três mulheres na faixa dos 30 anos:

> Os homens são fascinantes – sensíveis e artísticos. São relativamente sombrios com relação a compromissos emocionais, mas têm correntes emocionais profundas, um nível elevado de sentimentos. Adoro seu humor. (QA)

> São emocionalmente furtivos, sempre procurando algo que os faça sentir-se bem a respeito de si mesmos, e então transferem a responsabilidade para esse "algo" que criaram. (QA)

> Homens com Lua em Peixes têm uma qualidade "feminina" sutil e nebulosa que lhes dá um ar místico – um tipo de idealismo sonhador e delicadeza que permeia o que quer que digam ou façam. Geralmente são muito emocionais, mas quando sentem algo muito forte parecem ficar desorientados e tensos, como que se afogando e se debatendo para não afundar. (QA)

O comentário seguinte realça uma vantagem que as pessoas com Lua em Peixes têm no mundo dos negócios por serem naturalmente sensíveis a todo tipo de pessoa:

> Esta localização lunar frequentemente indica um discernimento pobre em relação aos outros, especialmente em relação ao sexo oposto. Apesar de serem a substância vital dessas pessoas, os sentimentos parecem ao mesmo tempo confundi-las, representando em muitos

casos um ponto bastante espinhoso. Mas tenho observado essa posição lunar em muitos mapas de mulheres bem-sucedidas nos negócios, e de alguns homens também, embora as mulheres pareçam mais abertas para realmente cultivar esse talento, enquanto os homens só percebem isso vagamente ou brincam e flutuam com a ideia. (QA)

Como se expressa o elemento da Lua: resultados de um grupo de discussão

Um estudo publicado poucos anos atrás no *The Astrological Journal* da Astrological Association of Great Britain traz algumas observações interessantes com relação ao elemento do signo lunar e também joga uma luz sobre a dinâmica de grupo de pessoas com vários elementos de signo lunar. Um grupo de pessoas foi dividido em quatro subgrupos com base no elemento do seu signo lunar. As pessoas foram estimuladas a falar de seus sentimentos, particularmente com referência a quanto gostavam da atmosfera doméstica, do relacionamento com a mãe e do nível de conforto em relação à expressão emocional. Eis algumas observações dos organizadores sobre o resultado da dinâmica.

Lua em signos de água não se relaciona bem com a ideia de se expor dentro de um grupo, confirmando assim a tradição astrológica dos signos de água como sendo os mais discretos e *reservados* de todos, especialmente com relação à vida pessoal e às emoções. Reconhecem que confiam em seus sentimentos implicitamente e que não gostam de nenhuma influência incomum ou perturbadora no lar. Felizmente, os signos lunares de outros elementos foram mais acessíveis e comunicativos, como podemos ver pelas seguintes observações do organizador:

> O grupo de terra tendeu a voltar-se para a palavra "conforto" a todo custo, segurança, definitivamente não hesitantes nas relações emocionais, sexo não era a base dos relacionamentos, compromisso era fortemente indicado como uma prioridade, todos, com exceção de um, tinham um relacionamento franco com a mãe e a amavam afetuosamente como a uma amiga.

> O grupo com Lua em fogo [...] gostava do fato de o lar ser um centro de atividade, não conseguia se relacionar verdadeiramente com a mãe, mas tinha respeito por ela por ter criado os filhos(!), emocio-

nalmente quentes e frios, facilmente se afastavam por causa de comportamentos grosseiros, muito idealistas, relacionamentos cujo vínculo é espiritual e de modo geral emocionalmente aventureiros.

> O grupo com Lua em ar [...] achou muito difícil separar as emoções de qualquer outra coisa. Sob pressão, as emoções tendem a fugir, sendo substituídas por observações frias [...] todos precisavam de muitas pessoas na vida, mas queriam apenas um relacionamento principal, pois os resultados de relacionamentos múltiplos foram "confusos demais".

A Lua, segurança interna e autoimagem

A psicologia e a terapia modernas giram em torno de conceitos como autoimagem, autoestima e autoconfiança, de modo que quero concluir este capítulo focalizando essas questões na astrologia e chamando a atenção do leitor para a importância de encarar a Lua no mapa natal como especialmente reveladora dessas áreas da personalidade. Pode-se determinar muito sobre a noção de segurança interna a partir de como a Lua se localiza no contexto do mapa natal: não só se opera em um signo em que está à vontade e flui bem, mas também se há qualquer relação estressante ou harmoniosa com outros planetas (os ângulos precisos entre os planetas, tradicionalmente chamados de "aspectos", serão discutidos no capítulo 17). Em resumo, as reações subconscientes, automáticas e instintivas podem se harmonizar e dar suporte a muitas atividades e tipos de expressão quando a Lua está mesclada de modo compatível com seu signo e outros planetas. Nesse caso ideal, a pessoa tem uma autoimagem relativamente correta e realista, desfruta uma confiança natural e responde aos desafios da vida externa com uma força interna inata e com relativa facilidade para se adaptar às circunstâncias e experiências.

Por outro lado, se há uma quantidade substancial de stress ou conflito associada à posição lunar no mapa natal, a tendência é que a autoimagem seja até certo ponto negativa ou imprecisa, levando a menos confiança, muitas vezes a uma escolha inadequada das roupas ou do modo de apresentar-se, e a um nível considerável de tensão interna. Uma pessoa com essa Lua desafiadora tem de trabalhar a harmonia e a aceitação *dentro de si*, talvez começando por ganhar perspectiva sobre os padrões da infância que influenciaram seus sentimentos a respeito de si mesma. É importante aprender também como superar a postura defensiva e a tendência a levar isso longe demais como uma crítica pessoal. Em outras palavras, quem tem uma Lua particularmente pressionada ou conflituosa, não consegue ver o que está acontecendo *lá fora*; falta objetividade a respeito de si mesmo, e portanto reage às coisas de formas imprevisíveis com base em seu condicionamento emocional em vez de reagir diretamente à situação ou pessoa em questão.

Em resumo, a Lua é fundamental para o entendimento das necessidades emocionais, domésticas e de segurança de cada pessoa. O potencial de compatibilidade mostrado pela Lua em uma comparação de mapas natais é importante na medida em que revela muito sobre a sintonia cotidiana das duas pessoas, se os hábitos *convivem* de maneira tranquila ou irritante, e se elas conseguem dar apoio constante uma à outra por longos períodos. Afinal, a atração inicial – magnética ou explosiva – entre duas pessoas (em geral mostrada por Vênus e Marte, por exemplo) é importante, mas pode não ser duradoura. O que o *atrai* (Vênus e Marte) pode não *sustentar* você (Lua), por isso coloquei este capítulo antes dos que tratam de Vênus e Marte.

8
Marte e Vênus: nem todos os homens são de Marte, nem todas as mulheres são de Vênus

O espírito feminino tende à completude, mas não à perfeição, e o espírito masculino tende à perfeição mas não à completude.

Peter Redgrove, poeta e escritor

Na astrologia tradicional, Vênus e Marte geralmente são tratados como um par e juntos simbolizam o amplo e variado espectro de sentimentos românticos, desejos eróticos, gostos estéticos e atração sexual que constitui uma parte importante dos relacionamentos íntimos. De fato, há dezenas de livros que focalizam *apenas* Vênus e Marte como as chaves para o entendimento das variadas necessidades e formas de expressão amorosas, sexuais e românticas. Alguns desses livros são muito bons em sua forma limitada, mas a abordagem restrita (negligenciando influências tão dominantes na personalidade e na afinação da energia como o Sol, a Lua e outros fatores importantes) deve ser reconhecida como uma supersimplificação significativa de qualquer tentativa de entender os relacionamentos íntimos e sua complexa dinâmica interpessoal.

Vênus e Marte são reconhecidos em toda a cultura ocidental como símbolos arquetípicos de macho e fêmea, por razões que serão explicadas mais adiante neste capítulo. A tremenda popularidade do livro *Men Are from Mars, Women Are from Venus* e de diversos livros posteriores do psicólogo John Gray nesse mesmo formato, assim como a recepção entusiástica de conceitos semelhantes emprestados, copiados ou aludidos em centenas de outros livros, cursos e veículos de comunicação de vários tipos, demonstra que a maioria das pessoas hoje, "acredite" ou não na astrologia, ainda se identifica instintiva e emocionalmente com os papéis tradicionais de Vênus (afetiva e receptiva) ou Marte (competitivo e assertivo), mesmo que intelectualmente talvez prefiram negar isso.

Devo enfatizar, contudo, que uma compreensão significativa da energia dinâmica e das sintonias emocionais das pessoas não se limita apenas aos relacionamentos íntimos ou românticos. Uma comparação das posições de Vênus e Marte nos mapas de duas pessoas também pode ser tremendamente útil na revelação de como elas se dão em quase qualquer tipo de proximidade ou relação contínua. Por exemplo, sócios nos negócios se darão especialmente bem se suas localizações de Marte estiverem em harmonia; um artista terá uma relação muito melhor com um agente ou dono de galeria se suas posições de Vênus se harmonizarem; e as negociações financeiras de uma pessoa têm maior probabilidade de se caracterizarem pela confiança e a prosperidade se as posições de Vênus das duas pessoas funcionarem bem juntas. Neste livro, contudo, focalizarei basicamente as relações mais íntimas, já que essa é uma preocupação central da maioria das pessoas que buscam um consultor astrológicos ou procuram esclarecimento em livros sobre astrologia da compatibilidade. Examinarei aqui as energias arquetípicas de Vênus e Marte e seus modos de expressão mais comuns, de acordo com o que tenho observado e vivenciado com clientes, e como a maioria dos consultores de todos os tipos regularmente os confrontam. Os papéis sociais estão em tal fluxo hoje em dia no mundo ocidental que tentar generalizar sobre relacionamentos eróticos ou amorosos é hoje mais difícil que nunca, mas tentarei explorar as necessidades humanas mais profundas, essenciais e universais que são amplamente encontradas na vida particular de uma pessoa e também nas muitas formas do trabalho de aconselhamento e cura. Certamente não devo abranger todo o espectro do relacionamento humano ou do comportamento erótico, nem me referir aos intermináveis tipos de aberrações ou expressões extremas dessas energias humanas fundamentais.

Os seres humanos muitas vezes tendem a presumir que as outras pessoas são realmente como eles seriam, lá no fundo, se revelassem apenas seus sentimentos verdadeiros. Um estudo de pelo menos uma dúzia de pessoas que você conhece, vistas pelas lentes da astrologia, rapidamente irá desiludir qualquer um que acredite nisso. Ao longo dos anos eu pessoalmente tenho adotado um lema filosófico orientador, que repito tantas vezes que a maioria das pessoas que me conhece já sabe qual é o meu ditado favorito em latim: *De gustibus non est disputandem.* Literalmente, significa: "Gosto não se discute." Mais do que qualquer outro fator em astrologia, Vênus revela os *gostos* da pessoa – estéticos, românticos ou sensuais – bem como os modos resultantes de partilhar sentimentos e afeições mais refinadas. Marte, devo acrescentar, também simboliza um componente dos gostos eróticos de uma pessoa, especificamente os gostos sexuais e a qualidade de energia que motiva o desejo sexual. Juntos, Vênus e Marte representam a sintonia da energia da natureza erótica de uma pessoa e os sentimentos pessoais e passionais mais intensos de cada um. Enquanto Vênus revela mais especificamente as necessidades do relacionamento e o modo de partilhar (dar *e* receber), Marte revela o nível de energia do impulso sexual e o *modus operandi* de ir atrás do que ou de quem se deseja, bem como de que maneira a energia sexual é expressada mais naturalmente.

A atração (especialmente uma atração magnética forte) entre as pessoas no nível íntimo e erótico, normalmente envolve fatores tanto de Vênus quanto de Marte. Um homem vai querer encontrar uma mulher bonita, agradável e com algum charme (Vênus), além de sexy, energizante e estimulante (Marte). Um levantamento de mulheres que colocaram anúncios procurando novos relacionamentos, verificou que os fatores tanto de Vênus como de Marte eram desejados. As qualidades de Marte, como a aparência física, o culto ao corpo e sobretudo o sucesso financeiro, eram mencionadas pelo menos tanto quanto as de Vênus, como gentileza, empatia, gosto por música ou dança, etc. Contudo, não posso enfatizar muito que o tipo de relação e/ou compatibilidade que se procura dependa inteiramente apenas do mapa natal. Algumas pessoas são quase totalmente "marcianas" e carecem de qualidades significativas de Vênus. Outras podem ser extremamente boas, sensíveis aos outros, refinadas artística e esteticamente (uma forte sintonia com Vênus) ao mesmo tempo que carecem completamente de autoafirmação, desejo sexual ou interesse em atividade física de qualquer espécie (Marte). E ainda outras pessoas, por exemplo, podem ser tão mercurianas (com mais ênfase nos signos de Mercúrio, Gêmeos e Virgem, e no elemento ar) que, embora queiram sempre ter muitos amigos para se relacionar, podem ter uma necessidade pequena de vida erótica ou de uma parceria física íntima. Ao aplicar as descrições deste livro, portanto, é preciso ter em mente a natureza essencial e as necessidades das pessoas envolvidas, sem fazer nenhum pressuposto ou prejulgamento.

Considerados em conjunto, Vênus e Marte idealmente unem as necessidades emocionais e os ideais de amor (Vênus) com a sexualidade (Marte); a expressão sexual, assim, combina o instinto impessoal com a partilha interpessoal, o laço social com o compromisso íntimo. A capacidade de expressar tanto Vênus quanto Marte na vida de um modo relativamente honesto, espontâneo e sem stress, contudo, é um ideal, e os detalhes do mapa natal (bem como as experiências voláteis de nossa vida pessoal) mostram claramente que, para a maioria, atingir esse ideal não é fácil nem natural. Com relação à importância da atividade erótica como meio de expressar nossa história pessoal e emoções, e de nos apropriarmos mais completamente de nossa identidade, Stanley Keleman escreveu:

> Mas se você não está motivado pelo seu gênero, ou se carece da capacidade de partilhar sua experiência particular, de manifestar suas emoções e ser afetado por suas paixões, se não é capaz de transmitir querer [Vênus] e paixão [Marte], ternura [Vênus] e intensidade [Marte], então você é menos do que poderia ser (IDH, p. 17). [Relação com os planetas inserida entre colchetes por SA.]

Algumas das inibições potenciais que Keleman menciona acima podem ser expressões da localização de Vênus e/ou Marte, e o mapa natal rapidamente mostrará esse dado e algumas vezes também fornecerá alguma orientação de como trabalhar isso. A astrologia não é em si uma terapia, mas ao fornecer um quadro preciso de nossa verdadeira natureza e necessidades, empresta um potencial poder de cura à nossa vida e aos nossos amores.

Outra forma de esclarecer as funções emocionais e psicológicas de Vênus e Marte é tomar conhecimento de que, embora ambas se relacionem, em alguns dos seus modos de expressão, com o **desejo** nos relacionamentos íntimos, cada planeta opera de uma forma diferente e complementar em relação aos outros. Enquanto Vênus atrai por meio da beleza, da gentileza, do charme e do trato social delicado (a postura arquetípica feminina na maioria das culturas), Marte vai atrás do que deseja de forma mais direta e agressiva, ou – mesmo que indiretamente – por meio de demonstrações de poder, força e eficiência (a postura arquetípica masculina). É claro que todo homem e toda mulher têm tanto Vênus como Marte no mapa natal, e – embora a facilidade em expressar cada uma dessas energias varie tremendamente de pessoa para pessoa e nas diferentes culturas – é possível estabelecer um ideal de que as pessoas estarão emocionalmente mais contentes com a vida quando tiverem acomodado a expressão dessas energias e necessidades. Isso leva à questão da relação entre Vênus e Marte, um fenômeno que pode ser examinado tanto em um único indivíduo como entre duas pessoas.

A harmonia de Vênus e Marte no nível *individual* pode ser chamada de *integração emocional e erótica pessoal*, e é possível analisar isso em detalhes bem singulares no mapa natal da pessoa. Em contraste, a harmonia (ou a falta dela) entre as energias de Vênus e Marte da própria pessoa e as sintonias de Vênus e Marte de *outra pessoa* pode ser descrita como *intercâmbio interpessoal de energia emocional/erótica*, e é possível analisar isso em detalhe fazendo uma comparação entre os mapas natais das duas pessoas. A harmonia relativa entre Vênus e Marte no nível individual depende de muitos fatores, inclusive a harmonia da localização desses planetas nos elementos, bem como suas relações angulares entre si e com outros planetas (um tipo mais avançado de análise, introduzido no capítulo 17). Ao longo do livro, forneço orientações para a compreensão de como as energias de Vênus e Marte no próprio mapa interagem com as de outra pessoa, pois esse é certamente o tema-chave desta obra. E como ela se destina especialmente a iniciantes em astrologia, tentei reunir informação suficiente para uma interpretação precisa e útil sem atolar o leitor em métodos muito técnicos ou teorias complicadas. De qualquer forma, se a pessoa consegue perceber o sentido da realidade energética de fatores *básicos* em astrologia, todos os outros detalhes assumem uma importância devidamente secundária.

O psicoterapeuta Stanley Keleman, sem nenhuma referência à astrologia, cunhou uma frase que, no nível erótico e íntimo, inclui bem os modos de expressão de Vênus e Marte, que ele chama de "padrões de afirmação e prazer": "A maturidade adulta é a capacidade de adotar um comportamento emocional e instintivo com um elevado grau de intimidade pessoal. Os papéis adultos requerem reciprocidade [Vênus] e um reconhecimento dos padrões de afirmação [Marte] e prazer [Vênus] de cada pessoa" (IDH, p. 64). [Relação com os planetas inserida entre colchetes por SA.]

Mas como essa teoria e essa terminologia se traduzem na compreensão da experiência pessoal nos relacionamentos? Numa relação potencialmente próxima, em que duas pessoas estão experimentando e reagindo ao dar e receber de sua interação energética, os fatores incompatíveis de Vênus e Marte entre elas se manifestam como uma incapacidade de reconhecer, aceitar e desfrutar as necessidades, a identidade, a energia erótica, o estilo de autoafirmação e o modo de revelar-se da outra pessoa. Num caso extremo de incompatibilidade, uma pessoa achará difícil legitimar ou mesmo examinar a aceitação do risco emocional ou a expressão de afeto da outra pessoa, e assim não ocorrerá uma fusão energética fácil, agradável e curativa. Um exemplo bem-humorado disso é um caso em que uma mulher com Marte em Libra (signo regido por Vênus, de modo que ela se afirma de uma maneira muito romântica) estava saindo com um homem com Vênus em Áries (signo regido por Marte, de modo que sua tendência natural ao expressar afeto é ser bem rude e nem um pouco romântico) e quase nenhuma sintonia com Vênus. Quando ele me contou sobre essa experiência, disse que ela estava frustrada porque sentia que ele não "dizia coisas suficientemente românticas". Ele me olhou com uma expressão atordoada e disse com sua rudeza ariana: "Eu não tinha a menor ideia do que ela estava falando."

Por outro lado, os fatores compatíveis de Vênus e Marte entre duas pessoas em geral serão sentidos bem rápido, até visceralmente se elas estiverem fortemente alinhadas (isto é, sintonizadas uma com a outra). Nesse tipo de interação, no melhor dos casos pode haver um reconhecimento imediato e recíproco da natureza e tendência emocional do outro, e um reconhecimento espontâneo (ainda que não verbalizado) e legitimação do que a outra pessoa está sentindo ou expressando. Há uma aceitação implícita e – com uma sintonia muito harmoniosa de Vênus – uma expressão agradável de apreciação das atitudes, gostos e identidade da outra pessoa, bem como um estímulo natural à revelação do outro, que vem da aceitação mútua descontraída. Nos casos em que as "vibrações" são ao menos medianamente harmoniosas, pode haver amizade e apreciação instantânea pela outra pessoa. Nas experiências especialmente intensas, pode haver um sentimento de identificação, uma fusão nos níveis emocional e energético, e às vezes também uma forte atração erótica, pois há um entrosamento energético fora do alcance do controle pessoal, uma fusão que ocorre espontaneamente em níveis mais sutis.

Resumirei então aqui alguns dos significados básicos de Vênus e Marte:

Vênus: Sua posição (especialmente seu signo) revela muito acerca dos valores e gostos da pessoa, e sobre o modo como ela compartilha – a forma de dar e receber energia e afeto, tanto no âmbito social quanto na intimidade. A localização de Vênus diz muito sobre a necessidade da pessoa de se sentir próxima de outra e sobre o que lhe proporciona bem-estar emocional, harmonia e proximidade. Os detalhes dessa localização são muito reveladores de quão sociável a pessoa é em geral, e de quanto a pessoa necessita de relacionamentos íntimos. (Por exemplo, Vênus em Escorpião pode ser tão antissocial que as oportunidades de expressar seus sentimentos passionais ficam limitadas; Vênus em Aquário pode ser sociável, mas tão impessoal que a expressão emocional e a intimidade se tornam difíceis; Vênus em Gêmeos ou Peixes pode ser indiscriminadamente sociável com quase todo mundo, e assim por diante.)

Vênus mostra, pelo signo em que se localiza, a qualidade energética e o modo (ou o estilo) de expressão emocional interpessoal, bem como a atitude da pessoa em relação ao amor, aos relacionamentos íntimos e à abertura e partilha emocional. Evidencia o que é especialmente prazeroso para você, e consequentemente revela muito sobre o que você acha *divertido* na vida. (Por exemplo, Vênus em Escorpião só consegue se divertir se a experiência for intensa; Vênus em Áries só se for algo novo e desafiador; para Vênus em Aquário, grupos grandes, movimentos de mudança política ou social e ideias revolucionárias são especialmente divertidos; e assim por diante.)

Marte: Sua posição revela muito sobre a energia física, o impulso sexual e a vontade para a ação e a realização. Esclarece o quanto de iniciativa e determinação a pessoa tem, e sua localização indica como a pessoa expressa o ímpeto agressivo e de autoafirmação (pode-se dizer o *estilo* de autoafirmação da pessoa). Marte aponta ainda de que modo a pessoa vai atrás do que quer – seus métodos de operação no mundo material (ou *modus operandi*). Em resumo, Marte revela muita coisa sobre a capacidade da pessoa para agir de maneira eficaz e assumir a direção da própria vida. A localização de Marte sinaliza também a necessidade de atividade física energética de todo tipo, em especial a excitação sexual.

O signo em que Marte se localiza revela a qualidade da energia e o modo de expressão sexual, e o reservatório e foco de paixão na vida. Pois raramente a pessoa realiza alguma coisa na vida sem *paixão*, e isso não deve ser compreendido apenas do ponto de vista sexual, absolutamente. A localização de Marte, especialmente o signo, também simboliza com muita precisão a *atitude da pessoa em relação ao sexo*. E mostra sua vitalidade inata (junto com o Sol) e sua capacidade de curar a si mesma, além da reserva de energia necessária para confrontar todo tipo de desafio e ser bem-sucedida nas demandas mais difíceis da vida.

Outras dimensões da expressão de Vênus e Marte surgirão nas seções seguintes à medida que aumento o alcance das descrições e forneço exemplos detalhados.

Vênus e charme, Marte e raiva

Mencionei acima como Vênus está relacionada à atividade social e à necessidade de relacionar-se intimamente. Na astrologia tradicional Vênus tem sido sempre associada com a beleza, as relações agradáveis e também com o dinheiro. (Alguns estudos mostram claramente uma correlação entre boa aparência e maior renda!) E junto com esse trio de presentes cósmicos está o charme, que faz os outros gostarem de você e se sentirem atraídos. Quando uma pessoa está harmoniosamente sintonizada com Vênus, isso automaticamente detona reações mais positivas dos demais. Dizendo de uma forma mais concisa, Vênus no mapa natal revela o instinto social e representa o modo como as pessoas usam ou persuadem os outros, como fazem que os outros gostem delas, e como usam o próprio charme para obter benefícios. Vamos caracterizar brevemente os 12 tipos de charme de Vênus de acordo com sua localização nos signos.

Vênus em Áries: Usa a sagacidade e a objetividade para fazer charme. Gosta de provocar com atos impulsivos, ou ousados, ou bem-humorados. Pode carecer de profundidade afetiva ou de interesse duradouro no relacionamento.

Vênus em Touro: Faz charme com seu riso fácil e seu instinto social natural, dando apoio prático e facilitando a vida dos outros. Algumas vezes considera as pessoas como objetos a ser possuídos e exibidos.

Vênus em Gêmeos: Faz charme com sua simpatia inteligente e sagaz e sua vivacidade. Rápido em estabelecer ligações com os outros, gosta do gracejo superficial, mas pode carecer de profundidade afetiva. Curioso em relação a qualquer um, mas só por um tempo.

Vênus em Câncer: Faz charme com sua sensibilidade e seu cuidado sentimental, que em geral é sincero, mas às vezes não. Costuma tratar os outros como "família", mas em troca espera devoção total. A empatia é normalmente instintiva, mas pode jogar com a simpatia dos outros para conseguir o que quer. Pode ser muito vulgar.

Vênus em Leão: Faz charme com sua natureza gregária, sorridente e extrovertida. Pode estimular os outros pela afeição ou dizendo o quanto se sente orgulhoso deles. Outros são cativados por sua expressão altruísta e seu entusiasmo por objetivos nobres.

Vênus em Virgem: Embora não seja sempre especialmente sociável devido à modéstia e à consciência que tem de si, Vênus em Virgem faz charme com sua humildade e sua ajuda confiável. Quer ser apreciado demonstrando ser razoável e facilmente permite que outros o ofusquem.

Vênus em Libra: Faz charme com sua polidez, consideração e expressões de imparcialidade. Dá bastante espaço aos outros e é um ótimo ouvinte. Acomodando-se num forte impulso de agradar, funciona melhor em situações mais íntimas.

Vênus em Escorpião: Faz charme e demonstra afeição com sua lealdade, minúcia, sacrifício ou dedicação incansável a uma missão. Intriga os outros com seu erotismo ou carisma, mas prefere as relações mais íntimas, já que é muito pouco sociável, quando não antissocial mesmo. Pode ser muito mesquinho social e financeiramente.

Vênus em Sagitário: Faz charme com seu bom humor, sua graça, ou expondo seus ideais ou "verdades". Entedia-se com facilidade em situações sociais a menos que esteja conversando ativamente, inspirando outros ou sendo audaz.

Vênus em Capricórnio: Faz charme com seu humor seco e demonstrando confiança e respeito pelos outros. O intercâmbio social e a expressão de sentimentos não são espontâneos, pois sua reputação e seu autocontrole são sempre dominantes. Pode usar os outros para sentir-se seguro e para realizar suas ambições.

Vênus em Aquário: Faz charme sendo um bom amigo, confiável, fiel e apoiador, e ao mesmo tempo dando bastante liberdade à outra pessoa. Pode ser muito leal mas também muito distante, o que pode ocultar o afeto. Instintos sociais pouco convencionais e rebeldes.

Vênus em Peixes: Faz charme doando tudo que qualquer um necessita. Quer ser amado por sua generosidade altruísta, cuidado e solicitude. Muito sociável, porém bastante reservado.

Um ponto importante a considerar sobre o modo como Vênus dá e recebe, contudo, é que nem todos os tipos de aparente "dar" são uma expressão verdadeira da compreensão sincera ou do interesse pela outra pessoa. Uma expressão problemática muito comum de Vênus é a insistência em tentar agradar a outra pessoa, mas sempre em seus próprios termos, e a expectativa de ser apreciado por causa disso. Objetivamente, compreender e adaptar-se às preferências e gostos da outra pessoa é bem mais difícil, mas acaba resultando em maior harmonia.

Com a associação de Vênus à beleza, ao se tornar atraente, e ao expressar consideração e gentileza para com os outros, fica óbvio o motivo por que Vênus é especialmente associada às mulheres. É claro que alguns homens são bastante afinados com Vênus e se sentem bem expressando as características desse planeta; além disso, nos últimos anos a sociedade ocidental passou a estimular uma expressão mais ampla dos homens. Contudo, o estilo charmoso e atraente de Vênus pode ser apenas uma demonstração superficial, sem uma verdadeira profundidade emocional. Em muitos homens (em especial no Ocidente), a função de Vênus se atrofia a ponto de nunca ser percebida uma afeição amorosa genuína na intimidade. Como Jung apontou décadas atrás, essa função nos homens muitas vezes degenera em mero sentimentalismo.

Por outro lado, Marte é tradicionalmente associado com o princípio masculino, e a maioria dos homens se identifica muito mais com as características de Marte – força, bravura, superação de obstáculos, competitividade e afirmação do próprio valor – do que com as de Vênus. Para compreender Marte, a pessoa precisa saber que o antigo deus da guerra representa em parte o poder cru e bruto e a força agressiva impessoal.

Se Marte for disciplinado e canalizado, pode realizar grandes feitos, mas se for indisciplinado pode se manifestar como violência aleatória, postura corrosiva em relação aos outros e ao sexo e uma raiva incontrolável. É importante que haja equilíbrio na tentativa de controlar a energia de Marte, e certamente isso vale para homens e mulheres. Sem controle, a pessoa pode desencadear uma tremenda destruição e guardar um ressentimento egoísta ou mesmo raiva. Mas uma supressão excessiva do instinto agressivo ou das ambições e metas pessoais resulta em desejo frustrado, raiva crônica, inibição sexual e todo tipo de bloqueio emocional.

É revelador observar como a expressão da energia de Marte na mulher ocidental tem mudado nas últimas décadas, à medida que as mulheres são estimuladas a se autoafirmar, a ser mais competitivas, a entrar em contato com sua sexualidade e a se expressar mais honestamente – mas também de maneira mais egoísta, com menos restrição e sensibilidade em relação aos outros. Não dá para dizer que muitas mulheres tenham alcançado uma expressão equilibrada nesse período, pois quando a tampa foi retirada e a energia de Marte pôde vir à tona, ficaram aparentes não só os talentos criativos, atléticos, profissionais e de liderança, mas também uma grande torrente de raiva, ressentimento e emoções destrutivas de toda espécie. Vamos examinar agora como a raiva pode ser expressa, por homens e mulheres, de acordo com a posição de Marte.

Um projeto de pesquisa de grupo particularmente intrigante investigou poucos anos atrás a associação de Marte com diferentes formas de expressar a raiva, com as pessoas agrupadas de acordo com o elemento do signo em que Marte se localizava no mapa natal.

Aquelas com **Marte em signos de ar** racionalizavam a raiva ou filosofavam a respeito. Em geral sentiam que não se zangavam rápido, mas quando expressavam raiva ou qualquer coisa remotamente violenta, ficavam deprimidas e quase sempre simplesmente "odiavam" a pessoa que as levara a mostrar um comportamento tão pouco civilizado. Em geral, evitavam atividades impulsivas, e demonstravam muito pouco interesse em atletismo (este era, contudo, um grupo pequeno, e muitos atletas profissionais têm Marte em signos de ar). Mas no geral eram pessoas bastante esclarecidas, que preferiam refletir a reagir aos problemas. Verifiquei pessoalmente que uma ofensa à sua inteligência, mais que qualquer outra coisa, pode provocar uma raiva súbita, a tentativa de competir para provar seu poder mental, e às vezes um ressentimento considerável.

Marte em Gêmeos: A raiva pode se manifestar como argumentação, crítica, atos ligeiramente desagradáveis; mas em geral este não é um signo conhecido por demonstrações de hostilidade ou agressividade. Antes prefere esquecer a irritação e empregar suas energias no próximo novo interesse, concluindo talvez que a pessoa que o irritou simplesmente não sabe como se comunicar.

Marte em Libra: Com Marte no signo do máximo pacifismo, é raro a pessoa demonstrar uma destrutividade emocional realmente descontrolada, ao menos na presença de qualquer um que não seja o seu melhor parceiro. Muitas vezes sustenta opiniões fortes e pode se ressentir de que outros o obriguem a argumentar sobre elas, mas costuma evitar pessoas, situações ou ambientes que o façam ficar ressentido ou zangado.

Marte em Aquário: Ataques a seus conceitos políticos, sociais ou idealistas provocam, na maioria das vezes, uma reação zangada, embora tente manter o controle pelo maior tempo possível, especialmente porque se orgulha de sua postura racional e objetiva em relação à vida. Basicamente, desafiá-lo numa área que *ele conhece* certamente pode desencadear uma expressão egoica de irritação.

Aqueles que têm **Marte em signos de terra** percebem que a raiva os deixa cansados. Não gostam de expressar raiva de jeito nenhum, e suprimi-la certamente demanda muita energia. Tendem a guardar raiva e ressentimento e romper relações com as pessoas que provocaram essas "energias negativas". Em geral, preferem não ser perturbados pelo comportamento alheio que provocou raiva. A maioria se saiu melhor sob pressão e com prazos apertados com relação à eficiência energética e canalização da raiva. Em outras palavras, o grupo foi avaliado como "um bando de verdadeiros *workaholics* em potencial" que muito espontaneamente sublimavam a raiva em produtividade.

Marte em Touro: Como escrevo em espanhol, não posso evitar o uso da imagem do touro que demora para se zangar no sanguinário esporte tradicional na Espanha. Ele rodeia, preferiria ser deixado em paz, mas no fim, continuamente fustigado e atormentado, escarva o chão reunindo força e determinação, e então ataca com um poder tremendo. Como Touro é regido por Vênus, aqueles com essa localização em geral preferem a tranquilidade à luta, mas apesar disso se aferram teimosamente a seus desejos.

Marte em Virgem: A raiva perturba fisicamente, em especial nervos e intestinos, e muitas vezes a pessoa dirige a irritação para si mesma, pois quase instintivamente supõe ser tão imperfeita que provavelmente é culpada. Mas quando a raiva se dirige a outra pessoa, Marte em Virgem pode ser muito vingativo e duramente crítico.

Marte em Capricórnio: A raiva controlada é a característica principal aqui, e é raro Marte em Capricórnio perder realmente o controle dos sentimentos hostis, ao menos em público! Mas essas pessoas são muito direcionadas e objetivas, e avaliam pacientemente que canal seria mais produtivo para essa emoção, algumas vezes levando a um jogo de poder ou ao nivelamento autoritário de um inimigo ou competidor.

O grupo com **Marte em signos de água** tinha alguma dificuldade em expressar sua raiva, especialmente por ser composto de tipos idealistas e conciliadores que eram chamados pelo líder de "pacifistas agressivos". Alguns tendiam às lágrimas quando frustrados, e todos se sentiam culpados depois de deixar a raiva explodir. Sobretudo, verifiquei que este grupo guarda raivas que vão se acumulando com o tempo, às vezes a ponto de afetar o julgamento ou comportamento sem que a pessoa tenha consciência de sua intensidade.

Marte em Câncer: Oculta a raiva tanto quanto possível, e tenta evitar quem a provocou, mas ela vaza para a atmosfera. A digestão é horrivelmente afetada pela raiva, e a pessoa pode ser capaz até de não comer mais.

Marte em Escorpião: Quando zangado, fica taciturno, ensimesmado, remoendo, e ferve até que o vapor saia pelas orelhas! Então, em algumas pessoas e situações, ocorre uma enorme explosão e a ira expressada pode ser muito destrutiva e totalmente irracional, difícil de perdoar. Marte em Escorpião pode levar décadas para perdoar uma traição ou um ataque pessoal injusto.

Marte em Peixes: Normalmente não se zanga tão rápido quanto os outros signos, talvez porque tenha um ego menos pronunciado e em geral não preste atenção numa ofensa nem tome tão pessoalmente como outros fariam. Mas quando sente raiva é muito difícil conseguir expressar porque ao mesmo tempo simpatiza com a pessoa que causou a ofensa.

Aqueles com **Marte em signos de fogo** parecem constituir o único grupo que algumas vezes gosta realmente de expressar raiva. Há quase sempre certa impaciência e muitas vezes uma tendência a ter pavio curto. Todos neste grupo às vezes tinham um comportamento explosivo e julgavam ter altas expectativas em relação a si mesmos e aos outros, o que fatalmente levava à irritação quando elas não eram alcançadas. Todos eram especialistas em algum campo criativo, mas cada um tinha sua própria forma de lidar com a raiva: por exemplo, bebendo demais para afogá-la (uma mulher); quebrando objetos a certa altura da vida (um homem); e demonstrando uma agressividade explosiva e problemática (um homem).

Marte em Áries: Parece estar mais zangado do que na verdade está, só porque é muito impaciente e precisa extravasar, esquecendo tudo dois minutos depois – os outros, porém, levam muito a sério.

Marte em Leão: A raiva pode brotar do orgulho ferido, por isso nunca questione sua lealdade ou integridade, nem deixe de prestar a devida atenção a suas demonstrações de generosidade. Sempre requer atenção, crédito total por suas ações e/ou respeito substancial, e pode ficar extremamente irritado se isso não ocorrer.

Marte em Sagitário: Nas respostas raivosas, sempre projeta uma aura de retidão e/ou justa indignação. Pode nunca mais se comunicar com você se se sentir rebaixado em seus altos ideais, ofendido na opinião exaltada que tem de si mesmo e de suas crenças, ou exposto em seus fracassos para que se coloque em seu devido lugar.

Os contrastes entre a expressão de Vênus e Marte no homem e na mulher

Embora seja mais difícil do que nunca descrever a expressão "típica" masculina ou feminina dos fatores psicológicos e das energias emocional e física, devido ao fato de o comportamento e os papéis sociais estarem em grande mudança hoje em dia, não se pode chegar a princípios gerais sem uma certa quantidade de generalizações. Sem dúvida ofenderei o politicamente correto me aventurando a algumas orientações para a compreensão das diferenças no modo como homens e mulheres expressam e descrevem sua vida íntima, não só como tenho observado e aprendido na literatura psicológica, mas também a partir de centenas de entrevistas e questionários.

Deve-se enfatizar primeiro que Vênus e a Lua também estão intimamente entrelaçadas com Marte no padrão da expressão sexual da mulher – de uma forma muito mais intensa que na maioria dos homens, e não se pode negar que a sexualidade feminina costuma ser mais complexa do que a dos homens. Por exemplo, uma mulher com Lua em Escorpião terá fortes necessidades sexuais que se manifestam emocional e fisicamente de modo muito intenso, mesmo que Vênus e Marte não reflitam essa sintonia (por exemplo, se Vênus estiver em Peixes e Marte em Virgem). Embora muitas mulheres com ênfase em Marte, Áries e Escorpião possam e expressem sua energia assertiva e sua sexualidade agressiva de maneira rápida, direta e espontânea, a energia de Marte na maioria das mulheres permanece de alguma forma inacessível ou pelo menos restrita até que os afetos de Vênus sejam estimulados. A energia sexual e sua potencial expressão livre podem então surgir vigorosamente quando a mulher está relaxada e se sentindo amada e apreciada (típicas experiências de Vênus). Em outras palavras, a energia impessoal de Marte na maioria das mulheres pode fluir exteriormente e de modo apaixonado (e até orgástico) com mais facilidade quando os sentimentos mais pessoais de Vênus estiverem empenhados. Muitos homens sensíveis serão igualmente capazes de se identificar com essa descrição, mas a maioria deles considera relativamente fácil expressar a energia sexual e orgástica de Marte numa ampla variedade de relacionamentos, dos profundamente pessoais aos quase totalmente impessoais.

Uma forma taquigráfica muito útil que desenvolvi para encapsular o significado de Marte para os homens é que ele representa o *ego mas-*

culino. Da mesma maneira, Vênus para as mulheres simboliza o *ego feminino*. Uso esses termos para designar a parte consciente da pessoa na medida em que ela se relaciona com a identidade física e o gênero, e com seu orgulho de determinadas qualidades relativas a isso.

Marte para um homem revela *como ele se dá, de modo vigoroso e afirmativo, inclusive sexualmente*. Embora Marte não seja abordado em outros livros de astrologia em termos de "se dar", acho que essa é uma expressão apropriada. Por exemplo, usar sua força para prover algo para o outro é uma expressão arquetípica de Marte da qual um homem pode se orgulhar – portanto, o conceito de "ego masculino". Em outras palavras, um homem precisa sentir que tem as características de seu signo de Marte para se sentir masculino. Será na verdade muito difícil para ele exercer o papel masculino no mundo se não tiver confiança em sua capacidade de expressar essas características. E, num nível de relacionamento e energia, se a autoassertividade e energia de Marte de um homem não são acolhidas, aceitas e absorvidas pela mulher com quem ele está desenvolvendo um relacionamento próximo, o homem sem dúvida ficará frustrado e desapontado e poderá muito bem ficar zangado, irritado e desvitalizado, por não estar sendo suficientemente polarizado no nível energético para vivenciar uma sensação de conclusão e satisfação energética.

Para uma mulher, Vênus representa o "ego feminino" no sentido de que simboliza como ela recebe afeto e se dá no amor e no sexo. Uma mulher normalmente precisa (em geral de modo inconsciente) sentir que expressa até certo ponto o ideal de seu signo de Vênus: ela adapta sua aparência para se ajustar a essa imagem, e isso reforça sua confiança e sensação de ser atraente (ego feminino). Uma mulher precisa sentir que tem as características de seu signo de Vênus para se sentir feminina, e muitas mulheres provocarão – aberta ou sutilmente – comportamentos ou gestos de outros que dão suporte a essa confiança em suas características de Vênus. Se essas necessidades não forem atendidas num relacionamento íntimo no qual a mulher esteja envolvida, ela pode se sentir mal-amada, desnecessária e nem um pouco feminina. Pode então ficar irritadiça, desesperada, isolada ou ter atitudes negativas por estar aproveitando tão pouco do insumo de energia e polaridade necessário para alimentá-la e sustentá-la emocional e esteticamente.

Darei muitos exemplos de como os egos masculino e feminino se expressam em signos específicos nos oito capítulos seguintes. Mas também quero elaborar um pouco aqui, além dos significados gerais comuns a todas as pessoas, o que Marte significa para a maioria das mulheres e o que Vênus significa para a maioria dos homens. Na maioria das mulheres, a posição de Marte não só tem a ver com a forma como elas integram as próprias qualidades masculinas, assertivas, mas também revela uma imagem idealizada das qualidades masculinas que as mulheres podem projetar em possíveis parceiros. De qualquer forma, essa imagem de exaltação e a energia de Marte da própria mulher seriam energizadas por um homem cujo mapa ativou o Marte dela por meio de uma grande quantidade de contatos astrológicos. Se ela age ou não estimulando a interação de energias é outra questão, e se ela será *amplamente* compatível com esse homem depende do conjunto da compatibilidade deles em muitos níveis. Mas ao menos ela encontrará nele alguém que energiza essa parte sua fisicamente atraente e via de regra ficará romanticamente interessada por ele.

Na maioria dos homens a posição de Vênus tem a ver com a imagem idealizada da beleza e do romance que magneticamente e muitas vezes eroticamente o atrai. Se ele irá ou não atuar sobre esse estímulo energético, e se ele seria compatível com essa pessoa de uma forma abrangente, depende de muitos fatores. Mas, quase invariavelmente, um homem cuja Vênus é altamente energizada por uma mulher descobrirá que ela tem uma atratividade rara, para dizer o mínimo, em alguns casos, mesmo que haja uma grande diferença de idade. Em outras palavras, sua própria energia de Vênus e a consciência da beleza e da atração erótica seriam despertadas, e de fato poderiam ocupar suas fantasias por algum tempo, mesmo que o encontro seja passageiro.

Anteriormente neste capítulo mencionei a questão de quão bem integrados Vênus e Marte estão *dentro de cada pessoa*, e vale a pena observar aqui alguns outros detalhes que têm impacto nesse ponto importante. A próxima seção deste capítulo, sobre Marte e Vênus nos quatro elementos, fornecerá alguns parâmetros para avaliar a harmonia relativa entre os dois planetas e suas sintonias energéticas no interior da pessoa. Um fato importante que se deve ter em mente é que aquilo que aparece na superfície da personalidade individual não está necessariamente alinhado com energias mais profundas ou tendências que a pessoa mantém em caráter particular, nem é um reflexo preciso delas.

Por exemplo, o signo de Vênus de uma mulher pode transmitir uma mensagem pública totalmente diferente de suas qualidades de Marte. Um exemplo seria uma mulher que tenha Vênus num signo bem modesto (Virgem ou Libra, talvez) ou num signo bem indiferente (Aquário ou Capricórnio), mas cujo Marte está em Leão ou Escorpião (muito interessado em sexo energético). Outro exemplo seria o oposto: se Vênus está em Áries, como nos mapas de Elizabeth Taylor e Marilyn Monroe, a mensagem de glamour e sexualidade agressiva é vigorosamente transmitida através da aparência e do charme (Vênus), mas se Marte está em um signo mental, como Gêmeos ou Virgem, a verdadeira sintonia da mulher com a energia sexual intensa e sua expressão física pode estar muito longe de ser anunciada. Em outras palavras, em casos como este, a mulher inadvertidamente transmite mensagens que os homens sempre interpretam mal. E a mulher, portanto, pode ficar muito confusa quando vários homens se zangam com ela por "prometer mais do que proporciona" ou por enganá-los. É por isso que ter Vênus e Marte numa relação medianamente compatível entre si é tão útil em relacionamentos próximos: não só é mais fácil para a pessoa expressar a energia sexual e emocional simultaneamente com outra pessoa, mas também o que está no interior pode se refletir com mais precisão no exterior.

O mesmo princípio vale também para a interação de Vênus e Marte nos homens. Se, por exemplo, um homem tem Marte em Libra e assim se expressa de uma maneira muito refinada e cavalheiresca, mas sua Vênus está talvez em Capricórnio ou Áries (que podem acabar sendo muito cruéis e impessoais), uma mulher que encontre esse homem pode se defrontar com um rude despertar. Por outro lado, se um homem tem Marte num signo altamente erótico como Escorpião ou Touro, mas tem Vênus talvez em Gêmeos ou Aquário (paqueradores, porém muito desapegados, signos mentais), mais uma vez ele dará a impressão pública de ser apenas uma revelação parcial da totalidde de sua natureza erótica e romântica.

Vênus e Marte nos elementos

Compreender a sintonia da energia elementar de Vênus e Marte de uma pessoa é pelo menos tão importante quanto saber o que sua localização nos signos simboliza. Em outras palavras, as energias emocional, afetiva e sexual de uma pessoa serão expressas de uma maneira fervorosamente exuberante, ou terrenamente sensual, ou intelectual e aérea, ou aquosa e sentimental? Vamos discutir com algum detalhamento o que isso significa e examinar como essas energias humanas fundamentais se expressam nos relacionamentos.

“Sentimentos” em contraste com “emoções”

Primeiro, porém, devo fazer uma importante distinção – diferenciando entre *sentimentos* e *emoções*. Embora a maioria dos livros de astrologia e psicologia não diferencie essas experiências, é importante definir aqui como uso esses termos, especialmente em relação aos quatro elementos.

A infeliz confusão de sentimentos com emoções provoca diversos tipos de mal-entendidos sobre a natureza psicológica individual e as necessidades das pessoas. Mesmo na maioria dos livros de psicologia, tanto populares quanto acadêmicos, os termos são usados de forma muito imprecisa, de modo que são quase sempre enganosos. De fato, muitos terapeutas e conselheiros acreditam, com fervor quase religioso, que os problemas de muitas pessoas podem ser resolvidos simplesmente pela livre expressão de seus “sentimentos”, como se um desabafo assim desinibido não pudesse desencadear também uma ira destrutiva, uma violência vingativa, ou um dano permanente em relação a outra pessoa ou ao próprio relacionamento. Outros confundem expressões óbvias de simpatia ou sentimentalismo com amor, como se todo tipo de pessoa sentimental também não tivesse problemas de relacionamento (por exemplo, se seus sentimentos são muito desfocados ou muito impessoais), ou como se pessoas que não expressam abertamente muita sensibilidade fossem incapazes de expressar ou vivenciar o amor. Alguns terapeutas criaram até um culto que sustenta o ponto de vista de que “expressar sentimentos é comunicação”. O problema dessa visão limitada do eros e dos relacionamentos humanos é que, como tantas teorias terapêuticas e da personalidade ao longo do último século, ela tenta impor uma camisa-de-força de conceitos sobre a infinita diversidade e complexidade da personalidade humana.

Considero mais preciso associar *sentimentos* basicamente com o elemento água, uma sensitividade receptiva, particular, em relação aos outros, ao meio ambiente e às sutilezas de toda espécie. *Emoções* deveriam ser mais associadas com o elemento fogo, como uma forma expansiva, fortemente dinâmica e demonstrável de expressão energética. Algumas descobertas recentes em neurobiologia também fizeram uma distinção semelhante, como em *Looking for Spinoza: Joy, Sorrow and the Feeling Brain*, de Antonio Damasio. Em resumo, esse livro enfatiza que “sentir” é basicamente a experiência de perceber nosso mundo *interno* e é essencialmente particular, enquanto “emoções” são mais *extrovertidas* e mais públicas, causam uma agitação física e, muitas vezes, se expressam como aumento dos batimentos cardíacos, ranger de dentes, lágrimas, raiva ou entusiasmo visíveis. De fato, tradicionalmente, a água em astrologia está associada com receptividade sensitiva, íntima, enquanto fogo é conhecido por sua grande energia física, entusiasmo, opiniões e reações fortes, e foco constante em causar impacto no mundo exterior.

Contudo, como não posso corrigir a falta de vocabulário preciso disponível no momento ou o que normalmente usamos para descrever a experiência humana, em alguns trechos deste livro usei o termo "emoções" no sentido mais tradicional. Por exemplo, o fato de que as pessoas aquosas são "emocionais" é óbvio para qualquer um que enxergue a vida pelas lentes astrológicas. Quero apenas clarear o ponto de que sentimentos e emoções são totalmente diferentes, e faríamos bem em definir melhor nossos termos quando analisamos pessoas por meio de qualquer sistema psicológico.

Vênus e Marte no elemento água (Câncer, Escorpião, Peixes)

Como a água em si não tem forma, aqueles com Vênus ou Marte em signos de água muitas vezes não sabem realmente o que sentem ou o que querem sem experimentar. Só com a experiência é que seus sentimentos são delineados e assim vivenciados de forma mais consciente. É bom lembrar que a água é *sem forma*, de modo que os sentimentos das pessoas aquosas precisam receber uma forma por meio do convívio e do relacionamento com alguém ou com uma situação. A água é um elemento passivo, ela *reflete*. Qualquer um com Vênus ou Marte em signos de água reflete os desejos das outras pessoas; portanto, *quer ser querido*. Se alguém realmente gostar dele, isso o aciona! Os signos de água não querem se fazer muito vulneráveis, o que é outra razão pela qual muitas vezes esperarão a outra pessoa mostrar primeiro seu desejo ou sentimento. Os signos de água tendem a ser muito passivos, especialmente Peixes e Câncer, reagindo às intenções e desejos das outras pessoas antes que elas mesmas descubram onde se encontram. Isso às vezes vale também para Escorpião, mas este é um signo mais desejoso, com mais iniciativa, e – embora Escorpião também não goste de ser vulnerável – aqueles com forte sintonia em Escorpião em geral ficam tão desesperados por sexo e/ou intensidade emocional que chegam a se arriscar.

Marte e Vênus em signos de água são extremamente sensitivos, e consequentemente sentem prazer e intimidade emocional até com o estímulo mais sutil. Sexo para eles está intimamente associado com segurança e descarga emocional, bem como com uma sensação de *pertencimento* e tranquilidade. A sensibilidade de Marte e Vênus em signos de água não se limita aos seus próprios sentimentos; essas pessoas também são extremamente sensíveis ao lugar onde a outra pessoa se encontra e a como ela responde emocional e sexualmente. Na verdade *refletem* o estado do sentimento e da energia da outra pessoa. *Fundem-se* nos sentimentos do outro e assim se adaptam às emoções dele. Sentem muito prazer em ver os sentimentos e necessidades mais sutis da *outra pessoa* serem atendidos.

Aqueles com Vênus e/ou Marte em signos de água alimentam em grande medida *a si mesmos* ao alimentar outra pessoa. Câncer e Peixes são tradicionalmente conhecidos como signos generosos e acolhedores; mas acho que Escorpião é frequentemente muito mais generoso e acolhedor do que o crédito que recebe por isso, embora reconhecidamente possa parecer que *consome* os outros na mesma medida em que alimenta. Simplesmente é tão reservado que suas melhores qualidades em geral não são percebidas! Sim, é amiúde extremamente mesquinho com as emoções, e com dinheiro, mas quando quer pode ser tremendamente generoso! Todos os signos de água podem ser mesquinhos e usurpadores, mas também podem ser generosos. Câncer é com frequência extremamente mesquinho com dinheiro e defensivo com seus sentimentos, às vezes a ponto de ficar quase totalmente identificado com a máscara rígida que costuma usar. E Peixes, embora não seja conhecido por sua mesquinhez, é com frequência um usurpador no sentido de que pode esgotar a energia ou o dinheiro dos outros continuamente, sem contribuir com nada de si mesmo. Esse é um exemplo da importante noção de que há sempre dois lados em qualquer fator astrológico. Não se deve amontoar todas as qualidades negativas de determinado elemento em apenas um dos signos desse elemento.

Uma última nota sobre Vênus ou Marte em signos de água: sentem satisfação pessoal por acolher outra pessoa emocionalmente e por ser acolhidos também, com tudo isso acontecendo de uma forma meio misteriosa, que está além dos conceitos. Como a água é um elemento silencioso, que opera vagarosamente sua vontade, sem muito alarde, aqueles com Vênus ou Marte em signos de água não gostam de falar muito nas situações românticas ou sexuais. Tendem a preferir um tipo silencioso de fusão, uma harmonia quieta que é rara e deve ser saboreada em profundidade.

Observações importantes sobre **Vênus em signos de água**: Afeto e apreço se expressam empaticamente e com simpatia, por meio da identificação com os sentimentos do outro. A pessoa sente amor e proximidade devido ao intercâmbio de sensitividade e sentimentos num nível sutil, levando às vezes a uma experiência de profunda fusão.

Observações importantes sobre **Marte em signos de água**: A pessoa se afirma através da sutileza emocional e da persistência, e apelando para os sentimentos profundos e as necessidades dos outros. O método de operação usa intuição, astúcia e malícia para atingir metas e satisfazer desejos. A energia física é estimulada por anseios profundos, por se sentir carente de contato, por intuições sutis, e pela intensidade da experiência emocional.

Vênus e Marte no elemento fogo (Áries, Leão, Sagitário)

Vênus e Marte no elemento fogo são diretos, mas bastante impessoais. Amor, relacionamentos, romance e sexo estão ligados à descarga de energia abundante e à afirmação da identidade. Tendem a ser bastante autocentrados nos relacionamentos e no sexo, e a se manter num caminho estreito. É difícil para eles descer ao nível das outras pessoas, se relacionar como um simples ser humano normal. Em outras palavras, aqueles com estas localizações de Vênus e Marte podem ter problemas de relacionamento porque são muito impessoais; têm dificuldade de se adaptar e de ir ao encontro do outro em seu próprio nível – um nível simples de intimidade. Isso é particularmente verdadeiro no que se refere a Vênus em signos de fogo.

O elemento fogo tem muito a ver com estilo e fantasia. Aqueles com Vênus e/ou Marte em fogo querem que o parceiro se adapte a qualquer imagem dinâmica que os intrigue ou atice; querem puxar a pessoa para seu mundo pessoal de fantasia e sua visão dramática da vida. O fogo é sempre maior que a vida; nunca é suficiente para apenas *estar* contente. Áries sempre tem que partir para algo novo; Sagitário precisa se expandir continuamente; e Leão quer se expressar e dramatizar tanto que às vezes percebe que a plateia desistiu e foi embora!

Outra forma de dizer isso é que aqueles com Vênus e/ou Marte em fogo querem puxar o parceiro para a dança flamejante de energia irrefletida que consideram ser vida. As pessoas ígneas sentem uma dança de vida dentro de si, e querem que todos os outros sintam também e partilhem. É como se dissessem: "Vamos! Viva! Venha, abrace a minha fantasia, misture-se ao meu entusiasmo, e participe de uma coisa importante! Entre no meu grande sonho. Você nunca me terá a menos que compartilhe minha grandiosa visão da vida." E se você não está inclinado, se prefere manter sua própria identidade e seu aterramento particular na realidade, pode não se misturar muito bem, pode na verdade exclamar: "Que pessoa detestável, egoísta!", e ir embora. Realmente não há muita escolha: é fundir-se na dança ou esquecer. Mas se decidir lutar não espere vencer. As pessoas ígneas não se estendem para você nem se moderam ou limitam para estabelecer um contato verdadeiro; você é que tem de se adaptar a elas. Mas se você tem fogo no mapa natal e/ou admira isso em outros, e partilha essa visão dinâmica da vida e do amor, então entrar nessa dança de fogo cósmico e celebração vital pode ser mágico e divertido.

O elemento fogo é forte e traz com ele um ego forte. A imagem que projetam para os outros é muito importante para as pessoas de fogo, o estilo é muito importante. Assim, encontros românticos e sexuais para elas implicam uma necessária confirmação de sua própria noção de identidade. (Poderia acrescentar que o fogo por sua natureza *projeta a luz*; aqueles com fogo muito forte no mapa não podem evitar projetar algum tipo de imagem. No melhor dos casos, é luz e brilho, positivo e inspirador. No pior, a pessoa acha que é a luz mais brilhante neste mundo de Deus.) Eis um trecho de entrevista com um homem que descreve uma mulher com Vênus em fogo:

> Com mulheres ígneas, você tem que se tornar parte do mundo de sonho delas "lá no alto" da imaginação delas, ou então nada acontece no relacionamento. É como se estivessem sempre esperando o homem dos seus sonhos surgir e realizar sua imagem mágica. Você tem que realizar ou fingir que realiza os sonhos *delas. Seus próprios sonhos* parecem não ter nenhuma importância para elas. Mas se você consegue fingir, mulheres com Vênus em fogo são enganadas bem facilmente. Não são as pessoas mais realistas no mundo. (EA)

Uma coisa significativa com relação a Marte em fogo é que, nos homens, normalmente isso se manifesta como ação definida na própria vida. Nas mulheres, a energia de Marte muitas vezes é projetada nos parceiros e também ativa poderosamente a imaginação. É como se a energia de Marte fluísse para a imaginação e ativasse todos os tipos de projeções, imagens e fantasias. Isso vale também para homens com Marte em signo de fogo, mas é mais comum que boa parte da energia de Marte deles flua para a atividade física e a ação dinâmica, abertamente manifesta. Por certo esta não é uma diferenciação precisa; os estádios estão cheios de mulheres com Marte em signos de fogo, na condição de atletas ou de entusiasmadas espectadoras. Mas é notável a tendência, em particular nas mulheres com Marte em fogo, para a imaginação extremamente fértil. Ambos os sexos partilham uma forte inclinação para projeções dinâmicas no futuro!

Para aqueles com Vênus e Marte em fogo, há uma ligação entre sexo e risada, alto astral, exuberância, alegria; sentem-se apreciados quando o outro demonstra estar se divertindo. Uma mulher com Marte em signo de fogo disse: "Dar muita risada e curtir bons momentos me deixa mais sensível à sedução." A localização de Vênus e Marte em signos de fogo manifesta-se como um entusiasmo genuíno por sexo, mas – para muitos – só quando é moralmente permitido e quando há respeito suficiente da parte da outra pessoa. É bom lembrar que a autoimagem dessas pessoas tem de permanecer intacta e precisa ser polida pela atenção do outro! Mas o elemento fogo também revela impaciência sexual e uma tendência a comandar quem está por perto, o que quase sempre provoca um ressentimento considerável, às vezes rejeição mesmo, da parte do parceiro.

Observações importantes sobre **Vênus em signos de fogo**: Afeição e apreço se expressam de forma energética, direta e larga. A pessoa sente amor e proximidade compartilhando atividades vigorosas e por meio de aspirações e entusiasmos comuns, tal como a noção de seus próprios ideais superiores.

Observações importantes sobre **Marte em signos de fogo**: A pessoa se afirma por meio da ação física, da iniciativa e da energia ostensiva emanada. O método pessoal de operação é a expressão direta da vontade, da autoridade e do poder. A energia física é estimulada pelo movimento constante, pelo entusiasmo confiante e pela ação dinâmica.

Vênus e Marte no elemento terra (Touro, Virgem, Capricórnio)

Com Vênus e Marte em terra trazendo uma sintonia inata com os ritmos da natureza, não deveria surpreender que *tempo* seja um fator determinante e da maior importância nos relacionamentos... tempo e paciência. Eles levam um tempo para expressar seus sentimentos e desejos; às vezes levam o que parece aos outros uma eternidade! Como os instintos físicos são muito fortes no elemento terra, uma tremenda cautela, autoproteção e pragmatismo dominam os instintos, suplantando a necessidade de romance e excitação. O autocontrole é um tema que se encontra em todas as atividades e motivações dos três signos de terra. E, de fato, não apenas *auto*controle, mas também um desejo de controlar tudo e todos! Os signos de terra parecem imaginar que o controle traz segurança.

Contudo, uma vez que aqueles com essa ênfase em terra finalmente dizem sim para alguém e se comprometem com um relacionamento, tendem a fazê-lo muito profundamente e com considerável firmeza de compromisso. O parceiro então sabe que eles estão *ali*, presentes, e não alheios nem esperando ansiosos por uma oportunidade mais excitante. Tentam fazer o relacionamento *funcionar*! Um problema que pode surgir em relação àqueles com elemento terra dominante é que nunca se sabe realmente se estão envolvidos porque pessoalmente *se importam* com o parceiro, ou porque têm alguma razão prática para isso. A propósito, estarão apenas comprando segurança? Será que o parceiro é conveniente para eles como um degrau para suas ambições?

Aqueles com Marte ou Vênus em signos de terra tendem a ser zelosos e eficientes, embora a preguiça de Touro às vezes atropele o dever e a eficiência. Também tendem a ser orgulhosos quanto a suas *técnicas* sexuais: muitas vezes aperfeiçoam a técnica, tentando realizar-se nela e manter-se no controle da paixão. Marte e Vênus em signos de terra são muito básicos e enraizados. Mesmo Virgem é um signo bem sensual. Não é particularmente sexual, mas é sensual e muito orientado fisicamente. Muitas pessoas com Virgem forte se iniciam nas artes da cura, em estudos de nutrição, enfermagem, fisioterapia e massagem. Os signos de terra querem cuidar das necessidades e instintos humanos eficiente e impessoalmente. Sexo, amor e relacionamentos íntimos estão ligados a necessidades e deveres básicos. Essa postura faz que eles às vezes sejam bem mecânicos e às vezes completamente tediosos. A espontaneidade e a imaginação não são o seu forte.

Aqueles com Vênus em signos de terra procuram abrigo, estrutura e segurança emocional nos relacionamentos, e isso pode levar a um tradicionalismo excessivo, atitudes conservadoras e rigidez, que por sua vez podem levar à profunda solidão. Em vez de produzirem uma base emocional enraizada e sólida, o elemento terra algumas vezes toma conta e deixa a pessoa totalmente inflexível. A presença física do ser amado é percebida como indicador de que tudo está bem no relacionamento. A pessoa de terra tende a acreditar nas formas como uma realidade suprema, mesmo que elas sejam falsas em essência, hipócritas ou enganadoras. Quando alguém quer impressionar um parceiro que tem muita ênfase em terra, seja Vênus, Marte, Sol ou Lua, pode bem descobrir que o que realmente os atinge ou provoca uma reação imediata é você se ausentar fisicamente por um tempo. Essa é a única coisa real para muitos deles e tem muito mais efeito que meses de discussão tentando convencê-los de que existe um problema.

Eis o que disse uma mulher com Marte em Touro na entrevista, ao explicar como gosta de ser tratada por um homem: "Seja substancial comigo. Seja físico comigo. Queira meu corpo, não apenas eu!" Esse é um agudo contraste com Marte ou Vênus em ar, por exemplo. A pessoa de ar nunca diria isso, mas sim: "Procure me conhecer pessoalmente, saber como eu penso... meu corpo pode vir mais tarde!" O físico, a forma, a aparência e o vestuário são extremamente importantes para as pessoas de terra. Em outras palavras, a aparência externa importa muito, especialmente quando Vênus está em terra.

Por causa do extraordinário conservadorismo nos relacionamentos, aqueles com ênfase em terra (especialmente os que têm Vênus, planeta do relacionamento, em signos de terra) se negam muitas possibilidades nos relacionamentos. São tão tradicionais e as pessoas têm que se adequar a suas categorias tão especificamente que possíveis novas experiências acabam sendo negligenciadas ou dispensadas como impossíveis ou nem um pouco práticas. Por certo isso é verdadeiro para muitas pessoas, não só aquelas com Vênus em terra; mas sinto que é mais comum e restritivo para aqueles que têm sintonia com esse elemento. As pessoas de terra tendem a ser bem formais, e está além da imaginação delas que pessoas com diferentes sintonias possam ter posturas menos rígidas na vida e nos relacionamentos, ou mesmo que alguém possa sentir satisfação com qualquer tipo de relacionamento que não seja o arranjo um tanto tradicional de deveres, direitos e estilo de vida bem definidos.

Observações importantes sobre **Vênus em signos de terra**: Afeição e apreço se expressam tangivelmente, com confiança e fisicamente. A pessoa sente amor e proximidade por meio do compromisso e da construção de uma vida conjunta, bem como pelo prazer sensual e a partilha das responsabilidades.

Observações importantes sobre **Marte nos signos de terra**: A pessoa se afirma por meio de realizações concretas que requerem paciência e persistência. O método pessoal de operação é cuidadoso, meticuloso e frequentemente focalizado na eficiência. A energia física é estimulada pelo trabalho árduo, a disciplina, o desafio e a satisfação do dever cumprido.

Vênus e Marte no elemento ar (Gêmeos, Libra, Aquário)

Em contraste com a propensão para o silêncio do elemento água, a localização de Vênus e Marte no elemento ar inclina a pessoa para a fala – comunicação e expressão verbal de curiosidade, sentimento, interesse e desejo. Algumas vezes a pessoa pode até ser relativamente ruidosa! E como foi mencionado antes, Vênus e Marte em ar não costumam ser especialmente sensuais, o que quer dizer que não precisam sentir-se *fisicamente* próximos do parceiro, da mesma maneira que aqueles com ênfase em água e terra. Contudo, se a pessoa tem o Sol em signo de terra, por exemplo, isso por si só pode dar um forte tom de sensualidade e corporeidade à personalidade, mesmo que Vênus e Marte estejam em signos de ar. Assim, reitero que o mapa deve ser sempre considerado em sua completude em qualquer avaliação. É por isso que uma conversa em pessoa é muito melhor que qualquer tipo de "interpretação de mapa" computadorizada ou escrita; é bem mais fácil mesclar todos os fatores pessoalmente, sobretudo porque essa interlocução permite formar uma impressão mais precisa e realista da pessoa em sua totalidade.

Marte no elemento ar não indica uma energia sexual especialmente forte, embora essas pessoas pudessem receber um prêmio por seus galanteios notáveis! Sexo para Marte em ar está ligado à *comunicação* e também ao divertimento, ao estímulo mental e a imagens mentais vívidas. É o tipo de pessoa que pode sair com alguém e realmente curtir a noite inteira desde que a conversa e a comunicação sejam interessantes, mesmo não havendo partilha física ou emocional intensa. Esse tipo de postura é desconcertante para quem tem uma orientação mais erótica e física – é quase uma ofensa a sua imaginação que alguém possa ficar tão contente e satisfeito apenas com conversa.

Aqueles com ênfase em ar sentem-se estimulados por imagens e formas mentais. Têm uma orientação muito *pessoal*. Libra é o signo mais pessoal de todos, na verdade desesperadamente pessoal. Como escreveu Dane Rudhyar em *The Pulse of Life*, Libra leva todas as atividades sociais e pessoais muito a sério; e isso frequentemente torna sua vida difícil porque a pessoa supõe que todos sejam tão sinceros quanto ela! Gêmeos é provavelmente o segundo signo mais pessoal, embora tenha uma veia impessoal que surpreende quem se sente atraído por seu charme. E Aquário é o menos pessoal dos signos de ar. Aquário pode ser pessoal, mas só por um tempo. Sua impessoalidade acabará aflorando, de forma que o parceiro deve se acostumar a ser periodicamente ignorado... o que pode não ser difícil se ele tiver também algo de Aquário (ou Áries) no próprio mapa.

Na verdade, quem já foi abandonado por alguém com Vênus ou Marte em Aquário sabe o que quero dizer com "impessoal". (Essa característica também aparece naqueles que têm um Urano forte no mapa natal.) Com Aquário, quando o relacionamento está acabando, pode-se perceber de repente que ele na verdade *nunca* se relacionou de maneira pessoal. Fica evidentemente que o parceiro era apenas um tipo de pessoa temporariamente necessário para preencher algum espaço no modelo de realidade mental aquariano. Então, Aquário pode agir de forma bem pessoal, e pode ser pessoal à sua maneira, de forma autêntica; mas quando a impessoalidade surge, Aquário é quase assustadoramente distante e desinteressado.

Tive sessões de aconselhamento com muitas mulheres que têm Vênus em Aquário e já chegavam ao consultório dizendo: "Tenho um grande problema com os relacionamentos. Nenhum dos homens que conheço me entende. Estou muito frustrada. Preciso deles, mas também preciso ser independente deles!" Todas essas mulheres eram tão independentes que ficava óbvio para os homens que elas não precisavam tanto deles quanto gostariam. E ainda assim elas gostam da inteligência desses homens e gostam de flertar e socializar; tendem a ser bastante animadas. Mas sua independência e desinteresse são muito desconcertantes para a maioria dos homens, especialmente os mais tradicionais ou possessivos. Os clássicos papéis sociais femininos são percebidos por essas mulheres como restritivos demais em todos os aspectos de um relacionamento íntimo.

Outro comentário sobre Marte em signos de ar: a sexualidade e a energia sexual são regidas pela mente. Tudo passa primeiro pela cabeça! A *ideia* de um relacionamento específico e sua *forma* devem ser atraentes para que a pessoa se sinta motivada. Na verdade, com frequência quem tem Marte em signos de ar rejeita os sentimentos se o intelecto não consegue categorizar facilmente o que está acontecendo. Mesmo que os sentimentos sejam agradáveis, a pessoa talvez os reprima ou rejeite a menos que a mente consiga de alguma forma organizá-los em categorias familiares. Esse é um bom exemplo do *conservadorismo* dos signos de ar, raramente levado em consideração. Isso demonstra em parte por que os signos de terra e ar têm os mesmos antigos planetas regentes (Vênus, Mercúrio e Saturno). Os dois grupos de signos têm uma tendência a ficar fixados na forma, categorias ou rigidez de algum tipo. É por isso que um Libra idoso muitas vezes se assemelha a um Touro, enquanto um Aquário idoso muitas vezes parece um rígido Capricórnio, e um Gêmeos envelhecendo fica tão mal-humorado e irritado quanto um Virgem seletivo!

Observações importantes sobre **Vênus nos signos de ar**: Afeição e apreço se expressam pela comunicação intelectual intensa e o senso de companheirismo. A pessoa sente amor e proximidade por meio da partilha verbal, do encontro de mentes, da socialização prazerosa recíproca.

Observações importantes sobre **Marte nos signos de ar**: A pessoa se afirma pela expressão de ideias, a comunicação ativa e a imaginação energética. O método de operação pessoal se baseia na persuasão e no apelo à razão, ou em mostrar-se digno de estima. A energia física é estimulada pelos desafios mentais, o ativismo social, os relacionamentos e novas ideias.

Compatibilidade no nível energético dos elementos

Então, como a pessoa *vivencia* a compatibilidade energética a que me refiro nos níveis de fogo, água, terra ou ar? Vamos discutir algumas características reconhecíveis dessas experiências, nas quais a sensação de isolamento é felizmente reduzida. Na verdade, em muitos casos, a pessoa temporariamente não se sente mais *tão sozinha* na vida! É uma sensação rara e extremamente agradável, frequentemente lembrada mesmo depois de muitos anos – uma sensação de *pertencimento*, um sentimento de segurança no cosmos, uma experiência de unidade com outra pessoa e às vezes até com a humanidade toda.

No nível da **água**, a pessoa perde a noção de tempo e espaço, e a sensação de ir além de si pode chegar ao ponto da fusão total com o outro. Esse nível de harmonia também é bastante profundo, e assim normalmente vem acompanhado de uma sensação de reverência em vez de descrição verbal. Com compatibilidade no nível do **ar**, há uma compreensão mental instantânea da forma de pensar e comunicar da outra pessoa (mesmo que não se esteja totalmente de acordo). As próprias fronteiras da pessoa se expandem, e há uma genuína apreciação da outra pessoa e da sua inteligência. Muitas vezes também acontece um bem-humorado jogo de palavras.

A compatibilidade no nível do **fogo** se manifesta como uma percepção de que as duas pessoas partilham entusiasmo e propósito que vêm de uma fonte maior, como se ambas participassem de algo imenso, cósmico. As duas são pegas numa forte liberação de energia dinâmica, e sentem que participam de uma experiência grandiosa e de uma fonte de energia poderosa, impessoal e verdadeiramente inspiradora. A compatibilidade no nível da **terra** é às vezes vivenciada como o que uma amiga (com Marte em Touro) chamou de uma "sensação extática de segurança". Os sentidos ganham vida, e a percepção da realidade física e do corpo muda notavelmente. As duas pessoas também podem adquirir um apreço maior pela natureza e o ambiente, e muitas vezes a consciência de estar totalmente focalizado no presente com um espírito raro, relaxado e receptivo.

Não se pode superenfatizar a importância de reconhecer a realidade do nível energético da compatibilidade, porque ele pode explicar muito sobre a dinâmica dos relacionamentos íntimos e de fato pode ajudar a alcançar uma perspectiva esclarecedora sobre – *e frequentemente melhorar* – muitas áreas de um relacionamento específico. A compreensão do intercâmbio energético é particularmente útil para avaliar a compatibilidade no nível sexual. Talvez seja assim porque o sexo envolva um contato tão direto com as energias humanas primordiais e as emoções que as acompanham. É intrigante o fato de que a maioria dos conselheiros e terapeutas sexuais tenha só um amontoado de teorias especulativas para dar suporte a seu trabalho, e, infelizmente para eles e seus pacientes, a maioria ignora completamente as revelações sobre a energia sexual e seu intercâmbio que podem ser encontradas na astrologia.

Tornou-se dolorosamente aparente para mim, através do contato com dezenas de clientes que haviam ido antes a conselheiros e terapeutas não familiarizados com a astrologia, que tantos problemas sexuais eram apenas casos de boa e velha incompatibilidade, incluindo "disfunções" sexuais como impotência, frigidez, ejaculação precoce, e assim por diante. Certamente, muitos casos de incompatibilidade podem ser trabalhados e ajustados de modo que se consiga conviver com a questão.

Mas isso não quer dizer que a falta de harmonia fundamental *no nível da energia sexual* tenha sido modificada ou "curada". É simplesmente um reconhecimento do fato de que muito poucos casais são totalmente compatíveis no nível sexual; na verdade, com base em minha experiência, suponho que a imensa maioria dos casais viva com algum grau de incompatibilidade sexual/emocional ao qual tem que se ajustar com algum esforço consciente.

O ponto é que a compatibilidade sexual ou a falta dela basicamente emana de uma sintonia energética das pessoas envolvidas. Essa visão é bem incompreensível para terapeutas e "pesquisadores" que insistem em ver o sexo como uma função essencialmente mecânica (embora admitam que tem algumas conotações emocionais). Essa despersonalização do sexo, e a consequente separação entre a sexualidade e a dança cósmica da vida – que deveria ser vista como uma experiência mais *religiosa* que mecânica – naturalmente leva a um tratamento mecânico dos problemas sexuais, muitas vezes com um estranho revestimento de análise intelectual. O aspecto mais triste dessa prática é que esse tratamento sempre tende a agravar a longo prazo o problema original, pois a pessoa é estimulada a tornar-se ainda mais um *ser desvinculado do corpo*.

Talvez a consequência mais trágica de muitas das modernas abordagens superficiais da sexualidade (seja nos meios de comunicação de massa, na psicologia acadêmica ou na teoria de terapia de casais) seja que ela *faz as pessoas não confiarem mais em sua natureza sexual e emocional única nem em suas reações nessa área*. Por outro lado, a aplicação da astrologia para analisar as inclinações eróticas e de relacionamento de uma pessoa envolve não só a descrição precisa de suas sintonias, mas também o reconhecimento da imensa variedade de combinações energéticas e modos de expressão. **Afinal, por que tantas vezes levamos décadas para encontrar uma pessoa especialmente compatível, se não pela complexidade das questões e dos fatores de personalidade envolvidos?** (*Por favor, releia esta frase!*) Se as respostas simplistas publicadas em tantos livros de psicologia popular, cursos e programas de TV fossem verdadeiramente confiáveis ou abrangentes, os resultados na vida das pessoas seriam bem melhores, é preciso admitir. Quando se está realmente sintonizado com alguém no nível energético, não há problema com o andamento, ritmo ou intensidade do fluxo de energia em relação à outra pessoa. Tudo conflui naturalmente. Contudo, quando essa harmonia que se admite como ideal não está presente – como em geral é o caso –

os mapas natais fornecem diagramas semelhantes a raios X das configurações energéticas e das sintonias da pessoa. Esses diagramas são de muita ajuda na compreensão dos conflitos e bloqueios vivenciados, e também na identificação de áreas em que o fluxo de energia pode ser canalizado de maneira mais fácil e adequada.

O psicólogo Herb Goldberg apresentou uma abordagem realista de muitos problemas sexuais e de relacionamento, especialmente no contexto das pressões e favoritismos da sociedade de hoje, no excelente livro *The Hazards of Being Male*, em que ele descreve a importância de reconhecer o que é essencialmente uma questão de compatibilidade energética, em vez de enxergar tantos problemas sexuais como mau funcionamento *mecânico*. Por exemplo, ele afirma que a impotência é "quase sempre um fenômeno específico de determinado par" que está na verdade fazendo uma afirmação sobre os sentimentos do homem pela mulher e ao mesmo tempo sobre o relacionamento. A energia do homem não está sendo mobilizada dentro do campo energético conjunto que o casal está criando, independentemente da transitoriedade ou permanência da situação. Goldberg ressalta que é mais correto dizer que "os homens são impotentes com *algumas* mulheres e em *algumas* condições, e sua reação de não resposta reflete verdades importantes nas quais eles devem aprender a confiar e que é preciso compreender" (HBM, p. 28). Igualmente, muitos problemas sexuais vivenciados pelas mulheres não deveriam ser considerados apenas problema *delas*, mas sim manifestações no campo energético e na realidade emocional de um relacionamento específico. Na verdade, observa Goldberg, nesta época de intelectualização excessiva, tentar disfarçar, racionalizar ou ignorar a falta de uma resposta sexual genuína e espontânea pode ser o abandono de um modo importante de monitorar o estado do relacionamento e dos sentimentos de cada um a respeito. Além do mais, o fracasso em lidar com o verdadeiro problema instala uma forte possibilidade de que surjam problemas piores de intimidade e relacionamento no futuro.

De modo semelhante, o trabalho da dra. Elisabeth Lloyd e de muitos outros pesquisadores também desafia a visão mecânica do relacionamento e da dinâmica sexual que domina boa parte das teorias e terapias modernas e tem tantos resultados infelizes na vida das pessoas. Professora de biologia na Indiana University, a dra. Lloyd mostra como a sociedade compreende mal e distorce completamente a natureza e a função do orgasmo feminino, em grande medida pela imposição mal orientada da visão mecânica genérica de como todas as mulheres supostamente deviam funcionar no campo sexual. "Considerando a história evolutiva honestamente", ela diz, "tem-se potencialmente consequências sociais e pessoais bastante amplas para todas as mulheres, e indiretamente para os homens também." Não entrarei em detalhes sobre a pesquisa apresentada pela dra. Lloyd em *The Case of the Female Orgasm: Bias in the Science of Evolution*; quero simplesmente enfatizar que essa incompreensão generalizada – e as resultantes crenças culturais, imagens dos meios de comunicação e expectativas psicológicas relacionadas a esses exageros e distorções – tem um forte impacto na identidade, na relação entre os sexos e na compreensão que cada um tem de si mesmo. Se as mulheres têm expectativas pouco realistas sobre o que é normal ou natural na relação sexual, talvez acabem se sentindo inadequadas, inferiores ou anormais por na verdade não ter experiências extáticas espontâneas. Isso pode resultar numa inibidora falta de confiança na mulher, e também em desapontamento, crítica ou pressão por parte do parceiro. As falsas teorias em geral aceitas sobre o orgasmo feminino, afirma a dra. Lloyd, são significativas em parte porque "as expectativas dos homens sobre a sexualidade normal das mulheres, sobre como deveria ser o desempenho sexual delas, são construídas em torno dessas noções".

O trabalho da dra. Lloyd e de outros pesquisadores traz percepções importantes acerca de como expectativas baseadas em teorias podem ter efeitos altamente debilitantes no comportamento e na autoconfiança. Em outras palavras, é costume na sociedade de hoje complicar desnecessariamente a vida interpretando mal o comportamento das pessoas com base na suposição inconsciente de que somos todos iguais, ou acrescentando numerosas camadas de teoria "científica", modismos ou jargão psicológico no modo como percebemos as pessoas. Em vez de olhar a vida com lentes cor-de-rosa, acabamos olhando com lentes muito escuras que prejudicam nossa capacidade de ver a realidade com clareza. A astrologia, por outro lado, quando adequadamente compreendida e aplicada, ensina a *individualizar* o exame da personalidade, da motivação e do comportamento humano de um modo como nenhum outro método de compreensão psicológica ou científica é capaz de fazer.

Antes de entrar em detalhes sobre Vênus e Marte em cada signo, quero chamar atenção para alguns tópicos com muita ênfase. Primeiro, embora tenha mencionado em capítulos anteriores o quanto as pessoas são surpreendentemente complexas e variadas, é fácil ler superficialmente essas palavras e dizer: "Bom, isso é óbvio!", e em seguida continuar manifestando preconceitos inconscientes sem perceber as implicações do que estou tentando esclarecer. Assim, acho que será muito mais certeiro dar um par de exemplos para demonstrar a relatividade e a subjetividade de todas as observações e descrições de outras pessoas, em especial com relação à esfera essencialmente subjetiva da experiência íntima. A partir das anotações que fiz quando orientava grupos de discussão sobre relacionamentos, encontrei dois exemplos bem engraçados, mas esclarecedores. Vale notar que os grupos eram compostos em sua maioria de mulheres, e elas falavam basicamente de homens. Todos conheciam um pouco de astrologia, de modo que pude facilmente descobrir os fatores astrológicos de cada pessoa do grupo.

- Uma mulher (que tinha outros signos fixos enfatizados que conflitavam com o signo fixo Leão) observou que os homens com Marte em Leão eram tão "ruidosos, insistentes, egoístas e antipáticos" que ela achava impossível se entender com eles. Outra mulher, que tinha a Lua harmoniosamente alinhada com Leão (e assim era receptiva a esse signo), logo respondeu com seu ponto de vista agudamente contrastante: "Os homens com Marte em Leão são tão calorosos, afetivos e generosos!" Ela ficava sempre emocionalmente encantada com eles.

- Uma mulher com Vênus em Touro expressou sua irritação com os homens que têm Marte em Aquário, sem dúvida sentindo que não eram suficientemente físicos e expressivos: "São tão frustrantes e indiferentes!". Mas logo uma mulher com Vênus em Gêmeos (cuja sintonia de ar era receptiva e apreciadora de Marte num signo de ar, como Aquário) manifestou uma admiração entusiasmada por esse tipo de homem com "liderança corajosa e capacidades mediadoras com todo tipo de pessoa", o que ela achava muito estimulante. A mulher com Vênus em Gêmeos não se importava nem um pouco com a falta de intensidade física do homem com Marte em Aquário uma vez que suas habilidades verbal e intelectual eram energéticas.

Raras vezes fui tão completamente lembrado de como todos enxergamos os outros seres humanos através de nossas lentes particulares, como nesses grupos! Uma grande utilidade de aprender astrologia é que *podemos nos tornar fluentes numa linguagem do comportamento e da personalidade humana* que não só é incrivelmente precisa, mas também contribui para a tolerância e a compreensão entre os seres humanos.

Vênus, Marte e a energia do Sol

Outro ponto que nunca é demais enfatizar é que Vênus e Marte nunca deveriam ser considerados isoladamente em relação ao restante do mapa, e especialmente nunca analisados em separado do Sol, a fonte de toda a energia no sistema solar, que – científica e simbolicamente – fornece a vitalidade central de cada um. Ao analisar a personalidade de alguém com base na astrologia, a energia do Sol, pode-se especular, é filtrada, refletida e distribuída pelos planetas. Mais especificamente, o elemento do Sol e a energia do signo estão implicitamente estimulando e fluindo através da *localização de todos os outros planetas* no mapa natal de uma pessoa. (Obviamente a Lua reflete a luz solar, e há até uma evidência científica de que Júpiter amplifica a radiação solar que recebe.) Essa me parece uma conceituação útil de como a energia parece fluir nos campos de energia das pessoas, como representado nos mapas natais individuais – aqueles mapas do nosso sistema solar calculados para o momento do nascimento, a fundação de todo estudo astrológico.

Cheguei a essa percepção específica só depois de muitos anos observando as pessoas, e fui particularmente ajudado por um estudo detalhado de atletas e seus mapas natais, que fiz durante um período de vinte anos, focalizando diversas modalidades esportivas, em especial basquete, beisebol e algumas mais radicais, como trekking, por exemplo. A observação dos atletas em ação me permitiu perceber a expressão direta das qualidades e estilos de suas energias individuais, sem a intervenção de palavras ou postura social que obscurecessem a verdadeira natureza da pessoa. Por meio desse estudo, ficou evidente, por exemplo, que num atleta com Sol em Áries especialmente agressivo, Marte (o "planeta regente" de Áries) em Gêmeos poderia facilmente se manifestar como um jogador de basquete muito inteligente com percepções rápidas e boa coordenação olho-mão, também conhecido pelos traços mais comuns de Marte em Gêmeos – franqueza e muitas vezes crítica para com os colegas de equipe pelo mau julgamento na quadra. Em outras palavras, a energia agressiva de Sol-Áries-fogo estava sendo destilada por meio da personalidade do jogador, tornando seu Marte mais forte do que Marte em Gêmeos normalmente é.

Mais alguns exemplos da importância do elemento, do signo e do poder vital do Sol na determinação das energias de Marte e Vênus tornarão este conceito ainda mais vívido. Porque, como mencionei, o Sol parece irradiar sua energia *através* de Vênus e Marte, então pode-se simplesmente afirmar que existem 12 tipos de expressão para cada signo de Marte, dependendo do signo solar (por exemplo, Marte em Áries com Sol em Áries, Marte em Áries com Sol em Touro, e assim por diante). Existem também muitos tipos de sintonias de Vênus para cada signo de Vênus (por exemplo, Vênus em Peixes com Sol em Peixes, Vênus em Peixes com Sol em Áries, e assim por diante). Os exemplos seguintes esclarecem essa mistura de energias:

- Um dos melhores jogadores de basquete dos últimos anos, Tim Duncan, tem o Sol em Touro, e certamente parece contido e impassível a maior parte do tempo. Contudo, seu Vênus (o planeta regente de Touro) está no agressivo e competitivo signo de Áries, que se manifesta como um competidor extremamente concentrado, cujo autocontrole não deveria ser confundido com passividade. Em sua curta carreira até agora, ele já ganhou três campeonatos na liga profissional mais competitiva do mundo, a NBA.

- Embora Vênus em Virgem seja conhecido pela modéstia, inibição e certa inaptidão erótica, não carece de ânsia erótica e sensualidade quando o Sol está, por exemplo, no ostensivo Leão ou no altamente sexual Escorpião. Da mesma forma, o moderado, indiferente Vênus em Libra será bem mais expressivo se o Sol estiver em Escorpião ou Leão.

- Por outro lado, uma pessoa com o Sol em Libra ou em Peixes e Marte em Escorpião, embora sem dúvida seja muito sintonizada com a expressão sexual, poderá ser de algum modo menos energética na área sexual (e certamente mais refinada e sensitiva) que uma pessoa com o Sol em signos mais vigorosos como Áries, Escorpião ou Capricórnio e que também tenha Marte em Escorpião.

- Uma pessoa terrena, Sol em Capricórnio, que tem Vênus no indiferente e mental Aquário pode demonstrar muito mais fisicamente suas afeições do que uma pessoa desapegada, intelectual, Sol em Aquário, com Vênus também em Aquário.

- Uma pessoa com Sol em Gêmeos ou em Leão em geral será muito mais sensível aos *sentimentos* dos outros se Vênus estiver no supersensível Câncer do que seria se Vênus estivesse nos signos menos sensíveis emocionalmente de Gêmeos ou Leão.

Na medida em que o leitor fica mais familiarizado com as energias e características básicas dos planetas nos diversos signos, com o tempo conseguirá visualizar e compreender essas combinações mais precisamente. Esse procedimento de *mistura* de fatores no mapa natal de uma pessoa é uma habilidade necessária para analisar e interpretar os diversos fatores em qualquer mapa individual. Também é bom enfatizar a *complexidade* do fluxo de energia dentro de cada um, que reflete a complexidade psicológica e erótica da pessoa e também é muito importante na compreensão das interações energéticas interpessoais. Quando duas pessoas se encontram, um grande intercâmbio energético acontece imediatamente, de forma consciente ou inconsciente. Múltiplos sinais são trocados, instintiva e intencionalmente. E muitas vezes generalizamos de maneira equivocada um forte sinal energético como significativo de que, só porque somos tão receptivos a ela, essa característica específica representa a totalidade da natureza da pessoa – um autoengano bastante desorientador! A astrologia, bem mais precisa que qualquer outro método, pode ajudar a esclarecer a complexidade e a qualidade dessas interações no nível energético fundamental da realidade viva.

9
Vênus nos signos de fogo

Vênus em qualquer um dos signos de fogo tende a expressar idealismo e altas expectativas associadas com seus relacionamentos amorosos e sociais. São bastante impulsivos, e expressam seu entusiasmo com vigor. Nesse sentido, são "emocionais" – mas não especialmente *sentimentais* no sentido de demonstrar sensibilidade para com os outros. De fato, até um simples "dar e receber" sensível no nível pessoal com frequência é bem difícil para essas pessoas. Os grandes gestos dramáticos impessoais são muito mais naturais e cômodos para eles. De fato, pode-se dizer que, para Vênus em fogo, *respeito* é mais importante que a comunicação detalhada nos relacionamentos. Sentem-se próximos do outro quando o entusiasmo, metas a longo prazo ou atividades dinâmicas são partilhados. Sua própria identidade tem que ser fortemente confirmada nos relacionamentos, e o parceiro numa relação próxima tem que se adequar a sua visão excitante e idealizada da vida e à imagem também idealizada de amante. Por causa dessa falta de realismo, podem ser facilmente enganados no amor e em outros relacionamentos próximos. Geralmente não se esforçam para conhecer realmente o outro, como foi explicado no capítulo 8; em vez disso esperam que o outro venha se juntar a eles e reforce o sonho pessoal deles (e de preferência que lustrem sua autoimagem). (Para mais detalhes, rever a seção sobre Vênus nos signos de fogo, no capítulo 8.)

Outras chaves para a compreensão de Vênus nos signos de fogo são as seguintes:

- Suas inspirações e aspirações futuras com relação à vida e aos relacionamentos são mais *reais* para eles do que as tradições, as convenções sociais ou a lógica.

- Como precisam verter suas energias no mundo, são *expressivos*, mas também muitas vezes sem tato, impulsivos e insensíveis. Na verdade costumam extravasar muito mais energia do que estão diapostos a vivenciar interna e intimamente, confundindo assim o sexo oposto.

- As pessoas com Vênus em signos de fogo não são particularmente receptivas, emocional ou sexualmente, embora sejam *muito* receptivas à admiração e à lisonja. Igualam romance com atividade hiperenergética e – se possível – alguma demonstração de veneração pessoal.

Vênus em Áries

Aqueles com Vênus no impulsivo, agressivo e impaciente signo de Áries são impulsionados a impressionar as pessoas, mostrar-lhes coisas novas ou introduzi-las em novas experiências. Precisam sentir que verdadeiramente se sobressaem na área de atividade escolhida, e também que estão no comando, dirigindo a ação; nos relacionamentos, contudo, são especialmente atraídos por quem demonstra uma iniciativa semelhante – o que muitas vezes gera conflitos. Essas pessoas obstinadas admiram quem é determinado e inovador, mas será que conseguem conviver com essas características? As pessoas com Vênus em Áries, especialmente quando gostam de você, são muito diretas e impulsivamente espontâneas. Seu maior charme é a franqueza com que se relaciona socialmente, muitas vezes temperada com um humor levemente ousado. Se as coisas começam a dar errado, especialmente quando a animação inicial de uma nova atividade ou relacionamento diminui, o humor pode mudar rápido, deixando a pessoa belicosamente supersensível e facilmente ofendida. A sutileza não é o forte de Vênus em Áries, que com frequência gosta de esportes competitivos, até dos violentos, como boxe. Lutar é muito natural para essas pessoas, que admiram quem luta por uma causa. Dão muito valor à individualidade e à independência. Mas eles próprios querem ser o número um em tudo. Odeiam ficar esperando e temem não só o tédio, mas também que tirem vantagem deles (uma vez que isso significa que alguém *se saiu melhor que eles*). A chave da natureza psicológica de Áries é o *vício no que é **novo***. A vida não vale a pena se não houver um novo desafio, um novo projeto, uma nova pessoa ou um novo nível de realização a ser conquistado. Isso vale também para os relacionamentos, provavelmente sua área mais problemática – conseguir estabelecer uma parceria estável e satisfatória quanto ao dar e receber.

A essência de Vênus em Áries

Após décadas de trabalho com psicologia astrológica, identifiquei as seguintes características psicológicas centrais de Vênus em Áries:

- Expressa afeição de modo direto, impulsivo, entusiástico; gosta especialmente dos primeiros estágios do relacionamento.
- A necessidade de autoafirmação e a solicitação excessiva podem dificultar a conquista de intimidade.
- Valoriza a individualidade, a iniciativa e a independência, em si e nos outros: doa-se energeticamente e é sensível ao entusiasmo dos outros.

Tanto homens como mulheres com Vênus em Áries podem ser *ferozmente* orgulhosos quanto a seus apegos, seus amados e suas conquistas no campo dos relacionamentos. Podem, por certo, ser emocionais, mas é raro um observador descrevê-los como profundamente *sentimentais*. Essas pessoas precisam acreditar que estão "ganhando" em qualquer relacionamento; algumas veem os relacionamentos como um terreno de competição – que pode causar medo ou desafiá-las –, mas ao menos é onde querem chegar ao topo. Ambos os sexos tendem a perder facilmente o interesse quando a imperfeição de um amante ou parceiro em potencial fica aparente. É tamanha a idealização do "amante" por quem tem Vênus em Áries que se tem a impressão de que eles imaginam uma supermulher ou um super-homem como o único ser adequado para ter um compromisso com eles. Nenhum dos sexos é muito romanticamente sentimental, receptivo ou simpático; são mais diretos e rudes. As semelhanças reveladas nas entrevistas são marcantes: os homens com Vênus em Áries, de acordo com as mulheres, não são muito generosos e são extremamente autocentrados; e as mulheres com Vênus em Áries, de acordo com os homens, não são muito receptivas, pacientes ou femininas. (Veja exemplos nos detalhes e citações no final desta seção.)

As mulheres com Vênus em Áries se defrontam com um grande desafio, pois o planeta do amor, da partilha e da harmonia está num signo de guerra, confronto e afirmação de si (em vez do apreço pelo outro, que é a ideia central do signo oposto, Libra); é uma sintonia difícil, pois as pessoas de Áries supostamente adoram desafios! "Essas mulheres não têm paciência com os jogos femininos", disse um dos homens entrevistados, "não são nem um pouco passivas, gentis ou dóceis" (EA). De fato, elas tomam a iniciativa e assumem o comando, mas também gostam de um homem que seja agressivo e não respeitarão realmente alguém que seja gentil ou paciente demais! Vênus em Áries para uma mulher é uma contradição em si, que se expressa de muitas formas: elas exigem que o homem seja agressivo, mas quase sempre reagem às agressões do macho com raiva e indignação explosivas; são diretas ao expressar sentimentos, ainda que irritáveis e exigentes; visivelmente predispostas e até insaciáveis no sexo, se esgotam contudo muito rápido e têm dificuldade em receber e partilhar nesse campo. Em outras palavras, são ativamente desejosas de sexo, de uma forma impulsiva e até "masculina". Assim, têm problemas para relaxar e se abrir – tanto física quanto emocionalmente. Uma solução para suas dificuldades sexuais é o autoconhecimento, aliado ao cultivo da paciência consigo mesma e com os amantes em potencial, além de aprender como expressar mais tolerância e abertura em relação aos parceiros.

Os homens com Vênus em Áries podem ser especialmente apreciados pelas mulheres do tipo feminista que pregam independência e sentem-se à vontade sendo extremamente agressivas. Pelo menos esses homens serão apreciados até revelarem que realmente têm expectativas e demandas, e podem mesmo acabar sendo os primeiros signatários de uma declaração de favoritismo. Até aí, se a mulher puder fingir que é um ser superior com grande interesse sexual, sem faltas e sem nenhuma necessidade, o homem pode continuar a "festejar". Os homens com Vênus em Áries costumam gostar de esportes, seja ativamente envolvidos e se esforçando para manter-se em forma ou apenas assistindo às competições num sofá confortável. Esses homens adoram ser cuidados e servidos por uma mulher, mas em geral parecem não ter ideia de como expressar esse apreço de um jeito que a mulher compreenda. Como um homem escreveu num questionário sobre homens com Vênus em Áries: "Têm fantasias e atos infantis, são facilmente atraídos por coisas superficiais como o estilo do cabelo. Têm uma atitude simples em relação ao amor e às mulheres" (QA).

Eis algumas das mais significativas declarações na entrevista e respostas aos questionários que esclarecem alguns pontos sobre Vênus em Áries:

- Julia Parker explica o dilema central de Vênus em Áries: "É importante para eles tomar consciência de que apresentam de um jeito muito violento as próprias necessidades e ideias a respeito de como o relacionamento deveria se desenrolar; precisam tentar conter essa atitude um tanto egoísta" (AHB).

- Uma mulher que não conhecia astrologia frisou, a respeito de dois homens que conhecera, ambos com Vênus em Áries: "Os dois eram seres incrivelmente egoístas do ponto de vista emocional" (EA).

- Um homem que foi casado com uma mulher com o Sol em Áries que tinha também Vênus em Áries frisou: "Sexualidade do tipo masculino, sexo rápido e furioso. Mas suas necessidades emocionais eram zero. Queria muito sexo, mas não queria prolongar nada" (EA).

- Outro homem escreveu sobre uma mulher com Vênus em Áries: "Muito voltada para o sexo, sexualmente impulsiva, toma a iniciativa (o que é *muito* raro entre as mulheres!). Tem um grande ego sexual e quer ser muito atraente. Direta demais quando o assunto é sexo" (QA).

- Debbi Kempton Smith, em seu livro *Secrets from a Stargazer's Notebook*, interessante e pródigo em discernimento, completa o quadro de Vênus em Áries: "Tanto homens quanto mulheres com Vênus em Áries são machistas. Imagine o que isso causa numa mulher com essa localização de Vênus. Elas também acreditam que lugar de mulher é na cama, sendo conquistada, mas amam a caçada... Essas mulheres são competidoras ferozes... Mas pouco fazem para ganhar a admiração do parceiro na cama, por serem muito egoístas. Só se esforçarão para agradar o parceiro no início" (SSN).

- "Relacionamentos afetuosos começam com muito entusiasmo, mas podem fracassar fácil – o entusiasmo de Áries não costuma durar muito" (WA).

- Uma mulher de 30 anos disse num questionário sobre homens e mulheres com Vênus em Áries: "São bastante idealistas e românticos e parecem estar mais apaixonados pela ideia do amor do que propriamente interessados em cultivar os relacionamentos além da animação inicial da novidade. Os homens são especialmente propensos a confundir luxúria com amor, e ambos os sexos tendem a perder o interesse rapidamente a menos que o objeto de afeição continue a preencher o ideal de 'superpessoa'. Também não são muito adeptos das 'preliminares', preferem ir direto ao ponto, satisfazendo seu desejo do que primeiramente os atraiu; são bem diretos nesse tipo de expressão" (QA).

- Uma mulher com Vênus em Áries que respondeu o questionário diz: "Estou sempre procurando certa animação na vida cotidiana. Gosto de ser entusiasmada e positiva... Não sou superagressiva, mas não deixo ninguém passar por cima de mim. Também é importante, para mim, ser independente e autossuficiente, e já fiz de tudo para manter isso... Sinto-me mais atraída por homens ardentes" (QA).

Vênus em Leão

Aqueles com Vênus no orgulhoso e dramático signo de Leão não fazem nada pela metade. Quando demonstram afeto por alguém, não compram só uma simples rosa, mas toda a floricultura! Quando comprometidos com a pessoa amada, podem demonstrar uma lealdade admirável. Mas alguns chegam a uma lealdade tão exagerada, deslocada e nem um pouco prática, que acabam não só desistindo do próprio bom senso e objetividade como também muitas vezes machucando sem querer a pessoa ou família à qual são tão *cegamente* leais. Embora essa localização não seja particularmente complicada do ponto de vista psicológico (já que essas pessoas querem basicamente elogios e atenção), ela incorpora várias contradições. A expressão emocional, ainda que com o coração aquecido, é também calculista e não totalmente espontânea. Como aponta Grant Lewi, essas pessoas querem se certificar de que produzem o efeito certo, e usam suas afeições à vontade para conseguir o que querem. Lewi continua: "Ninguém com Vênus em Leão jamais foi convencido a fazer qualquer coisa" (AFM). Outras características agudamente contrastantes em sua personalidade são a sinceridade, a generosidade e capacidade de estimular os outros, em contraposição a uma condescendência humilhante e demonstrações de inveja do sucesso dos outros. No melhor dos casos, Vênus em Leão supera esse autocentramento infantil à medida que avança na vida e alcança uma verdadeira nobreza de coração. Extravagantes demonstrações do seu sucesso e o gosto pela ostentação de riqueza e superioridade em geral acabam por esmagar o sentimento caloroso que os velhos amigos e a família já tiveram por ele. Um orgulho imenso e vulnerável fica evidente na vida e nos relacionamentos. A mais simples descortesia é tomada como uma grande ofensa: tente não ir a uma festa de Vênus em Leão ou falhar no gesto adequado de admiração num ambiente público. São muito orgulhosos de seus relacionamentos íntimos, e em geral precisam se sentir muito respeitados por todos. Desejam profundamente *admiração* e reconhecimento, mesmo que não tenham consciência desse desejo. Seu maior dom é provavelmente a capacidade de revitalizar os outros acreditando neles e transmitindo um caloroso estímulo na direção de um objetivo ou ideal maior. É aí que Vênus em Leão é verdadeiramente um presente de Deus – um canal para a inspiração sincera.

A essência de Vênus em Leão

As tendências e características psicológicas centrais que identifiquei nas pessoas com Vênus em Leão são:

- Expressam afeição de modo caloroso, dramático, brincalhão e entusiástico.

- A troca de sentimentos mais profundos pode ser obstruída pela necessidade de ser o centro das atenções ou de dominar a vida emocional do outro.

- Doam-se com vitalidade criativa e recebem dos outros graciosa e orgulhosamente; podem ser muito generosos e leais.

Tanto homens quanto mulheres com Vênus em Leão são bastante apaixonados pelo amor dramático. Almejam grandeza e emoção, e costumam encenar demonstrações de afeto e situações românticas. Ambos têm um imenso orgulho de suas parcerias principais e também de sua maravilhosa generosidade. Embora fiquem facilmente ofendidos com deslizes reais ou imaginários dos outros, em geral são absolutamente insensíveis aos sentimentos de outras pessoas. Afinal, são seres superiores, e o ego e a liberdade de expressão emocional deles são muito mais importantes do que as preocupações insignificantes dos mortais comuns. Muitas pessoas com Vênus em Leão são grandiosas, em busca de atenção, ou esnobes, embora procurem esconder isso dos outros. Talvez o seu traço mais cansativo seja uma constante necessidade de elogio, uma das brechas por onde podem ser emocionalmente manipuladas. Contudo, quando essas pessoas evoluem e transcendem o pequeno ego que finge ser grande, aprendendo realmente a doar o amor solar de Leão que essa localização idealmente simboliza, um benefício cósmico pode brilhar através dela.

As mulheres com Vênus em Leão podem ser as verdadeiras primadonas da esfera romântica, com um complexo de rainha no amor. No pior dos casos são tão autocentradas que não conseguem se relacionar num nível humano simples, sincero, e frequentemente se aproveitam dos outros para engrandecer-se. Por isso às vezes acabam solitárias, mal-humoradas e indignadas. No melhor dos casos, estão numa fase boa e deixam todos felizes e contentes com a vida e o amor, embora possam comprometer o orçamento fazendo isso. Querem fazer muito pelo ser amado e ter certeza de que ele desfrutará todos os momentos passados juntos, e não se importam que muitas outras pessoas percebam sua magnificência e generosidade. A noção de identidade e valor às vezes é tão ligada ao estado atual do relacionamento principal que elas sempre entram em crise quando as coisas balançam. Embora apreciem demonstrações físicas de afeto, são muito impessoais e não são especialmente receptivas no nível do sentimento genuíno. Estimulam demonstrações entusiasmadas de "amor", especialmente quando realmente sentem necessidade de afeto, mas essa rainha "leal" pode também largar o parceiro de repente (como se fosse uma pedra qualquer) se alguém mais interessante e charmoso aparecer. Em momentos de maior arrogância e altivez, podem tratar os homens muito mal, mesmo depois de eles demonstrarem a devoção exigida.

Um homem com Vênus em Leão é invariavelmente orgulhoso de seus *valores* assim como de sua mulher. Sua forma de demonstrar apreço pelos amigos e colegas de trabalho é dizer: "Estou orgulhoso de você"; e ele supõe que você encare isso como um pagamento adequado por seu trabalho ou lealdade. Acredita que a lisonja significa para os outros tudo o que significa para ele. No romance, prefere alguém que possa exibir, mas também que o admire eterna e abertamente. Gosta de mulheres expressivas e com uma veia dramática, de gestos grandiosos e que ostentam gostos "finos". Como se constatou num questionário: "Vênus em Leão nos homens significa uma propensão *evidente* para ser o centro das atenções nas situações sociais." Podem ser bons em vendas, gerenciamento e em grandes grupos. Embora dados ao flerte e às vezes vaidosos, não parecem sair de relacionamentos bem-sucedidos ou do casamento por orgulho ou apenas por infidelidade; em contrapartida, é bem mais comum que as mulheres com essa localização de Vênus façam isso num acesso de indignação raivosa.

Entre as observações mais perspicazes que encontrei sobre Vênus em Leão estão as seguintes citações de anotações, entrevistas e questionários:

- Mary Coleman captura alguns dos traços dominantes deste fator de personalidade: "As respostas ao amor e à afeição são pródigas, de coração aberto e de uma confiança quase infantil. O anseio de espalhar a luz do Sol na vida do ser amado é puro e genuíno. Mas depois alguns desses recipientes podem perceber que, em troca, Vênus em Leão exige reverência e admiração eternas" (PIC).

- Uma mulher que havia trabalhado bastante com homens e mulheres que tinham essa localização de Vênus afirmou: "A lisonja o levará a qualquer lugar com essas pessoas! Devem ser respeitadas, e precisam continuamente de admiração e elogios. Querem se sentir como reis ou rainhas. Podem estimular os outros, mas esperam reciprocidade" (EA).

- As experiências de mais de um homem com mulheres que têm Vênus em Leão foram sintetizadas um tanto asperamente em comentários de outro entrevistado: "A mensagem que elas transmitem é: 'Sou uma puta com pose de rainha e não vou lhe dar nem bom-dia'. Essas mulheres parecem especialmente cruéis e obsessivas com seus poderes sobre os homens quando também têm no mapa outros planetas em Leão ou algum em Escorpião. Costumam tratar os homens com desprezo ao mesmo tempo que flertam com eles para ganhar admiração e ser bajuladas. O homem deve ser obsequioso e deixar-se pisar por ela apenas pela promessa de uma futura concessão até do menor dos favores. Mas em seguida ela viola suas promessas" (EA).

- Uma mulher que, respondendo ao questionário, observou que quem tem Vênus em Leão "gosta genuinamente das pessoas e irradia amizade, de modo que todo mundo consegue ficar à vontade ao seu redor.

Isso parece ser mais verdadeiro para os homens do que para as mulheres (com Vênus em Leão), mas com ambos os sexos pode às vezes acontecer de as pessoas se afastarem por causa de seu jeito incisivo demais de se aproximar. As mulheres parecem ficar mais presas à vaidade leonina ao expressar sua feminilidade; algumas vezes tentam impressionar os outros com seu conhecimento do que é 'chique' e 'de classe'. [...] Vi casos de Vênus em Leão em que a pessoa é ultraorientada pelo controle ou manipuladora nos relacionamentos íntimos, e cujas necessidades de reconhecimento e de manter a supremacia pode ser um terrível obstáculo ao desenvolvimento de um relacionamento íntimo bem-sucedido. Essas pessoas têm um orgulho bastante exacerbado, e também são muito sexuais" (QA).

Vênus em Sagitário

Aqueles com Vênus no aberto e libertário signo de Sagitário são idealistas e amantes da alegria. Uma atitude filosófica e um tanto despreocupada com relação ao que possa acontecer dá suporte a muitas de suas reações e também explica como podem ser tão esperançosos e elásticos quando confrontados pelas vicissitudes da vida. Outros podem chamar isso de superficialidade, falta de profundidade emocional ou fuga dos sentimentos verdadeiros. Faça sua escolha, mas é difícil ficar zangado com eles quando nos desapontam. Embora sejam muito inconstantes e difíceis de agradar, não se deve tomar sua insatisfação crônica como algo pessoal. Eles apenas têm dificuldade de lidar com a rotina, com a realidade tediosa, e encarar os fatos práticos e limites da vida. Não gostam de viver no presente. Para eles é difícil se acomodar num estilo de vida ou num relacionamento, pois sempre anseiam por um horizonte longínquo mais brilhante, algo ou alguém ou algum lugar que está invariavelmente *além* da situação atual. Na sua opinião sempre cabe alguma melhoria, e pensar com otimismo que existe uma realidade melhor logo atrás das montanhas é praticamente uma filosofia de vida. Essas pessoas adoram surpresas, e pode-se esperar qualquer coisa delas a qualquer momento – apenas para colocar um pouco de graça nos momentos chatos da vida. A sensação de liberdade e espaço é essencial para elas: espaço intelectual e mental (aprendizagem, discussão, debate) e amplidão física (atividades ao ar livre, esportes, viagens). São pessoas meio contraditórias, de maneiras frustrantes e muitas vezes irritantes: os ideais de todo tipo que elas adoram apregoar parecem se aplicar mais aos outros, ao passo que os próprios fracassos são racionalizados; julgam os outros por pequenas falhas morais, enquanto o próprio comportamento desregrado e pernicioso é sempre visto como parte da grande diversidade da vida, que deve ser amplamente tolerada; são brutalmente honestas ao revelar a hipocrisia ou negligência dos outros, mas reagem com indignação a verdades cruas sobre si mesmas que ferem sua autoimagem inflada. Em resumo, muitas das faltas e problemas nos relacionamentos das pessoas com Vênus em Sagitário advêm do foco habitual naquilo que está mais distante e na consequente incapacidade de ver o que está bem diante de seus olhos.

A essência de Vênus em Sagitário

Depois de mais de 35 anos de trabalho com psicologia astrológica, as características psicológicas centrais que considero mais precisas para Sagitário são:

- Expressam afeição de um jeito livre, entusiasmado, generoso e idealista, motivado por confiança e fé inatas na vida e nas bênçãos do amor.

- Uma ânsia incansável de liberdade, de aventura e de sempre antecipar algo melhor pode interferir no estabelecimento de relacionamentos íntimos duradouros.

- Têm uma atitude tolerante e aberta em relação ao amor e uma necessidade de harmonia filosófica; valorizam a honestidade, mas podem insensivelmente negligenciar os sentimentos dos outros.

Homens e mulheres com Vênus em Sagitário querem ser ouvidos, ou ao menos manifestamente notados, em qualquer situação social ou interpessoal. Para que os relacionamentos íntimos sejam duradouros, é necessário partilhar ideias e que haja um tipo de harmonia filosófica. Mas para que durem ao menos uma noite é preciso apreciar o humor do outro ou haver algum tipo de entretenimento mútuo, porque as pessoas com Vênus em Sagitário realmente não conseguem tolerar o tédio e são muito ativas por natureza. Para elas, o amor é um jogo de aventura. Conhecer o outro e o potencial da relação é divertido, e às vezes fazem isso com perguntas indelicadas e invasivas e afirmações ousadas, provocadoras e desagradáveis. A honestidade certamente é valorizada acima de tudo por essas pessoas, mas na busca desse ideal podem ser extremamente insensíveis e menosprezar os sentimentos e necessidades dos outros. Observações casuais muitas vezes causam danos reais e podem revelar uma atitude surpreendentemente irresponsável e autocentrada em relação a amor e sexo.

As mulheres com Vênus em Sagitário são tremendamente entusiasmadas e abertas com relação a iniciativas amorosas e sexuais. Às vezes suas atitudes podem até ser consideradas festivas, com muita risada e prazer e brincadeira. Divertidas, sim, mas não espere lisonja ou elogio dessas mulheres. É preciso ganhar os próprios aplausos e brilhar com confiança em si mesmo para intrigar essas mulheres. E certificar-se de que conta com o *respeito* delas, pois qualquer violação óbvia dos elevados ideais proclamados será imediatamente notada e usada para rebaixar o outro um ponto no livro cósmico de Vênus em Sagitário. Essa localização de Vênus é encontrada em muitas mulheres particularmente impulsivas e generosas com seus afetos; elas podem ser muito expressivas, mas têm uma postura ligeiramente impessoal nos relacionamentos, apesar de seu charme óbvio. Para elas é mais natural ser uma amiga alegre do que uma amante intensa e apaixonada; e o fato de concederem tanta liberdade ao parceiro revela que também querem manter certa distância e independência, sem restrições ou expectativas demais.

Os homens com essa localização de Vênus têm muitas das características que acabo de descrever, e também querem alguém que seja idealista e honrado, no sentido de poderem seguramente contar com a decência e as boas intenções dessa pessoa. Também são atraídos por pessoas arrojadas e que tenham uma visão ampla da vida. Nem é preciso dizer que a honestidade é um requisito básico. Esses homens procuram uma parceira otimista, positiva e de preferência bem-humorada. Uma pessoa amarga ou sombria que leve muito a sério os detalhes ou retrocessos da vida pode oprimir a vida desses homens.

As seguintes citações extraídas de numerosas entrevistas, questionários e anotações trazem ainda mais clareza sobre as características de Vênus em Sagitário:

- "Seu coração é destemido", escreveu Grant Lewi, "você segue seus instintos até o último baluarte da experiência... Não vê razão para não seguir as emoções, e está entre os mais impulsivos filhos de Vênus." (AFM)

- Em *Women's Astrology*, Tiffany Holmes faz a seguinte observação a respeito de Vênus em Sagitário: "Uma grande cabeleira, um trejeito no olho e uma risada inesquecível são o que se encontra de mais atraente nas pessoas com Vênus em Sagitário. O senso de humor é de importância fundamental para elas, de modo que um leve tom de brincadeira e princípios éticos comuns têm papel significativo [...] Essa localização de Vênus pode também amenizar a importância que normalmente se dá às coisas materiais se o amor em vista no momento não puder oferecê-las" (WA).

- Uma mulher observou que "homens com Vênus em Sagitário são 'brincalhões', gostam de estar cercados de pessoas, conversar e se divertir. Gostam de mulheres independentes e não muito possessivas ou exigentes, mas que aceitem seguir a liderança deles e ser 'camaradas'. Geralmente são abertos a quase qualquer coisa, de modo que não ficam presos a tendências nem determinam maneiras de pensar ou agir. São muito amigáveis e *bons-vivants*. Mulheres com Vênus em Sagitário têm carisma, as pessoas prestam atenção nelas quando entram em um ambiente" (QA).

- Outra resposta de uma mulher tocou no aspecto central dos anseios religiosos ou de inspiração ao escrever que Vênus em Sagitário "é a razão por que preciso de alguém que me dê liberdade para ser eu mesma e me expressar. Alguém que compreenda minhas necessidades espirituais, emocionais e físicas. E, acima de tudo, alguém que seja aberto e honesto comigo" (QA).

10
Vênus nos signos de terra

Quando Vênus está em qualquer um dos signos de terra, há uma notável paciência, uma postura cuidadosa, sistemática na vida e nos relacionamentos, e uma sintonia inata com os ritmos da natureza. Aqueles com Vênus em terra levam tempo para expressar seus sentimentos, mas uma vez que se comprometem, tendem a se manter resolutos, obedientes e sólidos como a terra. Ter uma estrutura de vida confiável como base de sua segurança emocional é de importância suprema para essas pessoas, e elas procuram atingir essa meta por meio do autocontrole e também do controle de tudo e todos à sua volta, tanto quanto possível. Há um conservadorismo essencial em sua postura nos relacionamentos, que podem não ser espontâneos e nem sempre estimular a imaginação; mas a confiança e o prazer nas responsabilidades partilhadas são muitas vezes uma grande recompensa, porque Vênus em terra busca isso como um progresso estável rumo à construção de um estilo de vida conjunto. (Para mais informação sobre as qualidades de Vênus neste elemento, rever a seção adequada do capítulo 8.)

Outras chaves para compreender Vênus nos signos de terra são as seguintes:

- Para aqueles com Vênus em terra, a matéria física é definitivamente real, e atender às necessidades práticas e de segurança é um componente importante de sua motivação nos relacionamentos. Essas pessoas automaticamente tentam categorizar o potencial do novo parceiro e inevitavelmente julgam se valerá a pena empregar seu tempo nisso.

- A sintonia com o ritmo natural da vida sempre se evidencia nos relacionamentos com aqueles que têm Vênus em terra, pois encontrar essas pessoas proporciona uma experiência densa da vida física que *desacelera as coisas* e ajuda a viver no presente.

- Se a pessoa não está particularmente sintonizada com o elemento terra, deve ficar atenta para o fato de que procurar ter vantagem ou controle sobre o outro é algo que vem naturalmente com Vênus em terra. Buscar evoluir através dos relacionamentos e "possuir" tanto dinheiro, poder, segurança, atenção ou fama quanto possível é bastante natural para muitas pessoas com Vênus nesse elemento. Até que ponto vai esse domínio depende de que outros fatores principais a pessoa tem no mapa natal, bem como de seus ideais pessoais.

Vênus em Touro

Aqueles com Vênus no signo de Touro, estável, aterrado e voltado para o prazer, são particularmente focalizados no conforto e na harmonia. Na verdade, Vênus é o tradicional planeta regente desse signo, e quando está localizado aqui há uma grande necessidade de harmonia, conforto, prazer e beleza. Às vezes seu gosto é excelente – um apreço pela simetria clássica; em outros casos há uma propensão para o luxo excessivo e a ostentação. Isso depende muito dos antecedentes, mas também de outros fatores no mapa natal. De qualquer forma, Vênus em Touro é muito preocupado com a aparência – tanto no vestuário quanto na apresentação da casa. A segurança material é o foco principal de atenção e desejo, algumas vezes a ponto de ser notavelmente ganancioso e mesquinho. Essas pessoas podem ser infinitamente pacientes, delicadas, um verdadeiro esteio para os outros, oferecendo estímulo, afeto e alimento para o corpo e o espírito; no seu melhor, são agradavelmente sociáveis e também bastante artísticas. No seu pior, podem estar entre as pessoas mais possessivas, opressivas, teimosas, ávidas e indolentes da Terra, à qual são tão apegadas! Podem ficar muito mesquinhas e irritadiças quando *insatisfeitas* demais, por querer *ter* seu prazer ou objeto de desejo.

A essência de Vênus em Touro

As características e tendências psicológicas centrais de Vênus em Touro que apurei ao longo dos últimos 35 anos são as seguintes:

- Expressa afeição de modo físico, caloroso, estável e possessivo.

- As trocas íntimas podem ser dificultadas por uma relutância em liberar os sentimentos ou em perder o controle.

- Valoriza o conforto material e objetos bonitos; aprecia profundamente as sensações físicas: visão, som, cheiro, sabor e toque.

Homens e mulheres com Vênus em Touro têm uma maneira cativante, atenciosa (ao menos em público e quando estão de bom humor), e muitas vezes têm uma voz especialmente agradável, conversando ou cantando. Em *Woman's Astrology*, Tiffany Holmes escreveu:

> "O signo provê uma necessidade de continuidade e conforto nas relações de amor [...] A pessoa com Vênus em Touro simplesmente se acomoda em rotinas calmas envolvendo pelo menos uma outra pessoa – [contudo] a outra pessoa pode não *querer* que se presuma que ela está disponível toda sexta-feira à noite."

Gostam de "amor" mas preferem regularidade em vez de surpresas e são em geral bastante preguiçosas e não muito imaginativas nem afeitas a novas experiências. A possessividade matiza fortemente seus afetos; Vênus em Touro se apega durante um longo tempo, e demora bastante para superar os relacionamentos que não deram certo. Seu senso de *retenção* com relação a dinheiro e posses se estende até a relutância em liberar a expressão dos verdadeiros sentimentos. Em outras palavras, embora na maioria dos casos sejam gentilmente afetuosos e atentos às necessidades práticas, é raro que demonstrem suas emoções.

As mulheres com Vênus em Touro esperam ser paparicadas e galanteadas. Qualquer tipo de pressa no desenvolvimento do relacionamento ou na sedução é motivo para que percam o interesse. Esperam que um homem se vista bem, satisfaça seus desejos, e pague por tudo. De que ele serve afinal se não for para prover conforto e segurança material? Essas mulheres têm grande necessidade de contato físico e carícias, o que afeta muito seu humor. Sexo para elas não é sentimental ou mental, mas extremamente sensual e um fim em si mesmo. Normalmente bastante passivas nas trocas sexuais, a menos que tenham Áries ou talvez Escorpião acentuados no mapa, preferem encontros sexuais prolongados, que não precisam ter muita variedade desde que a experiência seja profundamente instintiva.

Homens com Vênus em Touro têm uma característica de paciência e vínculo interpessoal que amacia até mesmo uma personalidade agressiva. Os prazeres simples da vida os desaceleram, e, talvez mais que qualquer outro homem, estes adoram rotinas reconfortantes que conseguem saborear. Normalmente se sentem atraídos pelo tipo de mulher terrena, sólida, confiável – alguém de quem podem depender especialmente para sentir-se cuidados e alimentados. Não se importam em saber se ela tem inteligência e personalidade, as qualidades mais básicas é que são prioritárias.

Dentre as citações, entrevistas e questionários mais perspicazes que encontrei para elucidar Vênus em Touro, selecionei os seguintes:

- Debbi Kempton Smith descreve com clareza a atração que Vênus em Touro tem pela aparência pródiga: "Veem Deus nas coisas materiais – mobília refinada, caixas bonitas, sua carne e ossos [...] Os rapazes gostam de ver as moças de vestido, e as moças os querem muito bem-arrumados. [...] Aqui a ganância é encarada como uma deliciosa virtude. Eles amam a boa vida" (SSN).

- Grant Lewi tem uma análise singular deste signo de Vênus: "Compreende o amor profundamente; aceita-o com todo o seu ser, é confiante para expressar isso sem palavras, valoriza os silêncios do amor mais que os discursos. Conhece tanto o êxtase quanto o desespero do amor; e se aferra a um amor uma vez dado e recebido com incrível tenacidade, mesmo diante de grandes obstáculos [...] Suas respostas emocionais colorem toda a sua vida; as reações dos sentidos são intensificadas por essa localização" (AFM).

- Uma mulher que respondeu ao questionário considera as mulheres de Vênus em Touro "muito expansivas, com uma combinação de sensualidade terrena e um senso de graça e beleza (estética) que emana profundidade e textura. Sentem-se bem com o próprio corpo e sintonizadas com o ambiente. Sabem como fazer o outro ficar à vontade e sentem prazer em cuidar. A maioria tende a ser artista de algum tipo: musicistas, pintoras, dançarinas, etc." (QA).

- Outro questionário fala de uma mulher com Marte e Vênus em Touro: "Ela definitivamente tem um problema com os bens materiais. Quando tem alguma coisa, não suporta se desfazer daquilo, mesmo coisas emprestadas e até presentes de aniversário que comprou para alguém (em geral fica com eles). O ambiente de onde vem não pode explicar isso, já que é de uma família rica" (QA).

- Vênus em Touro pode ser "muito comodista nos relacionamentos, internamente bastante envolvido, mas muito relutante em demonstrar seus sentimentos. Finge não se importar e então ergue uma parede em um minuto. Muito consciente em relação à segurança, mas teimosamente incapaz de permitir a expressão dos sentimentos. Quando se liga a um homem, a mulher com Vênus em Touro tende a ficar com ele a despeito de toda dificuldade" (QA).

Vênus em Virgem

Aqueles com Vênus no signo analítico, preciso e eficiente de Virgem encontram em suas próprias contradições e complicações uma grande quantidade de material para alimentar seu amor voraz pela análise. A parte infeliz dessa tendência é que sempre leva a uma crítica tanto de si mesmo quanto dos outros e a muita consciência de si – dificilmente uma boa receita para viver ou amar de um jeito espontâneo, relaxado. Embora Vênus em Virgem queira muito um relacionamento saudável, útil, fiel, tem um amor ainda maior na vida: trabalho e dever. Outra de suas dualidades é a tensão entre sensualidade e puritanismo. Nunca tem muita certeza se as coisas são moral, estética ou sexualmente perfeitas o suficiente, ou se deveria aceitar o fato de *ser* realmente um dos signos de terra, acolhendo o aspecto sensual de sua natureza. Muitas vezes cria uma tensão desnecessária em si mesma pela negação ou supressão de suas necessidades físicas. Isso advém em parte de sua modéstia inata e tendência natural a concentrar-se nas *imperfeições* e não no quadro geral, em todos os aspectos da vida. No excelente *The Astrologer's Handbook*[2], Julia Parker afirma que Vênus em Virgem "tende a subestimar os poderes da atração, e a modéstia inerente a esse signo se expressa numa genuína timidez quando se trata de desenvolver relacionamentos"

[2] *Manual Teórico e Prático do Astrólogo*, publicado pela Editora Pensamento, São Paulo, 1995.

(AHB). Ela aponta que para essas pessoas um bom relacionamento necessariamente inclui comunicação e amizade e que elas "devem aprender conscientemente a relaxar nos relacionamentos". Na minha experiência, a avaliação definitiva de Vênus em Virgem é que essas pessoas precisam de um relacionamento que incorpore *tanto a comunicação sensual quanto a mental.*

A essência de Vênus em Virgem

As características psicológicas centrais que considero mais precisas para Vênus em Virgem são:

- Expressam afeição de modo casual, modesto, cuidadoso, prático e tímido.
- Críticas insignificantes ou uma reserva natural podem interferir com a troca emocional e a expressão da paixão nos relacionamentos.
- A necessidade de servir e ser útil traz satisfação emocional; tem prazer na atenção minuciosa aos detalhes e na atividade mental analítica.

Tanto homens quanto mulheres com Vênus em Virgem podem ser as pessoas mais honestas, responsáveis e prestativas do mundo se estiverem totalmente comprometidas com o relacionamento, o que significa que o parceiro tem que passar por alguns testes muito precisos. Se Vênus em Virgem *aceitou* a outra pessoa (com defeitos e tudo!) e afrouxou suas atitudes de crítica afiada a serviço de um amor significativo, essa pessoa pode ser um amante ou parceiro disciplinado, confiável, sem igual. São especialmente ajudados a alcançar isso quando têm outro planeta em signo de água, especialmente Peixes, que equilibra a meticulosidade e frieza de Virgem com a tolerância e simpatia pisciana. Essas pessoas são normalmente muito fastidiosas com relação à aparência e também a algumas posses, mas têm que aprender de fato que um parceiro não é uma possessão. São bem meticulosas e cautelosas ao se aproximar de um possível parceiro, pois Virgem é um signo bastante introvertido e essencialmente passivo. São lentas também para despertar para as possibilidades de um relacionamento e prontas para duvidar de seu próprio valor e capacidade de ser atraente. Parecem ter grande domínio da autocrítica! Contudo, muitas vezes inusitadamente gostam de sentir o afeto dos outros quando o experimentam, já que em geral não têm muita confiança nem experiência nessa área da vida. Às vezes, devido a sua estreiteza de visão, tendem a superestimar a amplitude de sua experiência romântica e sexual. Preocupam-se constantemente com os assuntos de amor e parecem constantemente confusas sobre como realmente se sentem a respeito do parceiro, muitas vezes criando problemas pelo excesso de análise.

As mulheres com Vênus em Virgem parecem nunca parar de analisar seus relacionamentos e às vezes mantêm um diário histórico ou uma agenda de suas experiências românticas. A pessoa tem que jogar dentro das regras se quiser inflamar um relacionamento com essas damas. Um vínculo mental tem que ser estabelecido antes que ela consiga pensar em romance. São fisicamente sensíveis, mas raramente impulsivas ou passionais. Uma postura metódica e clínica no sexo pode causar um excessivo foco na técnica; e quando tudo vem de conceitos mentais não há muita espontaneidade e certamente não há uma inclinação para relaxar e se perder na experiência. Na verdade, costumam falar demais e fazer de menos no sexo. Um fator que observei repetidas vezes em mulheres com Vênus em Virgem é a constante referência ao passado "promíscuo", que parecem exagerar. Nunca mencionam uma promiscuidade atual, talvez tentando preservar o ego feminino virginal desse signo.

Os homens com Vênus em Virgem em geral querem uma mulher adequada – asseada, intelectual, disciplinada e provavelmente voltada para a carreira profissional. Um homem afirmou em sua resposta ao questionário: "Os homens com Vênus em Virgem não gostam de mulheres que se dizem sexualmente ousadas. Gostam de mulheres com aparência inocente." Debbi Kempton Smith releva que esses homens querem que as mulheres se vistam com capricho, meticulosas como as modelos, ou que sejam realmente apaixonadas pelo trabalho. Outra imagem que atrai esses homens, segundo ela, é "a mulher asseada de saia comprida preparando comidas saudáveis" (SSN). Assim como as mulheres com Vênus em Virgem, esses homens parecem ter pouca perspectiva no amor e nos relacionamentos. Por definir o amor e o sexo de maneira muito estreita e perfeita, criam sem querer um problema e uma fonte de desapontamento e/ou culpa. O único remédio é serem mais realistas e claros a respeito de seus verdadeiros desejos, necessidades e capacidade de relacionamento.

As seguintes citações, retiradas de anotações, entrevistas e questionários, compõem um quadro ainda mais detalhado de como Vênus em Virgem se expressa:

- O que um homem com Vênus em Virgem disse numa entrevista se aplica a ambos os sexos com essa localização: "Os sentimentos de amor são despertados quando me sinto útil e capaz de dar apoio prático às necessidades da outra pessoa, em especial se ela tiver sofrido recentemente. Então consigo sentir que estou contribuindo com algo muito terapêutico" (EA).

- Mary Coleman, autora de *Picking Your Perfect Partner*, avalia assim a natureza amorosa básica de Vênus em Virgem: "As reações ao amor e ao afeto são ponderadas, analíticas e refletidas. As considerações práticas se misturam ao sentimentalismo a ponto de todo mundo murchar antes de alguém se render. Mas depois alguns parceiros podem decidir com um vigoroso 'sim' que *valeu a pena* esperar" (PIC).

- Uma mulher com Vênus em Virgem disse: "Eu poderia encontrar o homem mais atraente do mundo, mas se ele dissesse apenas algumas palavras e não conseguisse se comunicar, eu nem tocaria nele" (EA).

- Muitas entrevistas estabeleceram que culpa ou piedade geralmente desempenham um papel na motivação dessas pessoas para mostrar afeição por alguém. Outros entrevistados confirmaram que eram lentos em acordar para fortes sentimentos eróticos (EA).

- Grant Lewi diz mais sobre Vênus em Virgem: "A pessoa relaciona a experiência emocional com um código de conduta bem organizado [...] A crença nas normas do decoro é tão forte que a pessoa simplesmente não tem emoções que possam implicar a violação dessas normas [...] Pequenas delicadezas são emocionalmente importantes, e se não for cuidadosa a pessoa acabará substituindo o amor propriamente dito pelos sentimentalismos do amor [...] Sua noção de bom gosto é seu censor emocional, e a manterá afastada de muitas coisas pouco convencionais [...]" (AFM).

- "Os homens com Vênus em Virgem são emocionalmente práticos. Costumam saber do que precisam em termos de relacionamento e encontrar, para em seguida se apegar. São normalmente um pouco tímidos e não se revelam muito facilmente, tendem a ser 'seletivos'; difíceis de satisfazer, são perfeccionistas e parecem exigir perfeição na parceira e neles mesmos" (QA).

- Uma mulher casada com um homem com Vênus em Virgem afirmou muito francamente no questionário: "Homens com Vênus em Virgem tendem a ser pudicos. Tratam o sexo como um ato cerimonial no começo – uma coisa quase religiosa. Tudo deve ser perfeito – nada de namoro no banco de trás para esses rapazes. Evitam a rispidez – mesmo aquela que advém da honestidade – e encaram o sexo como um conto de fadas em que todos têm corpos perfeitos como os dos bonecos Barbie e Ken. Outro amigo homem com Vênus em Virgem conservou a virgindade por um longo tempo, ainda que fizesse *tudo* menos o intercurso sexual propriamente dito. Estava esperando tudo ser 'perfeitamente certo'. Por anos, mesmo deixando hóspedes usarem sua cama, ele pediria que ninguém fizesse amor ali porque estava guardando não apenas a si mesmo, mas também *sua cama* para o ato perfeito... Ironicamente, porém, não parecem preocupados com as necessidades das parceiras – Virgem parece ser bem-sucedido (mais) como uma necessidade de ordem e perfeição" (QA).

Vênus em Capricórnio

Aqueles com Vênus no signo eminentemente prático e objetivo de Capricórnio são muito sérios e cuidadosos a respeito de qualquer coisa que afete suas emoções, reputação ou segurança material. Muitos têm senso de humor, mas que tende a ser seco e expressado com certa restrição. Conheci algumas pessoas com essa localização que realmente nunca riam. Muito autocontrole e contenção. As emoções mais profundas são bem difíceis de expressar, e preferem mostrar sentimentos ou apreço por alguém por meio da ação ou do dever, e não da verbalização. Têm uma grande capacidade de fortalecer os outros por meio do compromisso sólido e da afeição, e instintivamente querem fazer de tudo para apoiar o parceiro e ajudá-lo a ser bem-sucedido. São pessoas orgulhosas de sua confiabilidade e lealdade à moda antiga – mesmo que discretamente a violem de vez em quando. Suas maneiras levemente formais servem como um modo de proteção, como requer sua natureza insegura e defensiva. Essa formalidade se manifesta também como uma postura tradicional e um tanto previsível nas relações sociais; como disse uma mulher com Vênus em Capricórnio: "Sou muito consciente de como meus amigos veem meus relacionamentos" (EA). Muitos gostam de exibir o parceiro de uma forma surpreendentemente ostensiva, quase como um símbolo de *status*. Capricórnio é um signo muito impessoal – bem desapegado –; e ter Vênus aqui muitas vezes implica uma postura um tanto previsível e mecânica nas atividades interpessoais. Uma mulher com essa localização chegou a dizer numa entrevista: "Na verdade não estou pessoalmente envolvida nem com minha própria vida." Essa postura deve ser a última palavra em desapego! *Autoridade* e *controle* são duas outras ideias básicas do signo de Capricórnio, e são expressas aqui como uma necessidade de ter algum tipo de controle sobre o outro na maioria dos tipos de relacionamento ou de reconhecer questões de poder nas trocas interpessoais. Usarão os outros e podem ter dificuldade para estabelecer relações de igual para igual, a menos que seus papéis sejam claramente definidos. A sintonia natural com a *autoridade* também se manifesta em quão facilmente as mulheres (em especial) com essa localização podem apaixonar-se por figuras de autoridade (treinador, chefe, etc.), e como ambos os sexos têm uma ambição inata para ter êxito, ganhar poder e acumular influência, respeitabilidade ou dinheiro. Ambos os sexos costumam ter uma fixação particular pelo pai – uma obsessão comum para pessoas com diversos fatores principais em Capricórnio. O desejo de *controle* também é evidenciado no modo como a mulher organiza o orçamento doméstico. Pode, por exemplo, se mudar para uma nova casa ou apartamento e no dia seguinte a casa dar a impressão de que ela vive lá há anos.

A essência de Vênus em Capricórnio

Muitos anos de experiência observando pessoas com Vênus em Capricórnio levaram-me a formular este resumo das suas características psicológicas centrais:

- Expressam afeição de modo cauteloso, sério, obrigatório e mecânico, com perseverança.

- Uma necessidade de autocontrole e reserva emocional talvez resulte em um comportamento impessoal e indiferente que pode inibir o desenvolvimento dos relacionamentos íntimos.

- Ambicioso, conservador e preocupado com a reputação; capaz de lealdade, e de encarar o trabalho e as responsabilidades de um relacionamento compromissado.

Tanto no homem quanto na mulher, a cautela natural leva-os a procurar segurança e exigir algum tipo de compromisso (pelo menos muito *tempo*) antes de se sentirem à vontade para se envolver num relacionamento. De outro modo, podem se sentir terrivelmente deprimidos se não atingirem seus próprios padrões de adequação e respeito por si mesmos. Embora sejam bem conscientes quanto ao comportamento convencional e à imagem social, e portanto raramente ostensivos ou ousados em público, não se deve duvidar da sua aptidão para a paixão terrena profunda e para expressar os sentimentos fisicamente com sinceridade. Eles apenas sentem que esses aspectos íntimos e profundamente pessoais da vida são significativos demais, e os deixam vulneráveis demais, para ser expressados casualmente. De fato, essa é uma localização astrológica que entrega muito mais do que promete, tanto emocional quanto sexualmente. Mas não querem sentir-se embaraçados nem humilhados; querem um relacionamento fiel e seguro dentro do qual partilhem as intimidades sérias da vida. Ambos, homens e mulheres, são frequentemente atraídos por alguém mais velho, socialmente superior ou em posição de autoridade. Vênus em Capricórnio não está acima de casar-se por causa de segurança material – ou pelo menos adiar ou se negar a determinado relacionamento por causa da falta de estrutura financeira. Um resultado limitante de seu conservadorismo é que a estreiteza e rigidez de suas visões "práticas" e seu apego a imagens tradicionais geralmente fazem que se apressem a romper relacionamentos potencialmente satisfatórios. Isso pode ser autodestrutivo, e em última instância nada prático, resultando em solidão.

Mulheres com Vênus em Capricórnio levam todos os relacionamentos íntimos tão a sério que muitas vezes se preocupam demais com eles, acrescentando uma carga que pode se tornar opressiva. Quando se comprometem, essas damas tendem a ser honestas, sinceras e leais – às vezes a ponto de abnegar-se de si ou se sobrecarregar com um relacionamento insatisfatório apenas porque se mantêm solidamente devotadas ao princípio. A profundidade de compromisso que essas mulheres naturalmente adotam corre paralela com a profundidade de seus desejos; podem ser muito exigentes em relação à afeição, algumas vezes fazendo o parceiro considerar isso absolutamente depressivo e acabar reagindo com algum tipo de rejeição. Mulheres com Vênus neste signo combinam uma postura autoritária e de comando com a preferência por uma atitude relativamente tradicional no sexo. Essa aparente contradição fica evidente ao longo de toda a pesquisa. Se agirem de maneira muito passiva, ficam inseguras e apreensivas com o quanto podem estar emocionalmente vulneráveis; além disso, mesmo que algumas vezes sejam bem mecânicas, uma somatória da pesquisa disponível parece indicar que elas obtêm satisfação sexual mais completa no intercurso básico do que talvez qualquer outro signo de Vênus. Gostam de ser "possuídas" e ter uma experiência profunda no nível arquetípico das energias polarizadas da natureza. E podem constituir um bom número dos supostos 30% das mulheres (de acordo com um levantamento) que disseram ter orgasmo apenas no intercurso básico. Mas, a despeito da paixão, são também capazes de atravessar longos períodos de celibato.

Os homens com Vênus em Capricórnio, além de partilharem as atitudes que acabo de descrever, são frequentemente atraídos por mulheres totalmente formais, indiferentes e convencionais. Em geral encontram uma mulher mais velha e/ou bem-sucedida por seus próprios méritos, totalmente intrigante e digna de respeito e admiração especiais. Nem um pouco sentimentais, esses homens raramente revelam seus sentimentos, nem para si mesmos! Manter o controle, ou pelo menos a aparência de controle, nos relacionamentos de amor e de sexo é imperativo para eles. A mulher também deve ser um exemplo de autocontrole para continuar a avivar sua curiosidade; além disso, esse homem precisa respeitar a mulher e seus valores para conseguir sentir amor por ela.

Eis algumas observações bastante perspicazes sobre Vênus em Capricórnio extraídas de diversas fontes:

- Debbi Kempton Smith entremeia seus gracejos habituais com percepções afiadas em seus comentários sobre Vênus em Capricórnio: "Nunca demonstram afeto em público, e não tiram suas mãos das deles em particular. Pessoas com Vênus em Capricórnio [...] são fascinadas pela estrutura óssea. Seu corpo é o meio através do qual gostam de estudar arquitetura. Sentem-se atraídos por solitários mal-humorados, e o parceiro nunca pode ser muito rico nem muito magro [...] Estranhamente, eles muitas vezes são explorados por si mesmos porque se sentem inadequados a respeito do próprio valor. Então podem tentar 'comprar' o parceiro de algum jeito [...] Ambos os sexos acreditam que os melhores parceiros não serão deles a menos que 'ganhem' sua devoção. Essa atitude de fazer economia com ninharia acaba com muitos romances nascentes [...] Vênus em Capricórnio precisa de apenas duas coisas: um chute nos fundilhos por ser muito preocupado e mercenário, e montes e montes de beijos ao longo da coluna vertebral. Essas pessoas esquisitas e congeladas são sensuais além do que se pode acreditar" (SSN).

- Uma mulher com Vênus em Capricórnio e Lua em Touro disse: "Estou preocupada com a segurança material [...] O fator decisivo quando casei com meu ex-marido foi toda a terra que ele ia herdar. Mas não suportei ficar casada com ele" (QA).

- Uma mulher de 31 anos com Vênus em Capricórnio relata: "Para me sentir emocionalmente sintonizada com uma situação ou com outra pessoa, preciso de alguma noção de estrutura. Sendo capaz de ordenar o meu ambiente, especialmente em meio a um episódio caótico, ganho uma sensação de segurança que me permite expressar o que estou sentindo [...] Sou relativamente cautelosa para me expor. Tendo a ser bem distante e desinteressada com estranhos; nem falante, nem envolvida, nem mesmo superficialmente. Então, à medida que vou conhecendo melhor as pessoas fico muito mais espontânea, mas ainda reservada e facilmente defensiva. Minha capacidade de expressar meu amor por alguém não parece se abrir realmente até eu sentir algum compromisso da parte dele; preciso confiar que as pessoas têm intenções sérias para comigo e vão se manter por perto até eu realmente conseguir relaxar. Meus sentimentos pelos outros também parecem se desenvolver aos poucos e se expandir para dentro, e não em demonstrações abertas. No que se refere às qualidades estéticas de Vênus em Capricórnio, valorizo e me sinto atraída por coisas que são bonitas mas têm um propósito ou função além de ser decorativas. Gosto das coisas práticas mas criativas, e realmente sou ótima em *textura*: coisas que me afetem emocionalmente e que eu possa tocar" (QA).

11
Vênus nos signos de ar

Quando Vênus está em algum dos signos de ar, a comunicação verbal e a estimulação intelectual são necessárias para que possa florescer um relacionamento íntimo ou uma amizade profunda. Boa parte da emoção e do afeto é delineada pela parte pensante da mente e precisa da aprovação da parte intelectual da personalidade para que dimensões mais profundas do relacionamento possam realmente começar a fluir. Em outras palavras, um "encontro de mentes" é a chave para o sentimento dessa pessoa se satisfazer com qualquer relacionamento próximo, seja romântico ou de outra natureza. Na verdade, na esfera romântica, podem gostar de flertar com uma grande variedade de pessoas, mas para um relacionamento satisfatório de longa duração será preciso ter um verdadeiro senso de companheirismo. Mais que qualquer outro, Vênus em signos de ar é o mais *pessoal* e o mais seriamente interessado nos pensamentos, experiências e pontos de vista do outro. (Rever a seção "Vênus nos signos de ar", no capítulo 8, para retomar minha discussão de Vênus nesse elemento intensamente intelectual e social, inclusive minha breve *comparação* de cada um desses três signos de Vênus.)

Outras chaves para compreender Vênus nos signos de ar são:

- Para se sentir bem no relacionamento, a pessoa deve sentir (pelo menos inconscientemente) que "compreendeu" como essa troca pessoal se encaixa no mundo dos conceitos e das ideias. Há uma forte necessidade de *categorizar* o relacionamento – já que só assim eles conseguem saber que estão quebrando as regras, como Vênus em Aquário tantas vezes faz. O parceiro possível verá que essas pessoas estão constantemente observando e pensando assim, antes que consigam se dedicar ativamente ou comprometer-se a despender tempo e energia no relacionamento. Parece que muitos com Vênus nos signos de ar mantêm um diário ou alguma outra forma de registro escrito de suas experiências numa tentativa de organizar os sentimentos.

- Vênus em signos de ar é leve, brincalhão, e flerta instintivamente. Precisa de uma sensação de liberdade; contudo o flerte não significa de jeito nenhum que uma atividade emocional ou física necessariamente constará do menu.

- Em virtude de Gêmeos e Aquário serem tão afeitos a novas experiências, Vênus nesses signos frequentemente tenta de tudo no campo dos relacionamentos, de uma forma bem desinteressada e curiosa; pois não é tão pessoal quanto parece. Vênus em Libra, porém, é mais cauteloso e tradicional; tão pessoal, sério e esteticamente orientados que sua postura é bem mais conservadora.

Vênus em Gêmeos

Se Vênus está localizado no signo cambiante, vivaz, eternamente curioso de Gêmeos, há quase invariavelmente uma ampla variedade de interesses e habilidades sociais notáveis. É evidente uma versatilidade com as palavras – seja no discurso e nas habilidades de venda, empreendimentos de publicação e edição ou talentos linguísticos. Com frequência tenho observado nessas pessoas uma esperteza estética tão considerável que cunhei o termo "gosto inteligente" para descrever seu apreço pelos detalhes de muitas formas de arte e criatividade. Podem se dar bem com uma grande variedade de pessoas porque são muito diplomáticas, cheias de tato e autenticamente curiosas. De fato, precisam de uma diversidade de amigos e de um bom vínculo intelectual com amigos e parceiros. Contudo, podem ficar tão facilmente entediados e inconstantes em seus interesses que muitas relações se tornam um peso bem rápido. A dualidade deste signo dos gêmeos revela talvez a maior causa de problemas na sua vida – o fato de que tudo é relativo e assim é difícil ficar satisfeito com qualquer relacionamento. Em outras palavras, Vênus em Gêmeos pode ter pouca profundidade de sentimento, não importa quão charmosos ou animados pareçam quando uma relação é nova. No pior dos casos, podem parecer ter duas caras, dizendo uma coisa e pensando outra.

Porém, não se deveria julgá-los muito duramente, uma vez que não parecem controlar os dois lados da própria mente, e estão muitas vezes confusos quanto a sentimentos e afeições.

A essência de Vênus em Gêmeos

Após trabalhar muitos anos com pessoas com Vênus em Gêmeos e observá-las bastante, descrevo a seguir suas características psicológicas centrais:

- Expressam afeição de modo verbal, inteligente, leve e brincalhão.

- Uma necessidade constante de variedade e novos estímulos pode diminuir as chances de relacionamentos duradouros.

- O vínculo mental é altamente valorizado; sente-se atraído pela inteligência ágil; precisa falar imediatamente sobre seus pensamentos e percepções para se sentir próximo do outro.

Em ambos os sexos, Vênus em Gêmeos pode ser tão amplamente curioso e desvinculado do corpo que sua abertura natural da mente se manifesta como uma falta de clareza crônica a respeito de relacionamentos íntimos. Às vezes são tão mentais em sua abordagem para expressar afeição e *eros* que podem se sentir constantemente confusos sobre seus desejos, necessidades amorosas e identidade sexual. Sua energia, bem como seu interesse nos relacionamentos, é espasmódica, vindo em surtos de atividade seguidos de inatividade sem propósito (exceto para pensar). Podem manter mais de uma relação significativa ao mesmo tempo, e – como afirmou uma mulher na entrevista –, "eu realmente preciso me relacionar com muitas pessoas, e minha liberdade de fazer isso e me expressar tem que ser respeitada para que um relacionamento próximo seja duradouro". Para surpresa dos tipos mais ciumentos, Vênus em Gêmeos frequentemente continua uma relação de amizade depois que o relacionamento amoroso acaba. Essas pessoas precisam desesperadamente de aterramento e estrutura para estabilizar suas flutuações emocionais; de outra forma ficam vagando por aí. Além do mais, especialmente quando estão na fase de experimentação e descoberta, tendem a partilhar espontaneamente detalhes íntimos de sua vida com qualquer estranho ou colega amigável (algo de que podem se arrepender depois), o que em geral irrita um pouco as pessoas com quem se relacionam.

As mulheres com Vênus em Gêmeos são pouco domésticas, *a menos que* tenham também uma grande ênfase de Câncer no mapa natal. Adoram flertar, especialmente com jogos verbais, inclusive por telefone ou e-mail. Mas geralmente demonstram mais interesse na sexualidade do que realmente sentem ou expressam com facilidade no nível físico. Essas damas têm uma natureza absolutamente refinada que frequentemente se reflete em suas lindas mãos. Uma mulher com essa localização de Vênus enfatizou o quanto é importante o contato de mão e que a formação do seu interesse sexual se deu com muita conversa – sendo o contato de mão particularmente erótico para uma mulher muito intelectual com pouca experiência em relacionamentos sexuais.

Os homens com Vênus em Gêmeos amam a lógica e a análise, bem como jogos intelectuais e verbais, e estão em geral muito satisfeitos com a própria inteligência. São atraídos por mulheres imprevisíveis, curiosas, versáteis, que assim os mantêm na incerteza – mesmo que isso os leve à loucura emocionalmente. A sensatez da mulher, os interesses intelectuais e a capacidade de conversar são muito mais importantes para eles do que o apelo físico sozinho.

Eis algumas descrições bastante perspicazes de como Vênus em Gêmeos se expressa, extraídas de entrevistas e questionários:

- Uma mulher com Vênus em Gêmeos escreveu: "Elas gostam de impressionar com sua mente e brilhantismo, bem como com suas ligações sociais. Quando alguém se mostra interessado nos detalhes e pontos de vista dessa mulher, é como uma sessão de preliminares sexuais por meio da brincadeira verbal" (QA).

- Outra mulher com Vênus em Gêmeos disse: "Os estímulos avassaladores da vida cotidiana podem disparar meu sistema nervoso! O sexo me acalma e me ajuda a sair da cabeça e me ligar com o corpo e as emoções" (EA).

- Outra mulher disse em uma entrevista: "Valorizo meu lado intelectual. Me sinto realmente bem com minhas ideias. Não posso ter um relacionamento com alguém que não consiga apreciar isso em mim." (EA).

- Numerosos entrevistados com Vênus em Gêmeos disseram que gostavam de passar muito tempo falando sobre seus sentimentos, mas também que o pensar constante os mantinha afastados do contato com as emoções. Um certo número de questionários revelou que uma descarga emocional comum para mulheres com Vênus em Gêmeos é manter um diário para ajudar a distinguir os sentimentos ao registrá-los, uma vez que têm uma postura mental em relação a sentimentos e relacionamentos. (EA e QA)

- Uma mulher que conheceu vários homens com Vênus em Gêmeos observou que eles tinham "ideias superficiais e automáticas" e consequentemente tinham "um dom para racionalizar sua infidelidade". Outra entrevistada revelou como Vênus em Gêmeos tem "medo de qualquer comprometimento profundo" (QA e EA).

Vênus em Libra

Quando Vênus está em Libra (signo do qual tem sido chamado de "planeta regente" há mais de dois milênios), há uma ênfase maior na apreciação da beleza, no relacionamento íntimo e na harmonia interpessoal. Expressões ou exemplos de beleza *alimentam* essas pessoas, que preferem expressar uma disposição doce e gentil (a menos que algo mais no mapa natal iniba isso). Partilha, justiça e uma obsessão por enxergar as coisas do ponto de vista da outra pessoa dominam sua natureza psicológica e suas motivações. São extremamente sociáveis e capazes de relacionar-se com as pessoas no nível delas, talvez mais que qualquer outro signo. Embora não sejam particularmente emocionais, são sempre românticos e em geral sentimentais. Gostam de estar "apaixonados" e com frequência irão se comprometer demais ou darão aos outros o benefício da dúvida em seu próprio detrimento. Essas são qualidades excelentes para enfrentar muitos desafios da vida e diversos tipos de trabalho, mas às vezes essa propensão para diminuir o valor do próprio ponto de vista pode enfraquecer o forte desejo da pessoa de construir relacionamentos igualitários e duradouros. A honestidade e a sinceridade são valores essenciais, e talvez não haja nada que os ofenda mais que a injustiça – em especial ser acusado injustamente de qualquer ato impróprio ou desonroso. Mesmo uma insinuação disso pode destruir irreparavelmente uma amizade antiga ou um relacionamento profundo. Na verdade Vênus em Libra tem uma reação horrível à rejeição, e, mais que qualquer outro signo, leva tudo para a esfera *pessoal*.

A essência de Vênus em Libra

Eis um resumo das tendências psicológicas de Vênus em Libra descritas da forma mais rigorosa possível:

- Expressam afeição com sinceridade, consideração, charme e harmonia.

- Uma profunda necessidade de paz, tranquilidade e harmonia pode levar a evitar trocas emocionais desagradáveis e, portanto, limitar a amplitude da intimidade.

- Precisam desenvolver relacionamentos com base na troca justa e na cooperação para mostrar suas emoções; aprecia a simetria e a beleza tradicional.

Tanto homens quanto mulheres com Vênus em Libra preferem uma postura harmoniosa e respeitosa nos relacionamentos próximos. Ambos podem ser um tanto frios – não particularmente passionais (embora outras posições planetárias em um mapa, especialmente Marte, possam alterar isso), e, no entanto, pessoalmente simpáticos. Ser extraordinariamente *refinado*, *atencioso* e *agradável* é tudo o que conta para essas pessoas. Ambos os sexos tendem a ser bonitos, com feições harmoniosas, e demonstram bom gosto através de suas roupas e comportamento. Libra é um signo bastante conservador em muitas áreas da vida e nos valores, algo que não é enfatizado na maioria dos livros de astrologia. Homens e mulheres com essa localização de Vênus são muito idealistas no amor e no casamento, muitas vezes a ponto de ser ingênuos. Encontram a outra pessoa num nível de equilíbrio, precisando de pelo menos tanta contribuição interpessoal quanto eles são capazes de fornecer. Homens e mulheres com Vênus em Libra se ofendem com expressões de baixo calão sobre sexo ou qualquer outro assunto. (Libra é *o* signo da parceria e do casamento, tradicionalmente, e uma parceria estável e cooperativa é particularmente importante para essas pessoas.) Costumam ser muito fiéis, pois têm um jeito especialmente *pessoal* de se comprometer.

As mulheres com Vênus em Libra invariavelmente chamam atenção por sua beleza e graça, que algumas vezes se manifesta como feições e/ou silhueta clássicas. Tendem a ser femininas, e no entanto são surpreendentemente indiferentes – com frequência inteligentes, mas frias e distantes – e um tanto convencionais nas atitudes relativas a amor e sexo. Não muito sensuais, são na verdade bastante passivas nas trocas íntimas, mas podem expressar sentimentos bem pessoais quando se sentem seguras. Uma busca por tranquilidade e harmonia na vida cotidiana é essencial para elas, e qualquer um que possa ajudar a criar essa atmosfera será extraordinariamente valorizado. Muito sintonizadas esteticamente, Vênus em Libra tem uma personalidade marcada por um forte idealismo mental e artístico. Entrevistas com esse pessoal sempre evocam expressões como: "Música é minha paixão!" Essas mulheres são quase exclusivas – nada promíscuas –, pois para florescerem precisam de um relacionamento verdadeiramente passional. São muito nervosas (embora procurem esconder isso) e não é fácil relaxarem na intimidade sexual, especialmente sob tensão ou com uma pessoa menos conhecida. E, contudo, precisam *relaxar* para desfrutar o sexo, já que preferem que *façam amor* com ela a assumir um papel ativo.

Se Vênus está em Libra no mapa de um homem, ele insiste na harmonia no relacionamento (embora possa gostar de debates enérgicos ou discussão). Sente-se naturalmente atraído por mulheres que encarnam o ideal da dama – digna, graciosa, educada e tolerante. Assim, para satisfazer suas necessidades estéticas, com frequência se relaciona com mulheres de culturas orientais, nas quais esse ideal é ainda bastante cultivado. Homens com Vênus em Libra não gostam de impulsividade nem de demonstrações emocionais exageradas, especialmente em suas parcerias íntimas. Gostam de ter um relacionamento exclusivo, especial, fundado na sinceridade e na confiança.

As citações seguintes de diversas anotações, entrevistas e questionários são muito úteis para compor o espectro total de Vênus em Libra:

- O treinador de basquete mais bem-sucedido da história, John Wooden, cuja influência de Libra ajudou-o a compreender esse esporte de equipe que se baseia no tempo e na química interpessoal, disse numa entrevista em 1989: "Amor e equilíbrio são tudo de que você precisa." Ele falava sobre a vida e os esportes. *Amor* e *equilíbrio* têm sido os conceitos-chave de Libra há mais de 2 mil anos.

- Um homem na faixa dos 30 anos escreveu: "Vênus em Libra geralmente tem um corpo clássico e boa aparência, mas é muito fútil. Romântico incurável. Tem ideais *sobre* relacionamentos que estabelecem uma distância do relacionamento *efetivo*" (QA).

- São pessoas extraordinariamente visuais (estética e sensualmente). Não são só as mulheres que se constrangem com demonstrações de vulgaridade ou têm a curiosidade deliciosamente provocada pela aparência elegante e de bom gosto; os homens também são muito suscetíveis às imagens eróticas, sensuais. Um homem com Vênus em Libra (e ascendente em Touro, outro signo regido por Vênus!) era quase viciado em observar as mulheres fazendo compras na seção de lingerie de uma grande loja. Vênus em Libra sente-se tão atraído pela imagem, pela aparência externa do parceiro, que muitos preferem fazer amor com a luz acesa, o que pode inibir os mais interessados em mergulhar nos sentimentos profundos. (EA)

- Grant Lewi registra: "As dificuldades da vida não destroem sua fé na beleza do amor, e já que essa é uma fé que se justifica, a pessoa provavelmente encontrará uma felicidade mais genuína na vida do que a maioria. Machuca-se com facilidade, mas não é suscetível; não guarda rancor nem condena quem a magoou. Tem uma tendência a pensar o melhor das pessoas, que retribuem pensando o melhor dela. A retidão de sua reação às relações sociais, a autenticidade de suas afeições, expressas com uma combinação de sinceridade e impessoalidade – tornam Vênus em Libra querido para muitos, uma companhia ou convidado muito requisitado e uma anfitriã ou anfitrião bastante charmoso" (AFM).

- Uma mulher de cerca de 40 anos disse sobre Vênus em Libra: "Verifiquei que essas pessoas são muito simpáticas, compreensivas e tolerantes; além disso, são fáceis de conviver [...] parecem ter um senso interno de harmonia, e o valor estético é muito importante para elas" (QA).

Vênus em Aquário

Quando Vênus está no signo de Aquário, desapegado, afeito à experiência e imprevisível, a pessoa tem uma grande variedade de amigos estimulantes, frequentemente muito inteligentes ou criativos. De fato, a liberdade de se associar a tantos tipos de pessoas e de tantas maneiras é algo em que essas pessoas insistem. Nenhuma parceria que iniba essa liberdade durará muito tempo. Sua atitude para com o amor, portanto, é também muito aberta, liberal e nem um pouco convencional. Mas embora eles abracem a liberdade dessa maneira, paradoxalmente gostam de se sentir *no controle* nos relacionamentos, e podem evidenciar de vez em quando uma característica extrema e contrária que carrega uma carga emocional que gostariam de já ter transcendido. Geralmente não se dão conta de que suas afirmações, crenças e comportamento individualista (e até rebelde ou antissocial) podem ofender ou repelir os outros emocionalmente. As pessoas com Vênus neste signo não conseguem suportar o ciúme, e o exercício de sua liberdade intelectual e a comunicação entusiasmada do que estão aprendendo ou observando é primordial em sua vida. Sentem instintivamente que a melhor forma de mostrar afeição e apreço ao outro é dar espaço e liberdade. Homens e mulheres com Vênus em Aquário gostam de impressionar os outros mostrando quão modernos e ecléticos são. Podem até ter gostos decididamente esquisitos, usando roupas totalmente extravagantes ou divertidas.

A essência de Vênus em Aquário

Eis a descrição mais precisa que posso fazer das características e tendências psicológicas de Vênus em Aquário, um fator forte em muitas pessoas que conheço bem:

- Expressam afeição livremente, flertando, quase sempre de um jeito pouco convencional, bem-humorado e vinculado à experiência.

- Valorizam a liberdade individual e tendem ao extremismo e à rebeldia; a atitude desapegada e impessoal pode comprometer os relacionamentos próximos.

- Apreciam a troca de ideias e teorias; precisam de socialização ativa com muitas pessoas para dar vazão a sua natureza emocional.

Homens e mulheres nascidos com Vênus em Aquário se sentem muito pouco à vontade com a intensidade emocional. Um prazer muito maior para eles pode vir de uma troca de ideias tranquila, imparcial, "objetiva" no nível mental. E quanto mais incomum ou "diferente" da norma social for uma outra pessoa, mais fascinantes eles a considerarão. Deliciam-se em demonstrar o quanto são abertos e compreensivos em relação à natureza e ao comportamento humanos, além de nem um pouco possessivos. Isso é bom e certo para as amizades comuns, mas a postura espantosamente desapegada que demonstram coloca obstáculos definitivos no caminho da intimidade com um parceiro. Podem ser facilmente atraídos por alguém não só pela mente, mas também pelo olhar, porém não estão afinados com o sentido profundo e sutil do toque (a menos que fatores de terra ou água também sejam fortes no mapa natal). Em resumo, são pessoas muito *observadoras* no amor e no sexo – mas imparciais em sua observação. Consequentemente, são sempre desastradas quando se trata de participação real no sexo ou outro tipo de contato físico – é como se estivessem fixadas na cabeça. Às vezes parece que sentem o imenso hiato entre sua vida mental e as exigências da vida física, que também insistem em tentar abordar com a mente.

Mulheres com Vênus em Aquário em geral são bastante charmosas, estimulantes e até mesmo carismáticas em alguns casos. Gostam muito de flertar, de humor, da troca verbal e de brincar. São facilmente atraídas por pessoas com quem possam dar risada, ou que sejam especialmente brilhantes ou originais. Devido a sua tremenda independência e ao fato de insistirem vigorosamente em ter liberdade social, elas acabam por frustrar determinados homens. Mas o aspecto mais difícil da personalidade dessas mulheres para a maioria dos homens é seu marcante *desapego*, que pode dar uma ideia equivocada de falta de cuidado e compromisso emocional. Comentários de Julia Parker sobre essa localização em especial descrevem assim as mulheres com Vênus em Aquário: "[...] uma localização glamourosa para Vênus. Eis alguém que tem à sua maneira uma característica de estrela e poderes de atração dinâmicos. Mas há também uma tendência distinta a se afastar dos parceiros, de modo que nem sempre os relacionamentos emocionais profundos e significativos se realizam plenamente [...] Afeição e calor humano não são o seu forte [...] mas ainda assim são gentis" (AHB).

Quando um homem tem Vênus em Aquário em seu mapa de nascimento, sente-se particularmente atraído por mulheres inteligentes, não convencionais e afeitas a novas experiências. Quanto mais intelectualmente sofisticadas elas forem, ou ao menos quanto mais incomuns forem seus interesses e percepções, mais magnéticas parecerão para Vênus em Aquário. Em suas próprias atitudes e emoções a respeito de relacionamentos, ele é totalmente frustrante para a maioria das parceiras, a menos que elas também tenham muita sintonia com Aquário. Um homem com Sol e Vênus em Aquário, que após seis anos de casamento foi convidado pela esposa a conversar sobre os problemas que estavam tendo, respondeu: "Não quero falar sobre isso – é pessoal."

Eis algumas citações bastante perspicazes de Vênus em Aquário extraídas dos muitos registros, entrevistas e questionários realizados:

- Um homem de seus 30 anos escreveu sobre os homens com essa localização de Vênus: "Gostam de mulheres de origens étnicas diferentes da sua e têm fantasias sexuais pouco comuns – sente-se especialmente estimulado se a mulher for 'diferente' (QA).

- Uma mulher na faixa dos 50 anos que tem três parentes homens com Vênus em Aquário relata que todos são muito rebeldes e frequentemente tentavam se furtar às funções ou deveres familiares. Todos tinham muita necessidade de escapar do que é habitual e se sentiam distantes e intocados pelas expectativas dos outros em relação a eles. Um irmão dessa mulher gostava muito de tumultuar qualquer reunião familiar convencional chocando as pessoas com comentários ou piadas (EA).

- Uma mulher que esteve casada por vinte anos com um homem com Vênus em Aquário, do qual ela agora estava separada, escreveu: "Ainda não sei como ele se sente a meu respeito. Diz que me ama, mas seus atos mostram indiferença e antagonismo para comigo. Ele sabe que agora estou vivendo com outro homem, mas nunca me perguntou nada sobre ele nem sobre nosso acordo. E no entanto é amigável conosco" (QA).

- Uma grande quantidade de entrevistas revelou que as mulheres com essa localização de Vênus praticamente não sabem fingir e também confirmou a orientação pouco sexual em muitos de seus relacionamentos – mesmo quando o relacionamento inclui envolvimento sexual. Frequentemente foi mencionada uma total falta de vínculo com o corpo ou a natureza sexual. Uma pessoa disse: "É como se tivessem de suportar o sexo para manter o relacionamento e evitar a solidão." Outro homem disse sobre uma mulher com Vênus em Aquário: "Eu poderia jurar que o momento em que ela se sentia mais próxima de mim era quando começava a falar de todos os seus autores preferidos!" (EA).

- Debbi Kempton Smith tece alguns comentários mordazes sobre Vênus em Aquário, mas em seus gracejos há alguns achados e verdades fundamentais: "Essas doces almas tão queridas ficam imaginando o que dá errado em seus relacionamentos [...] Sua atitude de 'pegar ou largar' pode animar o parceiro a princípio, mas essas pessoas tão aéreas parecem nunca se aquecer emocionalmente a menos que você não esteja lá [...] Ambos os sexos querem que o romance seja inesperado, no calor do momento. Parece que ficam mais ligados quando você não quer. [...] As mulheres podem assumir o romance sozinhas ou abandoná-lo, levando os homens a enganá-las, numa busca desesperada por emoção; assim elas podem respirar profundamente e ter 'espaço' para se dedicar a seus *hobbies* esquisitos" (SSN).

12
Vênus nos signos de água

Vênus em qualquer um dos signos de água implica um grau extra de sensibilidade e intensidade na resposta emocional a todas as experiências da vida, especialmente as trocas íntimas, profundamente pessoais. Um dos mais significativos prazeres da vida para essas pessoas é se sentirem verdadeiramente próximas de alguém pelas afinidades – e, às vezes, devido à sensação de fusão num estado emocional, humor ou ideal romântico comum. Preferem uma silenciosa mescla de sentimentos a demonstrações extravagantes ou públicas. Tendem a ser hipersensíveis, e às vezes em consequência disso, reagem exageradamente a toda sorte de estímulos, especialmente ataques ou críticas pessoais. Vênus em signos de água é, portanto, emocionalmente vulnerável; mas essa abertura evidente não deve ser interpretada como fraqueza, pois há quase sempre uma força surpreendente no fundo dessas pessoas, uma vez que elas são feitas para contar com isso ao assumir riscos emocionais. (Para retomar alguns aspectos essenciais, mas sutis, de Vênus nesse elemento, ver a seção correspondente do capítulo 8.)

Outras chaves para entender Vênus nos signos de água são as seguintes:

- Para essas pessoas, o corpo físico é um canal para expressar e experimentar o intercâmbio de energia emocional concentrada. A aparência para eles importa menos que para Vênus nos outros três elementos, contanto que a partilha *pareça* correta.

- Seus profundos anseios emocionais – que geralmente são inconscientes – motivam muito da sua abordagem na vida interpessoal, e sua falta de certeza com respeito a suas necessidades e objetivos dão espaço para expressões contraditórias como: privacidade instintiva e necessidade de discrição, assim como empatia natural e envolvimento emocional com os outros; forte egoísmo e autoproteção, assim como uma capacidade de compaixão curativa e cuidados para com os outros.

- Se Vênus nos signos da água se entrega à negatividade e hipersensibilidade, seu aparente cuidado com os outros pode se tornar meramente uma forma de proteger a si mesmo e evitar se machucar. Neste caso, vive tão dentro de si mesmo, em um mundo escondido de imaginação irracional e sempre amedrontadora, que a capacidade de alcançar os outros e usar seus dons naturais de cura pode ficar bloqueada e até mesmo completamente estagnada.

Vênus em Câncer

Aqueles com Vênus localizada no signo de Câncer, regido pela Lua, vivenciam uma flutuação das emoções que reflete seus humores, que podem ser um dom manifestando-se como a expressão de gentileza confortadora e afeição por muitos, ou como uma desagradável rendição crônica ao medo e à insegurança autocentrada. Leais, confiantes, simpáticos e sensíveis às necessidades dos outros; ou tão inseguros e medrosos que se tornam tímidos, possessivos, defensivos e um tanto paranoicos. Inocentes de um jeito charmoso, ou infantis no sentido egoísta. O medo de serem feridos faz alguns manterem uma concha protetora em volta de si, que bloqueia severamente sua sensibilidade natural e a capacidade de se relacionar com intimidade. Essa é a localização mais doméstica para Vênus, e ter a segurança de uma base caseira, ou ao menos um contato contínuo com a cidade natal ou com a família de origem, é essencial para sua felicidade. Seja uma família tradicional ou meramente um lugar familiar ou um grupo de pessoas, eles precisam de uma base emocional para operar no mundo. Normalmente gostam de atividades domésticas e ficam mais felizes fazendo as coisas simples da vida – cozinhar, jardinagem, limpeza da casa, socialização leve enquanto a música toca. Muito sensível à atmosfera e aos humores das outras pessoas; talvez por ser tão vulnerável e se ferir tão facilmente, procura confortar os outros. Essa sensibilidade instintiva aos sentimentos dos outros faz deles pessoas extraordinariamente estimadas, e essa capacidade de sintonia com as necessidades e humores dos outros faz que sejam muito bons para ensinar, vender e fazer negócios. A atenção cuidadosa aos detalhes (garantindo a própria segurança ao certificar-se de que praticamente nada pode sair errado), a parcimônia inata e a aversão ao desperdício, que só perde para a de Escorpião, também contribuem para a capacidade natural de montar um negócio lucrativo. Aqueles com essa localização de Vênus exibem uma simplicidade de maneiras e gosto pessoal; precisam do prazer artístico na sua vida, mas de um tipo tradicional, rural ou não modernista, e são especialmente sensíveis à música.

A essência de Vênus em Câncer

Depois de quase quatro décadas trabalhando com psicologia astrológica, apurei as seguintes qualidades psicológicas centrais de Vênus em Câncer:

- Expressam afeição de modo sensível, confortador, protetor e tenaz.

- A necessidade de proximidade pode ser obstruída por melancolia, timidez, mesquinhez ou sentimento exagerado de autoproteção.

- Necessidades de cuidar e ser cuidado e de sentir-se parte da família para ficar à vontade; muito receptivo, espelha com facilidade os desejos e humores dos outros.

Homens e mulheres com Vênus neste signo lunar são antiquados com relação ao amor e excedem em proteção a qualquer um com quem se sintam ligados. Suas imagens de amor e casamento são absolutamente tradicionais e normalmente centradas no lar, na família ou em atividades que invoquem sentimentos de vivacidade, proximidade e segurança. São mais compassivos que passionais - particularmente as mulheres. Sua expressão de atenção é especialmente protetora e bastante maternal, e sexo é mais uma partilha emocional que a expressão física. Em virtude de essas pessoas recearem o ridículo ou a rejeição, levam um tempo para desenvolver a ousadia de correr qualquer risco emocional. Serem abraçadas e tocadas pode encorajá-las a relaxar em uma atmosfera de aceitação e segurança e ajudar a consolidar um relacionamento amistoso. Vênus em Câncer pode ter uma tendência para sentimentos obscuros ou hesitantes sobre determinados relacionamentos, resultando em confusão, escapismo e, em alguns casos, infidelidade e até complexas triangulações. Em geral tem também uma atitude ambivalente e evasiva que prejudica a capacidade de oferecer verdadeira confiança e compromisso ao parceiro.

Mulheres com Vênus em Câncer em geral exemplificam traços da personalidade feminina arquetípica e instintos domésticos: cozinhar, atitude maternal, serviço caseiro, costurar e outras atividades criativas. Muito apegadas, gostam que o parceiro fique em casa e preferem não ficar sozinhas. Submissas e adaptáveis às necessidades e desejos do parceiro, se mantêm muito receptivas e sensíveis desde que não se sintam traídas, ignoradas ou abandonadas. Pode haver problemas quando o parceiro as supera em seu próprio desenvolvimento interior ou intelectual. Adoram apoiar o parceiro e também ser apoiadas. O sexo está relacionado com segurança emocional, e confirma seu compromisso.

Homens com Vênus em Câncer costumam ser os favoritos das mulheres porque se contentam com simplicidade e se sentem bem expressando sua sensibilidade e habilidades domésticas, coisa rara no mundo masculino. Sua receptividade natural às emoções e sua preocupação com os sentimentos dos outros parecem tão únicas para as mulheres que elas ficam imediatamente fascinadas. Porém, como parceiros constantes, esses homens podem nem sempre ser tão estimulantes como parecia de início, já que a imagem arquetípica de mulher que ele projeta na parceira é a tradicional mãe, dona de casa, cozinheira com quem ele pode contar para expressar-se emocionalmente e atender a sua necessidade de segurança. Se o relacionamento será suficientemente satisfatório para a mulher, portanto, dependerá muito dos gostos e da necessidade de companheirismo dela.

Eis algumas citações bastante perspicazes sobre Vênus em Câncer, extraídas de anotações e questionários:

- "Homens com Vênus em Câncer são normalmente bem caseiros e se divertem trabalhando em torno da casa para deixá-la mais bonita. Muitos têm mão boa para plantas e jardinagem." (QA)

- Debbi Kempton Smith ressalta: aqueles que têm Vênus em Câncer "lançam mão de todos os velhos truques românticos açucarados. Agem com firmeza, mas tragicamente quanto à necessidade de cuidado e alimentação. As mulheres querem que o homem se pareça com um banqueiro ou um lenhador do norte com camisa de flanela e barba [...] Seduzi-los é com a culinária do seu próprio país. Eles não conseguem aceitar a dieta de uma mesa estrangeira... Têm muitas oscilações de humor, uma mente afeita à experiência, um dia bancam o bebê, no outro dia o pai" (SSN).

- Alguém que conhece cinco homens com Vênus em Câncer observou que "são ótimos cozinheiros e têm uma personalidade caseira de verdade. Todos estão envolvidos em relacionamentos satisfatórios e duradouros" (QA).

- Outra mulher notou que "homens com Vênus em Câncer podem ser surpreendentemente desleais e até distantes. Será que isso vem da natureza autoprotetora? É impressionante como isso pode ser expresso de forma impessoal [...] Observo um princípio cuidador bastante generalizado. Eles cuidam das necessidades do outro, ouvem, etc., mas parece que fazem isso devido a sua própria necessidade de ser protetor ou cuidar dos outros, e não por uma preocupação pessoal com o outro. Em muitos casos, também, observei que a pessoa com esse posicionamento de Vênus é muito apegada à mãe (ou a uma 'figura materna') ou tem uma mãe que é muito apegada a ela, muito protetora e/ou dominadora. Também tenho visto em muitos casos uma reação notavelmente empática nos que têm Vênus em Câncer, o tipo de pessoa que realmente chora de emoção por causa da amabilidade de alguém ou de tristeza ao ouvir a história de alguém que nem mesmo conhece" (QA).

Vênus em Escorpião

Quando Vênus está no intenso, passional e compulsivo signo de Escorpião, a pessoa nunca faz nada pela metade. De fato, *eficácia* é um dos aspectos centrais de sua natureza psicológica e emocional, não só em relacionamentos próximos, mas em todas as áreas da vida – financeira, profissional, etc. Precisa experimentar tudo *completamente*, e percebe intuitivamente quando falta uma peça em qualquer quebra-cabeça ou história; sempre parece saber quando alguma coisa "não está absolutamente certa". O subconsciente faz todo o trabalho, analisa todo o quadro, e a pessoa se sente melhor na medida em que aprende a confiar em sua intuição. Escorpião tem, talvez, a mais aguda "sensação visceral" de todos os signos do zodíaco (embora deva ter cuidado com a paranoia!), e é por isso que podem ser ótimos detetives, pesquisadores, investigadores ou psicólogos. Essa localização de Vênus indica extremismo emocional – reações violentas e sentimentos bastante profundos. Contudo (suficientemente irônico para outros que consideram sua intensidade emocional absolutamente óbvia quando ficam vermelhos de raiva ou ciúme), Vênus em Escorpião pensa que não está revelando a intensidade do que sente. Podem ser resolutamente compromissados e leais aliados emocionais, mas também inimigos ferozes que não esquecem quem os traiu ou ofendeu seu senso de justiça e honra. Em resposta a uma ofensa, atacam com vingança, como se isso fosse remediar seu prejuízo ou senso de injustiça. Na verdade, têm pouco interesse ou tolerância em relação à maioria das atividades sociais, que consideram superficiais, perda de tempo; além disso, são tão agudamente sensíveis a ambientes sociais que preferem ficar sozinhos a maior parte do tempo. De fato, não confiam em *nada* que esteja na superfície da vida: comportamentos e posturas convencionais, o *status quo* das estruturas sociais de poder, modismos ou tendências da aparência, ou a maioria das outras pessoas. Acho que é essa postura extremamente cautelosa na vida, essa falta de confiança nas forças externas, que torna este signo tão conservador (uma palavra não muito usada para descrever Escorpião) – no sentido de que estão alertas e não gostam nem um pouco de insinuações sobre mudanças que eles não iniciaram. Mas quando se comprometem a mudar com um senso de missão, podem também transformar e até revolucionar muitas áreas da vida com energia e compromisso surpreendentes. Quando alguém consegue lidar com sua profundidade e intensidade, às vezes descobre que estar em um relacionamento com Vênus em Escorpião pode tornar a vida bem mais rica e revelar muitos dos seus mistérios.

A essência de Vênus em Escorpião

Embora seja tão profundo que às vezes pareça insondável, Vênus em Escorpião tem, a meu ver, as seguintes características psicológicas centrais:

- Expressam afeição de modo intenso, passional, obsessivo, com sentimentos extremos e ardentes.

- Necessidades sociais e amorosas podem ficar prejudicadas pela inclinação à reserva e à relutância a confiar nos outros.

- Precisa penetrar profundamente em relacionamentos com muita força emocional; a troca com o outro pode gerar uma energia transformadora e curativa.

Homens e mulheres com Vênus em Escorpião anseiam por uma experiência curativa e transformadora por meio do amor e do sexo; mas muito frequentemente suas emoções vão a extremos da paranoia e do ciúme, e o potencial para a cura é perdido. Gostam da intensidade emocional do amor e do sexo, e sentir-se desarmados pela poderosa polaridade energética da vida. Contudo, às vezes também têm uma forte repulsa com relação ao sexo porque adoram estar no controle e detestam qualquer coisa que os domine. Em todo caso, Vênus em Escorpião é sempre fascinado por sexo – sua beleza, poder e mistério. Esta é uma das razões de pessoas com esta localização de Vênus (assim como de Marte) em geral terem uma inclinação um tanto promíscua, independentemente de agirem ou não nesse sentido. Muitas vezes a pessoa vai atrás de experiências diversas durante uma fase da vida, e então impõe uma forte disciplina sobre as paixões na fase seguinte – às vezes canalizando essa energia tão intensa para uma nova obsessão: crescimento psicológico, meditação ou ioga, um novo negócio ou carreira, e assim por diante. Talvez a maior característica de Vênus em Escorpião seja a *paixão*, mas isso não pode ser entendido exclusivamente como intensidade sexual. No melhor dos casos, Vênus em Escorpião demonstra um compromisso apaixonado com certos valores, assim como uma dedicação ao parceiro que pode ser fortemente inspiradora. No pior, a postura defensiva e egoísta baseada apenas em seu aguçado instinto de sobrevivência impedirá que eles se abram e compartilhem com outra pessoa – resultando, portanto, em anos de comportamento manipulador e, no fim, em solidão. Em todo caso, essas pessoas são reservadas e não apreciarão tagarelices íntimas com outros a respeito de sua vida particular. Têm menos tolerância com flertes tolos e superficiais e jogos que qualquer outro signo de Vênus. Consideram isso uma violação das suas mais profundas emoções, por alguns encararem a experiência sexual como uma oportunidade de aprender e transformar-se profundamente.

Mulheres com Vênus em Escorpião costumam ter um magnetismo que os homens conseguem perceber de longe. E se divertem sabendo que exercem tamanha atração. Têm muito orgulho sexual. Mas ser só atraentes não é suficiente; querem ser *desejadas*. Também querem ação, não só conversa ou grandes gestos. A comunicação silenciosa que se dá na partilha de sentimentos apaixonados é alimento para elas. Como um homem disse no questionário: "Elas são loucas por amor e sexo, podem ficar sexualmente muito apegadas, e estão permanentemente amando alguém" (QA). São muito experimentais e desinibidas no sexo, a menos que um signo absolutamente conservador (como Virgem) esteja forte no mapa natal.

Homens com Vênus em Escorpião costumam ter uma aura silenciosa de poder, mistério e sexualidade. Querem compromisso total da parceira e que isso seja demonstrado regularmente. Duas mulheres que entrevistei disseram que estar envolvida com Vênus em Escorpião é um compromisso total e inflexível: "Ele exige minha inteira atenção e quer muitas demonstrações de afeto – não quer me dividir com ninguém." "Ele está tão sintonizado comigo que saberia instantaneamente se eu tivesse um caso." Esse tipo de homem sente-se particularmente atraído por mulheres que transpiram intensidade, profundidade, vitalidade e poder erótico – quanto mais sutil, melhor (e não do tipo do elemento fogo, de glamour extrovertido).

Algumas observações especialmente reveladoras de Vênus em Escorpião aparecem nas citações abaixo, extraídas de anotações, entrevistas e questionários:

- Julia Parker esclarece ainda mais o quadro no seu perspicaz *Manual Teórico e Prático do Astrólogo*: "Aqui há uma profunda intensidade de sentimentos que precisam de expressão máxima e um parceiro muito compreensivo. A pessoa irá se empenhar muito em seu relacionamento permanente para fazê-lo funcionar para ambos os parceiros, mas às vezes a intensidade é tão grande que o parceiro pode sentir-se um pouco claustrofóbico e precisar de um estilo de vida menos farto e mais livre" (AHB).

- Uma mulher com Vênus em Escorpião afirmou: "Detesto pessoas que julgam a sexualidade ou o comportamento sexual dos outros. Elas não sabem o quanto isso é importante para algumas pessoas nem que função isso tem na vida. Venho combatendo acusações desde que eu tinha 13 anos" (EA).

- Mary Coleman pinta um quadro resumido de Vênus em Escorpião e alude o quão *desgastante* pode ser essa abordagem: "Respostas ao amor e afeição são descuidadas, altamente carregadas e direcionadas para a conquista absoluta. No amor, como na guerra, não há compromisso, nem segundas intenções, nem frivolidades. Mas, mais tarde, alguns receptores podem descobrir que perderam não só seu coração, mas também a si próprios" (PIC).

- Uma mulher (53 anos) contribuiu com uma resposta absolutamente iluminada ao questionário: "Conheci quatro homens (idades: 32, 40, 51 e 59) que têm Vênus em Escorpião. Todos têm Sol em Libra, e assim são mais artísticos do que muitos outros homens com Vênus em Escorpião; três são músicos profissionais e um é escritor. Todos são muito carismáticos e magnéticos, e todos são *muito* sensíveis esteticamente – sentem repulsa por sujeira, feiura, etc. Eles se divertem parecendo misteriosos e estão constantemente atentos a mulheres atraentes. Se uma moça bonita lhes dá atenção, eles brilham e tentam assumir um ar *blasé*, que fica óbvio para qualquer um que esteja observando. Qualquer menção a encontros românticos do passado é acompanhada por um profundo brilho nos olhos" (QA).

- Outra mulher contribuiu com a seguinte resposta ao questionário: "Pessoas com Vênus em Escorpião são reservadas, emotivas e mal-humoradas. As mulheres são muito fortes e agressivas, e também possessivas. Há um desejo subjacente de dominar, que pode escapar ao controle quando ficam frustradas. Quando estão felizes consigo mesmas, entretanto, são muito atenciosas e emocionalmente acolhedoras para os outros, além de muito protetoras" (QA).

Vênus em Peixes

Quando Vênus se localiza no sonhador, idealista e romântico signo de Peixes, é comum levar muitos anos e ser necessário passar por várias experiências para esclarecer que tipo de amor e de relacionamento se quer. Algumas dessas pessoas descobrem que, já que nenhum mortal é um recipiente adequado para sua energia emocional, precisam vertê-la em alguma prática espiritual ou religiosa e/ou devotar-se a uma profissão de cura ou serviço na qual possam de fato demonstrar amor por muitas pessoas. Costumam ter dons naturais de cura, poderes calmantes que ajudam a dissipar os medos, preocupações e tensões dos outros. Também podem encontrar na arte um meio de expressão. Sua visão da vida é matizada por um idealismo romântico, e o bom julgamento com relação aos outros não é inato. Mas podem desenvolvê-lo com a experiência, especialmente se tiverem alguns traços práticos no mapa natal. No início da vida costumam sentir uma grande afeição impessoal por tudo e todos. "Amo a todos, então por que escolher?", pensam, e assim têm dificuldade de se comprometer com um relacionamento verdadeiro e responsável. Ademais, a dualidade de Peixes (cujo antigo símbolo são dois peixes nadando em direções opostas) complica ainda mais o assunto: amor espiritual *versus* amor mundano individual; anseio idealista *versus* a inclinação para adotar a saída mais fácil, num tipo de escapismo, ou até perder-se através de comportamentos autodestrutivos. Embora Vênus em Peixes oscile entre o autocentramento e a abnegação, normalmente sente um tipo de compaixão generalizada por todos os seres sofredores, humanos e animais. Empatia e simpatia naturais os ajudam a superar a autopiedade que costuma afligi-los e é sua maior armadilha. Através do serviço aos outros ou de um ideal mais elevado, em geral transcendem o próprio senso de inutilidade e confirmam para si mesmos o valor de sua essência interior emocional e espiritual.

A essência de Vênus em Peixes

Embora tenha conhecido muitas pessoas com Vênus em Peixes nos últimos 35 anos, ainda é difícil generalizar a respeito das qualidades psicológicas centrais, mas as seguintes inclinações tendem a estar presentes:

- Expressam afeição de modo sensível, amável, compassivo e simpático; são capazes de doação abnegada e de adaptar-se às necessidades emocionais dos outros.

- Escapismo, evasão e confusão podem minar a habilidade de dar de si e receber dos outros; falta de discernimento pode dificultar a formação de relacionamentos sólidos.

- Têm necessidade de uma harmonia mágica e romântica; idealizam o ser amado e o próprio amor. Os desejos podem ser vagos, sem muito foco, aumentando assim a vulnerabilidade.

Como Vênus em Peixes precisa *devotar* suas afeições a alguns relacionamentos e/ou canais de expressão, mas ainda tende a ser bem evasivo nas emoções, os relacionamentos íntimos tendem a ser infinitamente fascinantes, mas também uma área eternamente perplexa da vida. Oscila facilmente com suas simpatias, e pode se desiludir consigo mesmo em relacionamentos impraticáveis, que têm pouca chance de trazer algum benefício e que podem até ser bastante autodestrutivos. Já que naturalmente prefere não ver as faltas, fraquezas ou a decadência dos parceiros, pode ser sonhador e romântico, dar tudo de si emocionalmente, mas, mais tarde, se dar conta de que a parceria na verdade se baseava em motivações negativas: piedade, medo, obrigação, às vezes em seu próprio desespero. Tem problemas até para se apaixonar, a menos que sinta alguma forma de piedade pelo parceiro. Os tipos independentes e fortes o deixam frio.

Mulheres com Vênus em Peixes são receptivas e dóceis às vontades e desejos dos outros. Não são particularmente sexuais (a menos que outros fatores no mapa natal indiquem isso), a troca física é mais um *canal* para os sentimentos românticos e as emoções. O fato de algumas não terem uma sensualidade *física* muito espontânea é uma das razões de gostarem de substâncias que alteram a consciência, permitindo que mergulhem no corpo e nos sentidos. O relacionamento, para essas mulheres, deve se basear na partilha de ideais *positivos* – espirituais, artísticos, humanitários, de modo que possam ser apreciadas por sua grande capacidade de afeto e complexidade de expressão emocional. No melhor dos casos, podem encorajar os outros através do seu apoio irrestrito.

Homens com Vênus em Peixes sentem-se naturalmente atraídos por pessoas muito sensíveis e emotivas, simpáticas e devotadas. Uma pessoa difícil de domar ou meio "mística" poderia despertar seu interesse. Costumam se interessar também por tipos artísticos – pessoas poéticas ou musicais com sensibilidade delicada e que expressam aspirações idealistas.

Outras observações sobre a personalidade difícil de entender de Vênus em Peixes estão descritas nas seguintes citações, colhidas de entrevistas e questionários:

- Uma mulher escreveu sobre homens com Vênus em Peixes: "Muito sensuais, fortemente voltados para o prazer. Tendência à decadência. Querem realmente se dedicar à parceira sexual, mas ao mesmo tempo querem amar todo mundo" (QA).

- Debbi Kempton Smith descreve atitudes que pessoas com Vênus em Peixes costumam adotar com os amantes: "Vênus em Peixes pedirá um milhão de desculpas, e vai amá-lo nesta e nas próximas 100 mil vidas, mas vai te deixar quando esgotar as próprias desculpas para qualquer comportamento cruel da sua parte – *ou ao ver você deliberadamente jogar a vida fora*" (SSN).

- Grant Lewi vai além: "Seu julgamento das pessoas não é muito bom, porque seu interesse mais profundo está nas próprias emoções para fins próprios, e só em segundo lugar na pessoa em questão. O resultado disso é que frequentemente se apegam a alguém que não está tão interessado, e podem desperdiçar muita emoção e atenção antes de descobrir que o amor não é recíproco... Precisam aprender a avaliar melhor os outros para receber do mundo algum retorno justo por tanta dedicação" (AFM).

- Uma mulher de 37 anos com Vênus em Peixes afirmou: "Durante anos fui uma 'transa' fácil. Gostava de como isso me permitia entrar tão rápido em uma ligação emocionalmente profunda num nível que as pessoas em geral não revelam. Esse foi o meu jeito de fazer um trabalho de cura" (EA).

- Julia Parker enfatiza que essas pessoas precisam se dar conta do valor daquilo que têm para dar, e declara: "Há nessa localização de Vênus uma riqueza de sentimento e uma sensibilidade calorosa que se dirige ao parceiro de um jeito amável e amoroso. É comum a tendência a se preocupar sem razão com relação ao ser amado, assim como sentimentos de inadequação e uma necessidade constante de fazer ainda mais por ele" (AHB).

13
Marte nos signos de fogo

Quando Marte está em qualquer um dos signos de fogo, a pessoa normalmente tem uma capacidade inata para uma forte expressão e projeção nas atividades do mundo externo, provocando um impacto notável. Entusiasmo confiante e iniciativa dinâmica são muitas vezes expressos instintivamente. Pode haver qualidades inatas de liderança, capacidades inspiradoras e um fluxo interminável de ideias e visões criativas. Mas também pode haver um senso de superioridade inato que afasta os outros e parece corrosivo e autocentrado. Indivíduos de ambos os sexos com Marte em signos de fogo tendem a *mandar* nas pessoas ao redor e considerar os sentimentos sexuais do parceiro de um jeito mecânico e impessoal. Assim, o campo dos relacionamentos próximos em geral não é a esfera onde essas pessoas se distinguem (exceto na própria mente!), em parte porque estão tão saciadas com seus próprios esquemas e prazeres elaborados que não "alcançam" os outros e raramente se importam em ouvir o parceiro. Um relacionamento próximo é em geral encarado (embora possam negar isso) apenas como outra parte, em geral menor, da sua vasta e dramática visão da vida – uma visão da qual são extremamente orgulhosas e que o parceiro em questão deve adotar sem reservas ou rejeitar completamente. Pessoas com Marte em signos de fogo expressam todos os seus objetivos e desejos (incluindo os sexuais) de uma forma extremamente direta, e as outras pessoas em geral conhecem sua posição em relação a muitas questões. Os encontros sexuais costumam ser vistos como demonstrações simples e francas de poder pessoal que devem acontecer numa sequência direta (A, B e, então, C); assim, embora essas pessoas muitas vezes tenham uma atitude esportiva e de celebração com relação ao sexo, às vezes são grosseiras e não percebem as sutilezas nem demonstram sensibilidade nas trocas eróticas. (Para uma explicação mais detalhada, rever meus comentários sobre Marte em signos de fogo no capítulo 8.)

Outras chaves para o entendimento de Marte nos signos de fogo são:

- Quando o planeta da agressão (Marte) está no elemento fogo, o mundo todo é o seu campo de batalha. Porém, na esfera íntima das partilhas pessoais e emoções mais profundas, seu poder genuíno e sua insensibilidade são os maiores problemas. Essas pessoas podem ser sexualmente impacientes e demonstrar uma atitude sexual "masculina", que procura atingir um objetivo e legitimar a própria imagem para si mesmos, mais do que ver a interação sexual como uma oportunidade de exercitar a troca com o parceiro. Pessoas que levam o sexo mais a sério (por exemplo, com Marte e Vênus em signos de terra e água) podem achar desconcertante e pessoalmente insatisfatório o entusiasmo leviano de Marte em fogo.

- Muito orgulhoso e preocupado com estilo, exige *respeito*. Se insultado ou ofendido, pode reagir com estrondo e desdém, de maneira surpreendentemente feroz. Projeta a imagem de uma mentalidade e uma moral muito mais elevadas do que seu comportamento demonstra às vezes.

- A energia de Marte expressada pode ser a mais divertida e exuberante experiência de espírito elevado e livre doação de si mesmo – enquanto tudo estiver indo automaticamente bem. Mas o verdadeiro teste é como a pessoa lida com conflitos, desapontamentos ou falta de satisfação imediata. O desempenho nesse teste diz muito sobre o sucesso dos relacionamentos e da vida como um todo.

Marte em Áries

Aqueles com Marte em Áries, signo essencial desse planeta, quase invariavelmente expressam inquietação física e um desejo abrangente demais para uma ação rápida – e também resultados rápidos (nem sempre a melhor atitude na área dos relacionamentos íntimos!). Muitas pessoas com essa localização apresentam algum grau de impetuosidade; são muito diretas e abruptas, o que pode ser irritante, mas também pode ser charmoso e animador. De fato, muitas vezes se irritam com facilidade, pois são rápidos para sentir raiva ou demonstrar descontentamento.

Mas normalmente isso não é pessoal nem duradouro – apenas um desabafo por ter que lidar com qualquer dificuldade mais prolongada. Essas pessoas estão sempre competindo, admitam ou não. Costumam gostar de esportes e até praticar ativamente. Mas, em todas as áreas da vida, precisam ser as primeiras, se não as melhores. Adoram ser pioneiras em novos campos e de fato não podem viver sem a excitação de ser constantemente desafiadas por alguma coisa nova. Um pouco impulsivas, mas confiantes por natureza (raramente param por tempo suficiente para duvidar de si próprias), focalizam sua abundante energia na conquista dos próprios desejos, não importa quais sejam os desafios. Quando falham, recuam muito rápido e, então, se metem em outra atividade nova. Talvez o talento menos valorizado que o signo de Áries demonstra (uma característica que raramente é mencionada em livros de astrologia e se aplica não só a Marte mas também a alguns outros planetas em Áries) é sua compreensão rápida e intuitiva do essencial em qualquer situação ou dificuldade. Essa capacidade de resolver problemas com rapidez é uma das razões por que costumam ser os próprios patrões, ou ao menos tentam firmar um acordo de trabalho com o máximo de independência; porque *sabem* o que é preciso em muitas ocasiões e não têm paciência para longas reuniões com pessoas que não têm a menor ideia do que fazer. Obstinados e abruptos, seu charme não vai levá-los longe na vida! Mas, o destemor, o entusiasmo, o foco no objetivo e a comunicação honesta tendem a garantir o respeito dos demais. Detestam rotina, a única coisa que temem é o tédio.

A essência de Marte em Áries

Ao longo dos anos identifiquei as seguintes qualidades psicológicas centrais de Marte em Áries:

- Afirmam-se de modo competitivo, direto, impaciente, às vezes temerário.

- Compreensão intuitiva do essencial; incansável impulso para ação direcionada às novas experiências; em geral têm instinto empreendedor e/ou uma ingenuidade mecânica.

- Pulsão sexual e energia física são expressos de forma impulsiva, vigorosa e confiante.

Tanto homens quanto mulheres com Marte em Áries têm sintonia com uma energia física direta, focalizada, sem a complexidade encontrada quando Marte se localiza em outros signos. Aqui, Marte é uma energia instintiva e impulsiva. Áries tende a ver apenas o que está à sua frente, e quando o objeto do seu amor ou interesse sexual desaparece, a intensidade do desejo diminui também. A grande vantagem para aqueles que interagem com essas pessoas em um relacionamento (ou num possível relacionamento) é que o que se vê é o que se recebe. Eles são tão asperamente óbvios que nem tentam esconder ou disfarçar suas motivações. Por causa do vício de Áries no que é *novo*, essas pessoas têm sido descritas em vários livros como ávidas de sexo e casos amorosos. Vamos dizer apenas que precisam de estímulo, tédio e rotina são fatais para elas. É importante que a energia seja canalizada para outras áreas desafiadoras. Se não têm uma válvula de escape construtiva para sua abundante energia física, podem ficar agressivas demais, infinitamente insatisfeitas ou até absolutamente hostis em relacionamentos ou interações sexuais. Precisam muito de um esporte, um *hobby* fisicamente ativo, atividades ao ar livre ou outro empreendimento desafiador que ajude a relaxar e dispersar um pouco da célebre impaciência de Áries. Um traço realmente importante da personalidade de Marte em Áries (que vale também para Vênus e Sol em Áries) – que tem impacto direto em todos os seus relacionamentos, não só os íntimos – é a sua tendência obstinada a insistir em que sua vontade e pensamentos estão sempre certos e não ouvir o ponto de vista da outra pessoa, qualquer que seja ele. Precisa dizer mais?

Mulheres com Marte em Áries têm iniciativa em muitas áreas da vida, incluindo relacionamentos e sexo. Detestam ser ignoradas e insistem em ganhar reconhecimento por seus dotes e caráter. Mulheres com Marte em Áries não só expressam as características agressivas desse signo como se sentem atraídas por homens que apresentam essas mesmas características. Sua imagem de Marte é dinamicamente ativada por alguém independente, motivado, aventureiro e franco. Essas mulheres são impacientes para agir e podem ser muito temperamentais. Embora sejam sexualmente bastante vaidosas e exijam respeito absoluto, na realidade não observam muito bem as regras do jogo feminino da modéstia; não são passivas, preferem tomar a iniciativa e assumir o comando. Em geral parecem "um dos garotos" em sua naturalidade nos esportes, em atividades vigorosas ao ar livre, e no mundo competitivo dos negócios e da carreira. Têm um tipo "masculino" de sexualidade muito bem focalizado, que em geral quer muita ação, mas não faz questão de prolongar o contato sexual por razões emocionais. Veem o sexo mais como movimento físico e liberação prazerosa de tensão, e não como uma partilha ou um mergulho no emocional. As mulheres com essa posição de Marte costumam ser impacientes com os homens, esperam que eles sejam mecanicamente eficientes mas não precisem de muito apoio emocional ou estímulo afetivo.

Homens com Marte em Áries estão em sintonia com o arquétipo agressivo do macho, e demonstram isso nos relacionamentos agindo como homens das cavernas! Mas – é sério – me contaram que podem ser amantes muito galantes desde que a caçada esteja em andamento; mas depois, ou ficam entediados, ou começam a focalizar sua atenção em alguma outra nova iniciativa enquanto esperam que a mulher vá cuidar do conforto deles. Esses homens são impacientes em todos os campos de atividade, e nos relacionamentos preferem encerrar o romance e o incômodo das exigências da sedução o mais rápido possível. Querem alcançar um objetivo, e assim mergulham com prazer em um novo relacionamento e continuam alimentando-o até ter certeza de que "ganharam" a formosa donzela. Depois, costumam anunciar: "Não tente me mudar. Sou autêntico, embora talvez um tanto antiquado e rude. E agora vou voltar para o trabalho." De acordo com inúmeros questionários e entrevistas, seu nível de energia nos relacionamentos e no sexo, oscila tremendamente – dependendo do quanto se sentem estimulados por algo novo.

Outros pontos importantes da natureza de Marte em Áries ficam evidentes nas citações abaixo, extraídas de entrevistas, questionários e anotações:

- A resposta de uma mulher ao questionário tocou o extremismo que também se observa às vezes com Sol ou ascendente em Áries: "Mulheres com Marte em Áries são geralmente muito fortes, autocentradas, agressivas e voluntariosas. Sabem o que querem e vão atrás disso, têm uma tendência a ver a maioria das situações de modo estanque. Não tomam o caminho do meio em relação a nada. Às vezes chegam a ser brutais na insistência em que as coisas sejam feitas do seu jeito" (QA).

- Mulheres com Marte em Áries são descritas assim numa entrevista com uma mulher de 53 anos: "Apesar de não serem normalmente mesquinhas, fica óbvio que podem passar por cima de quem atravessar seu caminho no desejo de ser as primeiras ou de conseguir o que querem. Sentem-se bem como chefes" (EA).

- Uma mulher com Marte em Áries expressou em uma entrevista a velocidade e a impaciência características de Marte em Áries: "Eu costumava sofrer por causa do equivalente feminino da ejaculação precoce. Minha sexualidade é tão inocente, direta e rápida – *bam*, e acabou". (EA).

- Independência e risco (em negócios, jogos e assuntos pessoais) permeiam o significado tradicional do signo de Áries, e assim é tudo o mais para Marte em Áries, como este comentário em um questionário: "As mulheres parecem ter a capacidade de agir por si mesmas – muito independentes. Em muitos casos, parecem forçadas a desenvolver um estilo de vida quase totalmente independente do parceiro. Costumam passar muito tempo separadas do companheiro. Homens com Marte em Áries têm muitas oportunidades e uma atitude intrépida" (QA).

- Grant Lewi acrescenta algumas observações originais: "Você se sente melhor e age melhor quando não está limitado ou restrito pelos mais velhos, superiores e autoridades de qualquer tipo. Você se enfurece rapidamente com qualquer intromissão nos seus direitos pessoais... Mesmo no mapa de alguma alma acanhada em outros aspectos, isso dará um toque beligerante à natureza da pessoa" (AFM).

Marte em Leão

Se Marte está no extrovertido e ostensivo signo de Leão, o indivíduo é orgulhoso de sua generosidade e lealdade em todo tipo de relacionamento. A demonstração de afeição e apoio dessas pessoas generosas pode conquistar a lealdade dos outros para toda a vida. Ou – se sua energia se manifesta como uma tendência exagerada a ser o centro do universo e "senhor absoluto" dos outros – podem exigir atenção demais e ser extremamente dominadoras. Gostam de "aproveitar a vida ao máximo" e adoram participar de eventos em grupo, encontros sociais e atividades físicas vigorosas de todo tipo. Costumam ter personalidade forte, talento dramático, uma natureza amigável, aptidão para contar histórias e piadas e um instinto para entreter e estimular os outros. Para muitas pessoas essa localização confere uma impressionante capacidade de liderança, ou ao menos capacidade de energizar as pessoas ou qualquer empreendimento pelo entusiasmo e a visão positiva das possibilidades. Em geral são boas em profissões de vendas, e têm uma capacidade singular de *vitalizar* esforços organizacionais; mesmo que os desafios sejam substanciais, sua determinação é incrivelmente estável e confiante. Tendem a ser sinceras e diretas, e também esperam muita honestidade em troca. Gostam de estar no controle e costumam manter uma dignidade impressionante mesmo em situações difíceis – a menos que seu considerável orgulho seja ofendido a ponto de perderem a calma, resultando em uma surpreendente demonstração de raiva indignada. Ficam especialmente abatidas com qualquer experiência de humilhação.

A essência de Marte em Leão

Eis um resumo das qualidades psicológicas centrais de Marte em Leão:

- Afirmam-se de modo dramático, caloroso, expressivo, confiante, às vezes até arrogante; vitalidade abundante e instinto criativo.

- A necessidade de afirmar-se de modo dinâmico e criativo pode ser percebida pelos outros como ousadia ou um traço dominador.

- A energia física e sexual é estimulada por demonstrações de atenção e generosidade; precisam ser elogiados e apreciados por suas proezas sexuais, físicas e criativas.

Tanto o homem quanto a mulher com Marte em Leão, por serem conscientes da imagem e do estilo, tendem para os gestos românticos dramáticos e são fascinados em especial por intriga, agitação e rituais de parceria e companheirismo. Como Marte em Leão gosta de ser o chefe e mostrar autoridade em qualquer situação, na fase de descoberta e experimentação dos relacionamentos instintivamente quer representar o mesmo papel. No pior da sua insegurança, pode ser ruidoso, precipitado e muitas vezes nocivo na sua necessidade de impressionar. O sexo também exerce uma atração dramática e ritualística. Com este signo de Marte, a atitude no sexo – enquanto não falta calor, entusiasmo e apreciação em relação ao parceiro – é *impessoal*. Como pode ser assim? Acho que é porque essas pessoas sentem que através do sexo se tornarão capazes de participar da energia criativa da dança cósmica da vida. Elas se engrandecem nessa experiência, mas percebem que a energia criativa em si está além do nível pessoal. Tanto homens como mulheres com Marte em Leão têm um impulso sexual absolutamente forte.

Mulheres com Marte em Leão sentem-se, invariavelmente, orgulhosas de seu homem. Gostam de brilhar na glória deles e tendem a enaltecê-lo em público com elogios e aplausos. Elas também reparam em como ele se veste e na impressão que causa nos outros. Essas mulheres sentem-se particularmente atraídas por alguém que seja expressivo, caloroso e esteja acima de insignificâncias. Costumam exigir *dedicação* e não suportam nenhuma forma de humilhação. Essas mulheres gostam de se enfeitar, sair, ser vistas e interagir alegremente com amigos e família. Mulheres com Marte em Leão têm uma forte necessidade de expressar seu apreço pelo parceiro. Mas também *exigem* muito dele e o dominam, mostrando que nenhuma outra mulher poderia levantar seu ego e respeito por si próprio o suficiente para representar uma ameaça. A lealdade que a mulher com Marte em Leão dedica ao parceiro só estará em risco se ele cair do pedestal de sua visão idealizada, por causa de trivialidades, negatividade ou fracasso no mundo.

Homens com Marte em Leão têm uma necessidade inata de ser notados e gostam de impressionar. Nunca entram em uma sala ou reunião de grupo de um jeito quieto, moderado, em vez disso tendem a ser bastante expansivos em público. Isso se estende também ao seu estilo com a parceira; gostam de exibi-la e até de exagerar sua vida maravilhosa. Definitivamente, esses sujeitos têm charme. Podem ser calorosos, brincalhões e românticos, e estão entre a minoria de homens que *gostam*, de verdade, de ir a festas, restaurantes, etc. Apreciam atividades sociais, gostam de ser notados em público. Normalmente muito conscientes de sua aparência, são mais fascinados por roupas do que a maioria dos homens, e muitos se esforçam para ficar em forma. Como gostam de ser "dominadores", instintivamente sentem que o ideal é uma mulher um tanto passiva que os admire infinitamente. Em casos mais extremos, podem ser extremamente machistas. Mas em geral tendem a cultivar uma imagem de *doadores* afetuosos.

Eis algumas observações especialmente perspicazes sobre Marte em Leão retiradas de entrevistas, questionários e outras anotações:

- Comentários de Julia Parker: "As tendências exibicionistas de Leão se expressam energeticamente quando Marte está neste signo. A pessoa despende uma grande quantidade de entusiasmo e energia fazendo sentir sua presença, mas também tem uma feliz aptidão para fazer que os outros realizem as coisas... Temos aqui um líder de equipe... ele pode ser um tanto bombástico e dogmático às vezes" (AHB).

- Um colaborador observou acertadamente sua tendência de dramatizar tudo na vida: "Marte em Leão acrescenta um pequeno extra a qualquer coisa que faça, dá um toque de personalidade até mesmo ao ato mais mundano. É o ator do palco da vida" (QA).

- Mary Coleman descreve resumidamente a energia de Marte em Leão: "Energia física e paixões são igualmente fortes, dinâmicas e permeadas de um vigoroso apetite pela vida. O impulso sexual é 'de todo o coração', mas abastecido generosa e constantemente por uma vontade invencível... Espíritos menos energéticos ficam chamuscados" (PIC).

- Como observou uma mulher de 40 anos que teve três relacionamentos com homens que tinham Marte em Leão: "Veemente e *sexy*, mas às vezes totalmente arrogante. Tende a pensar que sabe o que é melhor para você; às vezes pode tentar pressionar os outros para que façam o que ele quer. Muito suscetível à lisonja e também a elogios honestos. Seu ego se acende quando alguém lhe dedica atenção especial, mas tenho visto alguns homens com Marte em Leão que não chegam a ter uma necessidade neurótica de atenção" (QA).

- Uma mulher comentou no questionário a tendência de alguns homens com Marte em Leão a se arriscarem no jogo da vida: "Homens com Marte em Leão são extremamente capazes em momentos de emergência, sabem exatamente o que fazer. Também são verdadeiros aventureiros" (QA).

Marte em Sagitário

Quando Marte está em Sagitário, um signo idealista e orientado para o futuro, descer aos detalhes do cotidiano e das exigências práticas de um relacionamento não é nem de longe tão importante quanto os objetivos duradouros declarados ou a visão em grande escala que a pessoa quer realizar. Essas pessoas têm uma incansável necessidade de aventura, exploração e exibição vigorosa de independência mental e física. No seu pior, podem ser rudes e cruéis, tempestuosas e sarcásticas em suas opiniões, e insensíveis com relação a como os outros reagem às suas declarações grosseiras e descompromissadas. Normalmente há uma aspiração arraigada a algum ideal na vida, consciente ou inconsciente. Marte em Sagitário se projeta como magnânimo ou mais idealista que o tipo comum de pessoa que não mira tão alto. De fato, embora muitas vezes bem-humorado, de boa natureza e tolerante na expressão pública, é orgulhoso e sofre da aflição comum aos signos de fogo: um senso de superioridade. No seu melhor, essas pessoas são entusiásticas, inspiradoras e pensam positivo. Normalmente adoram atividades ao ar livre e gostam muito de animais. Isso me lembra de uma faceta singular de sua natureza: assim como o centauro (o antigo símbolo de Sagitário) é o arqueiro (metade humana) sobre um corpo de cavalo (metade animal), a natureza psicológica e emocional de Sagitário reflete uma dualidade semelhante. Esses elevados espíritos animalistas amam a liberdade de ação e o instinto, mas sua alma humana aspira alcançar um ideal de moralidade ou ética. Sua preferência inata por uma tolerância liberal entra em conflito com o desejo de ser moralmente correto, e seu comportamento mostra esse esforço interno. Às vezes, aos outros isso parece uma tendência hipócrita. Por exemplo, adoram pregar a "verdade", sem considerar o quanto podem ferir ou ofender outras pessoas, e no entanto, em geral não aguentam ouvir a verdade a respeito das próprias imperfeições e podem reagir com uma raiva indignada e violenta. Em outras palavras, podem ser muito francos e fazer julgamentos quando alguém não corresponde aos seus padrões, mas não conseguem ver o que está bem na sua frente – isto é, as próprias falhas e transgressões (que podem ser óbvias para todo mundo, e de um jeito bem espalhafatoso). Discrição não é uma virtude comum nessa localização de Marte (nem em Sagitário de modo geral); mais que qualquer outro signo, exceto Gêmeos, não conseguem guardar um segredo e muitas vezes se sentem compelidos a espalhá-lo – às vezes com um exagerado floreio para torná-lo mais importante do que é.

A essência de Marte em Sagitário

Devido a sua tendência de estar constantemente mudando, expandindo seus horizontes ou expressando novos planos que pretende empreender na vida, tem sido especialmente desafiador definir as qualidades psicológicas centrais de Marte em Sagitário:

- Afirmam-se de modo honesto, idealista, energético, impulsivo e indelicado.

- Determinação e ações vigorosas são motivadas pela aspiração a um ideal ou visão do futuro, guiada pelas próprias crenças, moralidade e inspirações.

- A excitação física e sexual é estimulada por atividades de aventura; têm um ímpeto expansivo para aprimorar-se e uma incansável necessidade de exploração.

Homens e mulheres com Marte em Sagitário são totalmente ásperos e diretos no que se refere a sexo, paixão e suas opiniões em geral. Têm mente aberta, atitudes entusiasmadas com relação a sexo, e esperam que o parceiro demonstre uma integridade de caráter semelhante. Porém, como muito da sua atitude no sexo vem da sua filosofia mental e não de um entendimento sólido da complexidade da sexualidade individual, podem muitas vezes estar entre os mais insensíveis de todos os signos de Marte com relação às necessidades sexuais das outras pessoas e emoções correlatas. Inadvertidamente, podem rejeitar os sentimentos alheios, e suas observações irrefletidas, de improviso, casuais podem ser sentidas pelos outros como absolutamente dolorosas. Por *acreditarem* instintivamente na completa liberdade de expressão, em geral também carecem de moderação e modéstia, o que pode afastar pessoas mais tradicionais ou esteticamente sensíveis.

Mulheres com essa localização de Marte ficam especialmente felizes viajando, praticando esportes ou passeando, uma afinidade que faz delas boa companhia para muitos tipos de homens fisicamente ativos. Elas gostam de uma atitude sexual direta que tente seriamente alcançar o objetivo, e mostram pouca compreensão ou ficam absolutamente irritadas quando seu próprio objetivo não é alcançado. Não sendo particularmente sentimentais, querem isso feito e acabado, e seguir para a próxima atividade. A mulher com Marte em Sagitário também se sente atraída por pessoas que possam ensinar-lhe alguma coisa, ou participar de seu desenvolvimento, ou ajudá-la a aprimorar-se. Tende a exigir do parceiro ideais e caráter moral elevados, e pode perder rapidamente o respeito por ele quando seus defeitos se mostram insuficientes para os padrões de honestidade e moralidade que cultiva. Gosta de homens atléticos, otimistas, animados, que tenham planos definidos de expansão para o futuro.

Homens com Marte neste signo tentarão impressionar seu objeto de desejo com piadas, bondade, honestidade e idealismo. É importante para eles proporcionar à parceira um momento agradável, e na verdade querem que ela se divirta. Entre as suas mais altas prioridades está o apoio aos esforços da parceira no sentido da aprendizagem ou do aprimoramento, mesmo que, às vezes, seja de um jeito muito ousado ou virtuoso. Este homem com certeza não vai hesitar em expor detalhadamente o que pensa e em que acredita, e se o que ela ouvir a deixar fria, há pouca chance de que esse relacionamento progrida. Sexualmente, essa localização de Marte é uma das mais flexíveis (em atitude), e pode até de vez em quando apreciar a integridade de caráter se a mulher não está sexualmente interessada no momento.

As seguintes citações, extraídas de entrevistas , questionários e outras anotações, completam o retrato de Marte em Sagitário:

- Uma mulher fez observações adicionais no questionário que confirmam alguns dos meus comentários: "Pessoas com Marte em Sagitário são rudes, francas e diretas no jeito de fazer as coisas e também sexualmente. Têm uma atitude do tipo "conte o fato como ele é" e um forte e brusco impulso sexual. Abordam tudo com algum toque de humor e espírito aventureiro. Podem ser muito impessoais no sexo, mas em geral serão honestas a respeito de seus sentimentos de uma maneira tipicamente sagitariana. Não muito sentimentais, apenas colocam as cartas na mesa e veem o que acontece, com muito pouca afetação" (QA).

- Mary Coleman completa a figura: "Há sempre outra escapada, outra aventura sobre colinas mais verdes ou logo ali na esquina. O impulso sexual é, portanto, genuíno, mas se aplica mais ao atletismo que à arte teatral na conquista da satisfação – geralmente com uma despreocupação casual quanto à hora e ao local" (PIC).

- Considerando algumas mulheres com Marte em Sagitário, um homem observou: "Elas gostam que a atividade sexual seja bastante física e se excitam bem rápido. Vão partir logo para um novo relacionamento, embora possam estar ainda apaixonadas pelo último parceiro" (QA).

- As observações de Grant Lewi se aplicam a todo o método de operação de Marte em Sagitário, assim como às suas atividades de relacionamento: "Você adora generalizar, e pode se aborrecer com os detalhes da vida; um amor pela ordem não é comum com essa localização de Marte e tem que ser atentamente cultivado. Um jeito aleatório e precipitado de se envolver nas coisas deveria ser dominado… Também é preciso perceber que, mantendo os olhos fixos no alto e nas coisas que não estão ao alcance, não se perde o essencial da vida" (AFM).

- A dualidade da personalidade de Marte em Sagitário refletida no símbolo do centauro, metade homem e metade cavalo, se confirma nesta descrição feita por um homem de meia-idade: "Fala sobre uma linha 'moral', como alguns políticos honrados, mas só são morais quando estão tendo sexo regular e exclusivo. Mas aceitam a libertinagem 'imoral' quando ela é tudo o que se tem à mão. Em outras palavras, são magnânimos quando é fácil ser assim, mas geralmente mais tarde tratam o parceiro 'ilícito' como escória (mais ou menos como Leão faz) quando outro melhor aparece" (EA).

14
Marte nos signos de terra

Marte em qualquer signo de terra denota uma atitude estável, sistemática, construtiva e geralmente ambiciosa para realizar as coisas. Pessoas com essa localização de Marte não parecem se importar de seguir as trilhas "tentadas e verdadeiras" (embora um tanto tediosas) para a realização no mundo, desde que seus esforços eventualmente resultem na consecução de objetivos práticos. Instintivamente essas pessoas entendem os ritmos da natureza e a necessidade humana de segurança e estrutura, não só em relacionamentos, mas em todos os aspectos da vida. Cautela, proteção, pragmatismo e paciência são as ideias básicas do seu *modus operandi*, e eles geralmente mostram um foco significativo na eficiência e uma real satisfação em alcançar objetivos desafiadores que requerem persistência. Como se preocupam com as boas maneiras em público, sua sensualidade é firmemente controlada. Assim, não revelam prontamente seus desejos ou atrações sexuais, nem admitem (muitas vezes até para si próprios) as vantagens práticas que anteveem ao estabelecer um relacionamento íntimo. Embora sensuais, não são necessariamente românticos no sentido de se perder com facilidade nas emoções. (Ver a seção correspondente do capítulo 8 para relembrar meus comentários anteriores sobre Marte no elemento terra.)

Outras chaves ao entendimento de Marte nos signos de terra são as seguintes:

- Por causa da intensidade da presença física imediata que as pessoas com Marte em terra naturalmente expressam, aqueles que os encontram podem experimentar o fenômeno da vida e do tempo *passando devagar*, à medida que ele se concentra na realidade física do ambiente e da atmosfera do momento presente.

- A aparência externa e o vestuário são importantes para a maioria dessas pessoas, e sua própria noção de respeitabilidade (isto é, serem levadas a sério) está intimamente associada com a imagem física que projetam. Ambos os sexos com esta localização querem ser *fisicamente* desejáveis.

- Embora Marte no elemento terra seja muito eficiente em realizações no mundo, no campo dos relacionamentos próximos sua grande capacidade de *usar* as coisas e as pessoas pode ser seu maior obstáculo para construir um relacionamento duradouro e compensador. Possessividade e/ou usar outra pessoa para alcançar objetivos próprios não é, afinal de contas, a melhor base sobre a qual construir um relacionamento bem-sucedido.

Marte em Touro

Quando Marte se encontra no signo de Touro, o impulso agressivo é mantido sob controle, mas nunca deve ser subestimado, pois ele é obstinadamente poderoso e persistente. De fato, embora Touro raramente seja descrito como "agressivo" na literatura astrológica, aqueles que têm Marte (ou o Sol) nesse signo estão entre os seres mais voluntariosos, determinados e obstinados do mundo em termos de buscar impiedosamente a realização de seus próprios desejos e objetivos. No seu melhor, são grandes construtores ou criadores, laboriosos, mas também têm muitas vezes um talento artístico. (Touro é um signo associado a Vênus, o planeta da arte e da beleza, e aqui temos Marte em um signo de Vênus, energizando tanto as paixões eróticas quanto as sintonias estéticas e sensoriais mais amplas.) A localização de Marte sempre mostra o *modus operandi* (método de operação, ou "MO" em alguns livros modernos de negócios), e no deliberado e lento Touro o passo nunca é apressado, há um amor pela rotina que pode ser visto como letargia (e às vezes é mesmo). Porém, para a surpresa de alguns, sua perseverança incansável costuma render realizações consideráveis. Eles vivem o exemplo do dito popular: "Devagar se vai ao longe." Há um elemento de complacência, de afetada satisfação consigo mesmo, e até uma preguiça debilitante em muitas dessas pessoas, mas isso é geralmente passageiro e sobressai ligeiramente só em algumas. Na minha experiência, essas pessoas ficam, então, extremamente infelizes quando envelhecem se não se empenharam em alcançar algo de *concreto* na vida. Em alguns casos tenho visto severas autoaversão e amargura se desenvolverem na medida em que a raiva substancial de Marte em Touro se volta para a alma. Indulgência e um indesculpável amor por toda sorte de prazeres dos sentidos são características de Touro, e aqueles com Marte nesse signo buscam prazer, e frequentemente luxúria e posses, com grande fervor. Almejam "as coisas mais refinadas da vida" e sentem que realmente *merecem* isso porque são obviamente especiais e dignos do melhor. Exibem uma grande vaidade com relação a adereços, roupas, dinheiro e posses; e agem de maneira infantil e temperamental se suas posses são ameaçadas. Esse senso de *merecimento de abundância* que parece inato em pessoas com Marte em Touro (assim como numa boa quantidade de outros planetas quando localizados em Touro) também leva a um desperdício crônico que cria conflito em relacionamentos com parceiros sintonizados com os signos mais econômicos, como Escorpião, Câncer e Aquário.

A essência de Marte em Touro

Eis as características psicológicas centrais de Marte em Touro:

- Afirmam-se de modo estável, retentor, conservador e teimoso.

- Iniciativa e impulso direto no sentido da consolidação, produtividade, conforto e desfrute dos prazeres simples da vida; costuma ter talento criativo e/ou artístico.

- Energia física e ímpeto sexual são influenciados por um profundo apreço pelos sentidos físicos; podem tender para a complacência e a preguiça.

Homens e mulheres com Marte em Touro têm muito apetite sexual e fortes desejos sensuais. Para eles o mundo físico é basicamente verdadeiro; têm um sentido do tato fortemente desenvolvido. Assim, esta sintonia acrescenta uma grande sensualidade à vida sexual e cria uma necessidade de demonstrações regulares para intensificar a segurança, a firmeza física e o desejo. Todavia, seu profundo e consistente impulso sexual não é rapidamente acionado (como acontece com Marte em signos de fogo) e é muito cauteloso na aproximação, para não correr o risco de se expor ao ridículo ou ao fracasso. Esta é a motivação do seu decoro, e eles muitas vezes decidirão não fazer um movimento na direção de uma pessoa desejável se a situação parecer muito fora do normal ou potencialmente embaraçosa. Assim, preferem surgir devagar; mas uma vez que os desejos profundos estão despertos, buscam prolongar a experiência num grau que não agrada os parceiros mais impacientes, que julgam um pouco enfadonho um sexo tão lento, indulgente e previsível. Quando se sentem seguros, são muito exigentes de atenção física, e sua atitude sexual é totalmente fixa e egoísta – mais focalizada em receber do que em dar. Pode-se resumir essa posição dizendo que são absolutamente tradicionais em matéria de sexo, mas muito exigentes, quando o parceiro finalmente se decide. Em resumo, querem *ter* sua fonte de prazer completamente segura e garantida.

Mulheres com Marte em Touro podem esperar um pouco antes de se envolver com alguém, mas quando o fazem, seus desejos afloram vigorosos e vorazes. Essas mulheres querem ser *desejadas*, e podem ficar muito zangadas se sua profunda necessidade de prazer não for satisfeita. Infelizmente, é muito raro elas comunicarem verbalmente suas necessidades ou desejos aos parceiros, que podem se sentir usados e, assim, querer se distanciar de uma licenciosidade tão poderosa e devoradora. Essas mulheres geralmente têm um vestígio arquetípico primitivo na sua sensualidade, e querem ser dominadas, mesmo que tenham aprendido muito sobre feminismo na faculdade. Também querem sentir-se à vontade e ser amparadas materialmente. Gostam muito da tradicional imagem do macho dominante, desde que o homem da sua vida seja capaz de realmente desempenhar esse papel.

Homens com Marte em Touro, além das características que foram mostradas previamente, querem demonstrar seu poder de atração proporcionando coisas materiais e conforto para quem desejam. Podem ser charmosos, mas também muito ciumentos e possessivos – podendo chegar, no limite, a ser furiosamente irracionais. Um dos seus talentos é a paciência. Isso pode frustrar muito os outros, já que quase ninguém é tão paciente quanto Touro; mas em compensação costumam conseguir coisas em quase qualquer área da vida que pessoas mais incansáveis mas menos determinadas não conseguirão.

Eis algumas observações perspicazes sobre Marte em Touro retiradas de entrevistas, anotações e questionários:

- Combinando comentários de uma entrevista e um questionário que tocaram no mesmo tema, duas mulheres descreveram homens com Marte em Touro como segue: "São muito sensuais e adoram ter prazer, mas costumam ser passivos no sexo. Gostam de ser cuidados e paparicados e preferem mulheres que exercem esse tipo de doação de atenção. São conservadores e não muito experimentais" (QA). A observação seguinte foi proferida por uma mulher com Vênus e Marte em signos de terra e que foi, ela mesma, muito terrena e mundana: "Previsível, inflexível e sempre satisfeita com a mesma rotina. Acabam ficando insípidas" (EA).

- Os comentários perspicazes de Grant Lewi sobre Marte em Touro vão pelo caminho que eu chamo de "atitude negativa de cooperação" (de cooperação negativa?). Não é que eles briguem ou discordem publicamente, mas o parceiro é justamente forçado a esperar uma eternidade antes que eles cedam até mesmo para considerar outro ponto de vista: "Seu lema é: 'Não quero brigar; vamos fazer isso do meu jeito'. Marte em Touro é um mestre na arte da agressão passiva e da resistência passiva... continua batendo sempre na mesma tecla" (AFM).

- Dois comentários interessantes e complementares sobre mulheres com Marte em Touro: Uma mulher com Marte em Touro declarou: "Gosto de homens que tenham alguma *substância* física, assim posso agarrá-los e sentir que estão realmente aqui" (EA); e um homem escreveu que mulheres com Marte em Touro "gostam de ser tratadas como damas, mesmo que não o sejam" (QA).

Marte em Virgem

Quando Marte está no analítico e sistemático signo de Virgem, a pessoa é notavelmente laboriosa e dedicada ao realizar qualquer trabalho. Marte em Virgem pode ser inventivo e criar novos modos de alcançar objetivos desejados em qualquer campo, prestando atenção a todos os detalhes que tenham impacto no produto final ou projeto. Embora seu *modus operandi* seja diferente de Escorpião (Virgem é mais mentalmente analítico, Escorpião é intuitivo), essas pessoas lembram Marte em Escorpião na sua eficácia e atenção a todos os fatores envolvidos.

Virgem é mesmo o signo do *artífice*, e as pessoas com essa localização estão dispostas a empregar um tempo considerável aperfeiçoando os detalhes da tarefa que têm nas mãos. Um artista com Marte em Virgem disse na entrevista: "O jeito como vou executar minha arte é extremamente metódico. E minha arte está ficando cada vez menor, cada vez mais detalhada" (EA). Aqueles com Marte em Virgem são notoriamente trabalhadores esforçados, a ponto de o trabalho dominar sua vida e obcecar sua mente preocupada, deixando muito pouco tempo para qualquer outra coisa, incluindo relacionamentos saudáveis. Porque de fato essas pessoas podem fazer muitas coisas melhor do que a maioria por conta da sua inteligência prática (e porque não se importam de fazer o trabalho desagradável de que outros em geral se esquivam), costumam se enredar em um círculo vicioso no qual os colegas lhes dão até mais trabalho, já que, de qualquer modo, Marte em Virgem diz que ninguém mais "faz isso tão bem". Os problemas surgem porque essas pessoas são instintivamente críticas em relação àqueles que não usam seus métodos exigentes e disciplinados. Mesmo quando não são supercompetentes, são muito minuciosas e repreensivas e tendem a insistir que tudo seja feito do seu jeito. Pessoas com Marte em Virgem buscam ordem (e regularidade) em tudo, um talento precioso em muitos campos de trabalho, pesquisas de alta precisão ou estudos acadêmicos, embora esse não seja o princípio norteador ideal em relacionamentos emocionais. Quando o traço perfeccionista é aplicado a seres humanos individualmente, resulta em uma tendência a querer *reformar* os outros; Marte em Virgem parece não aprender nunca que criticar e apontar defeitos não é a forma mais eficaz de influenciar o pensamento ou o comportamento do outro.

A essência de Marte em Virgem

Eis as características psicológicas centrais de Marte em Virgem:

- Afirmam-se de modo analítico, modesto, útil, obediente, às vezes com um espírito crítico mesquinho.

- Precisa se empenhar na direção da perfeição para realizar seus desejos; determinação e iniciativa podem ser prejudicadas pela autocrítica e a atenção exagerada aos detalhes.

- Uma necessidade essencial de servir influencia a energia física e a força de vontade; é capaz de trabalhar árdua e vigorosamente usando sua inteligência prática.

Para homens e mulheres com esta localização, até a aproximação para o sexo se dá pela mente analítica. Tudo é escrutinado, analisado, questionado e motivo de preocupação. Como a maioria das entrevistas e questionários enfatizou, pode haver uma espécie de atitude clínica na intimidade e no sexo, levando muitas vezes a um interesse bastante limitador por técnicas ou pesquisas relacionadas à sexualidade. Estudam tanto o assunto que a espontaneidade fica impossível, pois tudo é muito calculado, vem do plano mental, e não do sentimento profundo ou da paixão. Marte nos signos de terra é absolutamente sensual, mas isso também envolve muita atividade mental. A solução seria encontrar um relacionamento em que haja uma sensualidade descontraída combinada com uma boa comunicação verbal. Devido ao foco às vezes excessivo no trabalho cotidiano, em muitos casos grande parte da pura energia mental e física é canalizada em deveres ou sublimada nas realizações. Para ambos os sexos, o impulso sexual costuma ser moderado, e é muito menos persistente em Virgem que nos outros dois signos de terra. De fato, algumas pessoas com esta localização reconhecem que não têm praticamente nenhum. Se for este o caso, elas se sentirão muito mais relaxadas se simplesmente aceitarem o fato de que essa é a sua natureza, em vez de se aferrarem a uma autoanálise sem fim. A hiperativa mente analítica apresenta um dilema nos relacionamentos: se a pessoa se concentra em si mesma, fica amarrada a uma porção de dúvidas, excessivamente consciente de si ou deprimida; se se concentra no parceiro, muitas vezes isso não é apreciado e coloca o parceiro, compreensivelmente, na defensiva. Debbi Kempton Smith escreveu sobre Marte em Virgem: "Você pode desmontar as pessoas, mas não é capaz de recompor. Elas percebem que você as está avaliando em uma escala de um a dez em 12 diferentes categorias" (SSN). Sabidamente, muita gente faz algum tipo de jogo de avaliação nos relacionamentos, em especial nos primeiros estágios, mas na minha pesquisa os que têm esta localização de Marte, mais que qualquer outro voluntário, fazem, de fato, algum tipo de avaliação! Virgem é uma posição totalmente introvertida e não agressiva para o poderoso Marte, de modo que a energia deste planeta fica geralmente voltada para dentro, resultando em tensão nervosa e, às vezes, numa sexualidade lenta para despertar. É importante que pessoas com Marte em Virgem aprendam a relaxar e mudar o foco da cabeça para o corpo, que no caso delas costuma ser totalmente sensual; assim conseguem se abrir e vivenciar o tipo de partilha e afeto que mais apreciam, pois não costumam ter muita confiança em si mesmas.

Mulheres com Marte em Virgem são dinamicamente ativas no trabalho, nas tarefas domésticas ou nas artes, campo em que muitas vezes também se distinguem, mas em geral são bem passivas nos relacionamentos, principalmente com relação ao sexo. São muito cuidadosas para lidar com a energia do sexo e tendem a manter um firme controle sobre isso. Raramente passionais (a menos que o Sol ou outro fator principal esteja em um signo mais sexual), essas mulheres gostam de ser desejadas e excitadas pelos homens. Na verdade, parecem gostar muito mais de ajudar ou estimular o parceiro do que do prazer físico ou emocional que vivenciam. Gostam de abraçar, do contato sensual, que as ajuda a sair da mente e aterrissar no corpo. Usar os dons de cura que muitas dessas mulheres têm no campo do toque terapêutico pode ajudá-las a sentir esse aterramento saudável e ao mesmo tempo uma satisfação mental. Mulheres com Marte em Virgem sentem-se especialmente atraídas por homens razoavelmente convencionais e adequados, que devem aparentar ser *limpos* e disciplinados. Demonstrações de distinção e sagacidade intelectual também atraem essas mulheres.

Homens com Marte em Virgem gostam de demonstrar sua perícia e capacidade em vários campos para impressionar uma mulher. Também podem oferecer e até insistir em dar ajuda de formas práticas, mesmo que a mulher não aprecie o tipo particular de ajuda nem busque o tipo de aprimoramento que ele oferece. Este é um dos raros signos de Marte que se expressam no homem com certa humildade, e essa falta da arrogância do macho pode muito bem ser aquele *plus*. Muitos homens com esta localização, porém, tendem a se preocupar com sua energia sexual. Outros tendem a supervalorizar a extensão da própria experiência sexual ou conhecimento ou competência técnica. Outro comportamento que tenho observado em *ambos* os sexos, embora mais obviamente agressivo nos homens, é a postura defensiva beligerante combinada à crítica cáustica sempre que seus desejos (sexuais ou de outra ordem) são contrariados.

Para ampliar este quadro de Marte em Virgem, eis algumas observações relevantes retiradas de entrevistas, questionários e anotações:

- Uma mulher escreveu em sua resposta ao questionário: "Marte em Virgem é o único que limpa tudo, e há coisas que é melhor deixar como estão. Costuma ler *Masters & Johnson* [estudo estatístico e de laboratório sobre a sexualidade – SA] para o parceiro; no entanto, por qualquer razão se convence de que sexo equivale biologicamente à limpeza. É descaradamente clínico e gosta de dizer o que achou do desempenho do parceiro, quase como um placar. Por alguma razão isso esvazia sua vida amorosa" (QA).

- Uma entrevista com uma mulher se aproximando dos 30 anos, que teve um relacionamento significativo com um homem com Marte em Virgem, rendeu os seguintes comentários: "Eles buscam mostrar sua força através do serviço e da ajuda paciente. Esse homem foi totalmente instigado com relação ao sexo e ao conflito madona/prostituta – a questão da pureza, talvez por causa da influência da Igreja católica neste caso. Quando recusado, ficou surpreendentemente abusivo, raivoso, crítico, com a língua afiada" (EA).

- Um homem absolutamente conhecido no meio astrológico escreveu considerando os homens com Marte em Virgem: "Energia de artífice; normalmente tem períodos de total celibato. Definitivamente são muito volúveis!" (QA).

- Grant Lewi acrescenta algumas observações gerais, não limitadas ao campo dos relacionamentos, que incluo aqui por considerá-las extremamente precisas: "Suas energias estão dirigidas ao sistema, ou, na manifestação negativa, ao não-sistema [...] De um modo ou de outro, seus esforços se relacionam à ordem em sua vida. Pode ser a pessoa mais sistemática, lógica, precisa e ordeira do mundo. Ou então viver de expedientes, o quarto em desordem, numa constante rebeldia contra a necessidade de colocar as coisas em seu devido lugar." Ele continua com as seguintes sugestões: "Mestre dos detalhes, esqueça isso, e deixe sua inteligência – da qual você é pleno – trabalhar em coisas mais essenciais. O perigo desta localização de Marte é a insuficiência dos esforços por não conseguir ter uma visão de conjunto" (AFM).

- Outra observação marcante de uma mulher sobre homens com Marte em Virgem: "Na minha experiência (que não é grande, mas é impressionante!), Marte em Virgem definitivamente *não* é assexuado, mas sim um signo de muita resistência e perícia técnica, embora talvez um pouco autocentrado e um tanto exibicionista na cama" (QA).

- Talvez Tiffany Holmes resuma melhor o dilema de Marte em Virgem nos relacionamentos: "A expressão verbal de Marte aqui pode parecer mais civilizada [que em alguns outros signos de Marte – AS], embora não para o parceiro sexual! Essa energia é mais bem usada no trabalho meticuloso; o perfeccionismo militante consegue mais recompensas no escritório [...] que na cama. Intimidade e crítica coexistem somente em estado de trégua, no melhor dos casos" (WA).

Marte em Capricórnio

Quando Marte está localizado no eminentemente prático e disciplinado signo de Capricórnio, é notável a expressão de ambição e autoafirmação da pessoa por sua paciência e reserva – mas também por sua persistência e força física essenciais. Pessoas com Marte em Capricórnio têm ainda a capacidade de fortalecer os outros com apoio consistente e conselhos práticos. Embora essas pessoas tenham quase que uma obsessão por *autoridade*, diferentes personalidades manifestam essa atitude básica de maneira bastante diferente: uns são obviamente ambiciosos e querem chegar ao topo, qualquer que seja sua profissão, e trabalham com notável determinação (e até mesmo crueldade) para alcançar esse objetivo; outros assumem que essa realização levará anos e ainda se subestimam quando todo mundo vê que eles são a escolha óbvia para ser "o chefe" ou ganhar uma promoção; e uns poucos posam de forma nociva como a autoridade suprema sem querer pagar o preço, sempre precisando ter a última palavra em tudo e sentir que dominam todo mundo, o que afasta os outros, que se ressentem disso ou simplesmente se distanciam contrariados. O anseio por controle e poder (e, assim, segurança) em todos os assuntos mundanos, assim como nos relacionamentos, permeia as motivações de Marte em Capricórnio. Sua atitude é metódica – às vezes planejada demais e sem nenhuma espontaneidade – e quase sempre séria, embora costume ter um senso de humor bastante seco. Na verdade, essas pessoas *precisam* – adoram mesmo – ter grandes responsabilidades e deveres, e dão conta disso muito bem. De fato, parecer importante é fonte de motivação para elas. Gostam de um desafio, mesmo que não saibam disso conscientemente, pois, como Julia Parker escreveu, "uma força de impulsão está presente, e aqueles com Marte nesse signo têm alguns recursos formidáveis aos quais recorrer, especialmente quando as condições são difíceis" (AHB). Ela acrescenta uma observação que também tenho considerado verdadeira: "Exercícios que exijam bastante do corpo são importantes para o bem-estar físico de Marte em Capricórnio."

A essência de Marte em Capricórnio

Após décadas de trabalho observando pessoas com esta localização de Marte, apurei as seguintes características psicológicas centrais de Marte em Capricórnio:

- Afirmam-se de modo cauteloso, sério, autoritário, ambicioso, com muita disciplina.
- A determinação é acompanhada de um planejamento cuidadoso, avaliação e paciência. A energia física se direciona muitas vezes para objetivos materiais pessoais e realizações duradouras.
- Vão atrás de seus desejos de maneira estável e persistente pelos canais convencionais; os anseios sexuais são fortes e controlados.

Homens e mulheres com esse posicionamento têm uma profunda licenciosidade e a natureza sexual sintonizada com o instinto físico arquetípico. Percebem essa insistência e poder e mantêm isso sob estrito controle até chegar o momento certo de desatrelar seus desejos. Surpreendendo quem os vê como distantes e frios, têm uma notável profundidade de paixão e desejo manifesto, uma vez que o cenário apropriado esteja disponível. Também têm exigências profundamente insistentes, no sentido de saber o que querem. De fato, assumem o comando autoritariamente nos relacionamentos sexuais, e podem parecer vulgares e grosseiros para pessoas com Marte e Vênus em sintonias mais sensíveis. Gostam de estar no controle em tudo, incluindo amor e sexo. Para essas pessoas, sexo é um instinto que deve ser conduzido de modo prático, e expressar seus desejos não tem necessariamente nada a ver com suavidade ou sensibilidade emocional. Quando essas características estão realmente presentes, emanam da localização de outros planetas no mapa natal. Marte em Capricórnio é todo *sob controle*, e não só disciplina fortemente a expressão da sua energia sexual em relacionamentos íntimos, como também pode até ficar sem sexo por anos... embora não goste disso.

Mulheres com Marte em Capricórnio são fortes e capazes, e isso se aplica também à expressão da sua energia sexual. Embora sejam muito conservadoras na apresentação pública e na aparência, têm um impulso insistente não só no sentido do sexo, mas também no sentido de alcançar respeitabilidade e um compromisso de longa duração. Muitos fatores além das suas paixões instintivas e sensualidade podem abrir ou fechar portas para sua sexualidade. Uma mulher com Marte em Capricórnio disse na entrevista: "Gosto de projetar uma imagem de controle" (EA). Elas em geral *adoram* o mundo dos negócios e a troca prática que ele envolve, e tendem a se sentir atraídas por homens indiferentes, bem-sucedidos, sérios e ambiciosos – quanto mais reservados e inescrutáveis, melhor.

Homens com Marte em Capricórnio são muito cautelosos a respeito da sua afirmação, e no âmbito sexual ficam particularmente alertas a qualquer possibilidade de rejeição ou ridículo. Retraem-se imediatamente ao se sentirem humilhados, e precisam sentir respeito e compromisso da parte do parceiro para que sua energia sexual se expresse integralmente. Basicamente, expressar desejo ou afeto livremente é difícil para eles. Mas, uma vez que se sintam seguros quanto à aceitação, não há limite para sua energia, pois em geral têm uma incrível resistência física. Normalmente são bem conscientes da necessidade de se apresentar a uma mulher com base no que podem oferecer materialmente – e com isso não quero dizer apenas sexo. *Controle* é mais uma vez a senha, e esses homens ficam inseguros quando precisam ser mais passivos. São autoritários, impessoais e um tanto mecânicos no sexo e no amor. Costumam ser bem convencionais no sexo; e a maioria não se arrisca muito em relação a comportamento e emoções, na vida ou nos relacionamentos.

Eis algumas observações particularmente perspicazes sobre a natureza de Marte em Capricórnio, retiradas de entrevistas, questionários e outras fontes:

- Uma mulher ressaltou em uma entrevista, sobre homens com Marte em Capricórnio, que eles "precisam estar totalmente no controle, e não revelarão emoções nem qualquer tipo de vulnerabilidade". Ela os descreveu como impessoais e até mecânicos em alguns casos" (EA).

- Um homem descreveu assim no questionário sobre as mulheres com Marte em Capricórnio: "Sexualmente agressivas e concupiscentes; gostam de homens mais velhos e são sexualmente manipuladoras" (QA).

- Mary Coleman descreve a natureza dessas pessoas de uma forma que apreende inteligentemente algumas das suas principais características: "Energia física e paixões são severamente contidas até ser sacudidas e liberadas pela pessoa certa no momento certo e no lugar certo. Então, o desvio da sobriedade para a sensualidade é tão avassalador como inesperado. O impulso sexual é, assim, pesadamente reprimido, mas está sempre observando e esperando o momento propício para jogar fora sua carga de inibição e encontrar descanso" (PIC).

- Numa entrevista, uma mulher descreveu os homens com este posicionamento como "muito ambiciosos – alpinistas sociais. E especialmente conscientes da imagem ao considerar casamento ou qualquer parceiro mais público" (EA).

- Alguns comentários de Debbi Kempton Smith sobre Marte em Capricórnio acertaram em cheio: "Melancólicos, mas muito valorosos, pois costumam ser extremamente responsáveis no relacionamento [...] O amor dura muito tempo com eles. Sua força é vivificante. Manipulam as pessoas, mas em geral é para o próprio bem delas" (SSN).

15
Marte nos signos de ar

Quando Marte está em qualquer signo de ar, uma grande eclosão de energia agressiva escoa nas atividades mentais e sociais. O sistema nervoso fica excessivamente estimulado e a capacidade verbal fica evidente desde tenra idade. A autoafirmação é normalmente verbal e interpessoal; por isso em geral há um gosto pelo debate, argumentação ou competição intelectual. Naturalmente, isso pode estimular e alimentar alguns tipos de relacionamento, e dificultar bastante outros tantos. Mas, apesar da clareza das ideias que podem ser apresentadas com tanta fluência no abstrato, o impulso para agir decisivamente *na própria vida* é inibido por infindáveis análises de opções teóricas. Atividade intelectual e comunicação são as chaves para energizar essas pessoas, não só no plano mental como também no físico; *precisam estar mentalmente empenhadas em uma atividade para ter energia física suficiente para realizá-la.* Sua imparcialidade inata (ao contrário dos signos mais impulsivos que têm Marte em fogo ou água) os faz ser bastante cautelosos para entrar em ação, acrescentando um surpreendente conservadorismo às pessoas com Marte em signos de ar. Explico isso em mais detalhes no capítulo 8, que o leitor deve rever. Todos os posicionamentos de Marte em signos de ar exemplificam esse distanciamento e a tendência no sentido da análise anterior à decisão, embora Gêmeos e Aquário sejam mais experimentais do que a cautelosa e séria Libra.

Outras chaves para entender Marte nos signos de ar são as seguintes:

- A troca dinâmica de ideias é fisicamente energizante. *Conceitos* são muito mais reais que qualquer coisa no plano terrestre e motiva os desejos e o entusiasmo dessas pessoas. A partilha com quem tem afinidade intelectual, social ou política com elas também pode ser particularmente estimulante.

- Um genuíno interesse entusiástico no outro individualmente é natural para essas pessoas; e como elas demonstram isso, seus próprios objetivos e ambições podem ser mais facilmente realizados através de ajuda ou associação com outros. Por essa razão, vendas ou atividades promocionais, consultas ou aconselhamento e ensino são canais comuns para as energias de Marte em signos de ar.

- Com Marte (o planeta do desejo e do estímulo sexual) no intelectual elemento ar, uma notável quantidade dessas pessoas faz um estudo mental de comportamentos, tipos e categorias sexuais. São muito curiosos, mas mais voltados para o nível verbal e visual do que fisicamente dedicados. Frequentemente confundem sua excitação mental com ações em potencial; como um homem entrevistado, com Marte em ar, me contou: "Geralmente não quero sexo quando penso que quero. Tudo que quero é aterramento e afeição física no contato com outra pessoa" (EA). De fato, entrevistados com Marte em todos os três signos de ar especificaram voluntariamente que, na verdade, vinham ficando cada vez mais conscientes de não estar tão interessados em atividade sexual como pensavam. Evidentemente, as influências sociais (às quais os signos de ar são particularmente suscetíveis) moldam conjecturas e estimulam a curiosidade sobre sexo, embora sua sintonia energética inata – dependendo do restante do mapa natal – fosse em geral de um tipo totalmente diferente.

Marte em Gêmeos

Aqueles com Marte em Gêmeos invariavelmente têm habilidades verbais, sociais e/ou manuais altamente desenvolvidas que podem levá-los longe na vida. De fato, são conhecidos por sua versatilidade e frequentemente têm capacidades marcantes em múltiplos campos, uma característica que pode impedir que focalizem qualquer esforço durante tempo suficiente para torná-lo parte relevante de um plano de vida a longo prazo. Têm uma mente vivaz, infinitamente curiosa, que constantemente procura fazer *ligações* (talvez *a* palavra-chave de Gêmeos) entre ideias, pessoas ou experiências. Sua energia mental parece ilimitada, possivelmente porque não hesitam em partir para outro novo interesse, viagem ou relacionamento a cada poucos dias. Porém, essa tendência muitas vezes os leva a dissipar energias e talentos em uma miríade de detalhes insignificantes, ideias superficiais ou atividades sociais insípidas. *Comunicação* é outra obsessão de Gêmeos. As coisas vão bem nesse nível quando eles conseguem amenizar sua maneira um tanto agressiva de afirmar as próprias ideias, que pode degenerar em uma disposição beligerante ou às vezes numa atitude de "sabe-tudo". Se conseguirem evitar a tendência a meter os pés pelas mãos, podem ser bastante eficazes em qualquer profissão, como vendas ou marketing, relações públicas, ensino ou atividades literárias. Engenhoso, inventivo, inteligente e em geral com vocação para mecânica ou eletrônica, essa é a primeira pessoa que vem à mente quando se procura quem saiba mais sobre algum problema, detalhe ou solução incomum – um pouco como as "páginas amarelas". É um ponto de orgulho para essas pessoas o fato de terem uma multidão infinita de amigos e conhecidos de todas as categorias sociais; adoram exibir os amigos em sua vasta rede de contatos. Também podem ficar muito zangados com aqueles que não se dispõem a gastar tempo "encontrando" um monte de gente que nunca mais verão. A despeito da forte ênfase na agilidade mental, Marte em Gêmeos é também surpreendentemente comum em atletas talentosos, já que confere reflexos rápidos, mente alerta e – no seu melhor – um harmonioso alinhamento entre sistema nervoso, mente e coordenação motora mão-olho. De fato, é muito aconselhável que essas pessoas participem de atividades fisicamente ativas para contrabalançar e relaxar o lado mental da sua natureza.

A essência de Marte em Gêmeos

Eis as qualidades psicológicas centrais de Marte em Gêmeos:

- Afirmam-se de modo verbal, flexível, inteligente, comunicativo, por meio de capacidades variadas.

- O foco dos desejos muda rapidamente e amiúde; dispersam-se com facilidade. Expressam grande amabilidade; são muito bons em fazer ligações.

- A energia física e o impulso sexual são afetados por conversas, imagens ou ideias diferentes mentalmente estimulantes; têm uma mentalidade aberta.

Homens e mulheres com Marte em Gêmeos se distraem com facilidade e em geral são confusos sobre o que realmente querem nos relacionamentos. Seus interesses românticos e apaixonados podem mudar rapidamente, em parte porque – como tudo o mais na vida – eles são infinitamente curiosos em relação a sexo e jogos e trocas estimulantes das dinâmicas interpessoais. Mary Coleman escreveu: "O impulso sexual se dispersa [...] esvoaçando aqui e ali à procura de parceiros mais inteligentes e ligações mais divertidas" (PIC). De fato, essas pessoas precisam de estímulos mentais e verbais para manter a chama ardendo; assim, só vão encontrar um parceiro satisfatório se ele tiver um amplo espectro de interesses e capacidade de aprender sempre algo novo, ir a algum lugar diferente ou expressar uma observação original e estimulante. Como aqui muito da energia de Marte vai para a atividade mental, o impulso sexual não é tão forte, ao menos não fisicamente. Porém, em especial quando certos fatores são enfatizados no mapa natal, essas pessoas podem parecer extraordinariamente *interessadas* em sexo e fascinadas pelas variedades do erotismo.

Mulheres com Marte em Gêmeos costumam apresentar habilidades manuais ou musicais, quando não intelectuais. Têm uma jovialidade que faz delas, por exemplo, boas professoras para gente jovem. Adaptáveis e flexíveis, gostam de variedade e querem partilhar diversas atividades com o parceiro. Preferem conversar a ser fisicamente ostensivas e podem preferir uma festa ou um bate-papo a um encontro intenso. Têm o hábito de flertar e, todavia, muitas vezes têm dificuldade para concentrar-se no corpo quando as coisas vão além de demonstrações superficiais. Mulheres com Marte em Gêmeos sentem-se atraídas por homens inteligentes, verbais, divertidos e abertos ao novo. Alguém que as surpreenda ou que seja particularmente espirituoso despertará sua curiosidade de um jeito especial.

Homens com Marte em Gêmeos são conhecidos como galanteadores. Uma entrevistada disse que um homem com Marte em Gêmeos com quem ela se relacionara "queria também todo mundo" e sempre flertava praticamente com qualquer pessoa. Mas, se consegue sossegar e se concentrar em uma pessoa, ele vai querer impressioná-la mostrando o quanto é realizado, habilidoso ou inteligente. Costuma haver nesses homens um tipo de inocência de menino, que pode ser charmoso, embora às vezes também frustrante se o que se quer é clareza de intenções e compromisso verdadeiro. O uso frequente das mãos para fazer contato com os outros parece ser característico desses homens, e não quero dizer apenas apalpadelas! Eles tendem a ser bastante demonstrativos com as mãos com todos os tipos de amigos de ambos os sexos. Afinal, precisam estabelecer uma *ligação*, e se as palavras não conseguem fazê-lo a contento, um contato leve com a mão talvez consiga.

Eis algumas observações importantes a respeito da natureza de Marte em Gêmeos retiradas de livros, entrevistas e questionários:

- Uma mulher de 30 anos que conheceu quatro homens com Marte em Gêmeos comentou no questionário: "Parecem estar genuinamente interessados nos pensamentos dos outros. Querem uma resposta verbal. Um deles disse que gostou de mim porque eu penso tão diferente dele [...] Gostam de conversar sobre como se sentem, e às vezes fazem jogos de palavras. Também parecem gostar de comentários espirituosos, desde que captem o significado na hora e deem risada" (QA).

- Outra mulher fez estes comentários: "São muito abertos à experiência sexual - curiosos, mentalidade aberta, querem tentar qualquer coisa ao menos uma vez, por assim dizer [...] Gostam de uma ligação comunicativa com as parceiras sexuais [...] As indicações de impulso sexual desse posicionamento de Marte parecem ser mais fortes para as mulheres do que para os homens: eles ficam mais contentes de pensar ou conversar sobre sexo, enquanto as mulheres são mais predispostas a sair e fazer" (QA).

- Grant Lewi faz algumas observações particularmente argutas sobre Marte em Gêmeos: "Raramente se entedia ou é enfadonho, mas pode esgotar os outros ou a si mesmo com a ferocidade do seu ataque na vida. Extraordinariamente consciente do mundo ao redor; suas percepções sensoriais são penetrantes, ágeis, provavelmente exatas, e é volúvel ao expressar o que absorve. A energia flui naturalmente da língua, é melhor falante que ouvinte [...] Com qualquer força concentradora, esta posição agrega valor; sem isso, espalha suas energias [...] Para ter a mente sã, é preciso ter o corpo são. Marte em Gêmeos precisa tomar cuidado para não negligenciar seu bem-estar físico por deixar suas energias represadas nas piscinas da mente" (AFM).

- Uma entrevistada muito perspicaz mencionou o seguinte sobre homens e mulheres com esta localização de Marte: “Para pessoas com Marte em Gêmeos, falar *é* fazer alguma coisa! Eles são bons em ligar-se com as pessoas e muitas vezes brincam de casamenteiros. Podem ser um tanto fofoqueiros. Nunca revele a eles nada que você queira manter em segredo” (EA).

Marte em Libra

Quando o planeta da agressão e da *auto*afirmação está localizado no signo dos relacionamentos e da cooperação, inevitavelmente há uma tensão dinâmica dentro da pessoa. Costuma haver alguma dificuldade de saber exatamente o que se quer e de expressar uma atitude ou objetivo consistente. Assim, não é fácil realizar os desejos, porque o *modus operandi* é indeciso, permitindo que a frustração e a raiva se desenvolvam. Por exemplo, um charme encantador pode subitamente mudar para uma frustrante expressão de brusca integridade de caráter. A energia física e o estado da mente dessas pessoas são fortemente afetados pelas pessoas com quem se relacionam e também por influências estéticas, e sua contínua busca por igualdade também causa infinitas discussões. Vamos examinar algumas das suas muitas tendências conflitantes. Marte quer confronto, enquanto Libra (signo regido por Vênus) busca cooperação. Apreciam (Vênus) argumentação e debate (Marte), especialmente porque uma agudeza mental incomum em geral acompanha esta localização e com frequência se expressa como competição intelectual ou como uma ambição profissional ou artística de longo prazo. Essas pessoas podem ser persuasivas ou argumentativas, dependendo do lado para o qual pende a balança de Libra no momento. São pessoas totalmente imprevisíveis, com tendência a vacilar constantemente. Pesam tudo na mente, incluindo como imaginam que os outros vão reagir a possíveis atos seus. O rústico planeta Marte no refinado e amável signo de Libra pode resultar em muitos outros contrastes impressionantes: afeição ardente em um momento e frieza desinteressada no momento seguinte; ou uma notável sensibilidade artística em uma situação e gostos ou expressões vulgares em outra. Tantos conflitos inerentes surgem na personalidade com Marte em Libra porque há uma constante busca pelo equilíbrio perfeito na vida, na expressão, no amor e no sexo. Mas a ambiguidade e a indecisão resultantes podem levar a própria pessoa e os outros à loucura. Marte aqui *energiza* de maneira vigorosa o signo conhecido pela *parceria*, mas, como um questionário mostrou resumidamente, "Marte em Libra é exasperante. No momento em que decide se quer você ou não, você já não está interessado" (QA). A ambiguidade e imprevisibilidade desta localização foram resumidas por uma mulher com Marte em Libra, que escreveu: "Marte em Libra produz uma grande necessidade de *entender* a fim de ter base para *agir*, levando a análises intermináveis, em geral seguidas de ações impulsivas totalmente em contradição com os resultados das análises" (QA).

A essência de Marte em Libra

Eis as características psicológicas centrais de Marte em Libra:

- Afirmam-se de modo social, cooperativo, charmoso, com um interesse direto e bastante energético em relacionamentos íntimos.

- Iniciativa e impulso são direcionados de modo diplomático e tático no sentido do equilíbrio, da justiça e da harmonia.

- A energia física e o poder de decisão são fortemente afetados por relacionamentos próximos e influências estéticas, e podem ser prejudicados pelo desejo de pesar bem todas as opções.

Como já foi mencionado, Marte em Libra está sempre buscando o equilíbrio perfeito, e isso se aplica também à sua imagem de relacionamento ideal. Para homens e mulheres com esta posição planetária, o problema é que (consciente ou inconscientemente) estão sempre *comparando* as pessoas quando agem a partir de sua forte atração pelo sexo oposto. Isso torna difícil viver no presente e apreciar uma pessoa em particular com a qual estejam envolvidos no momento e que possa ter verdadeira afeição por eles. Ambos os sexos são muito *interessados* em romance e relacionamentos, e às vezes até fazem um estudo bem detalhado disso. Também são absolutamente *dependentes* nas interações regulares e próximas – seja com um parceiro ou com amigos *próximos* –, encarando-as como uma fonte de energia e direção na vida. Tendem a ter uma atitude bastante refinada no sexo, e querem que seja muito pessoal – às vezes um pouco formal ou polido –, mas certamente atencioso e não maculado por insolências ou "comportamentos animalescos" demais. Embora Marte em Libra seja frequentemente tão "agradável" quanto apologético, entrevistas e questionários revelam que muitas vezes é visto pelos outros como extremamente frio, principalmente quando o parceiro quer mais que uma conduta amena. Como acontece com a localização de Marte em *todos* os signos de ar, imagens mentais *criam* excitação emocional e sexual, mas são mais como *reflexos* das emoções reais e profundas que experiências diretas e intensas.

Mulheres com Marte em Libra oscilam entre a ação agressiva e a passividade, entre o desejo sexual energético e o romance suave. Marte, poderoso e voluntarioso, em um signo associado com o afetuoso e artístico Vênus produz personalidades imprevisíveis e fogos de artifício nos relacionamentos, assim como uma criatividade digna de nota, tanto verbal como artística. Precisam de relacionamentos próximos e da energia e do estímulo que eles proporcionam, mas sua necessidade de aprovação através de atenção ou afeição parece induzi-las a iniciar muitos relacionamentos pela excitação inicial em vez de trabalhar com afinco para sustentar uma parceria através da disciplina e de deveres práticos. Quando conseguem assumir um compromisso – e manter suas fantasias sob controle e seus hábitos de vida aterrados em uma perspectiva de longo prazo –, podem se beneficiar de uma *energia muito mais estável* e uma noção mais clara do que realmente querem realizar na vida. Sentem-se atraídas por homens inteligentes, cultos, sofisticados e de preferência muito bonitos. Se não forem bons com as palavras, é melhor que sejam exuberantes ou sintonizados com as artes. A justiça é quase um deus para elas, que insistem em relacionamentos em que tudo é dividido "meio a meio"; parte do trato é que ela tenha seu próprio espaço e atividade social e intelectual independente. Em prol dos seus interesses e da necessidade de um relacionamento próximo, essas mulheres não querem relações muito intensas, e isso se aplica também ao sexo. Como disse uma entrevistada: "Só não tenho muita resistência" (EA). (A expressão da energia dependerá igualmente, porém, de outros fatores do mapa natal.) Essas mulheres são esteticamente minuciosas, e isso influencia muito suas preferências na atividade sexual. Uma mulher com Marte em Libra enfatizou na entrevista que aprendeu os procedimentos sexuais com a leitura de poesia e romances. Mulheres com esta localização são muito *pessoais*, e – como ficou demonstrado em muitas entrevistas e questionários – também extremamente *visuais*. A maioria gosta de manter alguma luz acesa enquanto faz amor, para assim poder concentrar-se na *pessoa* do parceiro, e não apenas no corpo ou nas emoções, como é mais comum. Mulheres com Marte em Libra gostam de se aquecer no prazer pessoal de se dar.

Homens com Marte em Libra equilibram sua expressão de masculinidade e do ego do macho com uma surpreendente delicadeza e muita atenção às necessidades e reações da outra pessoa. Dos que responderam aos questionários, mais de uma pessoa enfatizou que homens com esse posicionamento são, de modo incomum, atenciosos com as mulheres não apenas de maneira romântica e sexual, mas em todas as áreas da vida. Gostam da companhia das mulheres e são inspirados pela beleza. Sua clara preferência por relacionamentos pacíficos, suavemente agradáveis, faz que não gostem de discussões ou histeria emocional, por querer manter tudo no plano racional. Mas em alguns casos o desejo de agradar a parceira leva-os a ser dominados de várias formas. Em geral sentem-se à vontade deixando a mulher assumir o comando. Precisam *desesperadamente* de estímulo e interação romântica para energizar sua vida física e criativa, e preferem uma atitude mais pessoal na expressão sexual.

Eis algumas observações perspicazes sobre Marte em Libra retiradas de entrevistas, questionários e anotações:

- Um homem com Marte em Libra escreveu: "Muito da minha energia vai para as ideias e para pensar sobre projetos que quero iniciar. E, naturalmente, para pensar nos relacionamentos. A maior parte do tempo fico remoendo ideias, escrevendo artigos e discursos na mente. E coloco muita energia nos relacionamentos pessoais" (QA).

- Um bom número de pessoas, tanto nos questionários quanto nas entrevistas, tocou em um ponto comum para Marte em Libra que raramente é descrito na literatura astrológica. É até difícil resumir esse consenso, mas ele fala de coisas marcantes: a delicada leveza do toque, a alternância entre dar e receber, proximidade e distância. Vejam as seguintes citações colhidas nas respostas de diversas pessoas:

- Uma mulher disse: "Sexo é um jogo de adultos, mas precisa ser relaxante" (EA).

- Um homem observou como uma mulher com Marte em Libra foi capaz de resgatar a proximidade quando se desenvolveu certa distância entre eles: "Com frequência ela estava ativamente apaziguando – geralmente através do sexo – quando havia atrito no relacionamento. E tomou a iniciativa de resolver os problemas durante os momentos de stress ou irritação" (EA).

- Como uma mulher afirmou a respeito de homens com Marte em Libra, eles têm uma atitude leve, brincalhona, que dá muito espaço para a mulher (que pode ser percebido como espaço *demais* por mulheres mais de água ou terra), e mulheres de ar sentem que essa atitude conduz à sua livre expressão. Ela descreveu esse tipo de atitude do homem como "tocar e soltar, tocar e soltar alternadamente – uma vibração brincalhona bem solta, nem um pouco intensa ou possessiva" (EA).

- Um homem, comentando sobre uma mulher com Marte em Libra, também enfatizou as reações *sutis* deste posicionamento: "Não vigorosa nem visível mas suavemente orgástica – uma série de aberturas para diferentes níveis" (EA).

- Comentários de uma entrevista com uma mulher particularmente franca com Marte em Libra expandem o quadro ainda mais. Ela fez um estudo informal comparando homens de diferentes nacionalidades e culturas e seus estilos na cama, e também destacou: "Distribuir sexo fácil certamente me tornou popular." Ela passou boa parte dos seus anos de faculdade argumentando e, de um jeito meio indelicado, "provocando conflito mesmo quando tudo estava bem". Constatou que o conflito é estimulante (Marte [conflito] em Libra [interação pessoal]), e disse: "Detesto pessoas que sempre querem abrandar as coisas com os outros" (EA).

- Grant Lewi acrescenta algumas observações bastante corretas: "Marte em Libra precisa se empenhar seriamente numa verdadeira cooperação de espírito, em vez de ser alternadamente meigo como um cordeiro e louco como uma vespa [...] Requer moderação nos instintos sociais e amorosos, que tendem a dominá-lo, desequilibrar sua vida e arruinar sua paz" (AFM).

- "Homens e mulheres com Marte em Libra são ótimos para promover o *parceiro*, ainda que às vezes negando as próprias necessidades. Não são muito motivados nem muito originais, mas são boas pessoas para ter na *equipe*" (EA).

Marte em Aquário

Quando o planeta da afirmação individual e da independência pessoal se encontra no signo da liberdade descomprometida e da rebeldia, a combinação resulta em uma expressão de energia particularmente imprevisível – às vezes manifestando-se como uma originalidade notavelmente inovadora, e outras vezes como um *antagonismo* que beira o excêntrico ou a pura esquisitice. O extremismo caracteriza algumas das suas ideias, e eles têm uma predileção – especialmente na juventude – por soluções revolucionárias que prometem uma reforma fácil da sociedade, organizações ou campos de estudo. No seu melhor, expressam fortemente uma grande objetividade e paixão pelo conhecimento com uma atitude experimental *verdadeiramente científica* baseada na experiência atual e em tentativa e erro, e não no dogma materialista conservador. Essas pessoas têm uma vontade extremamente forte, embora muitas vezes isso não fique evidente no primeiro contato, pois em geral estão totalmente sintonizadas com as expectativas sociais. Assim, tentam entender-se bem com todo mundo, mas também podem ser arrogantes, especialmente sobre o que pensam que *sabem*. Ainda, sua certeza sobre o que sabem pode ter várias vantagens em muitos campos. Por exemplo, alguns professores pacientes e muito eficientes têm essa localização, e esse trabalho constitui um bom canal para essa energia. Outros focos profissionais comuns em que eles se distinguem são as causas humanitárias, os avanços científicos e o ativismo social. Tendem a ser muito energizados por grupos, portanto é comum estarem envolvidos em trabalhos com organizações, muito frequentemente em posição de liderança. De fato, planejar para o futuro ou ter um senso de missão sobre o grupo ou objetivos intelectuais costumam ser as verdadeiras paixões dessas pessoas.

A essência de Marte em Aquário

Como muitos dos meus bons amigos têm esta localização, há muitos anos tenho estado particularmente atento às características psicológicas centrais de Marte em Aquário:

- Afirmam-se de modo inteligente, individualista, excêntrico e independente.
- A realização de objetivos pode ser prejudicada pela rebeldia, mas anseios reformadores e revolucionários podem ser canalizados em inovações criativas.
- A energia física e o impulso sexual são estimulados por um senso de liberdade, experimentação e excitação com novas possibilidades e ideias; imparcialidade e objetividade científica podem ocultar a expressão das emoções e dos desejos apaixonados.

Dada a sua lealdade inata, mas também seu desejo ardente e rebelde de liberdade e experimentação sem restrições, homens e mulheres com Marte em Aquário podem ser paradoxalmente caracterizados como "fiéis, mas não muito". Aquário é um dos signos mais leais, e as pessoas com esta localização frequentemente permanecem comprometidas por décadas não apenas a pessoas importantes na sua vida, mas também a certas ideias, causas, ideais ou princípios. E essa lealdade, junto com uma aguda consciência de seus princípios e crenças, tem um impacto direto na sua atitude em relacionamentos próximos e parcerias potenciais. Outro paradoxo que afeta sua atitude nos relacionamentos é que, embora acreditem em bastante liberdade como uma questão de princípios, também adoram estar *certos* e *no controle*. Geralmente muito observadoras em encontros românticos e sexuais, essas pessoas ficam, contudo, desinteressadas e distantes quanto ao que friamente consideram suas próprias experiências. Em função disso, costumam ser desajeitadas quando ocorre a real participação no sexo ou outras formas de contato físico. Parecem estar presas na cabeça e têm problemas para relaxar a mente muito nervosa o suficiente para mergulhar no corpo e nos sentimentos. É como se sentissem um enorme abismo entre sua atitude mental com relação a experiências íntimas e as verdadeiras exigências da troca física e emocional, com os embaraços resultantes. Isso faz que fiquem até mais cautelosas na hora de se envolver com alguém.

Mulheres com Marte em Aquário são – para dizer o mínimo – não convencionais. Não querem nada com os tradicionais papéis sociais femininos; de fato, rebelam-se energicamente contra eles. A primeira motociclista vestindo jaqueta de couro que conheci (trinta ou quarenta anos antes que isso se tornasse comum), tinha essa localização de Marte. Essa mulher também foi presa uma vez por tomar banho de sol nua no gramado em frente a sua casa. (Naturalmente, como seu Sol também estava em Aquário, ela foi um exemplo extremamente afirmativo dessa localização!). Imprevisibilidade é a única coisa previsível nessas mulheres. E, assim, como era de prever, sua atitude no sexo não é convencional, mas experimental e rebelde, e também totalmente guiada por seus conceitos e teorias. Por isso, embora tenham uma mentalidade aberta, por natureza muitas dessas mulheres são tão mentalmente desapegadas que chegam a ser até certo ponto assexuadas. (Isso depende muito de outros fatores no mapa.) Não sendo realmente conhecidas por cultivar o erotismo ou uma expressão fácil da afeição ou da paixão através dos canais físicos ou emocionais, essas mulheres são, talvez, as mais sexualmente impacientes de todos os signos de Marte (embora possa haver uma competição acirrada com as que têm Marte em Áries, que sempre querem ser as primeiras). Sentem-se naturalmente atraídas por quem reconhece sua necessidade de liberdade, e assumem mesmo um compromisso consigo mesmas em relação a isso, assim como uma vida intelectual e um estilo original, socialmente consciente e estimulante. Outra característica surgida em algumas entrevistas e questionários é que até a expressão sexual desta localização de Marte é aleatória e imprevisível. Ocasionalmente, essas pessoas aparentemente frias e indiferentes subitamente podem surpreender e até chocar a outra pessoa com investidas agressivas e impulsivas, como se seus instintos tivessem finalmente superado as barreiras mentais.

(Nota: Muitas observações do último parágrafo também podem se aplicar aos homens com Marte em Aquário, porque há menos contraste entre modos de expressão em homens e mulheres deste signo de Marte do que de qualquer outro. Talvez seja porque, de todos os 12 signos do zodíaco, esta seja a sintonia de Marte *menos relacionada* com a dimensão física da vida.)

Homens com Marte em Aquário surpreendem outros com suas percepções e ideias imprevisíveis e frequentemente singulares, que expressam às vezes com humor afiado. Eles mesmos não controlam quando essa originalidade irá aflorar, mas são estimulados intelectualmente por isso. Em um cenário romântico ou de potencial parceria, é importante para eles ostentar o ego masculino mostrando o quanto são inteligentes e sofisticados social e intelectualmente. Parecem amar o gracejo verbal e o flerte inicial de um romance, às vezes mostrando pouco interesse no sexo físico e sendo absolutamente passivo emocionalmente. Uma mulher entrevistada observou o semblante de inocência erótica dos homens com Marte em Aquário e os descreveu como tendo um "jeito de garoto bonitinho" (EA). Outros os descreveram como temperamentais e erráticos, e também frustrantemente imprevisíveis nos relacionamentos. Há um orgulho significativo nesses homens, mas os problemas surgem quando eles insistem em ser tratados não apenas com consideração, mas também, em alguns casos, com *excessivo* respeito, o que obviamente os distancia de qualquer pessoa com quem possam querer ter um contato próximo.

Eis algumas observações particularmente perspicazes sobre Marte em Aquário colhidas em entrevistas, questionários e outras fontes:

- Uma mulher de muito discernimento escreveu: "Mulheres com Marte em Aquário são inclinadas à intelectualidade; gostam de conceituar, filosofar e argumentar. Precisam de muita estimulação mental da parte das outras pessoas e sentem-se atraídas por homens com desenvoltura social. Mas tendem a ser um tanto dominadoras – apegadas aos próprios hábitos e não exatamente flexíveis; indóceis, não se prendem com facilidade a qualquer tipo de compromisso. Sua energia também não é lá muito consistente: às vezes, grandes surtos de energia e ambição; em outros momentos, nenhum entusiasmo ou energia. É ou muito ligada, ou totalmente desligada. Não são muito pessoais na atenção que dedicam aos outros; têm dificuldade de concentrar-se nas pessoas individualmente, pois têm uma percepção do coletivo que se sobrepõe ao individual, de modo que as pessoas são vistas mais como 'tipos', e não como seres singulares" (QA).

- Um homem de 38 anos comentou em uma entrevista sobre duas mulheres com Marte em Aquário com quem teve relacionamentos curtos: "As duas eram realmente interessantes e tinham interesses variados e incomuns, e ficavam bem animadas com ideias novas e com o próprio desenvolvimento. Mas na cama eram não só extremamente impacientes, mas também incrivelmente insensíveis. Gosto de mergulhar na energia da outra pessoa e vivenciar totalmente a intimidade, partilhando profundamente o encontro, e não gosto de me apressar. Uma delas, bem no meio do ato sexual, deixou escapar: 'Você ainda não acabou?' A outra, na manhã seguinte, repeliu meu interesse por mais sexo dizendo assim de chofre: 'Esqueça. Você demora muito!', sem muito mais do que um abraço e um sorrisinho malicioso" (EA).

- Debbi Kempton Smith é bastante clara em suas impressões sobre este signo de Marte: "Notável em técnica – quando *se dá ao trabalho* –, mas muito lento para entender. Paixão é *agradável* (sua palavra favorita), mas tem medo de se apaixonar. Quer muito se apaixonar, quando vai além de certo ponto a intimidade o apavora. [...] Isso o faz sentir-se bem e seguro, e terrivelmente solitário. É brilhante e precisa de uma parceria inteligente, mas por causa de sua postura bizarra de "me ame ou me deixe", só pessoas incautas vão se aproximar. Mas isso tem solução: esquecer as aparências, voltar-se para uma boa causa. Quando arde de fervor para fazer do mundo um lugar melhor e leva isso a sério, Marte em Aquário é o maior. Então, alguém precioso para seus objetivos grandiosos vai surgir [...] Marte em Aquário acha que é um rebelde inflexível, e tem aversão a fazer o que se espera dele em uma sociedade civilizada. Considera isso piegas. E não se dá conta de que fere as pessoas e age de modo grosseiro" (SSN).

- Uma mulher bastante perspicaz com Marte em Aquário falou especificamente em termos de *energia* ao responder ao questionário. Acho que tudo o que ela disse realmente se aplica a ambos os sexos com essa localização de Marte, e o tipo de fluxo de energia que ela descreve pode se aplicar também a pessoas com Sol ou Lua em Aquário: "Minha energia é extremamente esporádica, alternando entre surtos de atividade e períodos de letargia. Gosto de conceituar e pensar sobre as coisas mais do que executá-las. Sempre senti que se esse tipo de fluxo de energia estivesse relacionado a uma metáfora para o processo respiratório [repare na referência ao elemento ar! – SA], meu fluxo particular seria ofegante, e não uma inspiração e expiração estável. Sempre pareço estar do lado de fora de mim mesma, analisando o que estou fazendo [...] No âmbito sexual, funciono quase do mesmo jeito, ofegante; ou tenho uma ideia fixa de satisfação, ou não estou nem um pouco interessada, e de um modo ou de outro minha mente está sempre muito mais envolvida que meu corpo" (QA).

- As observações de Grant Lewi fornecem uma perspectiva diferente para esta localização ocasionalmente desconcertante de Marte: "São pessoas muito nervosas. Traduzir sua energia à parte dos nervos e canalizá-la para o progresso social e material é alcançar o melhor que esta posição tem a oferecer. [...] Pode se acostumar aos próprios métodos e desejos [...] e se passar por dificuldades no mundo [...] tenderá a ter pena de si mesmo, e talvez a se consolar de uma forma que impede seu progresso" (AFM).

16
Marte nos signos de água

Marte em qualquer um dos signos de água combina energia com intensidade emocional; assim, pessoas com esta localização reagem fortemente a todas as experiências da vida, e demonstram estar emocionalmente sobrecarregadas de compromissos, ambições e desejos. Essas pessoas são direcionadas para certos objetivos ou desejos por forças inconscientes e quase sempre compulsivas; e frequentemente se afirmam de formas bastante *indiretas*, de modo que muitas pessoas acham difícil decifrá-las. Marte em signos de água prefere um *modus operandi* intuitivo, sutil e discreto para alcançar seus objetivos. E em geral são só parcialmente conscientes das próprias ambições e intenções, até testar como se *sentem* vivenciando-as. Em resumo, profundas *aspirações* – tanto com relação à segurança quanto ao significado da vida – motivam boa parte do comportamento e das atitudes de Marte no elemento água. E, de fato, essas motivações profundas são mais reais para eles que qualquer ideia ou consideração prática. (Consulte o capítulo 8 para rever comentários anteriores sobre Marte neste elemento).

Outras chaves para entender Marte nos signos de água são as seguintes:

- Realizar as coisas através de métodos intuitivos é natural para essas pessoas. Seus objetivos e desejos básicos geralmente ficam escondidos dos outros, e às vezes são um mistério até para elas mesmas. Pessoas com Marte em signos de água devem proteger suas reações sensíveis; de fato, costumam ser consideradas *sensíveis demais* quando vistas da perspectiva do brutal mundo exterior. Suas intenções veladas, mas persistentes, podem frustrar os mais prosaicos ou rudes. Porém, sua atitude aparentemente indireta muitas vezes pode render resultados criativos de forma surpreendente. Como disse no questionário uma pessoa com Marte em Câncer: "As pessoas não se dão conta do quanto tenho conseguido e do quanto afirmo minha vontade simplesmente não demonstrando; não saio gritando e mandando. Eu me movimento por canais mais discretos" (QA).

- Para pessoas com Marte em água, o corpo físico é meramente um condutor para expressar a energia emocional concentrada, e a partilha sexual implica, invariavelmente, emoções fortes e muita sensibilidade. Essa energia física agressiva aumenta na medida em que a pessoa se sente segura e emocionalmente íntima em relação ao parceiro.

- As características intuitivas encontradas em pessoas com Marte em signos de água conferem a elas capacidades singulares no que se refere a resolver problemas, capacidades que podem ser úteis em todo tipo de profissão ou campo de atuação. Essas pessoas também são particularmente agraciadas com o dom de lidar com outras pessoas em qualquer situação que exija atenção e empatia ativas. As artes da cura e profissões auxiliadoras são, por isso, áreas nas quais elas se destacam, embora sua intuição aguçada também possa ajudá-las a vencer nos negócios, em pesquisas, ensino ou planejamento estratégico.

Marte em Câncer

Aqueles com Marte no hipersensível e melancólico signo de Câncer podem ter problemas em demonstrar o que realmente sentem ou querem. Porém, quando têm sucesso ao expressar essa sensibilidade e revelar seus sentimentos pessoais, o parceiro pode se sentir mais próximo, de um modo especialmente íntimo. Realmente, todo o comentário introdutório a este capítulo pode ser diretamente aplicado ao entendimento do *modus operandi* de Marte em Câncer em todas as áreas da vida. (Talvez seja bom reler os parágrafos iniciais deste capítulo!) Aqueles com esta localização são tão frequentemente vagos e inconscientes quanto ao que *realmente querem* que as outras pessoas podem sentir que eles estão intencionalmente evitando questões e se esquivando de reconhecer os próprios desejos legítimos. Portanto, quem lida com pessoas com Marte em Câncer costuma sentir uma frustração considerável ao tentar imaginar o que está acontecendo ou deduzir uma expressão nítida de preferência ou intenção dessas almas indefiníveis. Pessoas com Marte em Câncer às vezes parecem simplesmente estar se escondendo, não admitindo o que realmente querem, o que, claro, é uma proteção eficaz contra o fracasso e – nos relacionamentos – contra a rejeição. Ainda não estou muito certo do grau de consciência de algumas dessas pessoas com relação a seus verdadeiros desejos; sei que, no fundo, Câncer é um signo tenaz e objetivo, e então acho que estão sempre jogando e só não querem ser subjugados. Costumam ter um compromisso *emocional* bem focalizado em um objetivo. Há, de fato, uma inocência infantil nessas pessoas, assim como nos jogos que estabelecem na vida; isso pode ser parte do seu charme, desde que não se peça a elas uma resposta definitiva e concreta.

A essência de Marte em Câncer

Apurei as seguintes características psicológicas centrais de Marte em Câncer com base em muitos anos de observação não só de clientes, mas também de muitos bons amigos com esta posição planetária:

- Afirmam-se de modo sensível, tímido, indireto, intuitivo e simpático.

- Iniciativa e força de vontade podem ser prejudicadas pela melancolia e cuidadosa autoproteção, mas são capazes de ações destemidas para ajudar pessoas queridas; preservam a tradição e as próprias raízes.

- A energia física e sexual é estimulada quando se sentem cuidados e protegidos; medos inconscientes e vulnerabilidades podem inibir ação decisiva.

Homens e mulheres com Marte em Câncer tendem a ter um forte interesse em sexo, o que surpreende muito, pois costumam ser muito tímidos e reservados na sua expressão pública. Marte em Câncer combina agressividade sexual com passividade e receptividade. Há muito de um toma lá dá cá emocional com o parceiro, e quanto mais existir fluxo emocional e vínculo, mais sexualmente estimulada a pessoa se sente. Em geral simpáticas e compreensivas, essas pessoas querem ser queridas e necessárias; e têm a habilidade de fazer o parceiro também se sentir necessário de um jeito íntimo. Como uma mulher disse em sua resposta ao questionário: "Atenciosos e preocupados com os sentimentos do parceiro – parecem gostar de ficar muito próximos da pessoa com quem estão se relacionando. Donos de uma personalidade calorosa, têm a capacidade de fazer o parceiro sentir-se querido" (QA). Ambos os sexos sentem-se atraídos por pessoas que obviamente precisam de ajuda, apoio, estímulo ou outro tipo de cuidado. Em alguns casos isso pode levá-los a envolver-se com alguém particularmente carente ou manipulador, cronicamente dependente ou depressivo. Assim, é importante que pessoas com esta localização de Marte identifiquem seus sentimentos e esclareçam suas motivações em qualquer relacionamento íntimo; mas isso naturalmente é o que eles consideram mais difícil de fazer. Sua melancolia, medos e preocupação com a própria vulnerabilidade emocional podem diminuir a clareza do pensamento, reduzir a iniciativa e também inibir o impulso sexual. Mas até quando têm clareza quanto ao que querem, sua atitude é bastante *indireta* e raramente dizem o que estão pensando.

Mulheres com Marte em Câncer adoram proximidade e intimidade, e sexo é um dos meios de sentir esse vínculo. Querem segurança e empatia emocional. Com seu estilo e sua energia arquetípica feminina, essas mulheres podem se afinar muito bem com os homens, física e emocionalmente. Simpatizam com eles, sobretudo com os gentis e sensíveis, por quem se sentem especialmente atraídas – homens educados, protetores, caseiros, tranquilizadores e até um pouco apegados. De fato, esta é uma das contradições da sua natureza: embora possam dizer que querem um homem forte, afirmativo, autossuficiente, no fundo preferem um sujeito mais fraco, passivo ou particularmente necessitado. Essas mulheres precisam de alguém com quem possam se relacionar maternalmente, querem dominar o relacionamento e sobretudo a vida doméstica. Tendem a primeiro submeter-se à vontade do homem e depois ressentir-se disso! Outros problemas se desenvolvem no relacionamento quando o homem se torna independente e automotivado, ou seja, impossível de dominar. Nesse caso, a mulher pode julgá-lo muito antipático e queixar-se de certa insensibilidade, ausência e por aí afora. Assim, esta posição é um paradoxo em muitos níveis.

Homens com Marte em Câncer são em geral muito amáveis e capazes de ser tão tradicionalmente românticos que pode até parecer que se desmancham diante da parceira. Provavelmente capazes de entender as necessidades da maioria das mulheres melhor que qualquer outro signo de Marte, os homens com Marte em Câncer são também os mais domésticos de todos, em geral excelentes cozinheiros, bons em jardinagem e outros afazeres caseiros. São instintivamente protetores e costumam se esforçar com seriedade para ser bons provedores de um modo tradicional. Há sempre uma forte ênfase no lar e em temas de família (tanto os atuais como os do passado do grupo familiar), mas – embora normalmente gostem de suas crianças e sejam muito ligados a elas – alguns homens com esta localização de Marte parecem totalmente impacientes com os filhos ou parecem aceitá-los como muito verdadeiros a ponto de ignorar suas *verdadeiras* necessidades pessoais. Há um jeito fácil de perturbar esse homem: agir de modo impaciente, dominador e insensível. Quando os sentimentos desses homens são feridos, eles instintivamente se retraem; e você poderá não ver mais demonstrações de seus verdadeiros sentimentos nem detectar nenhuma evidência de interesse erótico da parte deles durante anos se eles se sentirem realmente rejeitados.

Eis algumas observações especialmente perspicazes sobre Marte em Câncer, retiradas de entrevistas, questionários e anotações:

- Debbi Kempton Smith aponta o quanto essas pessoas são *amáveis* (realmente com qualquer um), e como costumam ser vítimas de pessoas mal-intencionadas, que tentam tirar vantagem delas – por conta da sua inocência quase simplória ou da sua simpatia. Ela escreve: "Marte em Câncer é muito sensível às necessidades emocionais do parceiro porque é genuinamente bondoso, o melhor para manter um companheiro, mais que qualquer outra posição de Marte. Então, relaxe. Acredite em si mesmo para ganhar a simpatia das pessoas sem alarde, com sua compreensão suave, discreta e doce – a boa e velha escola da sedução indireta" (SSN)

- No livro *Manual Teórico e Prático do Astrólogo*, Julia Parker expressa lindamente alguns dos finos atributos de Marte em Câncer: "Aqui, Marte assimila a tenacidade de Câncer, impulsionando incrivelmente o esforço para atingir tudo o que é importante para a pessoa [...] Esta é uma posição maravilhosamente sensual para Marte, e a expressão e o prazer no sexo costumam ser muito envolventes; além disso, uma característica delicada e intuitiva proporciona uma percepção instintiva das necessidades do parceiro" (AHB).

- O tema da *contenção* se destaca em várias entrevistas e questionários – um dado interessante, porque Câncer, tradicionalmente, tem sido associado com útero. Todas as pessoas com Marte em Câncer, de ambos os sexos, parecem adorar aninhar-se, se apegam a qualquer lugar seguro e cálido, e, de fato, às vezes podem se apegar ao parceiro de uma forma tão sem limites que ele se sente sufocado. Um homem cujo único planeta no signo de Câncer era Marte revelou na entrevista uma descoberta bastante pessoal, provavelmente só porque eu o conheço bem e tenho sua confiança: "Meter-me entre os lençóis me faz sentir como se estivesse numa espécie de útero e permite o despertar sexual. Preciso me sentir protegido e enroscado na outra pessoa e reciprocamente acolhido por ela. Preciso sentir que há um lugar quentinho para mim" (EA). Outro homem, que não tem nenhum planeta em Câncer, afirmou: "Conheci uma grande quantidade de mulheres com Marte em Câncer, e todas tinham uma resposta sexual rápida e gostavam de ter o homem *dentro* delas; gostam de *conter* o parceiro, não só de brincar ou representar" (EA).

- Uma mulher com Marte em Câncer comentou no questionário: "Às vezes penso que meu Marte em um signo de água indica o fluxo e refluxo da minha necessidade de sexo, à maneira das marés. Às vezes fico bem ligada em sexo, e em outros momentos passo muitos dias sem pensar nisso. Acho que em mim também há muita bobagem emocional ligada a essa área, e Marte no elemento água indica isso" (QA).

- Os escritos de Grant Lewi confirmam um padrão que apareceu bastante em minha pesquisa: "Mulheres com esta localização têm um jeito curioso de ser senhoras da situação ao mesmo tempo que acham que querem um homem forte e corajoso para defendê-las do mundo. Homens com esta posição frequentemente são dominados por suas mulheres ou por tendências psicológicas enraizadas na herança materna" (AFM).

Marte em Escorpião

Quando Marte está em Escorpião – signo do qual é o "planeta regente" desde os tempos dos antigos gregos –, sua expressão é particularmente vigorosa. Liderança dinâmica, um forte senso de missão, compromissos passionais, desejos intensos, e um conhecimento intuitivo baseado na confiança em suas sensações viscerais são algumas das características expressas por pessoas com Marte em Escorpião. Certamente essa é uma das localizações mais intensas para Marte, e seu poder flui para qualquer coisa que essas pessoas façam, incluindo relacionamentos e sexualidade. O que quer que elas toquem, fazem-no com persistência, resistência energética e um envolvimento profundo. Julia Parker escreveu: "Há um extraordinário senso de propósito e determinação..." (AHB). Seu método de operação é intuitivo, mas muito calculado, e se baseia em uma investigação minuciosa de todos os fatores envolvidos e suas implicações – embora a maior parte dessa "investigação" seja realizada pelo subconsciente e comunicada à consciência por meio de sensações viscerais. De qualquer forma, é preciso muito para fazê-los desistir quando se comprometem com um curso de ação, e sua impressionante desenvoltura garante que na maioria das vezes serão bem-sucedidos mesmo em empreendimentos difíceis para os quais aparentemente têm pouco treinamento ou vantagens. De fato, é o seu compromisso passional para com um senso de missão, ou ao confrontar um desafio, que faz deles, efetivamente, aliados ou adversários formidáveis. (E não costuma haver entrelinhas em suas atitudes para com os outros; são extraordinariamente leais aos amigos, mas nunca esquecem uma ofensa ou traição.) Sempre gosto de enfatizar que embora Escorpião tenha a reputação de ser dono de uma grande sintonia sexual, sua maior contribuição é colocar *paixão* em qualquer coisa em que se envolvam. Muitos signos são absolutamente sexuais (Touro, Capricórnio e Leão, por exemplo), mas nenhum deles expressa a paixão emocional como Escorpião.

A essência de Marte em Escorpião

Eis as características psicológicas centrais de Marte em Escorpião segundo venho estudando durante as últimas décadas:

- Afirmam-se de modo intenso, magnético, passional e vigoroso.

- Energia física e iniciativa são movidas por fortes desejos, compulsões e desafios; é capaz de grande resistência.

- O impulso sexual é motivado pela necessidade de partilhar uma proximidade emocional intensa; a discrição e a necessidade de proteger-se e controlar tudo podem prejudicar a determinação e a liberdade de expressão.

Homens e mulheres com Marte em Escorpião são sempre rápidos para reagir a qualquer coisa, embora – dado o seu amor ao autocontrole – odeiem mostrar essa faceta; mas explodem às vezes quando ficam particularmente nervosos ou quando a raiva vem se acumulando há algum tempo. Essas pessoas têm um incrível senso de autoproteção, que costuma ter a precisão de um sexto sentido, ainda que às vezes isso os leve a ser absolutamente desconfiados e paranoicos. É comum apresentarem uma sensibilidade psíquica a qualquer plano que possa afetá-los; é como se lançassem antenas psíquicas no ambiente ou no subconsciente dos outros, o que lhes dá a capacidade de definir soluções para problemas, resolver mistérios, enxergar as falhas em qualquer estratégia e até encontrar objetos perdidos! Naturalmente, a sensibilidade aguda, a desconfiança crônica e as explosões ocasionais fazem dos relacionamentos próximos um teste real para seu autocontrole – especialmente no que diz respeito às emoções. Quando menosprezadas, essas pessoas agem instintivamente de forma vingativa, como se, *atacando*, pudessem remediar sua ferida ou sensação de injustiça. Levam o sexo muito a sério, e estão sempre um pouco em conflito com isso. Têm uma consciência precoce com relação a sexo e sentem isso internamente de forma vigorosa, mas em geral detestam que isso os domine, e também o fato de ser algo que não podem controlar. Por isso, algumas dessas pessoas tentam negar o mais possível o instinto e as emoções que o acompanham. Todavia, o fato de tentarem negar ou fazer disso um tabu só aumenta sua curiosidade com relação à experiência sexual. O sexo abre portas para o tipo de comunicação profunda que essas pessoas almejam, e isso definitivamente pode fazê-las afrouxar o controle de um jeito solto e relaxante. A maioria das pessoas com esta localização tem uma forte atração pela intensidade emocional do sexo e pela experiência de ser subjugado por tão poderosas energias fundamentais da vida, e alguns consideram um relacionamento sexual como uma oportunidade de explorar uma dimensão adicional dos sentimentos que, às vezes, leva a uma transformação pessoal.

Mulheres com Marte em Escorpião são intensamente amorosas no sexo e precisam de uma demonstração regular de que são desejadas. Algumas delas têm um magnetismo pessoal que os homens com esta localização tão frequentemente demonstram. Têm uma vontade forte e são determinadas, com uma estratégia definida que seguem em todas as coisas, embora raramente a revelem. Essa vontade e desejo de controlar leva a um conflito em alguns casos porque essas mulheres querem um homem forte como parceiro, mas muitas também têm um ímpeto para dominar, e não só partilhar no relacionamento. São totalmente possessivas e ciumentas (às vezes, de uma forma raivosa e ressentida), e querem se sentir intimamente vinculadas ao parceiro. Um homem escreveu no questionário, sobre mulheres com Marte em Escorpião: "Mulher de um homem só, não gosta de trocar de parceiro; muito sensual e energética" (QA). Essas mulheres são usinas de energia, podem ser extremamente capazes em qualquer campo, da cura ao atletismo e também nos negócios. São tremendamente ricas em recursos em todas as áreas, inclusive dirigindo um lar. Seu poder absoluto intimida alguns homens, mas apenas na medida em que elas querem alguém que seja autossuficiente, forte e confiante. Sentem-se atraídas por homens intensos e passionais, que demonstram afeição mesmo através de um pouco de ciúme. Algumas dessas mulheres, na verdade, não querem muita independência, preferem saber que são muito necessárias, o que faz que se sintam desejáveis e apreciadas.

Homens com Marte em Escorpião costumam transpirar um certo carisma, uma aura magnética de poder e sexualidade. O melhor exemplo que já vi pessoalmente foi o falecido senador e candidato à presidência Robert Kennedy, que tinha Marte e o Sol em Escorpião e cuja aura e campo de energia eram marcantes - mesmo a uma distância de 10 ou 15 metros, que era onde eu me encontrava. Por irradiar uma energia tão poderosa, eles evocam respostas fortes - e frequentemente extremas - dos outros. Tendem a repelir ou atrair as pessoas instantaneamente. Em geral impetuosos, resolutos e um tanto impacientes, podem ser difíceis de lidar às vezes; mas em uma emergência ou situação extremamente exigente, podem ser as melhores pessoas para se ter ao lado. Com sua capacidade para a perfeição e a resolução de problemas, além de seu impulso e intuição, muitos são bem-sucedidos nos negócios e investimentos; mas são também particularmente talhados para o trabalho de detetive, a pesquisa científica e as artes da cura. O homem com Marte em Escorpião tem sido denominado "uma alma satisfeita consigo mesma" por um escritor, referindo-se ao fato de que eles resistem a qualquer um que tente mudá-los. Como são bastante inflexíveis nas suas maneiras – e normalmente mais à medida que envelhecem – só uma parceira muito sagaz, simpática e paciente obterá sucesso em fazê-los ver e, então, adotar outros pontos de vista ou padrões de comportamento. Eles podem crescer e mudar por conta própria especialmente quando buscam algum caminho de autotransformação no desenvolvimento pessoal (como frequentemente fazem), mas instintivamente resistem à manipulação dos outros. Um homem respondeu ao questionário enfatizando particularmente que os homens com essa localização manifestam "poderosas reservas de energia" (incluindo a energia sexual) e têm "energia para dar a volta por cima" nas adversidades.

As seguintes citações retiradas de entrevistas, questionários e outras fontes completam o retrato de Marte em Escorpião:

- No questionário, uma mulher comentou muito precisamente (e, a meu ver, muito corretamente) algumas características que se encontram em pessoas de ambos os sexos com esta localização: "Conheci muitas pessoas com essa localização de Marte. São muito intensas. Perfeccionistas absolutas no que se refere a trabalho, extremamente passionais, sobretudo com fortes gostos e desgostos. Violentas e destrutivas quando furiosas, e lentas para perdoar (às vezes não conseguem). Superindulgentes em todas as experiências sensoriais" (QA).

- Em uma entrevista, uma mulher de seus trinta e poucos anos, com ar e fogo predominantes, deu essa avaliação de homens com Marte em Escorpião após ter conhecido um casal e vivido com um homem com essa localização por mais de uma década. A palavra-chave que continuava repercutindo para ela ao longo da entrevista era "intensidade": "*Muito pesados!* Eles se agarram a você e o *prendem* e não deixam muito espaço para que a mulher se projete ou exercite sua assertividade. Tirânicos, vorazes e exigentes no sexo – que para eles está relacionado à conquista, controle, dor, profundidade e desespero. Esses homens geralmente parecem cheios de ciúme e conflito – são muito inseguros" (EA).

- Um questionário de uma mulher sobre homens com Marte em Escorpião também usou a palavra "conquista", mas em outro contexto: "Seu olhar fixo e intenso pode ser sentido a muitos metros sobre a parte do corpo que está sendo olhada – um campo de energia muito largo. Veemente na busca, ciumento, astuto; faz retiradas inesperadas enquanto planeja o ataque, formidável nos negócios" (QA). Outra mulher com Marte e Vênus em Escorpião caracterizou memoravelmente seu amante ideal: "Quero alguém que me arrebate e me desmanche totalmente" (EA).

- Tiffany Holmes se refere especificamente ao extremismo de Marte em Escorpião: "A obsessão de Escorpião pode aumentar afrontas e fixações sexuais, concedendo muito mais importância aos objetos dessas paixões do que eles podem merecer. Expressões de raiva podem ser sarcásticas ao extremo... Geralmente parece que as escolhas são ou lutar ou desistir de sexo totalmente" (WA).

- Grant Lewi fez uma avaliação bastante perspicaz de Marte em Escorpião que se destaca por sua precisão: "Esta pode ser a melhor e a pior de todas as coisas possíveis de encontrar no mapa natal. Na sua melhor forma a energia flui para os canais que criam profunda segurança pessoal, através do trabalho e do amor. O magnetismo é vigoroso; as forças vitais servem ao ego energeticamente para atrair as pessoas e mantê-las, e para extrair do mundo o máximo de benefícios materiais e espirituais. Em sua pior forma, os mesmos anseios de segurança se transformam em medo de que os fins do ego não sejam alcançados, e o nativo busca uma saída em uma variedade de formas indesejáveis [...] Seu objetivo constante deve ser o autocontrole – para conduzir energias e hábitos para fora de si e em direção à ação objetiva; para atrair pessoas e mantê-las, com amor em vez de medo; evitar os instintos destrutivos e negativos do ciúme, medo, desconfiança; conquistar a fé em si próprio, em seu mundo e nas pessoas que convivem com você. Suas energias são quase uma força tangível emanando em um tipo de aura; você se faz sentir onde quer que esteja; e pode, genuinamente, revigorar ou demolir outra pessoa pelo que pensa sobre ela. Isso porque seus instintos são tão poderosos que você mostra no gesto, na ação e na entonação sua crença mais íntima, e você é quase tão eficiente no silêncio quanto no discurso" (AFM).

Marte em Peixes

Aqueles com Marte no signo fluido, simpático e multidirecional de Peixes estão entre os mais simpáticos e intuitivos de todos os signos de Marte, mas têm um problema na hora de definir o que querem alcançar. Seus objetivos são invariavelmente afetados por seus ideais e seu senso de missão na vida – que é difícil de definir –, e essas influências subjetivas são frequentemente inconscientes. Ademais, quando se encontra o planeta da autoafirmação no mais sensível e compassivo signo do zodíaco, você tem indivíduos que moderam sua própria expressão com uma subjacente gentileza e simpática consciência de como os outros irão se sentir com relação a qualquer coisa que eles façam. Essas pessoas geralmente se dedicam ao trabalho com empenho, mostrando pouca necessidade de reconhecimento. Seu modesto e abnegado *modus operandi* é uma raridade no mundo de hoje, embora isso possa conter seu desenvolvimento profissional se eles de fato esconderem seu brilho. Outro fator decisivo no entendimento de qualquer planeta em Peixes é o anseio de escapar da "realidade" mundana, opressiva. E assim, com Marte neste signo, observamos um forte impulso para a fuga, que pode se manifestar de muitas formas. Pode ser canalizado no amor, romance ou sexo – ou em fantasias associadas com esses campos de experiência. Alternadamente, pode se expressar através de empreendimentos artísticos, criando formas que demonstram uma forte sensibilidade e revelam os anseios da sua imaginação. Ou pode se concentrar em aspirações espirituais seguindo diferentes caminhos. Assim, depende muito de outros fatores que estejam mais fortes no mapa natal, pois é especialmente difícil generalizar a respeito desta localização de Marte. Pessoas com Marte em Peixes podem ser inspiradoras ou "dissipadoras", dedicadas ao serviço abnegado e a causas idealistas ou propensas a perder-se em atividades escapistas ou até pelo uso de substâncias que alteram o estado de consciência. Alguns se concentram num ideal elevado, outros são totalmente dispersos e espalham suas energias de maneiras não produtivas. Esta é uma localização extremamente sensível para o normalmente vigoroso Marte, e essas pessoas são amiúde bem emotivas (embora consigam esconder isso muito bem – especialmente os homens). Costumam ter poderes de cura e uma tendência natural para a caridade. Embora carreguem a fama de ter pouca energia física, como ficará evidente em um par de citações no final desta seção, é mais exato dizer que a energia deles flutua. Depende muito também de como a localização de Marte está integrada com o resto do mapa natal. Por exemplo, dois dos mais elegantes e intuitivos atletas das décadas recentes têm Marte em Peixes: Björn Borg, que predominou no tênis por vários anos (incluindo cinco campeonatos de Wimbledon), e Bernard King, um espetacular jogador profissional de basquete da All-Star que foi um grande marcador por muitos anos.

A essência de Marte em Peixes

Embora seja realmente difícil verbalizar tudo sobre Peixes, a expressão mais abrangente das características psicológicas centrais de Marte em Peixes pode ser condensada nestes tópicos:

- Afirmam-se de modo idealista, empático, favorável, com profunda amabilidade.
- Iniciativa e força de vontade são matizadas pela sensibilidade e a compaixão pelos outros; buscam satisfazer o próprio desejo sutilmente, motivados pela inspiração, intuição ou uma visão norteadora.
- A energia física e o impulso sexual são sempre afetados pelos sonhos, estados de ânimo e emoções; autoafirmação e determinação podem ser prejudicadas por uma grande vulnerabilidade pessoal e emocional.

Homens e mulheres com Marte em Peixes partilham um *modus operandi* bastante cauteloso, às vezes socialmente tímido. Não sendo tão seguros de si ou de seu poder de atração, nem mesmo do que realmente querem, eles abordam novas iniciativas, incluindo relacionamentos, de maneira discreta, intuitiva e experimental: "testam as águas" e sentem a reação da outra pessoa. Sua inclinação natural é esforçar-se na direção de seus objetivos por meios indiretos, não se expondo desnecessariamente a danos emocionais. Quando consideram um parceiro em potencial, precisam certificar-se de que a outra pessoa corresponde e respeita o suficiente sua natureza sensitiva antes que se sintam à vontade para se abrir com relação a seus sentimentos apaixonados. Marte em Peixes é uma localização sensual (mas não incrivelmente sexual), e o foco idealista é mais no romance sonhador do que na intensa paixão física. Ambos os sexos com Marte em Peixes tendem a ser extremamente românticos e muitas vezes fantasiosos, às vezes a ponto de viver em um mundo de fantasia ou expressando um talento artístico ou literário que brota das suas atividades imaginativas. Desde tenra idade muito conscientes da própria vulnerabilidade e de suas reações emocionais hipersensíveis, essas pessoas são, portanto, conscientes também das necessidades emocionais dos outros. Marte em Peixes é a menos assertiva de todas as localizações de Marte. Tende a disfarçar a expressão de seus desejos ou expressá-los tão calmamente ou insinuá-los de um jeito tão indireto que ninguém percebe. Depois pode ficar furioso e ressentido com essa falta de atenção.

Mulheres com Marte em Peixes são por natureza particularmente pouco assertivas sobre o que querem em qualquer área da vida, inclusive em relacionamentos e sexo. Mas querem muito *agradar* e preferem não ter que dizer qualquer coisa para dar ao outro uma pista de como se sentem ou do que querem. Preferem que o parceiro intua seus desejos e necessidades. Porém, por causa de mensagens pouco claras que elas enviam de forma não verbal, geralmente são empurradas para coisas que talvez preferissem evitar. Basicamente muito mais emocionais que físicas, essas mulheres precisam se sentir próximas do parceiro e apreciadas, e tentam mostrar sua dedicação e atenção ao parceiro de modo extraordinário. Mas por ter muito pouca confiança no seu poder de atração sexual, repetidas vezes mostram essa timidez através de uma expressão sexual desajeitada, apesar de suas ardentes tentativas de agradar. Essas mulheres sentem-se especialmente atraídas por homens que exibem algumas características dominantes de Peixes: espiritualizados, artisticamente inspirados, musicais, desligados, perdidos e confusos, ou sonhadores, visionários e idealistas. Estranhamente, sentem-se atraídas tanto por homens dependentes e necessitados, como por aqueles que são protetores, compassivos, sacrificados e fortes o suficiente para namorar romanticamente. Embora esta atração por qualidades contraditórias geralmente leve ao desapontamento, quando funciona realmente gera uma romântica bem-aventurança.

Homens com Marte em Peixes têm uma forte imaginação, assim como uma sensibilidade artística e psíquica rara no mundo masculino. No seu melhor, uma flexibilidade e uma delicadeza tão positiva que pode ser expressa mesmo quando estão sendo enérgicos e assertivos. Mulheres em um grupo de discussão que liderei usaram as seguintes palavras para se referir a homens com Marte em Peixes: "doce, flexível, atencioso, tocante, afetuoso". Esses homens, categoricamente gostam de romance, mistério e frequentemente namoricos meio secretos ou fantasias; gostam de parceiras misteriosas que despertem sua curiosidade, estimulando sua imaginação. Adoram flertar e a companhia das mulheres em geral; no entanto, embora aparentemente curiosos pelos atrativos sexuais, na verdade costumam ser bem passivos, e não particularmente tomados por um desejo sexual intenso.

Eis algumas observações adicionais sobre Marte em Peixes retiradas de livros, questionários e entrevistas:

- Uma mulher com Marte em Peixes escreveu no questionário: "Hesito bastante antes de agir [...] a qualidade da minha expressão varia enormemente. Às vezes me apresento confiante e determinada, às vezes meiga. Esta é uma área na qual venho trabalhando há um bom tempo. Houve uma melhora, mas a energia flui e reflui bastante" (QA).

- Outra mulher escreveu no questionário: "Mulheres com Marte em Peixes são idealistas a ponto de ter momentos difíceis lidando com as atividades mundanas; precisam encarar o que fazem como tendo uma conexão cósmica com o todo maior; tendem a perder-se no que é universal e se fatigar centrando-se na realidade. Tendem a gostar de homens que cuidarão delas e dos aspectos práticos da experiência cotidiana" (QA).

- Boa parte do que foi extraído da última entrevista pode também ser aplicado a muitos homens com Marte em Peixes. Geralmente eles podem não estar muito focalizados no aqui e agora e até desconectados do mundo físico. Como uma mulher afirmou em uma entrevista, sobre um homem com Marte em Peixes com quem ela teve um relacionamento: "Era como se ele não estivesse lá – nenhuma presença física! Era difícil sentir que ele estava mesmo comigo" (EA).

- Grant Lewi ressaltou uma característica especialmente importante para várias pessoas que têm esta localização de Marte, à qual é importante saber como se adaptar: "A energia pode se dispersar em inquietação, introspecção e medos, se você não está constantemente alerta contra isso. Você deveria selecionar para si atividades que não exijam muito do corpo físico, e aprender a seguir o fluxo e o refluxo da sua força. Assim você pode [...] ir longe, pois quando não está trabalhando, está armazenando ideias e vitalidade no consciente e no subconsciente que se expressarão mais tarde. Mas quando tenta manter-se em ação o tempo todo, você perde energia, magnetismo e ideias. Você não deveria se esforçar para expressar o amor de um jeito muito físico, pois suas energias nessa área funcionam mais debilmente que em outras atividades físicas. Quando você está cansado, não se valoriza e tende a pensar sobre si mesmo de forma negativa. Seja seu próprio mestre permitindo-se ter tempo de sobra para descansar e se dispondo a seguir num passo mais lento" (AFM).

17
Os "aspectos": as interações energéticas entre os planetas

E não pense que você dirige o curso do amor; pois o amor,
quando o considera merecedor, dirige o seu curso.
Khalil Gibran

Quando não se sabe para que porto se está navegando,
nenhum vento é favorável.
Sêneca, escritor e filósofo romano do século I

Ao analisar qualquer relacionamento, além de comparar a sintonia energética geral dos planetas de acordo com o elemento dos signos em que eles estão localizados, pode-se também calcular de modo muito mais específico a interação de energia de qualquer dupla de planetas em uma comparação de mapas. Isso quer dizer que se pode avaliar em profundidade, e com marcante precisão, a interação entre componentes específicos dos campos energéticos de duas pessoas comparando os mapas natais em um nível maior de detalhe que inclui um estudo dos "aspectos" mais exatos – o relacionamento angular específico entre dois planetas reconhecidos por séculos na astrologia tradicional. De fato, olhando do ângulo que qualquer dupla de planetas forma dentro do zodíaco, geralmente pode-se medir a intensidade da interação de energia de um modo confiável e bastante preciso. Essas relações e medições angulares, normalmente chamadas *aspectos*, ou às vezes *mapa de interaspectos*, quando se faz uma comparação, são fundamentais para completar o processo de amarrar todos os fatores em qualquer mapa natal individual, assim como em qualquer comparação abrangente entre mapas.

Obviamente, introduzindo ainda outro fator dentro dessa mistura de energias, símbolos e sinais, soma-se um novo nível de complexidade (e possivelmente de alguma confusão!) à longa lista de fatores que já discutimos: planetas, elementos, signos, o ascendente e por aí afora. Porém, se o leitor chegou tão longe neste livro, deve ter também um sério interesse em psicologia astrológica, ou ao menos sentir uma curiosidade que o impulsiona a saber mais sobre o assunto. E sem dúvida já é evidente o quanto a ciência astrológica é complexa e quanto tempo e esforço serão exigidos para alguém se tornar verdadeiramente proficiente em mesclar todos os fatores num quadro coerente e útil das dinâmicas e interações energéticas. Ademais, até agora focalizei basicamente a Lua, Vênus e Marte, apenas com breves referências aos outros planetas pessoais e aos planetas exteriores. Em alguns exemplos deste capítulo, porém, quero estimular o leitor a ampliar sua familiaridade com os outros planetas e começar a experimentar com todos eles e suas interações entre si. Além de algumas frases específicas da diretriz B, mais adiante neste capítulo, também aconselho ao leitor que estude o apêndice A para perceber como todas as energias e princípios planetários podem ser expressos.

Neste capítulo começarei a explorar o assunto bastante complexo dos aspectos, particularmente em relação a como eles expandem nosso entendimento da interação das energias na *comparação de mapas*. Utilizar as diretrizes básicas explicadas mais adiante permitirá até a um iniciante no assunto dar os primeiros passos na direção de montar uma comparação de mapas. Porém, esta é meramente uma introdução rápida e incompleta sobre o assunto. Um tratamento mais detalhado e abrangente no que se refere aos aspectos está muito além do escopo deste livro. Para uma explicação mais completa dos aspectos, especialmente como são usados para entender mapas natais individuais, o leitor deve consultar o capítulo 8 de *Chart Interpretation Handbook*, de minha autoria. E, para um guia mais detalhado, um passo a passo para analisar não só os aspectos, mas também as outras facetas incluídas na comparação de mapas, o leitor deverá consultar *Relationships & Life Cycles*, também de minha autoria.

Contudo, antes de discutir as definições e significados dos aspectos, gostaria de dissipar algumas das superstições enganosas frequentemente associadas com certos aspectos. Em virtude de a astrologia geralmente não ser ensinada em termos de uma consciência moderna dos campos e fluxos energéticos, e em virtude do inquestionável apelo sobre as pessoas que alimentam ilusões tolas de leitura da sorte, a maioria das interpretações dos aspectos que o leitor pode encontrar nos livros, nos programas de computador e na internet são simplistas e pouco realistas. Além disso, costumam ser traçadas sobre uma estrutura conceitual bastante limitada, preto no branco (bom/mau, sucesso/fracasso, compatível/incompatível), que tem pouco valor prático ou confiabilidade e em geral tem resultados psicológicos negativos na vida das pessoas. Ademais, os termos usados nos muitos livros antiquados de astrologia (e frequentemente em muitos livros e sites da internet ainda hoje) são deterministas, rudes e bem distantes de qualquer complexidade ou sutileza dentro da experiência humana ou dos relacionamentos próximos – para não dizer que são psicológica e emocionalmente destrutivos. Anthony Robbins, notável autor e ativista da área de saúde, escreveu: "As palavras que associamos à nossa experiência se tornam nossa experiência." Hoje, isso deveria ser óbvio para qualquer um que pretenda dar aconselhamento psicológico, mas de alguma forma muitas pessoas preferem tolices, afirmações válidas para qualquer coisa, em vez de avaliações honestas dos fatos conhecidos disponíveis. Em consequência disso, aqueles que se ocupam de estudos astrológicos e/ou buscam conselhos astrológicos deveriam ficar alertas quanto a fontes de informação ou indivíduos que adotam uma linguagem rígida, opiniosa ou fatalista. Essas fontes deveriam ser imediatamente rejeitadas com base em que, mesmo quando se acredita que algumas coisas na vida são predeterminadas, a probabilidade de quem emite essas opiniões ser sábio ou espiritualmente evoluído o suficiente para saber o que está determinado para *o outro* é ínfima.

Foi por essas razões que escolhi as duas citações iniciais deste capítulo como orientação geral, particularmente por sua relevância no entendimento dos relacionamentos. Pois as duas ressaltam o fato de que há mais forças atuando no amor e na vida do que em qualquer detalhe astrológico avulso. Como o grande poeta místico Khalil Gibran (autor de *O Profeta*), aconselha, o amor em si dirigirá o curso da pessoa; e nesse contexto deve-se visualizar todos os aspectos astrológicos entre os planetas de duas pessoas como parte de uma experiência de aprendizado dentro do mistério da descoberta do amor. A sabedoria da citação de Sêneca adverte que é preciso saber *para onde você se dirige* antes de poder adaptar-se inteligentemente às circunstâncias, e isso se aplica a todas as atividades da vida. Mas quando aplicada a assuntos emocionalmente carregados referentes a relacionamentos próximos, essa citação me diz que nenhum tipo de compatibilidade ou incompatibilidade, nenhum tipo de relacionamento fácil ou desafiador, valerá muita análise se as duas pessoas não tiverem um objetivo, ideal ou senso de direção comum. Em outras palavras, que tipo de relacionamento querem vivenciar ou construir? E dentro dessa visão mais ampla, um aspecto específico entre planetas deveria ser visto a partir da perspectiva do padrão global da interação de energia e dentro do contexto do plano de vida por inteiro.

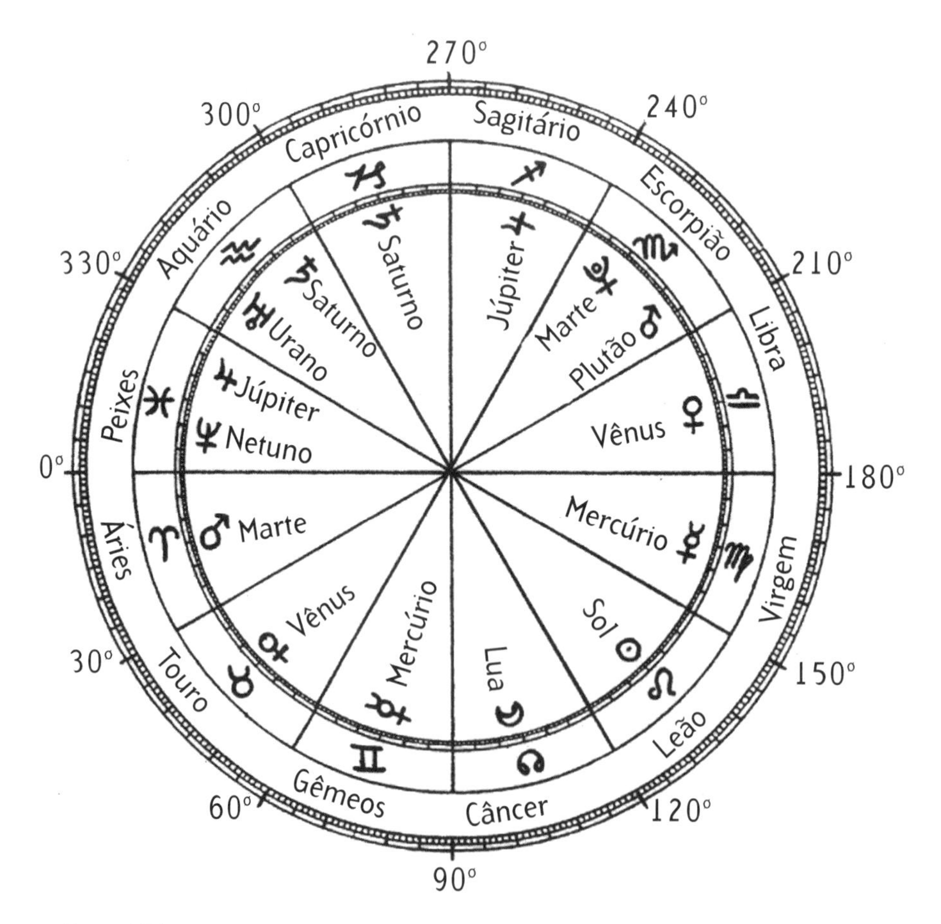

Figura 17.1

Este diagrama do zodíaco, com o primeiro signo, Áries, posicionado onde o ascendente está sempre localizado, é chamado de mapa natural. Esta versão também inclui o(s) planeta(s) regente(s) associado(s) com cada signo, assim como indica os graus ao longo do círculo do zodíaco começando com o primeiro grau de Áries, onde o Sol está localizado no equinócio da primavera. Conte o número de graus entre quaisquer dois pontos dentro do zodíaco para determinar o ângulo exato entre eles. Depois, use a seção seguinte deste capítulo para decidir qual ângulo representa um dos aspectos principais.

Os aspectos principais

As figuras de 17.2 a 17.6 representam os ângulos que são tradicionalmente considerados como os "aspectos principais" – ou seja, as inter-relações mais significativas e largamente usadas, entre dois planetas, ou entre um planeta e o ascendente. Note que todos exceto a conjunção são múltiplos de 30 graus, refletindo um padrão paralelo às seções de 30 graus do zodíaco que constituem os signos astrológicos. (Há também muitos aspectos "menores" que alguns astrólogos usam, mas, dentre eles, pessoalmente focalizo apenas os ângulos de 30 graus e 150 graus, chamados de aspectos de *semissextil* e *quincunce*, respectivamente. Porém, em virtude de esses ângulos serem relativamente menores na intensidade da sua expressão energética nos relacionamentos quando comparados aos outros aspectos descritos abaixo, não vou discuti-los neste livro.)

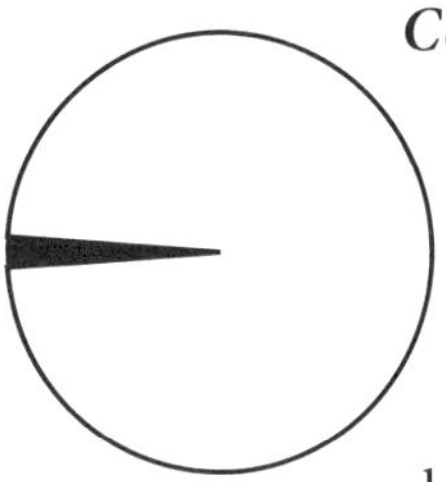

Figura 17.2

Conjunção (0 grau). A conjunção ocorre quando dois planetas, ou um planeta e o Ascendente (ou outro ângulo principal do mapa de nascimento, tal como o meio do céu), cai dentro de uns poucos graus um do outro no zodíaco. Normalmente uso a distância máxima de 6 graus entre eles, embora, se o Sol, a Lua ou o ascendente estiverem envolvidos, eu estique a "órbita" permitida para 7 graus. Porém, em todos os casos, quando se interpreta aspectos, quanto mais exato (ou "mais próximo") o ângulo, mais poderoso o aspecto e mais pronunciada sua manifestação na vida da pessoa. (Por exemplo, se em uma comparação de mapas o Saturno de uma pessoa está em 12 graus de Câncer, a conjunção será mais poderosa se o planeta da outra pessoa está em 11, 12 ou 13 graus de Câncer. Ainda poderosa, mas apenas um pouco menos, será a interação se o planeta da segunda pessoa está, digamos, em 9-10 graus ou 14-15 graus de Câncer, e daí em diante.) A conjunção é o aspecto mais poderoso, é um sinal celeste da mais intensa fusão e interação das duas energias envolvidas. Normalmente um foco dinâmico do relacionamento que é logo notado pelas duas pessoas envolvidas, o modo como a conjunção é vivenciada depende inteiramente dos planetas e signos envolvidos, e também de como eles interagem com outros fatores nos mapas das pessoas.

Exemplos. João tem Vênus em 15 graus de Escorpião, e Marta tem Netuno entre 9 e 21 graus de Escorpião. Maria tem Marte em 9 graus de Sagitário, e Jim tem a Lua entre 3 e 15 graus de Sagitário.

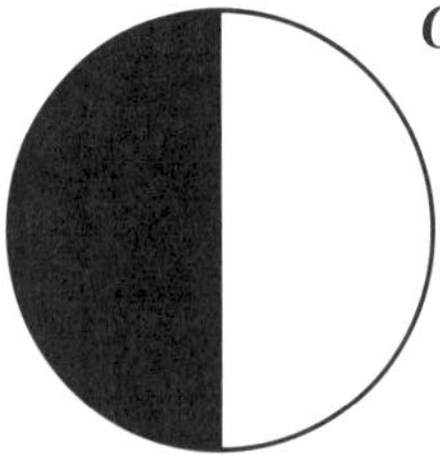

Figura 17.3

Oposição (180 graus). Este aspecto ocorre quando dois fatores estão opostos no zodíaco, usualmente em signos opostos. Quase sempre totalmente estimulante – e às vezes até superestimulante –, a oposição é o segundo tipo de aspecto mais poderoso e frequentemente combina atração e conflito. Opostos podem atrair, mas geralmente também têm posturas radicalmente diferentes em relação às coisas. No zodíaco, os signos opostos têm muito em comum e são absolutamente semelhantes de muitas formas; contudo – embora geralmente sejam complementares – eles também são, às vezes, irritados ou repelidos um pelo outro. Uma interação energética muito importante ao analisar todos os tipos de relacionamento, e um aspecto que é totalmente complexo para o entendimento de iniciantes, é que algumas das oposições na verdade representam tendências opostas rígidas ou conflitantes demais para ser reconciliáveis. Mas outros aspectos de oposição (especialmente aqueles envolvendo o ascendente, a Lua ou Vênus) geralmente indicam qualidades compatíveis que produzem uma agradável sensação de equilíbrio no dar e receber que funciona como uma experiência de inteireza, completude ou de um vínculo equilibrado.

Exemplos. Danika tem o ascendente em 22 graus de Câncer, e Bill tem Vênus entre 15 e 29 graus de Capricórnio (uma orbe de 7 graus é permitida porque o ascendente está envolvido). Daniel tem o Sol em 23 graus de Leão, e Beth tem Júpiter entre 17 e 29 graus de Aquário.

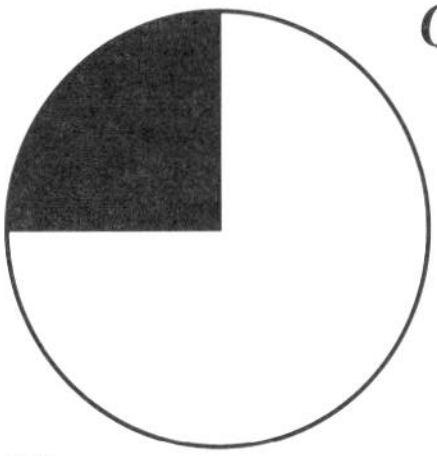

Figura 17.4

Quadratura (90 graus). Embora os aspectos de quadratura e trígono sejam igualmente significativos em uma comparação de mapas e os primeiros em força depois da conjunção e da oposição, listo primeiro a quadratura porque a maioria das pessoas tende a estar mais agudamente consciente quanto aos mais óbvios conflitos, desafios ou pontos de stress indicados pelos aspectos de quadratura, visto que elas geralmente pressupõem a facilidade do fluxo de energia e o entendimento mútuo imediato simbolizado pelo trígono. Em geral envolvendo planetas que não estão em elementos harmoniosos (água/ar, terra/fogo, fogo/água, ar/terra), os aspectos de quadratura costumam requerer que as duas pessoas façam um esforço significativo para se ajustar às energias e posturas divergentes naquelas áreas da vida indicadas pelos planetas envolvidos. Alguns desses aspectos se manifestarão meramente como uma diferença de atitude que deve ser simplesmente aceita, como irritação, ou como um tipo de "estática" no intercâmbio energético. Mas algumas quadraturas são muito mais difíceis de ajustar e podem ser vivenciadas como obstrução, conflito violento ou inibição opressiva. Às vezes, nas áreas da vida que os planetas simbolizam, realmente as pessoas têm objetivos profundamente conflitantes, embora possam não estar conscientes disso. Em resumo, alguns aspectos de quadratura revelam diferenças bastante irreconciliáveis, enquanto outras mostram desafios que podem permitir que as pessoas envolvidas aprendam algo sobre pontos de vista completamente diferentes.

Exemplos. Tristão tem Marte em 7 graus de Capricórnio e Sílvia tem Marte entre 1 e 13 graus de Libra. Terry tem a Lua em 18 graus de Peixes e Sam tem Urano entre 11 e 25 graus de Gêmeos (uma orbe de 7 graus é permitida porque a Lua está envolvida).

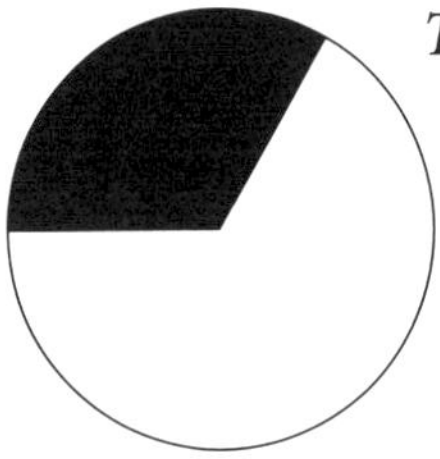

Trígono (120 graus). Em geral é um fluxo energético fácil, uma combinação construtiva de talentos e um entendimento mútuo natural nas áreas indicadas pelos planetas envolvidos neste intercâmbio. Essas energias fluem harmoniosamente, pois costumam envolver signos do mesmo elemento. Por isso, frequentemente há uma relação espontânea e agradável entre as duas pessoas. Os aspectos de trígono, quando incorporam ao menos o ascendente, o Sol, a Lua ou outro "planeta pessoal" de uma das pessoas, podem contribuir muito para melhorar os conflitos mostrados em outra parte da comparação de mapas. (Isso é especialmente verdadeiro quando a comparação revela muitos aspectos de trígono entre os planetas das duas pessoas.) Esses aspectos em geral simbolizam uma combinação sem esforço das energias, para qualquer objetivo comum. O entendimento mútuo é alcançado com facilidade nas áreas simbolizadas por esses planetas, e muitos desses aspectos estão não só energizando, mas também estimulando mutuamente as duas pessoas. Elas costumam sentir uma agradável e fortalecedora harmonia no campo energético comum, e, por isso os empreendimentos conjuntos são excepcionalmente fáceis e espontaneamente cooperativos e agradáveis.

Figura 17.5

Exemplos. Herbert tem Mercúrio em 20 graus de Gêmeos, e Kim tem Júpiter entre 14 e 26 graus de Libra. Helena tem Marte em 7 graus de Touro, e Ken tem Urano entre 1 e 13 graus de Virgem.

Sextil (60 graus). Energeticamente, é um aspecto menos óbvio que os discutidos anteriormente; a troca de energia denotada por este ângulo é, todavia, um forte componente de compatibilidade em qualquer relacionamento. O sextil geralmente forma o que se poderia chamar de uma troca energética de fundo, que é gentilmente encorajadora e apoiadora, principalmente através de novo aprendizado,

Figura 17.6

abertura para novas pessoas e ideias, e um constante dar e receber construtivo. A maioria dos sextis envolve planetas em elementos harmoniosos (terra e água, ou fogo e ar) e pode ser considerada agradavelmente estimulante e construtiva. Os sextis simbolizam uma combinação relativamente fácil das energias representadas pelos planetas envolvidos.

Exemplos. Nate tem Vênus em 9 graus de Peixes, e Ana tem Saturno entre 3 e 15 graus de Touro. Nancy tem o ascendente em 8 graus de Áries, e Adam tem Júpiter entre 1 e 15 graus de Aquário (uma orbe de 7 graus é permitida porque o ascendente está envolvido).

Outros aspectos. Para os propósitos da comparação de mapas, na grande maioria dos casos, os aspectos principais por si só – somados aos outros fatores explicados neste livro e em outros livros que recomendei – irão produzir muito mais dados do que você já conseguiu incorporar na sua avaliação de um relacionamento. Por isso, a análise dos aspectos menores, adicionais, contribuirá pouco no sentido de um verdadeiro benefício e de uma avaliação precisa. Isso porque estamos focalizando aqui as *dinâmicas das energias dominantes entre duas pessoas*, e os aspectos *principais* simbolizam, medem e iluminam as interações energéticas primárias e mais intensas.

Diretrizes para distinguir e entender os aspectos mais importantes em uma comparação de mapas

Diretriz A*: *Concentre-se nos aspectos mais próximos. Os aspectos mais exatos revelam a troca de energias mais dinâmica e intensa entre as pessoas. Estas são áreas-chave em que os campos energéticos das duas pessoas interagem poderosamente, mostrando se suas sintonias específicas se mesclam bem ou em conflito – ou numa combinação das duas coisas. Tais aspectos próximos merecem a maior atenção na interpretação de uma comparação de mapas. (Veja o item 3 na seção seguinte – “Outros fatores-chave da interpretação de aspectos na comparação de mapas” – para mais detalhes e a base lógica subjacente a esta diretriz.)

Diretriz B: Cada aspecto deve ser avaliado de acordo com a natureza dos planetas (e signos) envolvidos. Em outras palavras, o tipo específico de aspecto principal é secundário em relação às energias específicas que estão interagindo. Por exemplo, Júpiter em conjunção com o Sol, e Júpiter em quadratura com o Sol, ambos se manifestarão como um forte estímulo à autoexpressão otimista, embora a quadratura frequentemente admita ser acompanhada de certo comportamento excessivo ou extremo. Outro exemplo poderia ser quando a Lua de alguém faz aspecto próximo ao Saturno de outra pessoa. Neste caso, se a Lua está em quadratura com Saturno, ou em trígono com Saturno ou em conjunto com Saturno, haverá algumas fortes semelhanças na experiência de cada um desse relacionamento. Porém, a quadratura ou a oposição podem ser sentidas como mais opressivas ou instáveis, enquanto o trígono ou o sextil seriam geralmente sentidos como construtivamente estabilizadores, mesmo que um pouco restritivos.

O leitor deve consultar o Apêndice A para uma visão detalhada de como as energias planetárias se expressam, e ter em mente que isso é uma *constante e dinâmica interação das energias da vida* que estão representadas por esses fatores astrológicos em um relacionamento, e igualmente na comparação de mapas. Mas, apenas para um rápido vislumbre dessa dimensão da ciência astrológica, as frases seguintes são um breve guia de como cada planeta "afeta" outro num aspecto próximo na comparação de mapas.

- **Sol** ilumina, vitaliza, encoraja, busca identidade com

- **Lua** responde a, ressoa emocionalmente com, recebe, busca segurança em

- **Mercúrio** ativa percepções, novos conceitos, comunicação, conexões e troca de ideias

- **Vênus** harmoniza, estimula afeições e a sensação de prazer, energiza as respostas sociais/estéticas/românticas

- **Marte** energiza, inicia impacientemente, apressa decisões, pressiona agressivamente no sentido da ação

- **Júpiter** expande, incita a melhorar ou ser otimista e confiante

- **Saturno** retarda, restringe, concentra, obriga a avaliações realistas e ao senso de responsabilidade

- **Urano** acelera o ritmo da vida, eletriza percepções, revoluciona atitudes, rompe com padrões de pensamento e ação preestabelecidos

- **Netuno** inspira ou debilita, idealiza, romantiza, sempre sensibiliza

- **Plutão** transforma radicalmente, desafia a eliminar completamente o que é velho

Diretriz C: Aspectos com o Sol, a Lua e o ascendente são sempre importantes. Isso foi explicado em algum grau no capítulo 7 sobre a Lua e no capítulo 6 sobre o ascendente, mas é importante também estudar os vários modos de expressão dessas energias que defino no apêndice A. Uma grande quantidade de evidências concretas indica que aspectos harmoniosos da Lua em uma comparação de mapas são especialmente importantes para a harmonia doméstica duradoura. Por exemplo, Carl Gustav Jung fez um estudo estatístico de comparação de mapas de quase quinhentos parceiros casados que foi publicado no seu conhecido trabalho *Synchronicity: An Acausal Connecting Principle*. Os resultados finais mostraram a Lua de pelo menos uma pessoa envolvida em três dos quatro aspectos entre mapas que ocorreram mais frequentemente nesse grupo de mapas de casamento. Os aspectos daquelas comparações de mapas eram: Lua conjunção Lua, Lua conjunção Sol, e Lua oposição Sol. O quarto aspecto mais comum entre mapas no estudo de Jung era Marte conjunção Marte, um símbolo de mútuo entendimento sexual e sintonia energética física, e que retrata claramente objetivos unificados e um *modus operandi* harmonioso na vida cotidiana.

Diretriz D: Aspectos próximos com os "planetas pessoais" do outro – Mercúrio, Vênus e Marte – devem ser sempre avaliados. Se um aspecto, ou um padrão de aspecto que envolva dois ou mais planetas, não incluir nenhum dos "planetas pessoais" (Sol, Lua, Mercúrio, Vênus e Marte) nem o ascendente, pode não ser importante para esse relacionamento em particular. Há exceções a esta diretriz, mas em geral ela é verdadeira.

***Diretriz E**: **Qualquer planeta oposto ao ascendente estará em conjunção com o descendente, um fator particularmente importante no relacionamento**.* (O descendente é simplesmente o ponto no zodíaco exatamente oposto ao ascendente. Assim, ele está sempre no signo oposto ao signo ascendente, e – embora seja muito menos importante que o ascendente para avaliar a psicologia e a sintonia da energia individual – ele entra em jogo com bastante força em todas as comparações de mapas.) Em outras palavras, a conjunção de *qualquer* planeta de ambos os lados do ponto do descendente terá sempre um notável impacto energético na vibração e na qualidade geral do relacionamento.

***Diretriz F**: **Em última instância, o objetivo é uma percepção nítida da comparação como um todo e seus temas principais**.* Esse tipo de percepção abrangente só vem com o tempo e uma considerável experiência, e é tanto uma habilidade natural rara e uma arte quanto uma ciência. Mas uma vez que essa arte/ciência é dominada, pode-se avaliar o padrão interativo total dos campos energéticos das duas pessoas.

Outros fatores-chave da interpretação de aspectos na comparação de mapas

1. "*Dupla maldição*": *Interações energéticas interpessoais intensas*. Um fator extremamente importante na comparação de mapas, que muitos anos atrás chamei de "dupla maldição", ocorre quando se descobre a repetição de uma interação energética semelhante entre duas pessoas (ou dois mapas). O exemplo mais claro e contundente dessa "dupla maldição" é quando se descobre que há dois aspectos próximos entre os mesmos dois planetas na comparação. Um exemplo seria: a Vênus de Jane está em aspecto de quadratura com o Urano de Jim; e a Vênus de Jim está em conjunção com o Urano de Jane. Outro exemplo seria: o Marte de Henry está em trígono com a Lua de Henrietta; e o Marte de Henrietta está em oposição com a Lua de Henry. Pode haver muitas variações sobre este tema, mas usando somente aspectos bem próximos (dentro de 6 graus de exatidão), o iniciante que fizer uma comparação de mapas pode rapidamente focalizar a dinâmica energética central de qualquer relacionamento. (É importante estar ciente de que quaisquer que sejam os dois aspectos próximos, trígono, conjunção, ou qualquer outro, deve chamar a atenção para as questões simbolizadas. Depende muito dos planetas envolvidos, mas em geral, quando pelo menos um dos aspectos é um trígono ou um sextil, não se deve tirar de imediato nenhuma conclusão negativa. Além disso, muitos aspectos de oposição são *complementares* e, assim, compatíveis e estimulantes em um relacionamento ou uma comparação de mapas.)

2. ***A preponderância da mesma mensagem ou tema simbolizado.*** Chegar a uma avaliação das mensagens dominantes em uma comparação demanda algum tempo e uma listagem sistemática dos muitos fatores e intercâmbios dos mapas. A princípio, pode ser um estudo muito exigente. Mas, além das ocorrências da dupla maldição mencionada no parágrafo anterior, deve-se procurar por uma preponderância de aspectos desafiadores ou harmoniosos (revelando uma nuance energética de atrito ou de fluxo fácil), ou por uma quantidade substancial de indicações que simbolizem uma mensagem semelhante ou contem a mesma história. Este é um assunto complicado demais para ser explorado em detalhes neste livro, mas – depois de algum estudo detalhado em astrologia e comparações – não se deve hesitar em admitir os próprios lampejos intuitivos espontâneos que *englobam muitos fatores* nos mapas em questão que produzem um "retrato" coerente.

Semelhanças de todos os tipos devem ser notadas quando se analisa compatibilidade, e *duas das áreas mais fundamentais que frequentemente mostram uma ligação natural e entendimento mútuo* são: alguma ênfase no mesmo elemento em cada mapa, e planetas nos mesmos signos do zodíaco que também estão energizados no mapa da outra pessoa.

3. ***A importância dos aspectos próximos.*** Este fato é importante não apenas para principiantes em astrologia, mas também para pessoas com mais experiência nas tradições e métodos astrológicos. E é importante não só nas comparações de mapas, mas *até mais para a avaliação precisa das dinâmicas dos mapas individuais.* A fim de ter informação *confiável* com base na medição entre planetas, se a amplitude dos graus permitidos para um aspecto (o que é chamado de "orbe" na astrologia tradicional ou de "arco" do círculo quando medindo essa amplitude de localizações possíveis) não é firmemente restrita, as medições rapidamente se dissolvem na ausência de significação por causa das leis da probabilidade. Ir aos detalhes matemáticos desta questão está muito longe do escopo deste livro, mas é importante notar o seguinte:

- Restringir a orbe permitida para 6 graus de exatidão para um dado aspecto resulta em um arco de 12 graus do círculo do zodíaco estando dentro do ângulo permitido, ou uma chance de um em trinta (3,3%) de esse aspecto ser relevante.

- Expandir a orbe para 7,5 graus de exatidão permitida resulta em um arco do círculo do zodíaco de 15 graus, ou uma chance de um em 24 (4,1%) de esse aspecto ser relevante.

Tudo parece ir bem quando se considera um aspecto específico (por exemplo, a conjunção ou a quadratura), até se levar em consideração que há muitos aspectos principais. Quando se somam todas as probabilidades de um aspecto principal entre qualquer dupla de planetas, rapidamente se descobre este fato: quanto maior a orbe permitida na medição dos aspectos, menor a precisão da informação obtida e mais rapidamente o intercâmbio energético simbolizado se dissolve na ausência de significação.

Em resumo, a astrologia não é apenas uma arte simbólica que as pessoas podem usar indefinidamente para suas projeções e intuições, sem definições nítidas ou leis confiáveis. A precisão matemática e astronômica da astrologia é o que faz que ela seja tão confiável, se se mantêm diretrizes razoáveis. Negligenciar essa dimensão da astrologia, como muitos fazem, leva não apenas a julgamentos e interpretações incorretos, mas também ao descrédito de uma ciência profundamente promissora e produtiva.

4. *Crenças religiosas, orientações espirituais e ideais*. Algo raramente visto nos livros de astrologia a respeito da compatibilidade é o reconhecimento de que as crenças e orientações religiosas/espirituais (conscientes ou assumidas) são decisivas na maioria dos relacionamentos próximos de longa duração. Incluída nessa avaliação estaria também a tolerância das pessoas em geral em relação aos outros, seus preconceitos raciais e sociais, valores ideais e – em resumo – a perspectiva geral na vida. A força e a localização de Júpiter em cada mapa individual é especialmente pertinente para avaliar essa perspectiva geral na vida, mas na realidade as atitudes representadas e o "tom" de cada mapa natal devem ser vistos, já que tantos fatores estão envolvidos. Essas questões parecem ser menores quando as pessoas são jovens, talvez privadas de valores pessoais profundos pelo jogo intelectual do sistema educacional (especialmente no nível secundário, e sem muita experiência da vida real; mas elas acabarão retornando à superfície se as pessoas começarem a buscar pelo significado da vida. Por exemplo, como um pioneiro ao reexaminar tradições "esotéricas" antigas, Manly P. Hall escreveu: "Um místico casado com um parceiro materialista, objetivo, ou ateu está em singular desvantagem. Se temos fé em Deus e na realidade dos princípios universais, acabaremos entrando em choque com um companheiro que não admita poder superior ao dele próprio" (INC, p. 7).

5. ***Atitudes com relação a dinheiro, poupança e aceitação de risco***. Outro fator raramente reconhecido na maioria das publicações de astrologia sobre relacionamentos é a importância das atitudes individuais relacionadas a dinheiro e despesas, que mostra o que a pessoa realmente *valoriza* e revela as chaves de seu estilo de vida preferido. Determinar isso é importante não só para relacionamentos íntimos, mas também para muitos tipos de relacionamentos de negócios, e até para interações entre parentes e companheiros de quarto. Entendendo essas atitudes e as correlatas, conflitos emocionalmente carregados são esclarecidos em parte ao olhar as localizações de Vênus; mas há também outros numerosos fatores que estão fora do escopo deste livro, como a segunda e a oitava casas, e se Júpiter (fé no futuro) ou Saturno (precaução quanto às expectativas futuras) ou os signos que eles regem são dominantes. Em resumo, se uma pessoa é instintivamente conservadora, cautelosa, ou talvez invariavelmente mesquinha, e a outra é geralmente extravagante, descuidada e irresponsável (embora possa ser vista pelos outros como "generosa"), problemas significativos muito provavelmente surgirão no futuro deste relacionamento. Questões como a fé no futuro, o senso comum prático, a confiança em si mesmo, etc., todas as individualidades vêm operar aqui, muitas vezes influenciadas não só pela personalidade individual, mas também pela formação social, o histórico familiar e outros fatores.

Manly P. Hall escreveu em *Incompatibility*, um livro bastante perspicaz:

> Em muitos casos, um dos cônjuges é mais consciente no que se refere a finanças do que o outro; isto é, um é inclinado a poupar mais ou a gastar mais [...] Como Benjamin Franklin ressaltou, não há nada mais desmoralizante do que dívidas. De uma forma estranha,

> porém, não há nada mais empobrecedor do que uma vida construída em torno do dinheiro. [...] A preocupação com dinheiro é uma causa real de incompatibilidade, ainda que geralmente oculta. Não só perturba o viver, mas contribui para abater a saúde e frequentemente resulta em graves doenças emocionais ou mesmo físicas. (INC, pp. 10-1.)

Em resumo, uma explicação detalhada de todos os possíveis aspectos em comparações de mapas está além do escopo deste livro, ou talvez de qualquer livro. De todo modo, é muito melhor aprender os princípios básicos explanados neste livro, e depois experimentá-los e explorar a vasta gama de seus significados. Se o leitor achar que os resultados são esclarecedores e merecem uma exploração mais profunda, pode então estudar os significados e métodos explanados em alguns de meus outros livros, como *Relationships & Life Cycles* e *Chart Interpretation Handbook*. Se portas continuarem a se abrir levando a um entendimento mais amplo de si mesmo e de seus relacionamentos, o próximo passo seria obter os livros de Lois Sargent (para interpretações de aspectos específicos em comparações) e Ronald Davidson, todos listados na bibliografia no apêndice F.

Este capítulo fornece somente breves diretrizes dirigidas àqueles que conhecem um pouco de astrologia. A capacidade de mesclar essas energias de uma forma precisa se desenvolverá com o tempo, na medida do estudo e da experiência. Devo também enfatizar que um entendimento profundo se desenvolverá muito mais rapidamente a partir de *conversas* pessoais e individuais com um grande número de pessoas do que a partir da simples leitura, que pode levar a interpretações especulativas unilaterais que parecem aos outros apenas um jogo de adivinhação e entretenimento, ou a fazer "leituras" para pessoas desconhecidas de quem nunca se receberá nenhum retorno.

18
Como usar a astrologia e a comparação de mapas com sabedoria e realismo

A maior felicidade da vida é a convicção de que somos amados pelo que somos, ou mesmo amados apesar do que somos.

Victor Hugo

Muitas pessoas, quando se dão conta da qualidade dos discernimentos e da exatidão das informações psicológicas com que a astrologia pode contribuir em sua vida, ficam totalmente animadas e, com frequência, tão completamente arrebatadas com essas possibilidades que começam a atribuir à astrologia até mesmo mais precisão e esfera de aplicação do que ela realmente oferece. O fato de que esse é um campo de estudo que impõe respeito e um sistema para o entendimento humano pode levar as pessoas a adotá-la como um sistema semirreligioso para direcionar todas as principais questões da vida, em vez de simplesmente como uma notável ciência da energia e uma ferramenta confiável para discernimentos psicológicos. Superestimar a precisão e a capacidade profética da astrologia é simplesmente tão desorientador como o preconceito comum de *subestimar* sua exatidão e valor prático. Na verdade, embora seja sempre necessário (como no caso de qualquer ciência) uma boa pesquisa e uma explanação nítida dos princípios essenciais, o uso sábio, realista e correto da astrologia depende mais do nível de consciência dos praticantes desta arte/ciência complexa do que das pesquisas adicionais das correlações planetárias com o comportamento e a personalidade humana.

De fato, gosto de enfatizar que o uso apropriado da informação e das técnicas astrológicas serve para impulsionar a profundidade de entendimento de alguém a fim de *viver mais conscientemente*. A astrologia não deve ser usada para esquivar-se da responsabilidade pessoal ou acalentar ilusões de soluções perfeitas ou bênçãos supremas. Mais propriamente, a astrologia nos equipa com um instrumento extremamente útil e confiável para o entendimento da natureza humana assim como a sintonização com a essência de dinâmicas interpessoais específicas. Isso nos permite ganhar perspectiva, objetividade e discernimento; e, idealmente, qualquer um que use esse instrumento deve manter um senso de proporção em sua avaliação dos significados que ele revela. Embora muitas vezes possa haver uma cura ou impacto de transformação sobre indivíduos quando usada inteligentemente, a astrologia não é uma terapia *per se*. Ainda precisamos dar os próximos passos – agir nos discernimentos, fazer o trabalho de melhorar nossa vida e relacionamentos –, mas com uma consciência mais ampla do que antes, devido ao entendimento mais profundo que a aplicação dos princípios astrológicos nos dá.

Do mesmo modo no campo dos relacionamentos, quando consideramos nosso próprio mapa individual de nascimento ou comparamos nosso mapa com o de outra pessoa, o objetivo básico deveria ser ganhar objetividade – não fugir das dificuldades, mas em vez disso lidar com elas com total consciência e honestidade. O nível de consciência de duas pessoas em qualquer relacionamento é sempre o fator mais decisivo, e o modo como elas escolhem lidar com as inevitáveis tendências conflituosas ou os padrões de personalidade é previsível apenas na medida em que os indivíduos funcionam inconscientemente. Um conhecimento dos princípios astrológicos revela as leis da energia e ativa polaridades em tudo na vida – *yin/yang*, positivo/negativo, macho/fêmea, Sol/Lua, Vênus/Marte, e daí em diante. E uma consciência sagaz das implicações das polaridades e dos paradoxos da vida permite que se dê um passo atrás para ver o quadro global e a pessoa por inteiro. Por exemplo, nenhum ser humano será completamente compatível ou aceitável para qualquer um de nós em todos os níveis da sua personalidade, conduta e troca energética. Junto a todas as qualidades atraentes que nos encantam com relação a alguém, vamos também encontrar – ao menos no final – o "outro lado da moeda", que se apresenta mais difícil, desagradável, desconcertante ou incompreensível.

Manly Hall escreveu:

> O homem bondoso pode ser silencioso demais; ao marido que trabalha arduamente pode faltar ambição; a esposa feliz e otimista pode

afigurar-se pouco prática; a mulher devotada e sincera pode não ser nada glamourosa. Precisamos aprender a apreciar aquelas qualidades que têm maior valor e aceitar o resto, pela simples razão de que os outros devem nos aceitar nas mesmas bases. (INC)

As observações de Hall estão estreitamente relacionadas à tendência dos seres humanos de *idealizar* parceiros potenciais, como foi discutido no capítulo 3, dificultando a construção de um relacionamento genuíno com um parceiro complexo, mas inevitavelmente imperfeito. E a importância deste fato prático é a razão de eu ter incluído a citação de Victor Hugo no início deste capítulo. Afinal, estamos todos no mesmo barco – seres imperfeitos com limitada capacidade de amar e, contudo, com frequência, querendo desesperadamente ser amados e aceitos como somos.

A importância do reconhecimento da *complexidade* das personalidades individuais e, portanto, da consequente complexidade de todos os relacionamentos entre elas, me leva a um outro conselho importante. Recomendo firmemente que o leitor *não* use um serviço computadorizado de interpretação de mapas para avaliar um relacionamento. A complexidade da comparação e combinação dos muitos fatores em dois mapas aumenta imensamente a dificuldade de elaborar um programa confiável de interpretação. Funciona bem ter os dois mapas *individuais* calculados por qualquer serviço correto (ver o apêndice B), mas a tentativa de obter a verdadeira apreciação das complexidades de qualquer relacionamento é prejudicada pelo tipo de análise rígida, simplista, estanque e o tipo de conselho oportuno que geralmente se encontra nesses produtos. A impressão que se tem de qualquer relacionamento a partir dessas avaliações geradas por computador são muitas vezes deterministas, irreais e normalmente estão erradas. Além disso, queima-se o revelador processo de examinar os detalhes de uma comparação específica, que permite que a pessoa aprenda não só sobre si mesma, mas também sobre astrologia em geral e sobre o modo como fluem e interagem as energias vitais que ele delineia. Ademais, o leitor deve estar ciente de que a grande maioria dos sites na internet que oferecem tais "leituras", análises de relacionamentos e outros serviços, é criada por pessoas que têm pouco ou nenhum conhecimento da verdadeira astrologia e visam simplesmente o lucro com base na sua confiança.

Um comentário sobre a pesquisa para este livro

Como Abraham Lincoln escreveu para Horace Greeley em 1862: "Devo tentar corrigir erros quando mostram ser erros, e devo adotar novas visões assim que mostrem ser visões verdadeiras." Qualquer obra escrita que tente apresentar a astrologia inteligentemente, e com alguma consciência de sua complexidade, deve manter o foco nos princípios essenciais. De outra forma, pode perder-se em detalhes intermináveis ou acabar com milhares de páginas de um material que termina por assustar o leitor com tanta bobagem verbal. Sempre tentei apresentar a astrologia de uma forma que respeite a inteligência do leitor e assuma que ele será capaz de aplicar em relação a sua própria vida as diretrizes e princípios que tenho apresentado. Atualmente, qualquer afirmação sobre relacionamentos e sexualidade é plausível de ser controversa e provocar reações emocionais em algumas pessoas. Como enxergo a astrologia ao menos como uma ciência potencial, tentei focalizar os princípios energéticos essenciais e de relacionamentos com os quais a maioria das pessoas pode se identificar. Imagino que uma ampla variedade de pessoas será capaz de entender e aplicar esses princípios energéticos centrais e cósmicos em sua própria vida.

Durante os anos de pesquisa para este livro, não tive controle nenhum sobre quem participaria dos questionários e tive pouca influência sobre as entrevistas (sem falar na escolha de quais opiniões, visões e observações específicas seriam utilizadas). Sem dúvida, como alguns notaram, parece haver uma enorme e variada quantidade de informação sobre as localizações de Vênus, Marte ou Lua, enquanto uma quantidade menor e poucas citações surgem para outros planetas. Alguns signos são mais simples de explicar e descrever que outros, e em geral tento eliminar a maioria das citações que meramente duplicam outras. (Por exemplo, poderia facilmente listar talvez duas dúzias de entrevistas e resumos de questionários que diziam essencialmente que Marte em Virgem era extraordinariamente batalhador e ligado nos detalhes, mas de modo geral deletei essas citações redundantes sem fim.) Além do mais, gastei anos pesquisando esses exemplos raros, originais ou plenos de discernimento que expressam de modo resumido as características e qualidades mais centrais de cada localização.

Obviamente, pessoas sintonizadas com uma atitude particularmente verbal ou comunicativa em todas as dimensões de um relacionamento são especialmente motivadas a dar informação voluntária para o tipo de pesquisa que tenho feito, enquanto personalidades mais retentoras, reservadas ou não verbais nem de longe participariam tão amiúde. Tento compensar isso não só citando visões de autores confiáveis, mas realmente também pedindo para entrevistar uma boa quantidade de pessoas que não são voluntárias. A maioria cooperou totalmente, e algumas foram surpreendentemente honestas e esclarecedoras, embora com umas poucas tenha sido como se estivesse "arrancando seus dentes". Não obstante, acho que o produto final é um panorama preciso da multiplicidade de sintonias energéticas englobadas pelo simbolismo astrológico. Apesar de não manter um site ou blog na internet, certamente vou considerar as emendas, acréscimos e esclarecimentos a este material vindos dos leitores, especialmente daqueles que são originais e nitidamente perspicazes, caso haja uma edição futura deste livro – o que naturalmente não posso garantir; também não posso prometer nenhuma resposta a tais comunicações (qualquer contribuição deve ser enviada para S. Arroyo, c/o CRCS, P.O. Box 1460, Sebastopol, CA 95473 – USA, ou, por e-mail, para astroconf@sbcglobal.net).

A comparação de mapas

Hoje, existe uma tendência de as pessoas quererem resultados imediatos em muitas áreas da vida, sem o investimento suficiente de tempo e esforço em estudo, pesquisa ou preparação. Por isso, as pessoas facilmente se perdem em detalhes, estatísticas e jogos mentais, e perdem de vista os princípios, o senso de propósito e a consciência do todo, que fornece o significado e a perspectiva real. Essa tendência moderna é tão verdadeira em astrologia quanto na medicina, na ciência ambiental, na agricultura e em outros campos.

Especialmente na avaliação de relacionamentos e compatibilidade, é essencial que não se faça nenhum julgamento tão apressadamente. Cada relacionamento é uma situação singular envolvendo pessoas singulares que têm valores, suposições e objetivos que não serão aparentes a menos que você pergunte especificamente. A pergunta "O que eles procuram neste relacionamento?" é fundamental. Além do mais, deve-se estar ciente de que as questões centrais, os desejos e objetivos que os indivíduos e os casais focalizam tendem a mudar com a idade.

Sex, Mind and Habit Compatibility, um livro rico em discernimento, escrito pelo talentoso astrólogo Marc Robertson, chama a atenção para a necessidade de ter em mente esses fatores-chave quando se avaliam relacionamentos:

- As perguntas "O que você espera desse relacionamento?" e "O que você quer dele?" têm que ser consideradas quando se analisa qualquer relacionamento, assim como "Você está procurando excitação ou bem-estar?" Ele observa que comparações de mapas podem ser preciosas ao se avaliar todos os tipos de relacionamentos, incluindo interações pais-filhos, pessoas envolvidas em projetos de negócios, etc. Obviamente você não vai enfatizar os mesmos fatores que enfatizaria ao investir dinheiro ou sentir-se atraído no sentido de uma profunda intimidade com alguém, para com um inquilino ou um orientador de tese acadêmica.

- Ele acrescenta: "A pessoa que pode ser mais irresistível para você, também pode ser aquela mais impossível de conviver de maneira confortável e tranquila" (SMH). Há muitas razões astrológicas para este fenômeno, e as especificidades de cada comparação de mapas têm que ser avaliadas para esclarecer as dinâmicas energéticas em jogo.

- Além disso, Robertson adverte: "Todo relacionamento que vai ficando significativo necessariamente vai ficando menos agradável" (SMH). Essa observação é semelhante a algumas das citações que apresentei anteriormente neste livro: relacionamentos profundos e amor seguem seus próprios caminhos, geralmente ignorando nossas estratégias e expectativas. Por exemplo, duas pessoas cujas sintonias com os quatro elementos não são muito compatíveis ainda podem aprender bastante a partir do seu relacionamento, embora não seja fácil – desde que ambos tenham harmonia energética suficiente para se comunicar um com o outro em alguns níveis, amparada por uma boa quantidade de atenção e motivação. Então, com o tempo, as duas pessoas podem, na verdade, aprender a aceitar e apreciar as atitudes e energias de cada um de uma forma autêntica, sem sentir sempre a necessidade de tentar mudar ou se opor às tendências do outro.

Diretrizes adicionais para interpretar comparações de mapas: uma lista resumida e fácil de usar

Um dos pressupostos decisivos empregados quando se comparam dois mapas natais deveria ser a percepção de que capacitar as pessoas a conhecer melhor a si mesmas e ao outro será sempre útil de algum modo, mesmo que às vezes a verdade seja difícil de enfrentar. Avaliar a *experiência* energética real de cada pessoa é uma abordagem particularmente proveitosa para facilitar a discussão da interação mútua, através da qual as duas pessoas podem chegar a um conhecimento mais profundo que transcende conceitos abstratos. Essa busca pelo conhecimento de si mesmo e do outro deve formar a base de toda análise e todo diálogo astrológico entre duas pessoas.

Além do mais, o reconhecimento da inclinação psicológica de cada um (enraizada na sua sintonia energética) é essencial para fazer uma comparação de mapas realista e instrutiva. Por exemplo:

- Aquelas pessoas com muita ênfase sobre Vênus, Libra e a sétima casa nos seus mapas procuram nos outros estímulo energético e apoio muito mais do que a maioria das pessoas. Compatibilidade energética é, portanto, muito mais importante para elas do que para a maioria das outras pessoas, pois elas dependem bastante dos outros no que se refere a respostas e desempenho. Relacionamentos de todos os tipos são decisivos para sua felicidade na vida e podem energizá-las ou esgotá-las de acordo com o quão harmoniosamente vão avançando. Além disso, seu relacionamento principal é de suprema importância na determinação de seu ânimo, nível de energia e sensação de bem-estar.

- Aquelas especialmente sintonizadas com uma necessidade de comunicação – tanto intelectual (ar) quanto emocional (água) – tendem a ser mais complicados e difíceis de agradar nos relacionamentos. Em outras palavras, têm mais exigências que não serão satisfeitas por mera aparência ou estilo ou ritual de comportamento.

- Pessoas com grande sintonia com o elemento terra geralmente estão convencidas da *limitação* na sua vida diária. Por isso, sua atitude no sentido dos relacionamentos pode ser: "Bom, isso funciona, está tudo bem. É o suficiente." Pessoas mais idealistas ou românticas, por outro lado, geralmente querem tanto ter uma experiência total de compatibilidade ou fusão que criam imagens na mente que podem se transformar em decepção e acabar levando à frustração.

- Pessoas fortemente sintonizadas com o elemento fogo podem ter uma inclinação para imagens grandiosas, sonhos idealistas em relacionamentos, mas felizmente conseguem sentir-se relativamente bem caminhando juntas dinamicamente, ocupando-se de projetos intermináveis e se convencendo e aos outros de que estão felizes. (Signos de fogo tendem a ter pensamento positivo!)

(Para uma discussão mais extensa deste tópico, ver o capítulo 15 de *Astrologia, Psicologia e os Quatro Elementos* – "Os elementos na comparação de mapas".)

Apesar de não podermos explorar todas as dimensões da astrologia avançada e das comparações de mapas neste livro introdutório, uns poucos fatores devem ser destacados resumidamente para alertar o leitor sobre as várias interações energéticas importantes – como um tipo de listagem – à medida que se experimenta a comparação de mapas natais:

- Como foi mencionado antes neste volume, sintonias harmoniosas e interações estimulantes (como o aspecto de oposição) entre o Sol e a Lua das pessoas são sempre importantes e desejáveis; e geralmente são encontradas em parceiros casados, como mostraram os estudos estatísticos de C. G. Jung. Uma grande quantidade de aspectos envolvendo o Sol de uma pessoa e planetas da outra pessoa pode reforçar a vitalidade e o senso de identidade, assim como estimular a confiança. Muitos tipos de aspectos harmoniosos envolvendo a Lua, como foi discutido no capítulo 7, podem ajudar facilmente a convivência e a alcançar um clima doméstico de tranquilidade que ajuda a manter a boa saúde.

- Como foi bastante discutido nos capítulos anteriores, interações entre Marte e Vênus são importantes para a harmonia e o estímulo sexual e emocional, mas de jeito nenhum são os únicos indicadores de troca energética erótica. A Lua de uma pessoa sintonizada harmoniosamente com Vênus ou Marte de outra pessoa também pode indicar bem-estar e aceitação física e emocional. Muitos tipos de aspectos de Netuno acrescentam uma aura romântica ao relacionamento e um senso de unidade, fantasia e mesmo transcendência e fusão mágica. Aspectos de Urano com Vênus ou Marte do outro podem adicionar um toque de excitação e aventura, e aspectos de Plutão podem pôr em ação uma poderosa atração sexual impessoal, frequentemente muito lasciva e possessiva e às vezes até mesmo cruel.

- Aspectos entre o ascendente de uma pessoa e o Sol, a Lua ou os planetas de outra pessoa nem de longe são enfatizados o suficiente na maioria dos livros sobre este assunto. Admitindo que haja mapas natais precisos calculados com base no horário exato do nascimento, pode-se sempre verificar se o ascendente de um se alinha razoavelmente por um aspecto próximo – *ou pelo menos pelo signo* – com planetas no mapa do outro. Essas relações são normalmente muito importantes e podem significar relacionamentos especialmente significativos e em geral de longa duração. A maioria das conjunções, algumas oposições e muitos aspectos harmoniosos envolvendo um dos ascendentes são importantes indicadores de relacionamentos próximos particularmente intensos, e frequentemente de compatibilidade.

- Interações próximas entre Mercúrio em um mapa e Mercúrio, Júpiter, Saturno, Vênus, Marte, Lua, Urano ou o ascendente no outro mapa podem estimular especialmente uma comunicação verbal interessante e o entendimento mútuo quanto ao modo de pensar e as atitudes de cada um.

- Um aspecto *próximo* entre Júpiter em um mapa e qualquer quantidade de planetas ou o ascendente no outro mapa nunca deve ser subestimado, pois tal aspecto (uma interação energética e angular próxima entre planetas) tem o poder de mudar o tom de todo o relacionamento, suavizando muitas pequenas dificuldades. É bom estar especialmente alerta para a importância dos seguintes aspectos em uma comparação, não importa se o relacionamento é romântico ou de negócios: Júpiter conjunto ou oposto ao ascendente; qualquer quantidade de aspectos próximos de Júpiter com o Sol ou a Lua; Júpiter se harmonizando com Saturno da outra pessoa; ou Júpiter harmoniosamente sintonizado com Vênus, Marte ou Mercúrio da outra pessoa.

Aonde vamos a partir daqui?

Há uma miríade de fatores adicionais que se pode usar e analisar quando fazemos uma comparação de mapas abrangente, e os livros marcados com asteriscos no apêndice F são especialmente recomendados. Os livros de Ronald Davison são clássicos, e particularmente sugiro ao leitor estudar Lois H. Sargent – *How to Handle Your Human Relations* – para uma avaliação precisa e detalhada dos vários aspectos entre qualquer dupla de planetas nos mapas de duas pessoas (às vezes também chamados de interaspectos). Embora seja um livro pequeno e difícil de encontrar, ele vale o esforço. Dentre meus próprios livros, *Relationships & Life Cycles* tem a maior parte do material sobre comparação de mapas, incluindo a orientação passo a passo para uma comparação completa de mapas e também um capítulo inteiro sobre a interpretação das casas do mapa natal em comparações. *Astrologia, Psicologia e os Quatro Elementos* tem uma grande quantidade de material sobre o entendimento do fluxo energético entre as pessoas; e *Astrology, Karma & Transformation* inclui um capítulo que discute relacionamentos e comparação de mapas de um ponto de vista espiritual e cármico.

É necessário estudar muitas obras como essas mencionadas se se quiser atingir um alto nível de proficiência e fazer comparações de mapas confiáveis e perspicazes. Mas mesmo estudos sérios e sistemáticos dos métodos e técnicas são apenas um fundamento. Então, é preciso experiência e alguma humildade para manter-se aberto à verdade de cada situação. As regras ou leis da astrologia trabalham com e se referem a níveis arquetípicos e energéticos da vida. Por isso, embora as regras de interpretação e as diretrizes para avaliar a compatibilidade em qualquer caso particular sejam obviamente evidentes na maioria dos relacionamentos, não se deve ser simplista nem doutrinário. A amálgama de inúmeros fatores e interações astrológicas em qualquer comparação leva a um quadro notável de desconcertante complexidade – especialmente para iniciantes. Mas isso apenas reflete a complexidade dos seres humanos e seus relacionamentos. Não deve ser motivo de desânimo. Essa mesma complexidade é a razão de ocasionalmente encontrarmos duas pessoas cujo relacionamento de longo prazo é muito bem-sucedido, embora pareça quebrar muitas regras sobre compatibilidade. Nesses casos, é preciso olhar para o quadro global e para as necessidades e sintonias próprias de cada indivíduo. Por exemplo, essas pessoas podem, na verdade, prosperar em meio a conflitos periódicos ou precisar de uma considerável distância psíquica do seu parceiro.

Em todo caso, a humildade que mencionei acima deve manter a pessoa aberta para a realidade de cada situação e de cada comparação, e ajudá-la a não posar de "sabe-tudo", o que historicamente tem feito muitos profissionais de astrologia ganharem o rótulo de charlatães ou leitores de sorte. A astrologia implica uma visão da vida radicalmente diferente da ciência materialista, que vê o universo como aleatório e sem significado. Estudantes ou profissionais de astrologia admitem, ou deveriam admitir, que o cosmos sabe muito mais que nós, seres humanos, com nosso intelecto limitado. Por isso, estamos sempre descobrindo, e podemos ser humildes e agradecidos quando aprendemos de verdade um pouco mais sobre os misteriosos e inspiradores padrões do universo.

Apêndice A

Astrologia: uma linguagem energética para definir os fatores essenciais

Se a pessoa vai enfatizar a abordagem energética da astrologia e, portanto, a importância dos quatro elementos, as seguintes definições – que venho usando há muitos anos e considero extremamente corretas – merecem ser memorizadas. Essas definições também focalizam a astrologia como uma linguagem da *experiência* pessoal, contrastada com a antiquada tentativa de espremer uma descrição de eventos exteriores a partir de todos os padrões astrológicos.

Os ***elementos*** são a *substância energética da experiência.*

Os ***signos*** são os *padrões energéticos primários* e indicam *características específicas da experiência.*

Os ***planetas*** *regulam o fluxo da energia* e representam as *dimensões da experiência.*

As ***casas*** representam os *campos de experiência* nos quais as energias específicas serão *mais facilmente expressas* e *mais diretamente encontradas.*

Os ***aspectos*** revelam o *dinamismo e a intensidade da experiência* e também *como as energias interagem dentro da pessoa.*

Esses cinco fatores, definidos e entendidos como declarado acima, constituem uma linguagem energética e uma psicologia cósmica notavelmente abrangentes, sofisticadas e refinadas. Eles se combinam da seguinte forma: uma dimensão particular da experiência (indicada por determinado planeta) invariavelmente será colorida pela característica do signo no qual está situada no mapa natal da pessoa. Essa combinação resulta em um *impulso específico no sentido da expressão* e numa *necessidade particular de realização*. O indivíduo vai confrontar essa dimensão da vida mais diretamente no campo da experiência indicado pela posição da casa do planeta. E, embora o impulso de expressar ou realizar essa dimensão da experiência esteja presente em qualquer um que tenha determinada combinação planeta-signo, os aspectos específicos desse planeta revelam quão fácil e harmoniosamente a pessoa pode expressar esse impulso ou satisfazer essa necessidade.

CONCEITOS-CHAVE PARA OS PLANETAS

	Princípio	**Impulso representado**	**Necessidade simbolizada**
SOL	Vitalidade; senso de individualidade; energia criativa, ser interior radiante (sintonia da alma); valores essenciais	Impulso de ser e de criar	Precisa ser reconhecido e expressar o eu
LUA	Reação; predisposição subconsciente; sentimentos sobre si próprio (autoimagem); respostas condicionadas	Impulso de sentir apoio interno; anseio de segurança emocional e doméstica	Precisa de tranquilidade emocional e sensação de pertencimento; precisa sentir-se certo sobre si mesmo
MERCÚRIO	Comunicação; mente consciente (mente lógica e racional)	Impulso de expressar percepções e inteligência através de capacidades ou discurso	Precisa estabelecer ligações com os outros; necessidade de aprender
VÊNUS	Gostos emocionalmente coloridos; valores; troca energética com os outros através do dar e receber; partilhar	Impulso social e para o amor; anseio de expressar afetos; impulso para o prazer	Precisa se sentir próximo do outro; necessidade de sentir bem-estar e harmonia; necessidade de partilhar as próprias emoções
MARTE	Desejo, vontade direcionada à ação; iniciativa; energia física; direção	Impulso assertivo e agressivo; ímpeto sexual; anseio de agir decisivamente	Precisa realizar desejos; necessidade de excitação física e sexual

JÚPITER	Expansão; graça	Impulso direcionado a um alinhamento mais amplo; conectar-se com algo maior que si próprio	Precisa de fé, verdade e confiança na vida; necessidade de melhorar
SATURNO	Contração; esforço	Impulso de defender a própria estrutura e integridade; anseio de segurança e proteção por meio de realizações concretas	Precisa de aprovação social; necessidade de contar com os próprios recursos e trabalho
URANO	Liberdade individual; liberdade do ego	Impulso direcionado à diferenciação, originalidade e independência da tradição	Precisa de mudança, excitação e expressão sem restrições
NETUNO	Liberdade transcendente; unificação; libertar-se do ego	Impulso de escapar das limitações do eu e do mundo material	Precisa vivenciar a unidade com a vida, uma completa fusão com o todo
PLUTÃO	Transformação; transmutação; eliminação	Impulso direcionado a um total renascimento; ímpeto de penetrar no cerne da experiência	Precisa refinar a si próprio; necessidade de deixar ir o que é velho através da dor

Apêndice B

Serviços de cálculo de mapas

É essencial ter dados exatos. Você irá precisar de data, local (cidade e país) e hora exatos do nascimento. Os pais geralmente têm uma lembrança vaga do horário exato do nascimento, de modo que é aconselhável obter uma cópia da certidão de nascimento da pessoa se houver alguma dúvida.

Muitos sites na internet e serviços de cálculo têm ajuste para horário de verão, "período de guerra", e fusos horários, mas é uma boa ideia verificar novamente todos os dados antes de entrar no programa. Um número errado na data ou no horário pode mudar tudo!

Aqui vão alguns endereços de sites confiáveis e de baixo custo ou grátis, onde se pode obter cálculos de mapas natais:

No site da Astro Communications Services <astrocom.com>, clique em *charts* (abaixo de *new products*). Você pode pedir online um "mapa de estudante" com apenas dez planetas (menos confuso!) por 4,95 dólares, ou fazer por telefone um pedido ou perguntas sobre os dados em questão, ligando para 800-514-5070.

Para cálculo grátis do mapa natal

O site da Astrolabe <alabe.com> oferece mapas grátis. Eles fornecem com clareza as posições básicas dos planetas e as cúspides das casas para o grau mais próximo com um parágrafo curto de interpretação (às vezes com informações conflitantes, como acontece com frequência em interpretações astrológicas de programas de computador.

Recomendado para iniciantes, pois os gráficos e outros elementos são de fácil compreensão.

O site da Astrodienst <astro.com> permite que você economize múltiplos mapas ao se registrar. Clique em *free horoscopes*, depois em *horoscope drawings & calculations*, e depois em *chart drawing, ascendant* para o cálculo básico. Os cálculos parecem ser muito bons, mas as opções adicionais podem ser confusas.

Nota do autor. Mapas mais simples e claros são os melhores para os iniciantes. As questões de sistema de casas, aspectos menores e corpos planetários, etc., devem ser ignoradas por principiantes. As contraditórias e falhas "interpretações", "retratos pessoais", "cartas de amor", etc., que são em geral oferecidas com os cálculos grátis são, muitas vezes, um entrave para o aprendizado das bases astrológicas. Cuidado: não compre qualquer coisa!

Atenção! Alguns sites pedem que você envie seu endereço de e-mail, de modo que você pode acabar recebendo uma enxurrada de mensagens de spam, ofertas de leituras psíquicas, "ofertas especiais", etc. Lembre-se que muitas das pessoas que dirigem "sites astrológicos" não têm nenhum conhecimento real de astrologia e não passam de predadores de pessoas crédulas.

Apêndice C

Tábuas do signo da Lua

De todos os planetas em um mapa natal, a Lua é a que se move mais rapidamente. Por isso, criar uma tábua para calcular sua posição por signo é – no melhor dos casos – apenas um meio de retratar as duas possibilidades de signos da Lua para aqueles que nasceram em determinada data. Como a Lua se move através de um novo signo aproximadamente a cada dois dias e meio, não há outro meio de saber a localização exata da Lua de uma pessoa a não ser o mapa natal calculado corretamente. Além disso, uma vez conhecido o grau exato da Lua em determinado mapa, é possível fazer algumas experiências com os aspectos entre essa Lua e os planetas da outra pessoa – uma técnica muito importante e elucidativa descrita nos capítulos 7 e 17.

Para encontrar o signo da sua Lua, verifique embaixo do ano e mês do seu nascimento e depois escaneie essa linha das localizações da Lua. Se a data real do seu nascimento não estiver listada, procure a data imediatamente anterior a sua data de nascimento. Esse signo será mais provavelmente a localização da sua Lua. Se não corresponder a sua natureza emocional, então é mais provável que a localização da sua Lua seja o signo seguinte. Procure minhas descrições no capítulo 7 para comparar as características e tendências psicológicas dos dois possíveis signos da sua Lua.

1927

JAN-1 SAG 2 CAP 4 AQU 6 PEI 9 ÁRI 11 TOU 13 GÊM 15 CÂN 17 LEÃO 20 VIR 22 LIB 25 ESC 27 SAG 30 CAP
FEV-1 AQU 3 PEI 5 ÁRI 7 TOU 9 GÊM 11 CÂN 14 LEÃO 16 VIR 19 LIB 21 ESC 24 SAG 26 CAP 28 AQU
MAR-2 PEI 4 ÁRI 6 TOU 8 GÊM 11 CÂN 13 LEÃO 15 VIR 18 LIB 21 ESC 23 SAG 25 CAP 28 AQU 30 PEI
ABR-1 ÁRI 3 TOU 5 GÊM 7 CÂN 9 LEÃO 12 VIR 14 LIB 17 ESC 19 SAG 22 CAP 24 AQU 26 PEI 28 ÁRI 30 TOU
MAI-2 GÊM 4 CÂN 7 LEÃO 9 VIR 12 LIB 14 ESC 16 SAG 19 CAP 21 AQU 23 PEI 25 ÁRI 28 TOU 30 GÊM
JUN-1 CÂN 3 LEÃO 5 VIR 8 LIB 10 ESC 13 SAG 15 CAP 17 AQU 20 PEI 22 ÁRI 24 TOU26 GÊM 28 CÂN 30 LEÃO
JUL-3 VIR 5 LIB 8 ESC 10 SAG 13 CAP 15 AQU 17 PEI 19 ÁRI 21 TOU 23 GÊM 25 CÂN 28 LEÃO 30 VIR
AGO-1 LIB 4 ESC 7 SAG 9 CAP 11 AQU 13 PEI 15 ÁRI 17 TOU 19 GÊM 22 CÂN 24 LEÃO 26 VIR 29 LIB 31 ESC
SET-3 SAG 5 CAP 8 AQU 10 PEI 12 ÁRI 14 TOU 16 GÊM 18 CÂN 20 LEÃO 23 VIR 25 LIB 28 ESC 30 SAG
OUT-3 CAP 5 AQU 7 PEI 9 ÁRI 11 TOU 13 GÊM 15 CÂN 17 LEÃO 20 VIR 22 LIB 25 ESC 27 SAG 30 CAP
NOV-1 AQU 3 PEI 6 ÁRI 8 TOU 10 GÊM 12 CÂN 14 LEÃO 16 VIR 19 LIB 21 ESC 24 SAG 26 CAP 28 AQU
DEZ-1 PEI 3 ÁRI 5 TOU 7 GÊM 9 CÂN 11 LEÃO 13 VIR 16 LIB 18 ESC 21 SAG 23 CAP 26 AQU 28 PEI 30 ÁRI

1928

JAN-1 TOU 3 GÊM 5 CÂN 8 LEÃO 10 VIR 12 LIB 15 ESC 17 SAG 20 CAP 22 AQU 24 PEI 26 ÁRI 28 TOU 31 GÊM
FEV-2 CÂN 4 LEÃO 6 VIR 9 LIB 11 ESC 14 SAG 16 CAP 18 AQU 21 PEI 23 ÁRI 25 TOU 27 GÊM 29 CÂN
MAR-2 LEÃO 5 VIR 7 LIB 9 ESC 12 SAG 14 CAP 17 AQU 19 PEI 21 ÁRI 23 TOU 25 GÊM 27 CÂN 29 LEÃO
ABR-1 VIR 3 LIB 6 ESC 8 SAG 11 CAP 13 AQU 15 PEI 18 ÁRI 20 TOU 22 GÊM 24 CÂN 26 LEÃO 28 VIR 30 LIB
MAI-3 ESC 5 SAG 8 CAP 10 AQU 13 PEI 15 ÁRI 17 TOU 19 GÊM 21 CÂN 23 LEÃO 25 VIR 28 LIB 30 ESC
JUN-2 SAG 4 CAP 7 AQU 9 PEI 11 ÁRI 13 TOU 15 GÊM 17 CÂN 19 LEÃO 22 VIR 24 LIB 26 ESC 29 SAG
JUL-2 CAP 4 AQU 6 PEI 9 ÁRI 11 TOU 13 GÊM 15 CÂN 17 LEÃO 19 VIR 21 LIB 24 ESC 26 SAG 29 CAP 31 AQU
AGO-3 PEI 5 ÁRI 7 TOU 9 GÊM 11 CÂN 13 LEÃO 15 VIR 18 LIB 20 ESC 23 SAG 25 CAP 28 AQU 30 PEI
SET-1 ÁRI 3 TOU 5 GÊM 7 CÂN 10 LEÃO 12 VIR 14 LIB 16 ESC 19 SAG 22 CAP 24 AQU 26 PEI 28 ÁRI 30 TOU
OUT-3 GÊM 5 CÂN 7 LEÃO 9 VIR 11 LIB 14 ESC 16 SAG 19 CAP 21 AQU 24 PEI 26 ÁRI 28 TOU 30 GÊM
NOV-1 CÂN 3 LEÃO 5 VIR 8 LIB 10 ESC 13 SAG 15 CAP 18 AQU 20 PEI 22 ÁRI 24 TOU 26 GÊM 28 CÂN 30 LEÃO
DEZ-3 VIR 5 LIB 7 ESC 10 SAG 12 CAP 15 AQU 17 PEI 20 ÁRI 22 TOU 24 GÊM 26 CÂN 28 LEÃO 30 VIR

1929

JAN-1 LIB 4 ESC 6 SAG 9 CAP 11 AQU 14 PEI 16 ÁRI 18 TOU 20 GÊM 22 CÂN 24 LEÃO 26 VIR 29 LIB 31 ESC
FEV-2 SAG 5 CAP 7 AQU 10 PEI 12 ÁRI 14 TOU 16 GÊM 19 CÂN 21 LEÃO 23 VIR 25 LIB 27 ESC
MAR-2 SAG 4 CAP 7 AQU 9 PEI 11 ÁRI 14 TOU 16 GÊM 18 CÂN 20 LEÃO 22 VIR 24 LIB 27 ESC 29 SAG
ABR-1 CAP 3 AQU 5 PEI 8 ÁRI 10 TOU 12 GÊM 14 CÂN 16 LEÃO 18 VIR 21 LIB 23 ESC 25 SAG 28 CAP 30 AQU
MAI-3 PEI 5 ÁRI 7 TOU 9 GÊM 11 CÂN 13 LEÃO 16 VIR 18 LIB 20 ESC 23 SAG 25 CAP 28 AQU 30 PEI
JUN-2 ÁRI 4 TOU 6 GÊM 8 CÂN 10 LEÃO 12 VIR 14 LIB 16 ESC 19 SAG 21 CAP 24 AQU 26 PEI 29 ÁRI
JUL-1 TOU 3 GÊM 5 CÂN 7 LEÃO 9 VIR 11 LIB 14 ESC 16 SAG 19 CAP 21 AQU 24 PEI 26 ÁRI 28 TOU 31 GÊM
AGO-2 CÂN 4 LEÃO 6 VIR 8 LIB 10 ESC 12 SAG 15 CAP 17 AQU 20 PEI 22 ÁRI 25 TOU 27 GÊM 29 CÂN 31 LEÃO
SET-2 VIR 4 LIB 6 ESC 9 SAG 11 CAP 14 AQU 16 PEI 19 ÁRI 21 TOU 23 GÊM 25 CÂN 27 LEÃO 29 VIR
OUT-2 LIB 4 ESC 6 SAG 9 CAP 11 AQU 14 PEI 16 ÁRI 18 TOU 20 GÊM 22 CÂN 25 LEÃO 27 VIR 29 LIB 31 ESC
NOV-2 SAG 5 CAP 7 AQU 10 PEI 12 ÁRI 15 TOU 17 GÊM 19 CÂN 21 LEÃO 23 VIR 25 LIB 27 ESC 30 SAG
DEZ-2 CAP 5 AQU 7 PEI 10 ÁRI 12 TOU 14 GÊM 16 CÂN 18 LEÃO 20 VIR 22 LIB 25 ESC 27 SAG 30 CAP

1930

JAN-1 AQU 4 PEI 6 ÁRI 8 TOU 11 GÊM 13 CÂN 15 LEÃO 17 VIR 19 LIB 21 ESC 23 SAG 26 CAP 28 AQU 31 PEI
FEV-2 ÁRI 5 TOU 7 GÊM 9 CÂN 11 LEÃO 13 VIR 15 LIB 17 ESC 20 SAG 22 CAP 25 AQU 27 PEI
MAR-2 ÁRI 4 TOU 6 GÊM 8 CÂN 10 LEÃO 12 VIR 15 LIB 17 ESC 19 SAG 21 CAP 24 AQU 26 PEI 29 ÁRI 31 TOU
ABR-2 GÊM 5 CÂN 7 LEÃO 9 VIR 11 LIB 13 ESC 15 SAG 18 CAP 20 AQU 23 PEI 25 ÁRI 28 TOU 30 GÊM
MAI-2 CÂN 4 LEÃO 6 VIR 8 LIB 10 ESC 13 SAG 15 CAP 18 AQU 20 PEI 23 ÁRI 25 TOU 27 GÊM 29 CÂN 31 LEÃO
JUN-2 VIR 4 LIB 7 ESC 9 SAG 11 CAP 14 AQU 16 PEI 19 ÁRI 21 TOU 24 GÊM 26 CÂN 28 LEÃO 30 VIR
JUL-2 LIB 4 ESC 6 SAG 9 CAP 11 AQU 14 PEI 16 ÁRI 19 TOU 21 GÊM 23 CÂN 25 LEÃO 27 VIR 29 LIB 31 ESC
AGO-2 SAG 5 CAP 7 AQU 10 PEI 12 ÁRI 15 TOU 17 GÊM 19 CÂN 21 LEÃO 23 VIR 25 LIB 28 ESC 30 SAG
SET-1 CAP 4 AQU 6 PEI 9 ÁRI 11 TOU 14 GÊM 16 CÂN 18 LEÃO 20 VIR 22 LIB 24 ESC 26 SAG 28 CAP
OUT-1 AQU 3 PEI 6 ÁRI 8 TOU 11 GÊM 13 CÂN 15 LEÃO 17 VIR 19 LIB 21 ESC 24 SAG 26 CAP 28 AQU 31 PEI
NOV-2 ÁRI 5 TOU 7 GÊM 9 CÂN 11 LEÃO 13 VIR 16 LIB 18 ESC 20 SAG 22 CAP 25 AQU 27 PEI 30 ÁRI
DEZ-2 TOU 4 GÊM 7 CÂN 9 LEÃO 11 VIR 13 LIB 15 ESC 17 SAG 20 CAP 22 AQU 24 PEI 27 ÁRI 29 TOU

1931

JAN-1 GÊM 3 CÂN 5 LEÃO 7 VIR 9 LIB 11 ESC 13 SAG 16 CAP 18 AQU 21 PEI 23 ÁRI 26 TOU 28 GÊM 30 CÂN
FEV-1 LEÃO 3 VIR 5 LIB 8 ESC 10 SAG 12 CAP 15 AQU 17 PEI 20 ÁRI 22 TOU 25 GÊM 27 CÂN
MAR-1 LEÃO 3 VIR 5 LIB 7 ESC 9 SAG 11 CAP 14 AQU 16 PEI 19 ÁRI 21 TOU 24 GÊM 26 CÂN 28 LEÃO 30 VIR
ABR-1 LIB 3 ESC 5 SAG 8 CAP 10 AQU 13 PEI 15 ÁRI 18 TOU 20 GÊM 22 CÂN 25 LEÃO 27 VIR 29 LIB
MAI-1 ESC 3 SAG 5 CAP 7 AQU 10 PEI 12 ÁRI 15 TOU 17 GÊM 20 CÂN 22 LEÃO 24 VIR 26 LIB 28 ESC 30 SAG
JUN-1 CAP 4 AQU 6 PEI 9 ÁRI 11 TOU 14 GÊM 16 CÂN 18 LEÃO 20 VIR 22 LIB 24 ESC 27 SAG 29 CAP
JUL-1 AQU 4 PEI 6 ÁRI 9 TOU 11 GÊM 13 CÂN 15 LEÃO 17 VIR 20 LIB 22 ESC 24 SAG 26 CAP 28 AQU 31 PEI
AGO-2 ÁRI 5 TOU 7 GÊM 10 CÂN 12 LEÃO 14 VIR 16 LIB 18 ESC 20 SAG 22 CAP 25 AQU 27 PEI 30 ÁRI
SET-1 TOU 4 GÊM 6 CÂN 8 LEÃO 10 VIR 12 LIB 14 ESC 16 SAG 19 CAP 21 AQU 23 PEI 26 ÁRI 28 TOU
OUT-1 GÊM 3 CÂN 6 LEÃO 8 VIR 10 LIB 12 ESC 14 SAG 16 CAP 18 AQU 21 PEI 23 ÁRI 26 TOU 28 GÊM 31 CÂN
NOV-2 LEÃO 4 VIR 6 LIB 8 ESC 10 SAG 12 CAP 14 AQU 17 PEI 19 ÁRI 22 TOU 24 GÊM 27 CÂN 29 LEÃO
DEZ-1 VIR 3 LIB 6 ESC 8 SAG 10 CAP 12 AQU 14 PEI 17 ÁRI 19 TOU 22 GÊM 24 CÂN 26 LEÃO 29 VIR 31 LIB

1932

JAN-1 LIB 2 ESC 4 SAG 6 CAP 8 AQU 11 PEI 13 ÁRI 16 TOU 18 GÊM 20 CÂN 23 LEÃO 25 VIR 27 LIB 29 ESC 31 SAG
FEV-2 CAP 5 AQU 7 PEI 9 ÁRI 12 TOU 14 GÊM 17 CÂN 19 LEÃO 21 VIR 23 LIB 25 ESC 27 SAG
MAR-1 CAP 3 AQU 5 PEI 8 ÁRI 10 TOU 13 GÊM 15 CÂN 18 LEÃO 20 VIR 22 LIB 24 ESC 26 SAG 28 CAP 30 AQU
ABR-2 PEI 4 ÁRI 7 TOU 9 GÊM 12 CÂN 14 LEÃO 16 VIR 18 LIB 20 ESC 22 SAG 24 CAP 26 AQU 29 PEI
MAI-1 ÁRI 4 TOU 6 GÊM 9 CÂN 11 LEÃO 13 VIR 16 LIB 18 ESC 20 SAG 22 CAP 24 AQU 26 PEI 29 ÁRI 31 TOU
JUN-3 GÊM 5 CÂN 7 LEÃO 10 VIR 12 LIB 14 ESC 16 SAG 18 CAP 20 AQU 22 PEI 25 ÁRI 27 TOU 30 GÊM
JUL-2 CÂN 5 LEÃO 7 VIR 9 LIB 11 ESC 13 SAG 15 CAP 18 AQU 20 PEI 22 ÁRI 25 TOU 27 GÊM 30 CÂN
AGO-1 LEÃO 3 VIR 5 LIB 7 ESC 10 SAG 12 CAP 14 AQU 16 PEI 19 ÁRI 21 TOU 24 GÊM 26 CÂN 28 LEÃO 31 VIR
SET-2 LIB 4 ESC 6 SAG 8 CAP 10 AQU 12 PEI 15 ÁRI 17 TOU 20 GÊM 22 CÂN 25 LEÃO 27 VIR 29 LIB
OUT-1 ESC 3 SAG 5 CAP 7 AQU 10 PEI 12 ÁRI 15 TOU 17 GÊM 20 CÂN 22 LEÃO 24 VIR 27 LIB 29 ESC 31 SAG
NOV-2 CAP 4 AQU 6 PEI 8 ÁRI 11 TOU 13 GÊM 16 CÂN 18 LEÃO 21 VIR 23 LIB 25 ESC 27 SAG 29 CAP
DEZ-1 AQU 3 PEI 6 ÁRI 8 TOU 11 GÊM 13 CÂN 16 LEÃO 18 VIR 20 LIB 22 ESC 24 SAG 26 CAP 28 AQU 31 PEI

1933

JAN-1 PEI 2 ÁRI 4 TOU 7 GÊM 9 CÂN 12 LEÃO 14 VIR 16 LIB 19 ESC 21 SAG 23 CAP 25 AQU 27 PEI 29 ÁRI
FEV-1 TOU 3 GÊM 6 CÂN 8 LEÃO 10 VIR 13 LIB 15 ESC 17 SAG 19 CAP 21 AQU 23 PEI 26 ÁRI 28 TOU
MAR-3 GÊM 5 CÂN 8 LEÃO 10 VIR 12 LIB 14 ESC 16 SAG 18 CAP 20 AQU 23 PEI 25 ÁRI 27 TOU 30 GÊM
ABR-1 CÂN 4 LEÃO 6 VIR 8 LIB 11 ESC 13 SAG 15 CAP 17 AQU 19 PEI 21 ÁRI 24 TOU 26 GÊM 29 CÂN
MAI-1 LEÃO 4 VIR 6 LIB 8 ESC 10 SAG 12 CAP 14 AQU 16 PEI 19 ÁRI 21 TOU 23 GÊM 26 CÂN 29 LEÃO 31 VIR
JUN-2 LIB 4 ESC 6 SAG 8 CAP 10 AQU 12 PEI 15 ÁRI 17 TOU 20 GÊM 22 CÂN 25 LEÃO 27 VIR 30 LIB
JUL-2 ESC 4 SAG 6 CAP 8 AQU 10 PEI 12 ÁRI 14 TOU 17 GÊM 20 CÂN 22 LEÃO 24 VIR 27 LIB 29 ESC 31 SAG
AGO-2 CAP 4 AQU 6 PEI 8 ÁRI 11 TOU 13 GÊM 16 CÂN 18 LEÃO 21 VIR 23 LIB 25 ESC 27 SAG 29 CAP
SET-1 AQU 3 PEI 5 ÁRI 7 TOU 10 GÊM 12 CÂN 15 LEÃO 17 VIR 19 LIB 21 ESC 24 SAG 26 CAP 28 AQU 30 PEI
OUT-2 ÁRI 5 TOU 7 GÊM 9 CÂN 12 LEÃO 14 VIR 17 LIB 19 ESC 21 SAG 23 CAP 25 AQU 27 PEI 30 ÁRI
NOV-1 TOU 3 GÊM 6 CÂN 8 LEÃO 11 VIR 13 LIB 15 ESC 17 SAG 19 CAP 21 AQU 23 PEI 26 ÁRI 28 TOU
DEZ-1 GÊM 3 CÂN 6 LEÃO 8 VIR 11 LIB 13 ESC 15 SAG 17 CAP 19 AQU 21 PEI 23 ÁRI 25 TOU 28 GÊM 30 CÂN

1934

JAN-1 CÂN 2 LEÃO 4 VIR 7 LIB 9 ESC 11 SAG 13 CAP 15 AQU 17 PEI 19 ÁRI 22 TOU 24 GÊM 27 CÂN 29 LEÃO
FEV-1 VIR 3 LIB 5 ESC 8 SAG 10 CAP 12 AQU 14 PEI 16 ÁRI 18 TOU 20 GÊM 23 CÂN 25 LEÃO 28 VIR
MAR-2 LIB 5 ESC 7 SAG 9 CAP 11 AQU 13 PEI 15 ÁRI 17 TOU 20 GÊM 22 CÂN 25 LEÃO 27 VIR 30 LIB
ABR-1 ESC 3 SAG 5 CAP 7 AQU 9 PEI 12 ÁRI 14 TOU 16 GÊM 19 CÂN 21 LEÃO 24 VIR 26 LIB 28 ESC 30 SAG
MAI-2 CAP 5 AQU 7 PEI 9 ÁRI 11 TOU 13 GÊM 16 CÂN 18 LEÃO 21 VIR 23 LIB 26 ESC 28 SAG 30 CAP
JUN-1 AQU 3 PEI 5 ÁRI 7 TOU 10 GÊM 12 CÂN 15 LEÃO 17 VIR 20 LIB 22 ESC 24 SAG 26 CAP 28 AQU 30 PEI
JUL-2 ÁRI 5 TOU 7 GÊM 9 CÂN 12 LEÃO 15 VIR 17 LIB 19 ESC 22 SAG 24 CAP 26 AQU 28 PEI 30 ÁRI
AGO-1 TOU 3 GÊM 6 CÂN 8 LEÃO 11 VIR 13 LIB 16 ESC 18 SAG 20 CAP 22 AQU 24 PEI 26 ÁRI 28 TOU 30 GÊM
SET-2 CÂN 4 LEÃO 7 VIR 9 LIB 12 ESC 14 SAG 16 CAP 18 AQU 20 PEI 23 ÁRI 25 TOU 27 GÊM 29 CÂN
OUT-2 LEÃO 4 VIR 7 LIB 9 ESC 11 SAG 14 CAP 16 AQU 18 PEI 20 ÁRI 22 TOU 24 GÊM 27 CÂN 29 LEÃO
NOV-1 VIR 3 LIB 5 ESC 8 SAG 10 CAP 12 AQU 14 PEI 16 ÁRI 18 TOU 21 GÊM 23 CÂN 25 LEÃO 28 VIR 30 LIB
DEZ-3 ESC 5 SAG 7 CAP 9 AQU 11 PEI 13 ÁRI 16 TOU 18 GÊM 20 CÂN 23 LEÃO 25 VIR 28 LIB 30 ESC

1935

JAN-1 SAG 4 CAP 6 AQU 8 PEI 10 ÁRI 12 TOU 14 GÊM 17 CÂN 19 LEÃO 22 VIR 24 LIB 27 ESC 29 SAG 31 CAP
FEV-2 AQU 4 PEI 6 ÁRI 8 TOU 10 GÊM 13 CÂN 15 LEÃO 18 VIR 20 LIB 23 ESC 25 SAG 27 CAP
MAR-2 AQU 4 PEI 6 ÁRI 8 TOU 10 GÊM 12 CÂN 15 LEÃO 17 VIR 20 LIB 22 ESC 24 SAG 27 CAP 29 AQU 31 PEI
ABR-2 ÁRI 4 TOU 6 GÊM 8 CÂN 11 LEÃO 13 VIR 16 LIB 18 ESC 21 SAG 23 CAP 25 AQU 27 PEI 29 ÁRI
MAI-1 TOU 4 GÊM 6 CÂN 8 LEÃO 11 VIR 13 LIB 16 ESC 18 SAG 20 CAP 22 AQU 24 PEI 27 ÁRI 29 TOU 31 GÊM
JUN-2 CÂN 5 LEÃO 7 VIR 10 LIB 12 ESC 14 SAG 17 CAP 19 AQU 21 PEI 23 ÁRI 25 TOU 27 GÊM 29 CÂN
JUL -2 LEÃO 4 VIR 7 LIB 9 ESC 12 SAG 14 CAP 16 AQU 18 PEI 20 ÁRI 22 TOU 24 GÊM 27 CÂN 29 LEÃO
AGO-1 VIR 3 LIB 6 ESC 8 SAG 10 CAP 12 AQU 14 PEI 16 ÁRI 18 TOU 21 GÊM 23 CÂN 25 LEÃO 28 VIR 30 LIB
SET-2 ESC 4 SAG 7 CAP 9 AQU 11 PEI 13 ÁRI 15 TOU 17 GÊM 19 CÂN 22 LEÃO 24 VIR 27 LIB 29 ESC
OUT-2 SAG 4 CAP 6 AQU 8 PEI 10 ÁRI 12 TOU 14 GÊM 17 CÂN 19 LEÃO 21 VIR 24 LIB 26 ESC 29 SAG 31 CAP
NOV-2 AQU 5 PEI 7 ÁRI 9 TOU 11 GÊM 13 CÂN 15 LEÃO 18 VIR 20 LIB 23 ESC 25 SAG 27 CAP 30 AQU
DEZ-2 PEI 4 ÁRI 6 TOU 8 GÊM 10 CÂN 13 LEÃO 15 VIR 18 LIB 20 ESC 23 SAG 25 CAP 27 AQU 29 PEI 31 ÁRI

1936

JAN-1 ÁRI 2 TOU 5 GÊM 7 CÂN 9 LEÃO 11 VIR 14 LIB 16 ESC 19 SAG 21 CAP 23 AQU 25 PEI 27 ÁRI 30 TOU
FEV-1 GÊM 3 CÂN 5 LEÃO 8 VIR 10 LIB 13 ESC 15 SAG 18 CAP 20 AQU 22 PEI 24 ÁRI 26 TOU 28 GÊM
MAR-1 CÂN 4 LEÃO 6 VIR 9 LIB 11 ESC 14 SAG 16 CAP 18 AQU 20 PEI 22 ÁRI 24 TOU 26 GÊM 28 CÂN 31 LEÃO
ABR-2 VIR 5 LIB 7 ESC 10 SAG 12 CAP 15 AQU 17 PEI 19 ÁRI 21 TOU 23 GÊM 25 CÂN 27 LEÃO 30 VIR
MAI-2 LIB 5 ESC 7 SAG 9 CAP 12 AQU 14 PEI 16 ÁRI 18 TOU 20 GÊM 22 CÂN 24 LEÃO 27 VIR 29 LIB
JUN-1 ESC 3 SAG 6 CAP 8 AQU 10 PEI 12 ÁRI 14 TOU 17 GÊM 19 CÂN 21 LEÃO 23 VIR 26 LIB 28 ESC
JUL-1 SAG 3 CAP 5 AQU 8 PEI 10 ÁRI 12 TOU 14 GÊM 16 CÂN 18 LEÃO 21 VIR 23 LIB 26 ESC 28 SAG 30 CAP
AGO-2 AQU 4 PEI 6 ÁRI 8 TOU 10 GÊM 12 CÂN 15 LEÃO 17 VIR 19 LIB 22 ESC 24 SAG 27 CAP 29 AQU 31 PEI
SET-2 ÁRI 4 TOU 6 GÊM 9 CÂN 11 LEÃO 13 VIR 16 LIB 18 ESC 21 SAG 23 CAP 25 AQU 28 PEI 30 ÁRI
OUT-2 TOU 4 GÊM 6 CÂN 8 LEÃO 10 VIR 13 LIB 15 ESC 18 SAG 20 CAP 23 AQU 25 PEI 27 ÁRI 29 TOU 31 GÊM
NOV-2 CÂN 4 LEÃO 7 VIR 9 LIB 12 ESC 14 SAG 17 CAP 19 AQU 21 PEI 24 ÁRI 26 TOU 28 GÊM 30 CÂN
DEZ-2 LEÃO 4 VIR 6 LIB 9 ESC 11 SAG 14 CAP 16 AQU 19 PEI 21 ÁRI 23 TOU 25 GÊM 27 CÂN 29 LEÃO 31 VIR

1937

JAN-1 VIR 3 LIB 5 ESC 8 SAG 10 CAP 13 AQU 15 PEI 17 ÁRI 19 TOU 21 GÊM 23 CÂN 26 LEÃO 28 VIR 30 LIB
FEV-2 ESC 4 SAG 7 CAP 9 AQU 11 PEI 13 ÁRI 15 TOU 18 GÊM 20 CÂN 22 LEÃO 24 VIR 26 LIB
MAR-1 ESC 3 SAG 6 CAP 8 AQU 11 PEI 13 ÁRI 15 TOU 17 GÊM 19 CÂN 21 LEÃO 23 VIR 26 LIB 28 ESC 31 SAG
ABR-2 CAP 5 AQU 7 PEI 9 ÁRI 11 TOU 13 GÊM 15 CÂN 17 LEÃO 20 VIR 22 LIB 25 ESC 27 SAG 30 CAP
MAI-2 AQU 4 PEI 7 ÁRI 9 TOU 11 GÊM 13 CÂN 15 LEÃO 17 VIR 19 LIB 22 ESC 24 SAG 27 CAP 29 AQU
JUN-1 PEI 3 ÁRI 5 TOU 7 GÊM 9 CÂN 11 LEÃO 13 VIR 16 LIB 18 ESC 21 SAG 23 CAP 26 AQU 28 PEI 30 ÁRI
JUL-2 TOU 4 GÊM 6 CÂN 8 LEÃO 11 VIR 13 LIB 15 ESC 18 SAG 20 CAP 23 AQU 25 PEI 27 ÁRI 30 TOU
AGO-1 GÊM 3 CÂN 5 LEÃO 7 VIR 9 LIB 12 ESC 14 SAG 17 CAP 19 AQU 21 PEI 24 ÁRI 26 TOU 28 GÊM 30 CÂN
SET-1 LEÃO 3 VIR 6 LIB 8 ESC 11 SAG 13 CAP 15 AQU 18 PEI 20 ÁRI 22 TOU 24 GÊM 26 CÂN 28 LEÃO
OUT-1 VIR 3 LIB 5 ESC 8 SAG 10 CAP 13 AQU 15 PEI 17 ÁRI 19 TOU 21 GÊM 24 CÂN 26 LEÃO 28 VIR 30 LIB
NOV-2 ESC 4 SAG 7 CAP 9 AQU 12 PEI 14 ÁRI 16 TOU 18 GÊM 20 CÂN 22 LEÃO 24 VIR 26 LIB 29 ESC
DEZ-1 SAG 4 CAP 6 AQU 9 PEI 11 ÁRI 13 TOU 15 GÊM 17 CÂN 19 LEÃO 21 VIR 24 LIB 26 ESC 29 SAG 31 CAP

1938

JAN-1 CAP 3 AQU 5 PEI 7 ÁRI 10 TOU 12 GÊM 14 CÂN 16 LEÃO 18 VIR 20 LIB 22 ESC 25 SAG 27 CAP 30 AQU
FEV-1 PEI 4 ÁRI 6 TOU 8 GÊM 10 CÂN 12 LEÃO 14 VIR 16 LIB 19 ESC 21 SAG 24 CAP 26 AQU
MAR-1 PEI 3 ÁRI 5 TOU 7 GÊM 9 CÂN 12 LEÃO 14 VIR 16 LIB 18 ESC 21 SAG 23 CAP 26 AQU 28 PEI 30 ÁRI
ABR-1 TOU 4 GÊM 6 CÂN 8 LEÃO 10 VIR 12 LIB 15 ESC 17 SAG 19 CAP 22 AQU 24 PEI 27 ÁRI 29 TOU
MAI-1 GÊM 3 CÂN 5 LEÃO 7 VIR 9 LIB 12 ESC 14 SAG 17 CAP 19 AQU 22 PEI 24 ÁRI 26 TOU 28 GÊM 30 CÂN
JUN-1 LEÃO 3 VIR 6 LIB 8 ESC 10 SAG 13 CAP 16 AQU 18 PEI 20 ÁRI 23 TOU 25 GÊM 27 CÂN 29 LEÃO
JUL-1 VIR 3 LIB 5 ESC 8 SAG 10 CAP 13 AQU 15 PEI 18 ÁRI 20 TOU 22 GÊM 24 CÂN 26 LEÃO 28 VIR 30 LIB
AGO-2 ESC 4 SAG 7 CAP 9 AQU 12 PEI 14 ÁRI 16 TOU 18 GÊM 21 CÂN 23 LEÃO 25 VIR 27 LIB 29 ESC 31 SAG
SET-3 CAP 5 AQU 8 PEI 10 ÁRI 12 TOU 15 GÊM 17 CÂN 19 LEÃO 21 VIR 23 LIB 25 ESC 28 SAG 30 CAP
OUT-3 AQU 5 PEI 8 ÁRI 10 TOU 12 GÊM 14 CÂN 16 LEÃO 18 VIR 20 LIB 23 ESC 25 SAG 27 CAP 30 AQU
NOV-2 PEI 4 ÁRI 6 TOU 8 GÊM 10 CÂN 12 LEÃO 15 VIR 17 LIB 19 ESC 21 SAG 24 CAP 26 AQU 29 PEI
DEZ-1 ÁRI 4 TOU 6 GÊM 8 CÂN 10 LEÃO 12 VIR 14 LIB 16 ESC 19 SAG 21 CAP 24 AQU 26 PEI 29 ÁRI 31 TOU

1939

JAN-1 TOU 2 GÊM 4 CÂN 6 LEÃO 8 VIR 10 LIB 12 ESC 15 SAG 17 CAP 20 AQU 22 PEI 25 ÁRI 27 TOU 30 GÊM
FEV-1 CÂN 3 LEÃO 5 VIR 7 LIB 9 ESC 11 SAG 14 CAP 16 AQU 19 PEI 21 ÁRI 24 TOU 26 GÊM 28 CÂN
MAR-2 LEÃO 4 VIR 6 LIB 8 ESC 10 SAG 13 CAP 15 AQU 18 PEI 20 ÁRI 23 TOU 25 GÊM 27 CÂN 29 LEÃO 31 VIR
ABR-3 LIB 5 ESC 7 SAG 9 CAP 12 AQU 14 PEI 17 ÁRI 19 TOU 21 GÊM 24 CÂN 26 LEÃO 28 VIR 30 LIB
MAI-2 ESC 4 SAG 7 CAP 9 AQU 12 PEI 14 ÁRI 16 TOU 19 GÊM 21 CÂN 23 LEÃO 25 VIR 27 LIB 29 ESC
JUN-1 SAG 3 CAP 5 AQU 8 PEI 10 ÁRI 13 TOU 15 GÊM 17 CÂN 19 LEÃO 21 VIR 23 LIB 26 ESC 28 SAG 30 CAP
JUL-3 AQU 5 PEI 8 ÁRI 10 TOU 12 GÊM 15 CÂN 17 LEÃO 19 VIR 21 LIB 23 ESC 25 SAG 27 CAP 30 AQU
AGO-1 PEI 4 ÁRI 6 TOU 9 GÊM 11 CÂN 13 LEÃO 15 VIR 17 LIB 19 ESC 21 SAG 24 CAP 26 AQU 29 PEI 31 ÁRI
SET-3 TOU 5 GÊM 7 CÂN 9 LEÃO 11 VIR 13 LIB 15 ESC 18 SAG 20 CAP 22 AQU 25 PEI 28 ÁRI 30 TOU
OUT-2 GÊM 5 CÂN 7 LEÃO 9 VIR 11 LIB 13 ESC 15 SAG 17 CAP 20 AQU 22 PEI 25 ÁRI 27 TOU 30 GÊM
NOV-1 CÂN 3 LEÃO 5 VIR 7 LIB 9 ESC 11 SAG 14 CAP 16 AQU 19 PEI 21 ÁRI 24 TOU 26 GÊM 28 CÂN 30 LEÃO
DEZ-2 VIR 5 LIB 7 ESC 9 SAG 11 CAP 13 AQU 16 PEI 19 ÁRI 21 TOU 23 GÊM 26 CÂN 28 LEÃO 30 VIR

1940

JAN-1 LIB 3 ESC 5 SAG 7 CAP 10 AQU 12 PEI 15 ÁRI 17 TOU 20 GÊM 22 CÂN 24 LEÃO 26 VIR 28 LIB 30 ESC
FEV-1 SAG 4 CAP 6 AQU 9 PEI 11 ÁRI 14 TOU 16 GÊM 18 CÂN 20 LEÃO 22 VIR 24 LIB 26 ESC 29 SAG
MAR-2 CAP 4 AQU 7 PEI 9 ÁRI 12 TOU 14 GÊM 17 CÂN 19 LEÃO 21 VIR 23 LIB 25 ESC 27 SAG 29 CAP
ABR-1 AQU 3 PEI 6 ÁRI 8 TOU 11 GÊM 13 CÂN 15 LEÃO 17 VIR 19 LIB 21 ESC 23 SAG 26 CAP 28 AQU 30 PEI
MAI-3 ÁRI 5 TOU 8 GÊM 10 CÂN 12 LEÃO 15 VIR 17 LIB 19 ESC 21 SAG 23 CAP 25 AQU 28 PEI 30 ÁRI
JUN-2 TOU 4 GÊM 6 CÂN 9 LEÃO 11 VIR 13 LIB 15 ESC 17 SAG 19 CAP 22 AQU 24 PEI 27 ÁRI 29 TOU
JUL-2 GÊM 4 CÂN 6 LEÃO 8 VIR 10 LIB 12 ESC 14 SAG 17 CAP 19 AQU 21 PEI 24 ÁRI 26 TOU 29 GÊM 31 CÂN
AGO-2 LEÃO 4 VIR 6 LIB 9 ESC 11 SAG 13 CAP 15 AQU 18 PEI 20 ÁRI 23 TOU 25 GÊM 28 CÂN 30 LEÃO
SET-1 VIR 3 LIB 5 ESC 7 SAG 9 CAP 11 AQU 14 PEI 16 ÁRI 19 TOU 22 GÊM 24 CÂN 26 LEÃO 28 VIR 30 LIB
OUT-2 ESC 4 SAG 6 CAP 9 AQU 11 PEI 14 ÁRI 16 TOU 19 GÊM 21 CÂN 23 LEÃO 26 VIR 28 LIB 30 ESC
NOV-1 SAG 3 CAP 5 AQU 7 PEI 10 ÁRI 13 TOU 15 GÊM 17 CÂN 20 LEÃO 22 VIR 24 LIB 26 ESC 28 SAG 30 CAP
DEZ-2 AQU 5 PEI 7 ÁRI 10 TOU 12 GÊM 15 CÂN 17 LEÃO 19 VIR 21 LIB 23 ESC 26 SAG 28 CAP 30 AQU

1941

JAN-1 PEI 4 ÁRI 6 TOU 9 GÊM 11 CÂN 13 LEÃO 15 VIR 18 LIB 20 ESC 22 SAG 24 CAP 26 AQU 29 PEI 31 ÁRI
FEV-2 TOU 5 GÊM 7 CÂN 10 LEÃO 12 VIR 14 LIB 16 ESC 18 SAG 20 CAP 23 AQU 25 PEI 27 ÁRI
MAR-2 TOU 4 GÊM 7 CÂN 9 LEÃO 11 VIR 13 LIB 15 ESC 17 SAG 19 CAP 22 AQU 24 PEI 27 ÁRI 29 TOU
ABR-1 GÊM 3 CÂN 5 LEÃO 8 VIR 10 LIB 12 ESC 14 SAG 16 CAP 18 AQU 20 PEI 23 ÁRI 25 TOU 28 GÊM 30 CÂN
MAI-3 LEÃO 5 VIR 7 LIB 9 ESC 11 SAG 13 CAP 15 AQU 18 PEI 20 ÁRI 23 TOU 25 GÊM 28 CÂN 30 LEÃO
JUN-1 VIR 4 LIB 6 ESC 8 SAG 10 CAP 12 AQU 14 PEI 16 ÁRI 19 TOU 21 GÊM 24 CÂN 26 LEÃO 29 VIR
JUL-1 LIB 3 ESC 5 SAG 7 CAP 9 AQU 11 PEI 14 ÁRI 16 TOU 19 GÊM 21 CÂN 24 LEÃO 26 VIR 28 LIB 30 ESC
AGO-1 SAG 3 CAP 5 AQU 8 PEI 10 ÁRI 13 TOU 15 GÊM 18 CÂN 20 LEÃO 22 VIR 24 LIB 26 ESC 28 SAG 31 CAP
SET-2 AQU 4 PEI 6 ÁRI 9 TOU 11 GÊM 14 CÂN 16 LEÃO 19 VIR 21 LIB 23 ESC 25 SAG 27 CAP 29 AQU
OUT-1 PEI 4 ÁRI 6 TOU 9 GÊM 11 CÂN 14 LEÃO 16 VIR 18 LIB 20 ESC 22 SAG 24 CAP 26 AQU 29 PEI 31 ÁRI
NOV-2 TOU 5 GÊM 7 CÂN 10 LEÃO 12 VIR 15 LIB 17 ESC 19 SAG 21 CAP 23 AQU 25 PEI 27 ÁRI 30 TOU
DEZ-2 GÊM 5 CÂN 7 LEÃO 10 VIR 12 LIB 14 ESC 16 SAG 18 CAP 20 AQU 22 PEI 24 ÁRI 27 TOU 29 GÊM

1942

JAN-1 CÂN 3 LEÃO 6 VIR 8 LIB 10 ESC 12 SAG 14 CAP 16 AQU 19 PEI 21 ÁRI 23 TOU 26 GÊM 28 CÂN 31 LEÃO
FEV-2 VIR 4 LIB 7 ESC 9 SAG 11 CAP 13 AQU 15 PEI 17 ÁRI 20 TOU 22 GÊM 25 CÂN 27 LEÃO
MAR-1 VIR 4 LIB 6 ESC 8 SAG 10 CAP 12 AQU 14 PEI 17 ÁRI 19 TOU 21 GÊM 24 CÂN 26 LEÃO 29 VIR 31 LIB
ABR-2 ESC 4 SAG 6 CAP 8 AQU 11 PEI 13 ÁRI 15 TOU 18 GÊM 20 CÂN 23 LEÃO 25 VIR 27 LIB 30 ESC
MAI-2 SAG 4 CAP 6 AQU 8 PEI 10 ÁRI 13 TOU 15 GÊM 18 CÂN 20 LEÃO 23 VIR 25 LIB 27 ESC 29 SAG 31 CAP
JUN-2 AQU 4 PEI 6 ÁRI 9 TOU 11 GÊM 14 CÂN 16 LEÃO 19 VIR 21 LIB 23 ESC 25 SAG 27 CAP 29 AQU
JUL-1 PEI 4 ÁRI 6 TOU 9 GÊM 11 CÂN 14 LEÃO 16 VIR 18 LIB 21 ESC 23 SAG 25 CAP 27 AQU 29 PEI 31 ÁRI
AGO-2 TOU 5 GÊM 7 CÂN 10 LEÃO 12 VIR 15 LIB 17 ESC 19 SAG 21 CAP 23 AQU 25 PEI 27 ÁRI 30 TOU
SET-1 GÊM 4 CÂN 6 LEÃO 9 VIR 11 LIB 13 ESC 15 SAG 17 CAP 20 AQU 22 PEI 24 ÁRI 26 TOU 29 GÊM
OUT-1 CÂN 4 LEÃO 6 VIR 8 LIB 10 ESC 13 SAG 15 CAP 17 AQU 19 PEI 21 ÁRI 23 TOU 26 GÊM 28 CÂN 31 LEÃO
NOV-2 VIR 5 LIB 7 ESC 9 SAG 11 CAP 13 AQU 15 PEI 17 ÁRI 20 TOU 22 GÊM 25 CÂN 27 LEÃO 30 VIR
DEZ-2 LIB 4 ESC 6 SAG 8 CAP 10 AQU 12 PEI 15 ÁRI 17 TOU 19 GÊM 22 CÂN 24 LEÃO 27 VIR 29 LIB

1943

JAN-1 ESC 3 SAG 5 CAP 7 AQU 9 PEI 11 ÁRI 13 TOU 16 GÊM 18 CÂN 21 LEÃO 23 VIR 26 LIB 28 ESC 30 SAG
FEV-1 CAP 3 AQU 5 PEI 7 ÁRI 10 TOU 12 GÊM 14 CÂN 17 LEÃO 19 VIR 22 LIB 24 ESC 26 SAG
MAR-1 CAP 3 AQU 5 PEI 7 ÁRI 9 TOU 11 GÊM 14 CÂN 16 LEÃO 19 VIR 21 LIB 23 ESC 26 SAG 28 CAP 30 AQU
ABR-1 PEI 3 ÁRI 5 TOU 8 GÊM 10 CÂN 13 LEÃO 15 VIR 18 LIB 20 ESC 22 SAG 24 CAP 26 AQU 28 PEI 30 ÁRI
MAI-3 TOU 5 GÊM 7 CÂN 10 LEÃO 12 VIR 15 LIB 17 ESC 19 SAG 21 CAP 23 AQU 26 PEI 28 ÁRI 30 TOU
JUN-1 GÊM 4 CÂN 6 LEÃO 9 VIR 11 LIB 14 ESC 16 SAG 18 CAP 20 AQU 22 PEI 24 ÁRI 26 TOU 29 GÊM
JUL-1 CÂN 4 LEÃO 6 VIR 9 LIB 11 ESC 13 SAG 15 CAP 17 AQU 19 PEI 21 ÁRI 23 TOU 26 GÊM 28 CÂN 31 LEÃO
AGO-2 VIR 5 LIB 7 ESC 10 SAG 12 CAP 14 AQU 16 PEI 18 ÁRI 20 TOU 22 GÊM 25 CÂN 27 LEÃO 30 VIR
SET-1 LIB 3 ESC 6 SAG 8 CAP 10 AQU 12 PEI 14 ÁRI 16 TOU 18 GÊM 21 CÂN 23 LEÃO 26 VIR 28 LIB
OUT-1 ESC 3 SAG 5 CAP 7 AQU 9 PEI 12 ÁRI 14 TOU 16 GÊM 18 CÂN 21 LEÃO 23 VIR 26 LIB 28 ESC 30 SAG
NOV-1 CAP 4 AQU 6 PEI 8 ÁRI 10 TOU 12 GÊM 15 CÂN 17 LEÃO 20 VIR 22 LIB 24 ESC 27 SAG 29 CAP
DEZ-1 AQU 3 PEI 5 ÁRI 7 TOU 10 GÊM 12 CÂN 14 LEÃO 17 VIR 19 LIB 22 ESC 24 SAG 26 CAP 28 AQU 30 PEI

1944

JAN-1 ÁRI 3 TOU 6 GÊM 8 CÂN 11 LEÃO 13 VIR 16 LIB 18 ESC 20 SAG 23 CAP 25 AQU 27 PEI 29 ÁRI 31 TOU
FEV-2 GÊM 4 CÂN 7 LEÃO 9 VIR 12 LIB 14 ESC 17 SAG 19 CAP 21 AQU 23 PEI 25 ÁRI 27 TOU 29 GÊM
MAR-3 CÂN 5 LEÃO 8 VIR 10 LIB 13 ESC 15 SAG 17 CAP 19 AQU 22 PEI 24 ÁRI 26 TOU 28 GÊM 30 CÂN
ABR-1 LEÃO 4 VIR 6 LIB 9 ESC 11 SAG 14 CAP 16 AQU 18 PEI 20 ÁRI 22 TOU 24 GÊM 26 CÂN 29 LEÃO
MAI-1 VIR 4 LIB 6 ESC 9 SAG 11 CAP 13 AQU 15 PEI 17 ÁRI 19 TOU 21 GÊM 24 CÂN 26 LEÃO 29 VIR 31 LIB
JUN-3 ESC 5 SAG 7 CAP 9 AQU 11 PEI 13 ÁRI 16 TOU 18 GÊM 20 CÂN 22 LEÃO 25 VIR 27 LIB 30 ESC
JUL-2 SAG 4 CAP 7 AQU 9 PEI 11 ÁRI 13 TOU 15 GÊM 17 CÂN 20 LEÃO 22 VIR 25 LIB 27 ESC 30 SAG
AGO-1 CAP 3 AQU 5 PEI 7 ÁRI 9 TOU 11 GÊM 14 CÂN 16 LEÃO 18 VIR 21 LIB 24 ESC 26 SAG 28 CAP 30 AQU
SET-1 PEI 3 ÁRI 5 TOU 8 GÊM 10 CÂN 12 LEÃO 15 VIR 17 LIB 20 ESC 22 SAG 25 CAP 27 AQU 29 PEI
OUT-1 ÁRI 3 TOU 5 GÊM 7 CÂN 10 LEÃO 12 VIR 15 LIB 17 ESC 19 SAG 22 CAP 24 AQU 26 PEI 28 ÁRI 30 TOU
NOV-1 GÊM 4 CÂN 4 LEÃO 8 VIR 11 LIB 13 ESC 16 SAG 18 CAP 20 AQU 23 PEI 25 ÁRI 27 TOU 29 GÊM
DEZ-1 CÂN 3 LEÃO 6 VIR 8 LIB 11 ESC 13 SAG 15 CAP 18 AQU 20 PEI 22 ÁRI 24 TOU 26 GÊM 28 CÂN 31 LEÃO

1945

JAN-1 LEÃO 2 VIR 4 LIB 7 ESC 9 SAG 12 CAP 14 AQU 16 PEI 18 ÁRI 20 TOU 22 GÊM 25 CÂN 27 LEÃO 29 VIR
FEV-1 LIB 3 ESC 6 SAG 8 CAP 10 AQU 12 PEI 14 ÁRI 17 TOU 19 GÊM 21 CÂN 23 LEÃO 26 VIR 28 LIB
MAR-3 ESC 5 SAG 8 CAP 10 AQU 12 PEI 14 ÁRI 16 TOU 18 GÊM 20 CÂN 22 LEÃO 25 VIR 27 LIB 30 ESC
ABR-1 SAG 4 CAP 6 AQU 8 PEI 10 ÁRI 12 TOU 14 GÊM 16 CÂN 19 LEÃO 21 VIR 24 LIB 26 ESC 29 SAG
MAI-1 CAP 3 AQU 6 PEI 8 ÁRI 10 TOU 12 GÊM 14 CÂN 16 LEÃO 18 VIR 21 LIB 23 ESC 26 SAG 28 CAP 31 AQU
JUN-2 PEI 4 ÁRI 6 TOU 8 GÊM 10 CÂN 12 LEÃO 15 VIR 17 LIB 20 ESC 22 SAG 25 CAP 27 AQU 29 PEI
JUL-1 ÁRI 3 TOU 6 GÊM 8 CÂN 10 LEÃO 12 VIR 15 LIB 17 ESC 20 SAG 22 CAP 24 AQU 26 PEI 29 ÁRI 31 TOU
AGO-2 GÊM 4 CÂN 6 LEÃO 8 VIR 11 LIB 13 ESC 16 SAG 18 CAP 21 AQU 23 PEI 25 ÁRI 27 TOU 29 GÊM 31 CÂN
SET-2 LEÃO 5 VIR 7 LIB 10 ESC 12 SAG 15 CAP 17 AQU 19 PEI 21 ÁRI 23 TOU 25 GÊM 27 CÂN 30 LEÃO
OUT-2 VIR 4 LIB 7 ESC 10 SAG 12 CAP 14 AQU 17 PEI 19 ÁRI 21 TOU 23 GÊM 25 CÂN 27 LEÃO 29 VIR
NOV-1 LIB 3 ESC 6 SAG 8 CAP 11 AQU 13 PEI 15 ÁRI 17 TOU 19 GÊM 21 CÂN 23 LEÃO 26 VIR 28 LIB 30 ESC
DEZ-3 SAG 6 CAP 8 AQU 10 PEI 12 ÁRI 15 TOU 17 GÊM 19 CÂN 21 LEÃO 23 VIR 25 LIB 28 ESC 30 SAG

1946

JAN-1 SAG 2 CAP 4 AQU 6 PEI 9 ÁRI 11 TOU 13 GÊM 15 CÂN 17 LEÃO 19 VIR 22 LIB 24 ESC 27 SAG 29 CAP
FEV-1 AQU 3 PEI 5 ÁRI 7 TOU 9 GÊM 11 CÂN 13 LEÃO 16 VIR 18 LIB 20 ESC 23 SAG 26 CAP 28 AQU
MAR-2 PEI 4 ÁRI 6 TOU 8 GÊM 11 CÂN 13 LEÃO 15 VIR 17 LIB 20 ESC 22 SAG 25 CAP 27 AQU 30 PEI
ABR-1 ÁRI 3 TOU 5 GÊM 7 CÂN 9 LEÃO 11 VIR 14 LIB 16 ESC 19 SAG 21 CAP 24 AQU 26 PEI 28 ÁRI 30 TOU
MAI-2 GÊM 4 CÂN 6 LEÃO 8 VIR 11 LIB 13 ESC 16 SAG 18 CAP 21 AQU 23 PEI 26 ÁRI 28 TOU 30 GÊM
JUN-1 CÂN 3 LEÃO 5 VIR 7 LIB 10 ESC 12 SAG 15 CAP 17 AQU 20 PEI 22 ÁRI 24 TOU 26 GÊM 28 CÂN 30 LEÃO
JUL-2 VIR 4 LIB 7 ESC 9 SAG 12 CAP 14 AQU 17 PEI 19 ÁRI 21 TOU 23 GÊM 25 CÂN 27 LEÃO 30 VIR
AGO-1 LIB 3 ESC 6 SAG 8 CAP 11 AQU 13 PEI 15 ÁRI 17 TOU 20 GÊM 22 CÂN 24 LEÃO 26 VIR 28 LIB 31 ESC
SET-2 SAG 5 CAP 7 AQU 9 PEI 12 ÁRI 14 TOU 16 GÊM 18 CÂN 20 LEÃO 22 VIR 25 LIB 27 ESC 29 SAG
OUT-2 CAP 4 AQU 7 PEI 9 ÁRI 11 TOU 13 GÊM 15 CÂN 17 LEÃO 20 VIR 22 LIB 24 ESC 27 SAG 29 CAP
NOV-1 AQU 3 PEI 5 ÁRI 7 TOU 10 GÊM 12 CÂN 14 LEÃO 16 VIR 18 LIB 20 ESC 23 SAG 25 CAP 28 AQU 30 PEI
DEZ-3 ÁRI 5 TOU 7 GÊM 9 CÂN 11 LEÃO 13 VIR 15 LIB 18 ESC 20 SAG 23 CAP 25 AQU 28 PEI 30 ÁRI

1947

JAN-1 TOU 3 GÊM 5 CÂN 7 LEÃO 9 VIR 12 LIB 14 ESC 16 SAG 19 CAP 22 AQU 24 PEI 26 ÁRI 29 TOU 31 GÊM
FEV-2 CÂN 4 LEÃO 6 VIR 8 LIB 10 ESC 13 SAG 15 CAP 18 AQU 20 PEI 23 ÁRI 25 TOU 27 GÊM
MAR-1 CÂN 3 LEÃO 5 VIR 7 LIB 10 ESC 12 SAG 15 CAP 17 AQU 20 PEI 22 ÁRI 24 TOU 26 GÊM 28 CÂN 31 LEÃO
ABR-2 VIR 4 LIB 6 ESC 8 SAG 11 CAP 13 AQU 16 PEI 18 ÁRI 20 TOU 23 GÊM 25 CÂN 27 LEÃO 29 VIR
MAI-1 LIB 3 ESC 6 SAG 8 CAP 11 AQU 13 PEI 16 ÁRI 18 TOU 20 GÊM 22 CÂN 24 LEÃO 26 VIR 28 LIB 31 ESC
JUN-2 SAG 5 CAP 7 AQU 10 PEI 12 ÁRI 14 TOU 16 GÊM 18 CÂN 20 LEÃO 22 VIR 25 LIB 27 ESC 29 SAG
JUL-2 CAP 4 AQU 7 PEI 9 ÁRI 12 TOU 14 GÊM 16 CÂN 18 LEÃO 20 VIR 22 LIB 24 ESC 27 SAG 29 CAP
AGO-1 AQU 3 PEI 6 ÁRI 8 TOU 10 GÊM 12 CÂN 14 LEÃO 16 VIR 18 LIB 20 ESC 23 SAG 25 CAP 28 AQU 30 PEI
SET-2 ÁRI 4 TOU 6 GÊM 9 CÂN 11 LEÃO 13 VIR 15 LIB 17 ESC 19 SAG 22 CAP 24 AQU 27 PEI 29 ÁRI
OUT-1 TOU 4 GÊM 6 CÂN 8 LEÃO 10 VIR 12 LIB 14 ESC 17 SAG 19 CAP 22 AQU 24 PEI 26 ÁRI 29 TOU 31 GÊM
NOV-2 CÂN 4 LEÃO 6 VIR 8 LIB 11 ESC 13 SAG 15 CAP 18 AQU 20 PEI 23 ÁRI 25 TOU 27 GÊM 29 CÂN
DEZ-1 LEÃO 3 VIR 6 LIB 8 ESC 10 SAG 13 CAP 15 AQU 18 PEI 20 ÁRI 23 TOU 25 GÊM 27 CÂN 29 LEÃO 31 VIR

1948

JAN-1 VIR 2 LIB 4 ESC 6 SAG 9 CAP 11 AQU 14 PEI 16 ÁRI 19 TOU 21 GÊM 23 CÂN 25 LEÃO 27 VIR 29 LIB 31 ESC
FEV-3 SAG 5 CAP 8 AQU 10 PEI 13 ÁRI 15 TOU 17 GÊM 20 CÂN 22 LEÃO 24 VIR 26 LIB 28 ESC
MAR-1 SAG 3 CAP 6 AQU 8 PEI 11 ÁRI 13 TOU 16 GÊM 18 CÂN 20 LEÃO 22 VIR 24 LIB 26 ESC 28 SAG 31 CAP
ABR-2 AQU 5 PEI 7 ÁRI 10 TOU 12 GÊM 14 CÂN 16 LEÃO 18 VIR 21 LIB 23 ESC 25 SAG 27 CAP 30 AQU
MAI-2 PEI 5 ÁRI 7 TOU 9 GÊM 11 CÂN 14 LEÃO 16 VIR 18 LIB 20 ESC 22 SAG 25 CAP 27 AQU 29 PEI
JUN-1 ÁRI 3 TOU 6 GÊM 8 CÂN 10 LEÃO 12 VIR 14 LIB 16 ESC 18 SAG 21 CAP 23 AQU 26 PEI 28 ÁRI
JUL-1 TOU 3 GÊM 5 CÂN 7 LEÃO 9 VIR 11 LIB 13 ESC 16 SAG 18 CAP 21 AQU 23 PEI 26 ÁRI 28 TOU 30 GÊM
AGO-2 CÂN 4 LEÃO 6 VIR 8 LIB 10 ESC 12 SAG 14 CAP 17 AQU 19 PEI 22 ÁRI 24 TOU 27 GÊM 29 CÂN 31 LEÃO
SET-2 VIR 4 LIB 6 ESC 8 SAG 11 CAP 13 AQU 16 PEI 18 ÁRI 21 TOU 23 GÊM 25 CÂN 27 LEÃO 29 VIR
OUT-1 LIB 3 ESC 6 SAG 8 CAP 10 AQU 13 PEI 15 ÁRI 18 TOU 20 GÊM 23 CÂN 25 LEÃO 27 VIR 29 LIB 31 ESC
NOV-2 SAG 4 CAP 7 AQU 9 PEI 12 ÁRI 14 TOU 17 GÊM 19 CÂN 21 LEÃO 23 VIR 25 LIB 27 ESC 29 SAG
DEZ-2 CAP 4 AQU 6 PEI 9 ÁRI 12 TOU 14 GÊM 16 CÂN 18 LEÃO 20 VIR 22 LIB 25 ESC 27 SAG 29 CAP 31 AQU

1949

JAN-1 AQU 3 PEI 5 ÁRI 8 TOU 10 GÊM 12 CÂN 15 LEÃO 17 VIR 19 LIB 21 ESC 23 SAG 25 CAP 28 AQU 30 PEI
FEV-2 ÁRI 4 TOU 7 GÊM 9 CÂN 11 LEÃO 13 VIR 15 LIB 17 ESC 19 SAG 22 CAP 24 AQU 26 PEI
MAR-1 ÁRI 3 TOU 6 GÊM 8 CÂN 10 LEÃO 13 VIR 15 LIB 17 ESC 19 SAG 21 CAP 23 AQU 26 PEI 28 ÁRI 31 TOU
ABR-2 GÊM 5 CÂN 7 LEÃO 9 VIR 11 LIB 13 ESC 15 SAG 17 CAP 19 AQU 22 PEI 24 ÁRI 27 TOU 29 GÊM
MAI-2 CÂN 4 LEÃO 6 VIR 8 LIB 10 ESC 12 SAG 15 CAP 17 AQU 19 PEI 22 ÁRI 24 TOU 27 GÊM 29 CÂN 31 LEÃO
JUN-2 VIR 5 LIB 7 ESC 9 SAG 11 CAP 13 AQU 16 PEI 18 ÁRI 21 TOU 23 GÊM 25 CÂN 28 LEÃO 30 VIR
JUL-2 LIB 4 ESC 6 SAG 8 CAP 11 AQU 13 PEI 15 ÁRI 18 TOU 20 GÊM 23 CÂN 25 LEÃO 27 VIR 29 LIB 31 ESC
AGO-2 SAG 5 CAP 7 AQU 9 PEI 12 ÁRI 14 TOU 17 GÊM 19 CÂN 21 LEÃO 23 VIR 25 LIB 27 ESC 30 SAG
SET-1 CAP 3 AQU 6 PEI 8 ÁRI 11 TOU 13 GÊM 15 CÂN 18 LEÃO 20 VIR 22 LIB 24 ESC 26 SAG 28 CAP 30 AQU
OUT-3 PEI 5 ÁRI 8 TOU 10 GÊM 13 CÂN 15 LEÃO 17 VIR 19 LIB 21 ESC 23 SAG 25 CAP 28 AQU 30 PEI
NOV-2 ÁRI 4 TOU 7 GÊM 9 CÂN 11 LEÃO 14 VIR 16 LIB 18 ESC 20 SAG 22 CAP 24 AQU 26 PEI 29 ÁRI
DEZ-1 TOU 4 GÊM 6 CÂN 9 LEÃO 11 VIR 13 LIB 15 ESC 17 SAG 19 CAP 21 AQU 24 PEI 26 ÁRI 29 TOU 31 GÊM

1950

JAN-1 GÊM 3 CÂN 5 LEÃO 7 VIR 9 LIB 11 ESC 14 SAG 16 CAP 18 AQU 20 PEI 22 ÁRI 25 TOU 28 GÊM 30 CÂN
FEV-1 LEÃO 3 VIR 6 LIB 8 ESC 10 SAG 12 CAP 14 AQU 16 PEI 19 ÁRI 21 TOU 24 GÊM 26 CÂN
MAR-1 LEÃO 3 VIR 5 LIB 7 ESC 9 SAG 11 CAP 13 AQU 16 PEI 18 ÁRI 21 TOU 23 GÊM 26 CÂN 28 LEÃO 30 VIR
ABR-1 LIB 3 ESC 5 SAG 7 CAP 10 AQU 12 PEI 14 ÁRI 17 TOU 19 GÊM 22 CÂN 24 LEÃO 27 VIR 29 LIB
MAI-1 ESC 3 SAG 5 CAP 7 AQU 9 PEI 12 ÁRI 14 TOU 17 GÊM 19 CÂN 22 LEÃO 24 VIR 26 LIB 28 ESC 30 SAG
JUN-1 CAP 3 AQU 5 PEI 8 ÁRI 10 TOU 13 GÊM 15 CÂN 18 LEÃO 20 VIR 22 LIB 25 ESC 27 SAG 29 CAP
JUL-1 AQU 3 PEI 5 ÁRI 8 TOU 10 GÊM 13 CÂN 15 LEÃO 17 VIR 20 LIB 22 ESC 24 SAG 26 CAP 28 AQU 30 PEI
AGO-2 ÁRI 4 TOU 7 GÊM 9 CÂN 11 LEÃO 14 VIR 16 LIB 18 ESC 20 SAG 22 CAP 24 AQU 27 PEI 29 ÁRI 31 TOU
SET-3 GÊM 5 CÂN 8 LEÃO 10 VIR 12 LIB 14 ESC 16 SAG 18 CAP 21 AQU 23 PEI 25 ÁRI 28 TOU 30 GÊM
OUT-3 CÂN 5 LEÃO 7 VIR 10 LIB 12 ESC 14 SAG 16 CAP 18 AQU 20 PEI 23 ÁRI 25 TOU 28 GÊM 30 CÂN
NOV-2 LEÃO 4 VIR 6 LIB 8 ESC 10 SAG 12 CAP 14 AQU 16 PEI 19 ÁRI 21 TOU 24 GÊM 26 CÂN 29 LEÃO
DEZ-1 VIR 3 LIB 6 ESC 8 SAG 10 CAP 12 AQU 14 PEI 16 ÁRI 19 TOU 21 GÊM 24 CÂN 26 LEÃO 28 VIR 31 LIB

1951

JAN-1 LIB 2 ESC 4 SAG 6 CAP 8 AQU 10 PEI 12 ÁRI 15 TOU 17 GÊM 20 CÂN 22 LEÃO 25 VIR 27 LIB 29 ESC 31 SAG
FEV-2 CAP 4 AQU 7 PEI 9 ÁRI 11 TOU 14 GÊM 16 CÂN 19 LEÃO 21 VIR 23 LIB 25 ESC 28 SAG
MAR-2 CAP 4 AQU 6 PEI 8 ÁRI 11 TOU 13 GÊM 16 CÂN 18 LEÃO 20 VIR 23 LIB 25 ESC 27 SAG 29 CAP 31 AQU
ABR-2 PEI 5 ÁRI 7 TOU 9 GÊM 12 CÂN 14 LEÃO 17 VIR 19 LIB 21 ESC 23 SAG 25 CAP 27 AQU 29 PEI
MAI-2 ÁRI 4 TOU 7 GÊM 9 CÂN 12 LEÃO 14 VIR 16 LIB 19 ESC 21 SAG 23 CAP 25 AQU 27 PEI 29 ÁRI 31 TOU
JUN-3 GÊM 5 CÂN 8 LEÃO 10 VIR 13 LIB 15 ESC 17 SAG 19 CAP 21 AQU 23 PEI 25 ÁRI 28 TOU 30 GÊM
JUL-3 CÂN 5 LEÃO 8 VIR 10 LIB 12 ESC 14 SAG 16 CAP 18 AQU 20 PEI 23 ÁRI 25 TOU 27 GÊM 30 CÂN
AGO-1 LEÃO 4 VIR 6 LIB 9 ESC 11 SAG 13 CAP 15 AQU 17 PEI 19 ÁRI 21 TOU 24 GÊM 26 CÂN 29 LEÃO 31 VIR
SET-3 LIB 5 ESC 7 SAG 9 CAP 11 AQU 13 PEI 15 ÁRI 18 TOU 20 GÊM 23 CÂN 25 LEÃO 28 VIR 30 LIB
OUT-2 ESC 4 SAG 6 CAP 8 AQU 11 PEI 13 ÁRI 15 TOU 17 GÊM 20 CÂN 22 LEÃO 25 VIR 27 LIB 29 ESC
NOV-1 SAG 3 CAP 5 AQU 7 PEI 9 ÁRI 11 TOU 14 GÊM 16 CÂN 19 LEÃO 21 VIR 24 LIB 26 ESC 28 SAG 30 CAP
DEZ-2 AQU 4 PEI 6 ÁRI 9 TOU 11 GÊM 13 CÂN 16 LEÃO 19 VIR 21 LIB 23 ESC 25 SAG 27 CAP 29 AQU 31 PEI

1952

JAN-1 PEI 3 ÁRI 5 TOU 7 GÊM 10 CÂN 12 LEÃO 15 VIR 17 LIB 20 ESC 22 SAG 24 CAP 26 AQU 28 PEI 30 ÁRI
FEV-1 TOU 3 GÊM 6 CÂN 9 LEÃO 11 VIR 14 LIB 16 ESC 18 SAG 20 CAP 22 AQU 24 PEI 26 ÁRI 29 TOU
MAR-2 GÊM 4 CÂN 7 LEÃO 9 VIR 12 LIB 14 ESC 16 SAG 19 CAP 21 AQU 23 PEI 25 ÁRI 27 TOU 29 GÊM
ABR-1 CÂN 3 LEÃO 6 VIR 8 LIB 10 ESC 13 SAG 15 CAP 17 AQU 19 PEI 21 ÁRI 23 TOU 26 GÊM 28 CÂN 30 LEÃO
MAI-3 VIR 5 LIB 8 ESC 10 SAG 12 CAP 14 AQU 16 PEI 18 ÁRI 21 TOU 23 GÊM 25 CÂN 28 LEÃO 30 VIR
JUN-2 LIB 4 ESC 6 SAG 8 CAP 10 AQU 12 PEI 15 ÁRI 17 TOU 19 GÊM 22 CÂN 24 LEÃO 27 VIR 29 LIB
JUL -2 ESC 4 SAG 6 CAP 8 AQU 10 PEI 12 ÁRI 14 TOU 16 GÊM 19 CÂN 21 LEÃO 24 VIR 26 LIB 29 ESC 31 SAG
AGO-2 CAP 4 AQU 6 PEI 8 ÁRI 10 TOU 13 GÊM 15 CÂN 18 LEÃO 20 VIR 23 LIB 25 ESC 27 SAG 30 CAP
SET-1 AQU 3 PEI 5 ÁRI 7 TOU 9 GÊM 11 CÂN 14 LEÃO 16 VIR 19 LIB 21 ESC 24 SAG 26 CAP 28 AQU 30 PEI
OUT-2 ÁRI 4 TOU 6 GÊM 9 CÂN 11 LEÃO 14 VIR 16 LIB 19 ESC 21 SAG 23 CAP 25 AQU 27 PEI 29 ÁRI
NOV-1 TOU 3 GÊM 5 CÂN 7 LEÃO 10 VIR 13 LIB 15 ESC 17 SAG 19 CAP 21 AQU 24 PEI 26 ÁRI 28 TOU 30 GÊM
DEZ-2 CÂN 5 LEÃO 7 VIR 10 LIB 12 ESC 15 SAG 17 CAP 19 AQU 21 PEI 23 ÁRI 25 TOU 27 GÊM 30 CÂN

1953

JAN-1 LEÃO 4 VIR 6 LIB 9 ESC 11 SAG 13 CAP 15 AQU 17 PEI 19 ÁRI 21 TOU 24 GÊM 26 CÂN 28 LEÃO 31 VIR
FEV-3 LIB 5 ESC 7 SAG 10 CAP 12 AQU 14 PEI 16 ÁRI 18 TOU 20 GÊM 22 CÂN 25 LEÃO 27 VIR
MAR-2 LIB 4 ESC 7 SAG 9 CAP 11 AQU 13 PEI 15 ÁRI 17 TOU 19 GÊM 22 CÂN 24 LEÃO 27 VIR 29 LIB
ABR-1 ESC 3 SAG 5 CAP 7 AQU 10 PEI 12 ÁRI 14 TOU 16 GÊM 18 CÂN 20 LEÃO 23 VIR 25 LIB 28 ESC 30 SAG
MAI-2 CAP 5 AQU 7 PEI 9 ÁRI 11 TOU 13 GÊM 15 CÂN 18 LEÃO 20 VIR 23 LIB 25 ESC 27 SAG 30 CAP
JUN-1 AQU 3 PEI 5 ÁRI 7 TOU 9 GÊM 12 CÂN 14 LEÃO 16 VIR 19 LIB 21 ESC 24 SAG 26 CAP 28 AQU 30 PEI
JUL-2 ÁRI 5 TOU 7 GÊM 9 CÂN 11 LEÃO 14 VIR 16 LIB 19 ESC 21 SAG 23 CAP 26 AQU 28 PEI 30 ÁRI
AGO-1 TOU 3 GÊM 5 CÂN 8 LEÃO 10 VIR 13 LIB 15 ESC 18 SAG 20 CAP 22 AQU 24 PEI 26 ÁRI 28 TOU 30 GÊM
SET-1 CÂN 4 LEÃO 6 VIR 9 LIB 11 ESC 14 SAG 16 CAP 18 AQU 21 PEI 23 ÁRI 25 TOU 27 GÊM 29 CÂN
OUT-1 LEÃO 4 VIR 6 LIB 9 ESC 11 SAG 13 CAP 16 AQU 18 PEI 20 ÁRI 22 TOU 24 GÊM 26 CÂN 28 LEÃO 31 VIR
NOV-2 LIB 5 ESC 7 SAG 10 CAP 12 AQU 14 PEI 16 ÁRI 18 TOU 20 GÊM 22 CÂN 25 LEÃO 27 VIR 30 LIB
DEZ-2 ESC 5 SAG 7 CAP 9 AQU 11 PEI 14 ÁRI 16 TOU 18 GÊM 20 CÂN 22 LEÃO 25 VIR 27 LIB 30 ESC

1954

JAN-1 SAG 3 CAP 6 AQU 8 PEI 10 ÁRI 12 TOU 14 GÊM 16 CÂN 19 LEÃO 21 VIR 23 LIB 26 ESC 28 SAG 31 CAP
FEV-2 AQU 4 PEI 6 ÁRI 8 TOU 10 GÊM 13 CÂN 15 LEÃO 17 VIR 20 LIB 22 ESC 25 SAG 27 CAP
MAR-1 AQU 3 PEI 5 ÁRI 7 TOU 10 GÊM 12 CÂN 14 LEÃO 16 VIR 19 LIB 21 ESC 24 SAG 26 CAP 29 AQU 31 PEI
ABR-2 ÁRI 4 TOU 6 GÊM 8 CÂN 10 LEÃO 13 VIR 15 LIB 18 ESC 20 SAG 23 CAP 25 AQU 27 PEI 29 ÁRI
MAI-1 TOU 3 GÊM 5 CÂN 8 LEÃO 10 VIR 12 LIB 15 ESC 17 SAG 20 CAP 22 AQU 25 PEI 27 ÁRI 29 TOU 31 GÊM
JUN-2 CÂN 4 LEÃO 6 VIR 9 LIB 11 ESC 14 SAG 16 CAP 19 AQU 21 PEI 23 ÁRI 25 TOU 27 GÊM 29 CÂN
JUL -1 LEÃO 4 VIR 6 LIB 9 ESC 11 SAG 14 CAP 16 AQU 18 PEI 20 ÁRI 22 TOU 24 GÊM 27 CÂN 29 LEÃO 31 VIR
AGO-2 LIB 5 ESC 7 SAG 10 CAP 12 AQU 14 PEI 16 ÁRI 19 TOU 21 GÊM 23 CÂN 25 LEÃO 27 VIR 30 LIB
SET-1 ESC 4 SAG 6 CAP 9 AQU 11 PEI 13 ÁRI 15 TOU 17 GÊM 19 CÂN 21 LEÃO 24 VIR 26 LIB 29 ESC
OUT-1 SAG 4 CAP 6 AQU 8 PEI 10 ÁRI 12 TOU 14 GÊM 16 CÂN 19 LEÃO 21 VIR 23 LIB 26 ESC 28 SAG 31 CAP
NOV-2 AQU 5 PEI 7 ÁRI 9 TOU 11 GÊM 13 CÂN 15 LEÃO 17 VIR 20 LIB 22 ESC 25 SAG 27 CAP 30 AQU
DEZ-2 PEI 4 ÁRI 6 TOU 8 GÊM 10 CÂN 12 LEÃO 14 VIR 17 LIB 19 ESC 22 SAG 24 CAP 27 AQU 29 PEI 31 ÁRI

1955

JAN-1 ÁRI 3 TOU 5 GÊM 7 CÂN 9 LEÃO 11 VIR 13 LIB 16 ESC 18 SAG 21 CAP 23 AQU 25 PEI 28 ÁRI 30 TOU
FEV-1 GÊM 3 CÂN 5 LEÃO 7 VIR 10 LIB 12 ESC 15 SAG 17 CAP 19 AQU 22 PEI 24 ÁRI 26 TOU 28 GÊM
MAR-2 CÂN 4 LEÃO 7 VIR 9 LIB 11 ESC 14 SAG 16 CAP 19 AQU 21 PEI 23 ÁRI 25 TOU 27 GÊM 29 CÂN
ABR-1 LEÃO 3 VIR 5 LIB 8 ESC 10 SAG 13 CAP 15 AQU 18 PEI 20 ÁRI 22 TOU 24 GÊM 26 CÂN 28 LEÃO 30 VIR
MAI-2 LIB 5 ESC 7 SAG 10 CAP 12 AQU 15 PEI 17 ÁRI 19 TOU 21 GÊM 23 CÂN 25 LEÃO 27 VIR 30 LIB
JUN-1 ESC 4 SAG 6 CAP 9 AQU 11 PEI 13 ÁRI 16 TOU 18 GÊM 20 CÂN 22 LEÃO 24 VIR 26 LIB 28 ESC
JUL-1 SAG 3 CAP 6 AQU 8 PEI 11 ÁRI 13 TOU 15 GÊM 17 CÂN 19 LEÃO 21 VIR 23 LIB 26 ESC 28 SAG 31 CAP
AGO-2 AQU 5 PEI 7 ÁRI 9 TOU 11 GÊM 13 CÂN 15 LEÃO 18 VIR 20 LIB 22 ESC 25 SAG 27 CAP 30 AQU
SET-1 PEI 3 ÁRI 5 TOU 8 GÊM 10 CÂN 12 LEÃO 14 VIR 16 LIB 18 ESC 21 SAG 23 CAP 26 AQU 28 PEI
OUT-1 ÁRI 3 TOU 5 GÊM 7 CÂN 9 LEÃO 11 VIR 13 LIB 16 ESC 18 SAG 21 CAP 23 AQU 26 PEI 28 ÁRI 30 TOU
NOV-1 GÊM 3 CÂN 5 LEÃO 7 VIR 10 LIB 12 ESC 15 SAG 17 CAP 20 AQU 22 PEI 24 ÁRI 27 TOU 29 GÊM
DEZ-1 CÂN 3 LEÃO 5 VIR 7 LIB 9 ESC 12 SAG 14 CAP 17 AQU 19 PEI 22 ÁRI 24 TOU 26 GÊM 28 CÂN 30 LEÃO

1956

JAN-1 VIR 3 LIB 6 ESC 8 SAG 11 CAP 13 AQU 16 PEI 18 ÁRI 20 TOU 22 GÊM 24 CÂN 26 LEÃO 28 VIR 31 LIB
FEV-2 ESC 4 SAG 7 CAP 9 AQU 12 PEI 14 ÁRI 16 TOU 19 GÊM 21 CÂN 23 LEÃO 25 VIR 27 LIB 29 ESC
MAR-3 SAG 5 CAP 8 AQU 10 PEI 12 ÁRI 15 TOU 17 GÊM 19 CÂN 21 LEÃO 23 VIR 25 LIB 28 ESC 30 SAG
ABR-1 CAP 4 AQU 6 PEI 9 ÁRI 11 TOU 13 GÊM 15 CÂN 17 LEÃO 20 VIR 22 LIB 24 ESC 26 SAG 29 CAP
MAI-1 AQU 4 PEI 6 ÁRI 8 TOU 11 GÊM 13 CÂN 15 LEÃO 17 VIR 19 LIB 21 ESC 24 SAG 26 CAP 29 AQU 31 PEI
JUN-3 ÁRI 5 TOU 7 GÊM 9 CÂN 11 LEÃO 13 VIR 15 LIB 18 ESC 20 SAG 22 CAP 25 AQU 27 PEI 30 ÁRI
JUL-2 TOU 4 GÊM 6 CÂN 8 LEÃO 10 VIR 12 LIB 15 ESC 17 SAG 20 CAP 22 AQU 25 PEI 27 ÁRI 30 TOU
AGO-1 GÊM 3 CÂN 5 LEÃO 7 VIR 9 LIB 11 ESC 13 SAG 16 CAP 18 AQU 21 PEI 23 ÁRI 26 TOU 28 GÊM 30 CÂN
SET-1 LEÃO 3 VIR 5 LIB 7 ESC 10 SAG 12 CAP 15 AQU 17 PEI 20 ÁRI 22 TOU 24 GÊM 26 CÂN 29 LEÃO
OUT-1 VIR 3 LIB 5 ESC 7 SAG 10 CAP 12 AQU 15 PEI 17 ÁRI 19 TOU 22 GÊM 24 CÂN 26 LEÃO 28 VIR 30 LIB
NOV-1 ESC 3 SAG 6 CAP 8 AQU 11 PEI 13 ÁRI 16 TOU 18 GÊM 20 CÂN 22 LEÃO 24 VIR 26 LIB 29 ESC
DEZ-1 SAG 3 CAP 6 AQU 8 PEI 11 ÁRI 13 TOU 15 GÊM 17 CÂN 19 LEÃO 21 VIR 24 LIB 26 ESC 28 SAG 31 CAP

1957

JAN-1 CAP 2 AQU 5 PEI 7 ÁRI 9 TOU 12 GÊM 14 CÂN 16 LEÃO 18 VIR 20 LIB 22 ESC 24 SAG 27 CAP 29 AQU
FEV-1 PEI 3 ÁRI 6 TOU 8 GÊM 10 CÂN 12 LEÃO 14 VIR 16 LIB 18 ESC 21 SAG 23 CAP 26 AQU 28 PEI
MAR-3 ÁRI 5 TOU 7 GÊM 10 CÂN 12 LEÃO 14 VIR 16 LIB 18 ESC 20 SAG 22 CAP 25 AQU 27 PEI 30 ÁRI
ABR-1 TOU 4 GÊM 6 CÂN 8 LEÃO 10 VIR 12 LIB 14 ESC 16 SAG 19 CAP 21 AQU 24 PEI 26 ÁRI 29 TOU
MAI-1 GÊM 3 CÂN 5 LEÃO 7 VIR 9 LIB 12 ESC 14 SAG 16 CAP 18 AQU 21 PEI 23 ÁRI 26 TOU 28 GÊM 30 CÂN
JUN-1 LEÃO 4 VIR 6 LIB 8 ESC 10 SAG 12 CAP 15 AQU 17 PEI 20 ÁRI 22 TOU 25 GÊM 27 CÂN 29 LEÃO
JUL-1 VIR 3 LIB 5 ESC 7 SAG 10 CAP 12 AQU 15 PEI 17 ÁRI 20 TOU 22 GÊM 24 CÂN 26 LEÃO 28 VIR 30 LIB
AGO-1 ESC 4 SAG 6 CAP 8 AQU 11 PEI 13 ÁRI 16 TOU 18 GÊM 21 CÂN 23 LEÃO 25 VIR 27 LIB 29 ESC 31 SAG
SET-2 CAP 5 AQU 7 PEI 10 ÁRI 12 TOU 15 GÊM 17 CÂN 19 LEÃO 21 VIR 23 LIB 25 ESC 27 SAG 29 CAP
OUT-2 AQU 4 PEI 7 ÁRI 9 TOU 12 GÊM 14 CÂN 16 LEÃO 18 VIR 21 LIB 23 ESC 25 SAG 27 CAP 29 AQU
NOV-1 PEI 3 ÁRI 6 TOU 8 GÊM 10 CÂN 13 LEÃO 15 VIR 17 LIB 19 ESC 21 SAG 23 CAP 26 AQU 28 PEI
DEZ-1 ÁRI 3 TOU 5 GÊM 8 CÂN 10 LEÃO 12 VIR 14 LIB 16 ESC 18 SAG 21 CAP 23 AQU 25 PEI 28 ÁRI 30 TOU

1958

JAN-1 TOU 2 GÊM 4 CÂN 6 LEÃO 8 VIR 10 LIB 12 ESC 15 SAG 17 CAP 19 AQU 22 PEI 24 ÁRI 27 TOU 29 GÊM 31 CÂN
FEV-3 LEÃO 5 VIR 7 LIB 9 ESC 11 SAG 13 CAP 16 AQU 18 PEI 21 ÁRI 23 TOU 26 GÊM 28 CÂN
MAR-2 LEÃO 4 VIR 6 LIB 8 ESC 10 SAG 12 CAP 15 AQU 17 PEI 20 ÁRI 22 TOU 25 GÊM 27 CÂN 29 LEÃO
ABR-1 VIR 3 LIB 5 ESC 7 SAG 9 CAP 11 AQU 13 PEI 16 ÁRI 19 TOU 21 GÊM 23 CÂN 26 LEÃO 28 VIR 30 LIB
MAI-2 ESC 4 SAG 6 CAP 8 AQU 11 PEI 13 ÁRI 16 TOU 18 GÊM 21 CÂN 23 LEÃO 25 VIR 27 LIB 29 ESC 31 SAG
JUN-3 CAP 5 AQU 7 PEI 10 ÁRI 12 TOU 15 GÊM 17 CÂN 19 LEÃO 21 VIR 24 LIB 26 ESC 28 SAG 30 CAP
JUL-2 AQU 4 PEI 7 ÁRI 9 TOU 12 GÊM 14 CÂN 17 LEÃO 19 VIR 21 LIB 23 ESC 25 SAG 27 CAP 29 AQU
AGO-1 PEI 3 ÁRI 6 TOU 8 GÊM 11 CÂN 13 LEÃO 15 VIR 17 LIB 19 ESC 21 SAG 23 CAP 26 AQU 28 PEI 31 ÁRI
SET-2 TOU 5 GÊM 7 CÂN 9 LEÃO 11 VIR 13 LIB 15 ESC 18 SAG 20 CAP 22 AQU 24 PEI 27 ÁRI 29 TOU
OUT-2 GÊM 4 CÂN 7 LEÃO 9 VIR 11 LIB 13 ESC 15 SAG 17 CAP 19 AQU 22 PEI 24 ÁRI 27 TOU 29 GÊM
NOV-1 CÂN 3 LEÃO 5 VIR 7 LIB 9 ESC 11 SAG 13 CAP 16 AQU 18 PEI 20 ÁRI 23 TOU 25 GÊM 28 CÂN 30 LEÃO
DEZ-3 VIR 5 LIB 7 ESC 9 SAG 11 CAP 13 AQU 15 PEI 18 ÁRI 20 TOU 23 GÊM 25 CÂN 27 LEÃO 30 VIR

1959

JAN-1 LIB 3 ESC 5 SAG 7 CAP 9 AQU 12 PEI 14 ÁRI 17 TOU 19 GÊM 21 CÂN 24 LEÃO 26 VIR 28 LIB 30 ESC
FEV-1 SAG 4 CAP 6 AQU 8 PEI 10 ÁRI 13 TOU 15 GÊM 18 CÂN 20 LEÃO 22 VIR 24 LIB 27 ESC
MAR-1 SAG 3 CAP 5 AQU 7 PEI 10 ÁRI 12 TOU 15 GÊM 17 CÂN 20 LEÃO 22 VIR 24 LIB 26 ESC 28 SAG 30 CAP
ABR-1 AQU 4 PEI 6 ÁRI 8 TOU 11 GÊM 14 CÂN 16 LEÃO 18 VIR 20 LIB 22 ESC 24 SAG 26 CAP 28 AQU
MAI-1 PEI 3 ÁRI 6 TOU 8 GÊM 11 CÂN 13 LEÃO 16 VIR 18 LIB 20 ESC 22 SAG 24 CAP 26 AQU 28 PEI 30 ÁRI
JUN-2 TOU 5 GÊM 7 CÂN 9 LEÃO 12 VIR 14 LIB 16 ESC 18 SAG 20 CAP 22 AQU 24 PEI 27 ÁRI 29 TOU
JUL-2 GÊM 4 CÂN 7 LEÃO 9 VIR 11 LIB 13 ESC 16 SAG 18 CAP 20 AQU 22 PEI 24 ÁRI 27 TOU 29 GÊM
AGO-1 CÂN 3 LEÃO 5 VIR 8 LIB 10 ESC 12 SAG 14 CAP 16 AQU 18 PEI 20 ÁRI 23 TOU 25 GÊM 28 CÂN 30 LEÃO
SET-2 VIR 4 LIB 6 ESC 8 SAG 10 CAP 12 AQU 15 PEI 17 ÁRI 19 TOU 22 GÊM 24 CÂN 27 LEÃO 29 VIR
OUT-1 LIB 3 ESC 5 SAG 7 CAP 10 AQU 12 PEI 14 ÁRI 17 TOU 19 GÊM 22 CÂN 24 LEÃO 26 VIR 29 LIB 31 ESC
NOV-2 SAG 4 CAP 6 AQU 8 PEI 10 ÁRI 13 TOU 15 GÊM 18 CÂN 20 LEÃO 23 VIR 25 LIB 27 ESC 29 SAG
DEZ-1 CAP 3 AQU 5 PEI 8 ÁRI 10 TOU 13 GÊM 15 CÂN 18 LEÃO 20 VIR 22 LIB 25 ESC 27 SAG 29 CAP 31 AQU

1960

JAN-1 AQU 2 PEI 4 ÁRI 6 TOU 9 GÊM 11 CÂN 14 LEÃO 16 VIR 19 LIB 21 ESC 23 SAG 25 CAP 27 AQU 29 PEI 31ÁRI
FEV-3 TOU 5 GÊM 8 CÂN 10 LEÃO 13 VIR 15 LIB 17 ESC 19 SAG 21 CAP 23 AQU 26 PEI 28 ÁRI
MAR-1 TOU 4 GÊM 6 CÂN 9 LEÃO 11 VIR 13 LIB 15 ESC 17 SAG 20 CAP 22 AQU 24 PEI 26 ÁRI 28 TOU 31 GÊM
ABR-2 CÂN 5 LEÃO 7 VIR 10 LIB 12 ESC 14 SAG 16 CAP 18 AQU 20 PEI 22 ÁRI 25 TOU 27 GÊM 30 CÂN
MAI-2 LEÃO 5 VIR 7 LIB 9 ESC 11 SAG 13 CAP 15 AQU 17 PEI 20 ÁRI 22 TOU 24 GÊM 27 CÂN 29 LEÃO
JUN-1 VIR 3 LIB 6 ESC 8 SAG 10 CAP 12 AQU 14 PEI 16 ÁRI 18 TOU 21 GÊM 23 CÂN 26 LEÃO 28 VIR
JUL-1 LIB 3 ESC 5 SAG 7 CAP 9 AQU 11 PEI 13 ÁRI 15 TOU 18 GÊM 20 CÂN 23 LEÃO 25 VIR 28 LIB 30 ESC
AGO-1 SAG 3 CAP 5 AQU 7 PEI 10 ÁRI 12 TOU 14 GÊM 17 CÂN 19 LEÃO 22 VIR 24 LIB 26 ESC 29 SAG 31 CAP
SET-2 AQU 4 PEI 6 ÁRI 8 TOU 11 GÊM 13 CÂN 16 LEÃO 18 VIR 20 LIB 23 ESC 25 SAG 27 CAP 29 AQU
OUT-1 PEI 3 ÁRI 6 TOU 8 GÊM 10 CÂN 13 LEÃO 15 VIR 18 LIB 20 ESC 22 SAG 24 CAP 26 AQU 28 PEI 31 ÁRI
NOV-2 TOU 4 GÊM 7 CÂN 9 LEÃO 12 VIR 14 LIB 16 ESC 19 SAG 21 CAP 23 AQU 25 PEI 27 ÁRI 29 TOU
DEZ-2 GÊM 4 CÂN 7 LEÃO 9 VIR 12 LIB 14 ESC 16 SAG 18 CAP 20 AQU 22 PEI 24 ÁRI 26 TOU 29 GÊM 31 CÂN

1961

JAN-1 CÂN 3 LEÃO 5 VIR 8 LIB 10 ESC 12 SAG 14 CAP 16 AQU 18 PEI 20 ÁRI 23 TOU 25 GÊM 28 CÂN 30 LEÃO
FEV-2 VIR 4 LIB 6 ESC 9 SAG 11 CAP 13 AQU 15 PEI 17 ÁRI 19 TOU 21 GÊM 24 CÂN 26 LEÃO
MAR-1 VIR 3 LIB 6 ESC 8 SAG 10 CAP 12 AQU 14 PEI 16 ÁRI 18 TOU 21 GÊM 23 CÂN 26 LEÃO 28 VIR 31 LIB
ABR-2 ESC 4 SAG 6 CAP 9 AQU 11 PEI 13 ÁRI 15 TOU 17 GÊM 19 CÂN 22 LEÃO 25 VIR 27 LIB 29 ESC
MAI-2 SAG 4 CAP 6 AQU 8 PEI 10 ÁRI 12 TOU 14 GÊM 17 CÂN 19 LEÃO 22 VIR 24 LIB 27 ESC 29 SAG 31 CAP
JUN-2 AQU 4 PEI 6 ÁRI 8 TOU 11 GÊM 13 CÂN 16 LEÃO 18 VIR 21 LIB 23 ESC 25 SAG 27 CAP 29 AQU
JUL-1 PEI 4 ÁRI 6 TOU 8 GÊM 10 CÂN 13 LEÃO 15 VIR 18 LIB 20 ESC 23 SAG 25 CAP 27 AQU 29 PEI 31 ÁRI
AGO-2 TOU 4 GÊM 7 CÂN 9 LEÃO 12 VIR 14 LIB 17 ESC 19 SAG 21 CAP 23 AQU 25 PEI 27 ÁRI 29 TOU
SET-1 GÊM 3 CÂN 5 LEÃO 8 VIR 10 LIB 13 ESC 15 SAG 18 CAP 20 AQU 22 PEI 24 ÁRI 26 TOU 28 GÊM 30 CÂN
OUT-3 LEÃO 5 VIR 8 LIB 10 ESC 13 SAG 15 CAP 17 AQU 19 PEI 21 ÁRI 23 TOU 25 GÊM 28 CÂN 30 LEÃO
NOV-2 VIR 4 LIB 6 ESC 9 SAG 11 CAP 13 AQU 15 PEI 17 ÁRI 20 TOU 22 GÊM 24 CÂN 26 LEÃO 29 VIR
DEZ-1 LIB 4 ESC 6 SAG 8 CAP 10 AQU 13 PEI 15 ÁRI 17 TOU 19 GÊM 21 CÂN 24 LEÃO 26 VIR 29 LIB 31 ESC

1962

JAN-1 ESC 3 SAG 5 CAP 7 AQU 9 PEI 11 ÁRI 13 TOU 15 GÊM 18 CÂN 20 LEÃO 23 VIR 25 LIB 28 ESC 30 SAG
FEV-1 CAP 3 AQU 5 PEI 7 ÁRI 9 TOU 12 GÊM 14 CÂN 16 LEÃO 19 VIR 21 LIB 24 ESC 26 SAG
MAR-1 CAP 3 AQU 5 PEI 7 ÁRI 9 TOU 11 GÊM 13 CÂN 16 LEÃO 18 VIR 21 LIB 23 ESC 26 SAG 28 CAP 30 AQU
ABR-1 PEI 3 ÁRI 5 TOU 7 GÊM 9 CÂN 12 LEÃO 14 VIR 17 LIB 19 ESC 22 SAG 24 CAP 26 AQU 28 PEI
MAI-1 ÁRI 3 TOU 5 GÊM 7 CÂN 9 LEÃO 12 VIR 14 LIB 17 ESC 19 SAG 21 CAP 24 AQU 26 PEI 28 ÁRI 30 TOU
JUN-1 GÊM 3 CÂN 6 LEÃO 8 VIR 10 LIB 13 ESC 15 SAG 18 CAP 20 AQU 22 PEI 24 ÁRI 26 TOU 28 GÊM
JUL-1 CÂN 3 LEÃO 5 VIR 8 LIB 10 ESC 13 SAG 15 CAP 17 AQU 19 PEI 21 ÁRI 23 TOU 26 GÊM 28 CÂN 30 LEÃO
AGO-2 VIR 4 LIB 7 ESC 9 SAG 11 CAP 14 AQU 16 PEI 18 ÁRI 20 TOU 22 GÊM 24 CÂN 26 LEÃO 29 VIR 31 LIB
SET-3 ESC 5 SAG 8 CAP 10 AQU 12 PEI 14 ÁRI 16 TOU 18 GÊM 20 CÂN 23 LEÃO 25 VIR 28 LIB 30 ESC
OUT-3 SAG 5 CAP 7 AQU 10 PEI 12 ÁRI 14 TOU 16 GÊM 18 CÂN 20 LEÃO 22 VIR 25 LIB 27 ESC 30 SAG
NOV-1 CAP 4 AQU 6 PEI 8 ÁRI 10 TOU 12 GÊM 14 CÂN 16 LEÃO 19 VIR 21 LIB 24 ESC 26 SAG 29 CAP
DEZ-1 AQU 3 PEI 5 ÁRI 7 TOU 9 GÊM 11 CÂN 14 LEÃO 16 VIR 19 LIB 21 ESC 24 SAG 26 CAP 28 AQU 30 PEI

1963

JAN-1 ÁRI 4 TOU 6 GÊM 8 CÂN 10 LEÃO 12 VIR 15 LIB 17 ESC 20 SAG 22 CAP 25 AQU 27 PEI 29 ÁRI 31 TOU
FEV-2 GÊM 4 CÂN 6 LEÃO 9 VIR 11 LIB 14 ESC 16 SAG 19 CAP 21 AQU 23 PEI 25 ÁRI 27 TOU
MAR-1 GÊM 3 CÂN 6 LEÃO 8 VIR 11 LIB 13 ESC 16 SAG 18 CAP 20 AQU 23 PEI 25 ÁRI 27 TOU 29 GÊM 31 CÂN
ABR-2 LEÃO 4 VIR 7 LIB 9 ESC 12 SAG 14 CAP 17 AQU 19 PEI 21 ÁRI 23 TOU 25 GÊM 27 CÂN 29 LEÃO
MAI-2 VIR 4 LIB 7 ESC 9 SAG 12 CAP 14 AQU 16 PEI 18 ÁRI 20 TOU 22 GÊM 24 CÂN 27 LEÃO 29 VIR 31 LIB
JUN-3 ESC 5 SAG 8 CAP 10 AQU 12 PEI 15 ÁRI 17 TOU 19 GÊM 21 CÂN 23 LEÃO 25 VIR 28 LIB 30 ESC
JUL-3 SAG 5 CAP 7 AQU 10 PEI 12 ÁRI 14 TOU 16 GÊM 18 CÂN 20 LEÃO 23 VIR 25 LIB 27 ESC 30 SAG
AGO-1 CAP 4 AQU 6 PEI 8 ÁRI 10 TOU 12 GÊM 14 CÂN 17 LEÃO 19 VIR 21 LIB 24 ESC 26 SAG 29 CAP 31 AQU
SET-2 PEI 4 ÁRI 7 TOU 9 GÊM 11 CÂN 13 LEÃO 15 VIR 18 LIB 20 ESC 23 SAG 25 CAP 28 AQU 30 PEI
OUT-2 ÁRI 4 TOU 6 GÊM 8 CÂN 10 LEÃO 12 VIR 15 LIB 17 ESC 20 SAG 22 CAP 25 AQU 27 PEI 29 ÁRI 31 TOU
NOV-2 GÊM 4 CÂN 6 LEÃO 9 VIR 11 LIB 14 ESC 16 SAG 19 CAP 21 AQU 24 PEI 26 ÁRI 28 TOU 30 GÊM
DEZ-2 CÂN 4 LEÃO 6 VIR 8 LIB 11 ESC 13 SAG 16 CAP 18 AQU 21 PEI 23 ÁRI 25 TOU 27 GÊM 29 CÂN 31 LEÃO

1964

JAN-1 LEÃO 2 VIR 5 LIB 7 ESC 10 SAG 12 CAP 15 AQU 17 PEI 19 ÁRI 21 TOU 24 GÊM 26 CÂN 28 LEÃO 30 VIR
FEV-1 LIB 4 ESC 6 SAG 9 CAP 11 AQU 13 PEI 16 ÁRI 18 TOU 20 GÊM 22 CÂN 24 LEÃO 26 VIR 28 LIB
MAR-2 ESC 4 SAG 7 CAP 9 AQU 12 PEI 14 ÁRI 16 TOU 18 GÊM 20 CÂN 22 LEÃO 25 VIR 27 LIB 29 ESC
ABR-1 SAG 3 CAP 6 AQU 8 PEI 10 ÁRI 12 TOU 14 GÊM 16 CÂN 19 LEÃO 21 VIR 23 LIB 26 ESC 28 SAG
MAI-1 CAP 3 AQU 5 PEI 8 ÁRI 10 TOU 12 GÊM 14 CÂN 16 LEÃO 18 VIR 20 LIB 23 ESC 25 SAG 28 CAP 30 AQU
JUN-2 PEI 4 ÁRI 6 TOU 8 GÊM 10 CÂN 12 LEÃO 14 VIR 17 LIB 19 ESC 22 SAG 24 CAP 27 AQU 29 PEI
JUL-1 ÁRI 4 TOU 6 GÊM 8 CÂN 10 LEÃO 12 VIR 14 LIB 16 ESC 19 SAG 21 CAP 24 AQU 26 PEI 29 ÁRI 31 TOU
AGO-2 GÊM 4 CÂN 6 LEÃO 8 VIR 10 LIB 13 ESC 15 SAG 18 CAP 20 AQU 23 PEI 25 ÁRI 27 TOU 29 GÊM 31 CÂN
SET-2 LEÃO 5 VIR 7 LIB 9 ESC 11 SAG 14 CAP 16 AQU 19 PEI 21 ÁRI 23 TOU 25 GÊM 28 CÂN 30 LEÃO
OUT-2 VIR 4 LIB 6 ESC 9 SAG 11 CAP 14 AQU 16 PEI 19 ÁRI 21 TOU 23 GÊM 25 CÂN 27 LEÃO 29 VIR 31 LIB
NOV-3 ESC 5 SAG 8 CAP 10 AQU 13 PEI 15 ÁRI 17 TOU 19 GÊM 21 CÂN 23 LEÃO 25 VIR 28 LIB 30 ESC
DEZ-2 SAG 5 CAP 7 AQU 10 PEI 12 ÁRI 15 TOU 17 GÊM 19 CÂN 21 LEÃO 23 VIR 25 LIB 27 ESC 30 SAG

1965

JAN-1 CAP 4 AQU 6 PEI 9 ÁRI 11 TOU 13 GÊM 15 CÂN 17 LEÃO 19 VIR 21 LIB 23 ESC 26 SAG 28 CAP 31 AQU
FEV-2 PEI 5 ÁRI 7 TOU 9 GÊM 11 CÂN 13 LEÃO 16 VIR 18 LIB 20 ESC 22 SAG 25 CAP 27 AQU
MAR-2 PEI 4 ÁRI 6 TOU 9 GÊM 11 CÂN 13 LEÃO 15 VIR 17 LIB 19 ESC 22 SAG 24 CAP 27 AQU 29 PEI 31 ÁRI
ABR-3 TOU 5 GÊM 7 CÂN 9 LEÃO 11 VIR 13 LIB 16 ESC 18 SAG 20 CAP 23 AQU 25 PEI 28 ÁRI 30 TOU
MAI-2 GÊM 4 CÂN 6 LEÃO 8 VIR 11 LIB 13 ESC 15 SAG 18 CAP 20 AQU 23 PEI 25 ÁRI 27 TOU 30 GÊM
JUN-1 CÂN 3 LEÃO 5 VIR 7 LIB 9 ESC 12 SAG 14 CAP 16 AQU 19 PEI 21 ÁRI 24 TOU 26 GÊM 28 CÂN 30 LEÃO
JUL-2 VIR 4 LIB 6 ESC 9 SAG 11 CAP 14 AQU 16 PEI 19 ÁRI 21 TOU 23 GÊM 25 CÂN 27 LEÃO 29 VIR 31 LIB
AGO-3 ESC 5 SAG 7 CAP 10 AQU 13 PEI 15 ÁRI 17 TOU 20 GÊM 22 CÂN 24 LEÃO 26 VIR 28 LIB 30 ESC
SET-1 SAG 4 CAP 6 AQU 9 PEI 11 ÁRI 14 TOU 16 GÊM 18 CÂN 20 LEÃO 22 VIR 24 LIB 26 ESC 29 SAG
OUT-1 CAP 4 AQU 6 PEI 9 ÁRI 11 TOU 13 GÊM 15 CÂN 17 LEÃO 20 VIR 22 LIB 24 ESC 26 SAG 28 CAP 31 AQU
NOV-2 PEI 5 ÁRI 7 TOU 9 GÊM 12 CÂN 14 LEÃO 16 VIR 18 LIB 20 ESC 22 SAG 25 CAP 27 AQU 30 PEI
DEZ-2 ÁRI 5 TOU 7 GÊM 9 CÂN 11 LEÃO 13 VIR 15 LIB 17 ESC 20 SAG 22 CAP 25 AQU 27 PEI 30 ÁRI

1966

JAN-1 TOU 3 GÊM 5 CÂN 7 LEÃO 9 VIR 11 LIB 14 ESC 16 SAG 18 CAP 21 AQU 23 PEI 26 ÁRI 28 TOU 31 GÊM
FEV-2 CÂN 4 LEÃO 6 VIR 8 LIB 10 ESC 12 SAG 15 CAP 17 AQU 20 PEI 22 ÁRI 25 TOU 27 GÊM
MAR-1 CÂN 3 LEÃO 5 VIR 7 LIB 9 ESC 12 SAG 14 CAP 16 AQU 19 PEI 21 ÁRI 24 TOU 26 GÊM 29 CÂN 31 LEÃO
ABR-2 VIR 4 LIB 6 ESC 8 SAG 10 CAP 13 AQU 15 PEI 18 ÁRI 20 TOU 22 GÊM 25 CÂN 27 LEÃO 29 VIR
MAI-1 LIB 3 ESC 5 SAG 8 CAP 10 AQU 12 PEI 15 ÁRI 17 TOU 20 GÊM 22 CÂN 24 LEÃO 26 VIR 28 LIB 31 ESC
JUN-2 SAG 4 CAP 6 AQU 9 PEI 11 ÁRI 14 TOU 16 GÊM 18 CÂN 20 LEÃO 23 VIR 25 LIB 27 ESC 29 SAG
JUL-1 CAP 4 AQU 6 PEI 9 ÁRI 11 TOU 14 GÊM 16 CÂN 18 LEÃO 20 VIR 22 LIB 24 ESC 26 SAG 29 CAP 31 AQU
AGO-2 PEI 5 ÁRI 7 TOU 10 GÊM 12 CÂN 14 LEÃO 16 VIR 18 LIB 20 ESC 22 SAG 25 CAP 27 AQU 30 PEI
SET-1 ÁRI 4 TOU 6 GÊM 9 CÂN 11 LEÃO 13 VIR 15 LIB 17 ESC 19 SAG 21 CAP 23 AQU 26 PEI 28 ÁRI
OUT-1 TOU 3 GÊM 6 CÂN 8 LEÃO 10 VIR 12 LIB 14 ESC 16 SAG 18 CAP 21 AQU 23 PEI 26 ÁRI 28 TOU 31 GÊM
NOV-2 CÂN 4 LEÃO 6 VIR 8 LIB 11 ESC 13 SAG 15 CAP 17 AQU 20 PEI 22 ÁRI 25 TOU 27 GÊM 29 CÂN
DEZ-2 LEÃO 4 VIR 6 LIB 8 ESC 10 SAG 12 CAP 14 AQU 17 PEI 19 ÁRI 22 TOU 24 GÊM 27 CÂN 29 LEÃO 31 VIR

1967

JAN-1 VIR 2 LIB 4 ESC 6 SAG 9 CAP 11 AQU 13 PEI 16 ÁRI 18 TOU 21 GÊM 23 CÂN 25 LEÃO 27 VIR 29 LIB 31 ESC
FEV-3 SAG 5 CAP 7 AQU 10 PEI 12 ÁRI 15 TOU 17 GÊM 19 CÂN 22 LEÃO 24 VIR 26 LIB 28 ESC
MAR-2 SAG 4 CAP 6 AQU 9 PEI 11 ÁRI 14 TOU 16 GÊM 19 CÂN 21 LEÃO 23 VIR 25 LIB 27 ESC 29 SAG 31 CAP
ABR-3 AQU 5 PEI 8 ÁRI 10 TOU 13 GÊM 15 CÂN 17 LEÃO 20 VIR 22 LIB 24 ESC 26 SAG 28 CAP 30 AQU
MAI-2 PEI 5 ÁRI 7 TOU 10 GÊM 12 CÂN 15 LEÃO 17 VIR 19 LIB 21 ESC 23 SAG 25 CAP 27 AQU 30 PEI
JUN-1 ÁRI 4 TOU 6 GÊM 9 CÂN 11 LEÃO 13 VIR 15 LIB 17 ESC 19 SAG 21 CAP 24 AQU 26 PEI 28 ÁRI
JUL-1 TOU 3 GÊM 6 CÂN 8 LEÃO 10 VIR 12 LIB 15 ESC 17 SAG 19 CAP 21 AQU 23 PEI 26 ÁRI 28 TOU 31 GÊM
AGO-2 CÂN 4 LEÃO 7 VIR 9 LIB 11 ESC 13 SAG 15 CAP 17 AQU 20 PEI 22 ÁRI 25 TOU 27 GÊM 30 CÂN
SET-1 LEÃO 3 VIR 5 LIB 7 ESC 9 SAG 11 CAP 14 AQU 16 PEI 18 ÁRI 21 TOU 23 GÊM 26 CÂN 28 LEÃO 30 VIR
OUT-2 LIB 4 ESC 6 SAG 9 CAP 11 AQU 13 PEI 16 ÁRI 18 TOU 21 GÊM 23 CÂN 26 LEÃO 28 VIR 30 LIB
NOV-1 ESC 3 SAG 5 CAP 7 AQU 9 PEI 12 ÁRI 14 TOU 17 GÊM 19 CÂN 22 LEÃO 24 VIR 26 LIB 28 ESC 30 SAG
DEZ-2 CAP 4 AQU 7 PEI 9 ÁRI 12 TOU 14 GÊM 17 CÂN 19 LEÃO 21 VIR 24 LIB 26 ESC 28 SAG 30 CAP

1968

JAN-1 AQU 3 PEI 6 ÁRI 8 TOU 11 GÊM 13 CÂN 15 LEÃO 18 VIR 20 LIB 22 ESC 24 SAG 26 CAP 28 AQU 31 PEI
FEV-2 ÁRI 4 TOU 7 GÊM 9 CÂN 12 LEÃO 14 VIR 16 LIB 18 ESC 20 SAG 22 CAP 25 AQU 27 PEI 29 ÁRI
MAR-3 TOU 5 GÊM 8 CÂN 10 LEÃO 12 VIR 14 LIB 17 ESC 19 SAG 21 CAP 23 AQU 25 PEI 28 ÁRI 30 TOU
ABR-2 GÊM 4 CÂN 7 LEÃO 9 VIR 11 LIB 13 ESC 15 SAG 17 CAP 19 AQU 21 PEI 24 ÁRI 26 TOU 29 GÊM
MAI-1 CÂN 4 LEÃO 6 VIR 8 LIB 10 ESC 12 SAG 14 CAP 16 AQU 19 PEI 21 ÁRI 24 TOU 26 GÊM 29 CÂN 31 LEÃO
JUN-2 VIR 5 LIB 7 ESC 9 SAG 11 CAP 13 AQU 15 PEI 17 ÁRI 20 TOU 22 GÊM 25 CÂN 27 LEÃO 30 VIR
JUL-2 LIB 4 ESC 6 SAG 8 CAP 10 AQU 12 PEI 15 ÁRI 17 TOU 20 GÊM 22 CÂN 25 LEÃO 27 VIR 29 LIB 31 ESC
AGO-3 SAG 5 CAP 7 AQU 9 PEI 11 ÁRI 13 TOU 16 GÊM 18 CÂN 21 LEÃO 23 VIR 25 LIB 28 ESC 30 SAG
SET-1 CAP 3 AQU 5 PEI 7 ÁRI 10 TOU 12 GÊM 15 CÂN 17 LEÃO 20 VIR 22 LIB 24 ESC 26 SAG 28 CAP 30 AQU
OUT-2 PEI 5 ÁRI 7 TOU 10 GÊM 12 CÂN 15 LEÃO 17 VIR 19 LIB 21 ESC 23 SAG 25 CAP 27 AQU 30 PEI
NOV-1 ÁRI 3 TOU 6 GÊM 8 CÂN 11 LEÃO 13 VIR 16 LIB 18 ESC 20 SAG 22 CAP 24 AQU 26 PEI 28 ÁRI
DEZ-1 TOU 3 GÊM 6 CÂN 8 LEÃO 11 VIR 13 LIB 15 ESC 17 SAG 19 CAP 21 AQU 23 PEI 26 ÁRI 28 TOU 30 GÊM

1969

JAN-1 GÊM 2 CÂN 4 LEÃO 7 VIR 9 LIB 12 ESC 14 SAG 16 CAP 18 AQU 20 PEI 22 ÁRI 24 TOU 27 GÊM 29 CÂN
FEV-1 LEÃO 3 VIR 6 LIB 8 ESC 10 SAG 12 CAP 14 AQU 16 PEI 18 ÁRI 21 TOU 23 GÊM 26 CÂN 28 LEÃO
MAR-2 VIR 5 LIB 7 ESC 9 SAG 11 CAP 13 AQU 16 PEI 18 ÁRI 20 TOU 22 GÊM 25 CÂN 27 LEÃO 30 VIR
ABR-1 LIB 3 ESC 5 SAG 8 CAP 10 AQU 12 PEI 14 ÁRI 16 TOU 19 GÊM 21 CÂN 24 LEÃO 26 VIR 29 LIB
MAI-1 ESC 3 SAG 5 CAP 7 AQU 9 PEI 11 ÁRI 14 TOU 16 GÊM 19 CÂN 21 LEÃO 24 VIR 26 LIB 28 ESC 30 SAG
JUN-1 CAP 3 AQU 5 PEI 7 ÁRI 10 TOU 12 GÊM 15 CÂN 17 LEÃO 20 VIR 22 LIB 25 ESC 27 SAG 29 CAP
JUL-1 AQU 3 PEI 5 ÁRI 7 TOU 10 GÊM 12 CÂN 15 LEÃO 17 VIR 20 LIB 22 ESC 24 SAG 26 CAP 28 AQU 30 PEI
AGO-1 ÁRI 3 TOU 6 GÊM 8 CÂN 11 LEÃO 13 VIR 16 LIB 18 ESC 20 SAG 22 CAP 24 AQU 26 PEI 29 ÁRI 31 TOU
SET-2 GÊM 5 CÂN 7 LEÃO 10 VIR 12 LIB 14 ESC 17 SAG 19 CAP 21 AQU 23 PEI 25 ÁRI 27 TOU 29 GÊM
OUT-2 CÂN 4 LEÃO 7 VIR 9 LIB 12 ESC 14 SAG 16 CAP 18 AQU 20 PEI 22 ÁRI 25 TOU 27 GÊM 29 CÂN
NOV-1 LEÃO 3 VIR 6 LIB 8 ESC 10 SAG 12 CAP 14 AQU 16 PEI 19 ÁRI 21 TOU 23 GÊM 26 CÂN 28 LEÃO
DEZ-1 VIR 3 LIB 5 ESC 8 SAG 10 CAP 12 AQU 14 PEI 16 ÁRI 18 TOU 20 GÊM 23 CÂN 25 LEÃO 28 VIR 30 LIB

1970

JAN-1 LIB 2 ESC 4 SAG 6 CAP 8 AQU 10 PEI 12 ÁRI 14 TOU 17 GÊM 19 CÂN 22 LEÃO 24 VIR 27 LIB 29 ESC 31 SAG
FEV-2 CAP 4 AQU 6 PEI 8 ÁRI 11 TOU 13 GÊM 15 CÂN 18 LEÃO 20 VIR 23 LIB 25 ESC 28 SAG
MAR-2 CAP 4 AQU 6 PEI 8 ÁRI 10 TOU 12 GÊM 15 CÂN 17 LEÃO 20 VIR 22 LIB 25 ESC 27 SAG 29 CAP 31 AQU
ABR-2 PEI 4 ÁRI 6 TOU 9 GÊM 11 CÂN 14 LEÃO 16 VIR 19 LIB 21 ESC 23 SAG 25 CAP 27 AQU 30 PEI
MAI-2 ÁRI 4 TOU 6 GÊM 8 CÂN 11 LEÃO 13 VIR 16 LIB 18 ESC 20 SAG 23 CAP 25 AQU 27 PEI 29 ÁRI 31 TOU
JUN-2 GÊM 5 CÂN 7 LEÃO 10 VIR 12 LIB 15 ESC 17 SAG 19 CAP 21 AQU 23 PEI 25 ÁRI 27 TOU 30 GÊM
JUL-2 CÂN 4 LEÃO 7 VIR 10 LIB 12 ESC 14 SAG 16 CAP 18 AQU 20 PEI 22 ÁRI 25 TOU 27 GÊM 29 CÂN
AGO-1 LEÃO 3 VIR 6 LIB 8 ESC 11 SAG 13 CAP 15 AQU 17 PEI 19 ÁRI 21 TOU 23 GÊM 26 CÂN 28 LEÃO 31 VIR
SET-2 LIB 5 ESC 7 SAG 9 CAP 11 AQU 13 PEI 15 ÁRI 17 TOU 19 GÊM 22 CÂN 24 LEÃO 27 VIR 29 LIB
OUT-2 ESC 4 SAG 6 CAP 9 AQU 11 PEI 13 ÁRI 15 TOU 17 GÊM 19 CÂN 22 LEÃO 24 VIR 27 LIB 29 ESC 31 SAG
NOV-3 CAP 5 AQU 7 PEI 9 ÁRI 11 TOU 13 GÊM 16 CÂN 18 LEÃO 20 VIR 23 LIB 25 ESC 28 SAG 30 CAP
DEZ-2 AQU 4 PEI 6 ÁRI 8 TOU 11 GÊM 13 CÂN 15 LEÃO 18 VIR 20 LIB 23 ESC 25 SAG 27 CAP 29 AQU 31 PEI

1971

JAN-1 PEI 3 ÁRI 5 TOU 7 GÊM 9 CÂN 12 LEÃO 14 VIR 17 LIB 19 ESC 22 SAG 24 CAP 26 AQU 28 PEI 30 ÁRI
FEV-1 TOU 3 GÊM 5 CÂN 8 LEÃO 10 VIR 13 LIB 15 ESC 18 SAG 20 CAP 22 AQU 24 PEI 26 ÁRI 28 TOU
MAR-2 GÊM 5 CÂN 7 LEÃO 10 VIR 12 LIB 15 ESC 17 SAG 19 CAP 22 AQU 24 PEI 26 ÁRI 28 TOU 30 GÊM
ABR-1 CÂN 3 LEÃO 6 VIR 8 LIB 11 ESC 13 SAG 16 CAP 18 AQU 20 PEI 22 ÁRI 24 TOU 26 GÊM 28 CÂN
MAI-1 LEÃO 3 VIR 6 LIB 8 ESC 11 SAG 13 CAP 15 AQU 17 PEI 20 ÁRI 22 TOU 24 GÊM 26 CÂN 28 LEÃO 30 VIR
JUN-2 LIB 5 ESC 7 SAG 9 CAP 11 AQU 14 PEI 16 ÁRI 18 TOU 20 GÊM 22 CÂN 24 LEÃO 27 VIR 29 LIB
JUL-2 ESC 4 SAG 7 CAP 9 AQU 11 PEI 13 ÁRI 15 TOU 17 GÊM 19 CÂN 22 LEÃO 24 VIR 27 LIB 29 ESC
AGO-1 SAG 3 CAP 5 AQU 7 PEI 9 ÁRI 11 TOU 13 GÊM 16 CÂN 18 LEÃO 20 VIR 23 LIB 26 ESC 28 SAG 30 CAP
SET-2 AQU 4 PEI 6 ÁRI 8 TOU 10 GÊM 12 CÂN 14 LEÃO 17 VIR 19 LIB 22 ESC 24 SAG 27 CAP 29 AQU
OUT-1 PEI 3 ÁRI 5 TOU 7 GÊM 9 CÂN 12 LEÃO 14 VIR 16 LIB 19 ESC 22 SAG 24 CAP 26 AQU 29 PEI 31 ÁRI
NOV-2 TOU 4 GÊM 6 CÂN 8 LEÃO 10 VIR 13 LIB 15 ESC 18 SAG 20 CAP 23 AQU 25 PEI 27 ÁRI 29 TOU
DEZ-1 GÊM 3 CÂN 5 LEÃO 8 VIR 10 LIB 13 ESC 15 SAG 17 CAP 20 AQU 22 PEI 24 ÁRI 26 TOU 28 GÊM 30 CÂN

1972

JAN-1 CÂN 2 LEÃO 4 VIR 6 LIB 9 ESC 11 SAG 14 CAP 16 AQU 18 PEI 20 ÁRI 23 TOU 25 GÊM 27 CÂN 29 LEÃO 31 VIR
FEV-3 LIB 5 ESC 8 SAG 10 CAP 12 AQU 15 PEI 17 ÁRI 19 TOU 21 GÊM 23 CÂN 25 LEÃO 28 VIR
MAR-1 LIB 4 ESC 6 SAG 9 CAP 11 AQU 13 PEI 15 ÁRI 17 TOU 19 GÊM 21 CÂN 24 LEÃO 26 VIR 28 LIB 31 ESC
ABR-2 SAG 5 CAP 7 AQU 10 PEI 12 ÁRI 14 TOU 16 GÊM 18 CÂN 20 LEÃO 22 VIR 25 LIB 27 ESC 30 SAG
MAI-2 CAP 5 AQU 7 PEI 9 ÁRI 11 TOU 13 GÊM 15 CÂN 17 LEÃO 19 VIR 22 LIB 24 ESC 27 SAG 30 CAP
JUN-1 AQU 3 PEI 5 ÁRI 7 TOU 9 GÊM 11 CÂN 14 LEÃO 16 VIR 18 LIB 21 ESC 23 SAG 26 CAP 28 AQU 30 PEI
JUL-3 ÁRI 5 TOU 7 GÊM 9 CÂN 11 LEÃO 13 VIR 15 LIB 18 ESC 20 SAG 23 CAP 25 AQU 28 PEI 30 ÁRI
AGO-1 TOU 3 GÊM 5 CÂN 7 LEÃO 10 VIR 12 LIB 14 ESC 17 SAG 19 CAP 22 AQU 24 PEI 26 ÁRI 28 TOU 30 GÊM
SET-1 CÂN 4 LEÃO 6 VIR 8 LIB 11 ESC 13 SAG 16 CAP 18 AQU 20 PEI 22 ÁRI 24 TOU 27 GÊM 29 CÂN
OUT-1 LEÃO 3 VIR 5 LIB 8 ESC 10 SAG 13 CAP 15 AQU 18 PEI 20 ÁRI 22 TOU 24 GÊM 26 CÂN 28 LEÃO 30 VIR
NOV-2 LIB 4 ESC 7 SAG 9 CAP 12 AQU 14 PEI 16 ÁRI 18 TOU 20 GÊM 22 CÂN 24 LEÃO 27 VIR 29 LIB
DEZ-1 ESC 4 SAG 7 CAP 9 AQU 11 PEI 14 ÁRI 16 TOU 18 GÊM 20 CÂN 22 LEÃO 24 VIR 26 LIB 29 ESC 31 SAG

1973

JAN-1 SAG 3 CAP 5 AQU 8 PEI 10 ÁRI 12 TOU 14 GÊM 16 CÂN 18 LEÃO 20 VIR 23 LIB 25 ESC 28 SAG 30 CAP
FEV-2 AQU 4 PEI 6 ÁRI 8 TOU 10 GÊM 13 CÂN 15 LEÃO 17 VIR 19 LIB 21 ESC 24 SAG 26 CAP
MAR-1 AQU 3 PEI 5 ÁRI 8 TOU 10 GÊM 12 CÂN 14 LEÃO 16 VIR 18 LIB 21 ESC 23 SAG 26 CAP 28 AQU 31 PEI
ABR-2 ÁRI 4 TOU 6 GÊM 8 CÂN 10 LEÃO 12 VIR 15 LIB 17 ESC 20 SAG 22 CAP 25 AQU 27 PEI 29 ÁRI
MAI-1 TOU 3 GÊM 5 CÂN 7 LEÃO 10 VIR 12 LIB 14 ESC 17 SAG 19 CAP 22 AQU 24 PEI 27 ÁRI 29 TOU 31 GÊM
JUN-2 CÂN 4 LEÃO 6 VIR 8 LIB 11 ESC 13 SAG 16 CAP 18 AQU 21 PEI 23 ÁRI 25 TOU 27 GÊM 29 CÂN
JUL-1 LEÃO 3 VIR 5 LIB 8 ESC 10 SAG 13 CAP 15 AQU 18 PEI 20 ÁRI 22 TOU 25 GÊM 27 CÂN 29 LEÃO 31 VIR
AGO-2 LIB 4 ESC 7 SAG 9 CAP 12 AQU 14 PEI 16 ÁRI 19 TOU 21 GÊM 23 CÂN 25 LEÃO 27 VIR 29 LIB
SET-1 ESC 3 SAG 5 CAP 8 AQU 10 PEI 13 ÁRI 15 TOU 17 GÊM 19 CÂN 21 LEÃO 23 VIR 26 LIB 28 ESC 30 SAG
OUT-3 CAP 5 AQU 8 PEI 10 ÁRI 12 TOU 14 GÊM 16 CÂN 19 LEÃO 21 VIR 23 LIB 25 ESC 28 SAG 30 CAP
NOV-2 AQU 4 PEI 6 ÁRI 9 TOU 11 GÊM 13 CÂN 15 LEÃO 17 VIR 19 LIB 22 ESC 24 SAG 26 CAP 29 AQU
DEZ-1 PEI 4 ÁRI 6 TOU 8 GÊM 10 CÂN 12 LEÃO 14 VIR 16 LIB 19 ESC 21 SAG 24 CAP 26 AQU 29 PEI 31 ÁRI

1974

JAN-1 ÁRI 2 TOU 5 GÊM 7 CÂN 9 LEÃO 11 VIR 13 LIB 15 ESC 17 SAG 20 CAP 22 AQU 25 PEI 27 ÁRI 30 TOU
FEV-1 GÊM 3 CÂN 5 LEÃO 7 VIR 9 LIB 11 ESC 14 SAG 16 CAP 19 AQU 21 PEI 24 ÁRI 26 TOU 28 GÊM
MAR-2 CÂN 4 LEÃO 7 VIR 9 LIB 11 ESC 13 SAG 16 CAP 18 AQU 21 PEI 23 ÁRI 25 TOU 27 GÊM 30 CÂN
ABR-1 LEÃO 3 VIR 5 LIB 7 ESC 9 SAG 12 CAP 14 AQU 17 PEI 19 ÁRI 22 TOU 24 GÊM 26 CÂN 28 LEÃO 30 VIR
MAI-2 LIB 4 ESC 7 SAG 9 CAP 12 AQU 14 PEI 17 ÁRI 19 TOU 21 GÊM 23 CÂN 25 LEÃO 27 VIR 30 LIB
JUN-1 ESC 3 SAG 6 CAP 8 AQU 11 PEI 13 ÁRI 15 TOU 18 GÊM 20 CÂN 22 LEÃO 24 VIR 26 LIB 28 ESC 30 SAG
JUL-3 CAP 5 AQU 8 PEI 10 ÁRI 13 TOU 15 GÊM 17 CÂN 19 LEÃO 21 VIR 23 LIB 25 ESC 28 SAG 30 CAP
AGO-2 AQU 4 PEI 7 ÁRI 9 TOU 11 GÊM 13 CÂN 15 LEÃO 17 VIR 19 LIB 22 ESC 24 SAG 26 CAP 29 AQU 31 PEI
SET-3 ÁRI 5 TOU 8 GÊM 10 CÂN 12 LEÃO 14 VIR 16 LIB 18 ESC 20 SAG 23 CAP 25 AQU 28 PEI 30 ÁRI
OUT-2 TOU 5 GÊM 7 CÂN 9 LEÃO 11 VIR 13 LIB 15 ESC 18 SAG 20 CAP 22 AQU 25 PEI 27 ÁRI 30 TOU
NOV-1 GÊM 3 CÂN 5 LEÃO 8 VIR 10 LIB 12 ESC 14 SAG 16 CAP 19 AQU 21 PEI 24 ÁRI 26 TOU 28 GÊM
DEZ-1 CÂN 3 LEÃO 5 VIR 7 LIB 9 ESC 11 SAG 14 CAP 16 AQU 19 PEI 21 ÁRI 24 TOU 26 GÊM 28 CÂN 30 LEÃO

1975

JAN-1 VIR 3 LIB 5 ESC 8 SAG 10 CAP 12 AQU 15 PEI 17 ÁRI 20 TOU 22 GÊM 24 CÂN 26 LEÃO 28 VIR 30 LIB
FEV-2 ESC 4 SAG 6 CAP 9 AQU 11 PEI 14 ÁRI 16 TOU 19 GÊM 21 CÂN 23 LEÃO 25 VIR 27 LIB
MAR-1 ESC 3 SAG 5 CAP 8 AQU 10 PEI 13 ÁRI 15 TOU 18 GÊM 20 CÂN 22 LEÃO 24 VIR 26 LIB 28 ESC 30 SAG
ABR-2 CAP 4 AQU 7 PEI 9 ÁRI 12 TOU 14 GÊM 16 CÂN 19 LEÃO 21 VIR 23 LIB 25 ESC 27 SAG 29 CAP
MAI-2 AQU 4 PEI 7 ÁRI 9 TOU 11 GÊM 14 CÂN 16 LEÃO 18 VIR 20 LIB 22 ESC 24 SAG 27 CAP 29 AQU 31 PEI
JUN-3 ÁRI 5 TOU 8 GÊM 10 CÂN 12 LEÃO 14 VIR 16 LIB 18 ESC 21 SAG 23 CAP 25 AQU 28 PEI 30 ÁRI
JUL-3 TOU 5 GÊM 7 CÂN 9 LEÃO 11 VIR 14 LIB 16 ESC 18 SAG 20 CAP 23 AQU 25 PEI 28 ÁRI 30 TOU
AGO-1 GÊM 4 CÂN 6 LEÃO 8 VIR 10 LIB 12 ESC 14 SAG 16 CAP 19 AQU 21 PEI 24 ÁRI 26 TOU 29 GÊM 31 CÂN
SET-2 LEÃO 4 VIR 6 LIB 8 ESC 10 SAG 13 CAP 15 AQU 18 PEI 20 ÁRI 23 TOU 25 GÊM 27 CÂN 30 LEÃO
OUT-2 VIR 4 LIB 6 ESC 8 SAG 10 CAP 12 AQU 15 PEI 17 ÁRI 20 TOU 22 GÊM 25 CÂN 27 LEÃO 29 VIR 31 LIB
NOV-2 ESC 4 SAG 6 CAP 9 AQU 11 PEI 14 ÁRI 16 TOU 19 GÊM 21 CÂN 23 LEÃO 25 VIR 27 LIB 30 ESC
DEZ-2 SAG 4 CAP 6 AQU 8 PEI 11 ÁRI 13 TOU 16 GÊM 18 CÂN 20 LEÃO 23 VIR 25 LIB 27 ESC 29 SAG 31 CAP

1976

JAN-1 CAP 2 AQU 5 PEI 7 ÁRI 10 TOU 12 GÊM 15 CÂN 17 LEÃO 19 VIR 21 LIB 23 ESC 25 SAG 27 CAP 30 AQU
FEV-1 PEI 4 ÁRI 6 TOU 9 GÊM 11 CÂN 13 LEÃO 15 VIR 17 LIB 19 ESC 21 SAG 24 CAP 26 AQU 28 PEI
MAR-2 ÁRI 4 TOU 7 GÊM 9 CÂN 12 LEÃO 14 VIR 16 LIB 18 ESC 20 SAG 22 CAP 24 AQU 27 PEI 29 ÁRI
ABR-1 TOU 3 GÊM 6 CÂN 8 LEÃO 10 VIR 12 LIB 14 ESC 16 SAG 18 CAP 20 AQU 23 PEI 25 ÁRI 28 TOU 30 GÊM
MAI-3 CÂN 5 LEÃO 7 VIR 10 LIB 12 ESC 14 SAG 16 CAP 18 AQU 20 PEI 23 ÁRI 25 TOU 28 GÊM 30 CÂN
JUN-1 LEÃO 4 VIR 6 LIB 8 ESC 10 SAG 12 CAP 14 AQU 17 PEI 19 ÁRI 22 TOU 24 GÊM 26 CÂN 29 LEÃO
JUL-1 VIR 3 LIB 5 ESC 7 SAG 9 CAP 12 AQU 14 PEI 16 ÁRI 19 TOU 21 GÊM 24 CÂN 26 LEÃO 28 VIR 30 LIB
AGO-1 ESC 4 SAG 6 CAP 8 AQU 10 PEI 13 ÁRI 15 TOU 18 GÊM 20 CÂN 22 LEÃO 25 VIR 27 LIB 29 ESC 31 SAG
SET-2 CAP 4 AQU 7 PEI 9 ÁRI 11 TOU 14 GÊM 17 CÂN 19 LEÃO 21 VIR 23 LIB 25 ESC 27 SAG 29 CAP
OUT-1 AQU 4 PEI 6 ÁRI 9 TOU 11 GÊM 14 CÂN 16 LEÃO 18 VIR 21 LIB 23 ESC 25 SAG 27 CAP 29 AQU 31 PEI
NOV-2 ÁRI 5 TOU 8 GÊM 10 CÂN 12 LEÃO 15 VIR 17 LIB 19 ESC 21 SAG 23 CAP 25 AQU 27 PEI 30 ÁRI
DEZ-2 TOU 5 GÊM 7 CÂN 10 LEÃO 12 VIR 14 LIB 16 ESC 18 SAG 20 CAP 22 AQU 25 PEI 27 ÁRI 30 TOU

1977

JAN-1 GÊM 4 CÂN 6 LEÃO 8 VIR 10 LIB 13 ESC 15 SAG 17 CAP 19 AQU 21 PEI 23 ÁRI 26 TOU 28 GÊM 31 CÂN
FEV-2 LEÃO 5 VIR 7 LIB 9 ESC 11 SAG 13 CAP 15 AQU 17 PEI 20 ÁRI 22 TOU 25 GÊM 27 CÂN
MAR-2 LEÃO 4 VIR 6 LIB 8 ESC 10 SAG 12 CAP 15 AQU 17 PEI 19 ÁRI 22 TOU 24 GÊM 27 CÂN 29 LEÃO 31 VIR
ABR-2 LIB 5 ESC 7 SAG 9 CAP 11 AQU 13 PEI 15 ÁRI 18 TOU 20 GÊM 23 CÂN 25 LEÃO 28 VIR 30 LIB
MAI-2 ESC 4 SAG 6 CAP 8 AQU 10 PEI 13 ÁRI 15 TOU 18 GÊM 20 CÂN 23 LEÃO 25 VIR 27 LIB 29 ESC 31 SAG
JUN-2 CAP 4 AQU 7 PEI 9 ÁRI 11 TOU 14 GÊM 16 CÂN 19 LEÃO 21 VIR 24 LIB 26 ESC 28 SAG 30 CAP
JUL-2 AQU 4 PEI 6 ÁRI 9 TOU 11 GÊM 14 CÂN 16 LEÃO 19 VIR 21 LIB 23 ESC 25 SAG 27 CAP 29 AQU 31 PEI
AGO-3 ÁRI 5 TOU 7 GÊM 10 CÂN 12 LEÃO 15 VIR 17 LIB 19 ESC 21 SAG 24 CAP 26 AQU 28 PEI 30 ÁRI
SET-1 TOU 4 GÊM 6 CÂN 9 LEÃO 11 VIR 13 LIB 16 ESC 18 SAG 20 CAP 22 AQU 24 PEI 26 ÁRI 29 TOU
OUT-1 GÊM 4 CÂN 6 LEÃO 9 VIR 11 LIB 13 ESC 15 SAG 17 CAP 19 AQU 21 PEI 24 ÁRI 26 TOU 28 GÊM 31 CÂN
NOV-3 LEÃO 5 VIR 7 LIB 9 ESC 11 SAG 13 CAP 15 AQU 18 PEI 20 ÁRI 22 TOU 25 GÊM 27 CÂN 30 LEÃO
DEZ-2 VIR 5 LIB 7 ESC 9 SAG 11 CAP 13 AQU 15 PEI 17 ÁRI 19 TOU 22 GÊM 25 CÂN 27 LEÃO 30 VIR

1978

JAN-1 LIB 3 ESC 5 SAG 7 CAP 9 AQU 11 PEI 13 ÁRI 16 TOU 18 GÊM 21 CÂN 23 LEÃO 26 VIR 28 LIB 30 ESC
FEV-2 SAG 4 CAP 6 AQU 8 PEI 10 ÁRI 12 TOU 15 GÊM 17 CÂN 20 LEÃO 22 VIR 24 LIB 27 ESC
MAR-1 SAG 3 CAP 5 AQU 7 PEI 9 ÁRI 12 TOU 14 GÊM 16 CÂN 19 LEÃO 21 VIR 24 LIB 26 ESC 28 SAG 30 CAP
ABR-1 AQU 3 PEI 6 ÁRI 8 TOU 10 GÊM 13 CÂN 15 LEÃO 18 VIR 20 LIB 22 ESC 24 SAG 26 CAP 29 AQU
MAI-1 PEI 3 ÁRI 5 TOU 8 GÊM 10 CÂN 13 LEÃO 15 VIR 17 LIB 20 ESC 22 SAG 24 CAP 26 AQU 28 PEI 30 ÁRI
JUN-1 TOU 4 GÊM 6 CÂN 9 LEÃO 11 VIR 14 LIB 16 ESC 18 SAG 20 CAP 22 AQU 24 PEI 26 ÁRI 29 TOU
JUL-1 GÊM 4 CÂN 6 LEÃO 9 VIR 11 LIB 13 ESC 16 SAG 18 CAP 20 AQU 22 PEI 24 ÁRI 26 TOU 28 GÊM 31 CÂN
AGO-2 LEÃO 5 VIR 7 LIB 10 ESC 12 SAG 14 CAP 16 AQU 18 PEI 20 ÁRI 22 TOU 25 GÊM 27 CÂN 30 LEÃO
SET-1 VIR 4 LIB 6 ESC 8 SAG 10 CAP 12 AQU 14 PEI 17 ÁRI 19 TOU 21 GÊM 23 CÂN 26 LEÃO 28 VIR
OUT-1 LIB 3 ESC 5 SAG 8 CAP 10 AQU 12 PEI 14 ÁRI 16 TOU 18 GÊM 21 CÂN 23 LEÃO 26 VIR 28 LIB 31 ESC
NOV-2 SAG 4 CAP 6 AQU 8 PEI 10 ÁRI 12 TOU 15 GÊM 17 CÂN 20 LEÃO 22 VIR 25 LIB 27 ESC 29 SAG
DEZ-1 CAP 3 AQU 5 PEI 7 ÁRI 10 TOU 12 GÊM 14 CÂN 17 LEÃO 19 VIR 22 LIB 24 ESC 27 SAG 29 CAP 31 AQU

1979

JAN-1 AQU 2 PEI 4 ÁRI 6 TOU 8 GÊM 11 CÂN 13 LEÃO 16 VIR 18 LIB 21 ESC 23 SAG 25 CAP 27 AQU 29 PEI 31 ÁRI
FEV-2 TOU 5 GÊM 7 CÂN 9 LEÃO 12 VIR 15 LIB 17 ESC 19 SAG 21 CAP 24 AQU 26 PEI 28 ÁRI
MAR-2 TOU 4 GÊM 6 CÂN 9 LEÃO 11 VIR 14 LIB 16 ESC 19 SAG 21 CAP 23 AQU 25 PEI 27 ÁRI 29 TOU 31 GÊM
ABR-3 CÂN 5 LEÃO 8 VIR 10 LIB 12 ESC 15 SAG 17 CAP 19 AQU 21 PEI 23 ÁRI 25 TOU 28 GÊM 30 CÂN
MAI-2 LEÃO 5 VIR 7 LIB 10 ESC 12 SAG 14 CAP 16 AQU 18 PEI 21 ÁRI 23 TOU 25 GÊM 27 CÂN 30 LEÃO
JUN-1 VIR 4 LIB 6 ESC 8 SAG 11 CAP 13 AQU 15 PEI 17 ÁRI 19 TOU 21 GÊM 24 CÂN 26 LEÃO 29 VIR
JUL-1 LIB 4 ESC 6 SAG 8 CAP 10 AQU 12 PEI 14 ÁRI 16 TOU 19 GÊM 21 CÂN 23 LEÃO 26 VIR 28 LIB 31 ESC
AGO-2 SAG 4 CAP 6 AQU 8 PEI 10 ÁRI 13 TOU 15 GÊM 17 CÂN 20 LEÃO 22 VIR 25 LIB 27 ESC 30 SAG
SET-1 CAP 3 AQU 5 PEI 7 ÁRI 9 TOU 11 GÊM 13 CÂN 16 LEÃO 18 VIR 21 LIB 23 ESC 26 SAG 28 CAP 30 AQU
OUT-2 PEI 4 ÁRI 6 TOU 8 GÊM 11 CÂN 13 LEÃO 16 VIR 18 LIB 21 ESC 23 SAG 25 CAP 28 AQU 30 PEI
NOV-1 ÁRI 3 TOU 5 GÊM 7 CÂN 9 LEÃO 12 VIR 14 LIB 17 ESC 19 SAG 22 CAP 24 AQU 26 PEI 28 ÁRI 30 TOU
DEZ-2 GÊM 4 CÂN 7 LEÃO 9 VIR 12 LIB 14 ESC 17 SAG 19 CAP 21 AQU 23 PEI 25 ÁRI 27 TOU 30 GÊM

1980

JAN-1 CÂN 3 LEÃO 6 VIR 8 LIB 11 ESC 13 SAG 15 CAP 17 AQU 19 PEI 21 ÁRI 24 TOU 26 GÊM 28 CÂN 30 LEÃO
FEV-2 VIR 4 LIB 7 ESC 9 SAG 12 CAP 14 AQU 16 PEI 18 ÁRI 20 TOU 22 GÊM 24 CÂN 27 LEÃO 29 VIR
MAR-3 LIB 5 ESC 8 SAG 10 CAP 12 AQU 14 PEI 16 ÁRI 18 TOU 20 GÊM 23 CÂN 25 LEÃO 27 VIR 30 LIB
ABR-2 ESC 4 SAG 6 CAP 9 AQU 11 PEI 13 ÁRI 15 TOU 17 GÊM 19 CÂN 21 LEÃO 24 VIR 26 LIB 29 ESC
MAI-1 SAG 4 CAP 6 AQU 8 PEI 10 ÁRI 12 TOU 14 GÊM 16 CÂN 19 LEÃO 21 VIR 24 LIB 26 ESC 29 SAG 31 CAP
JUN-2 AQU 4 PEI 6 ÁRI 9 TOU 11 GÊM 13 CÂN 15 LEÃO 17 VIR 20 LIB 22 ESC 25 SAG 27 CAP 29 AQU
JUL-2 PEI 4 ÁRI 6 TOU 8 GÊM 10 CÂN 12 LEÃO 15 VIR 17 LIB 20 ESC 22 SAG 25 CAP 27 AQU 29 PEI 31 ÁRI
AGO-2 TOU 4 GÊM 6 CÂN 9 LEÃO 11 VIR 14 LIB 16 ESC 19 SAG 21 CAP 23 AQU 25 PEI 27 ÁRI 29 TOU 31 GÊM
SET-3 CÂN 5 LEÃO 7 VIR 10 LIB 12 ESC 15 SAG 17 CAP 20 AQU 22 PEI 24 ÁRI 26 TOU 28 GÊM 30 CÂN
OUT-2 LEÃO 5 VIR 7 LIB 10 ESC 12 SAG 15 CAP 17 AQU 19 PEI 21 ÁRI 23 TOU 25 GÊM 27 CÂN 29 LEÃO
NOV-1 VIR 3 LIB 6 ESC 8 SAG 11 CAP 13 AQU 15 PEI 18 ÁRI 20 TOU 22 GÊM 24 CÂN 26 LEÃO 28 VIR
DEZ-1 LIB 3 ESC 6 SAG 8 CAP 10 AQU 13 PEI 15 ÁRI 17 TOU 19 GÊM 21 CÂN 23 LEÃO 25 VIR 28 LIB 30 ESC

1981

JAN-1 ESC 2 SAG 4 CAP 7 AQU 9 PEI 11 ÁRI 13 TOU 15 GÊM 17 CÂN 20 LEÃO 22 VIR 24 LIB 27 ESC 29 SAG
FEV-1 CAP 3 AQU 5 PEI 7 ÁRI 9 TOU 12 GÊM 14 CÂN 16 LEÃO 18 VIR 21 LIB 23 ESC 26 SAG 28 CAP
MAR-2 AQU 5 PEI 7 ÁRI 9 TOU 11 GÊM 13 CÂN 15 LEÃO 18 VIR 20 LIB 22 ESC 25 SAG 27 CAP 30 AQU
ABR-1 PEI 3 ÁRI 5 TOU 7 GÊM 9 CÂN 11 LEÃO 14 VIR 16 LIB 19 ESC 21 SAG 24 CAP 26 AQU 28 PEI
MAI-1 ÁRI 3 TOU 5 GÊM 7 CÂN 9 LEÃO 11 VIR 13 LIB 16 ESC 18 SAG 21 CAP 23 AQU 26 PEI 28 ÁRI 30 TOU
JUN-1 GÊM 3 CÂN 5 LEÃO 7 VIR 10 LIB 12 ESC 15 SAG 17 CAP 20 AQU 22 PEI 24 ÁRI 26 TOU 28 GÊM 30 CÂN
JUL-2 LEÃO 5 VIR 7 LIB 10 ESC 12 SAG 15 CAP 17 AQU 19 PEI 21 ÁRI 24 TOU 26 GÊM 28 CÂN 30 LEÃO
AGO-1 VIR 3 LIB 6 ESC 8 SAG 11 CAP 13 AQU 16 PEI 18 ÁRI 20 TOU 22 GÊM 24 CÂN 26 LEÃO 28 VIR 31 LIB
SET-2 ESC 5 SAG 7 CAP 10 AQU 12 PEI 14 ÁRI 16 TOU 18 GÊM 20 CÂN 22 LEÃO 25 VIR 27 LIB 29 ESC
OUT-2 SAG 5 CAP 7 AQU 9 PEI 11 ÁRI 13 TOU 15 GÊM 18 CÂN 20 LEÃO 22 VIR 24 LIB 27 ESC 29 SAG
NOV-1 CAP 3 AQU 6 PEI 8 ÁRI 10 TOU 12 GÊM 14 CÂN 16 LEÃO 18 VIR 21 LIB 23 ESC 26 SAG 28 CAP
DEZ-1 AQU 3 PEI 5 ÁRI 7 TOU 9 GÊM 11 CÂN 13 LEÃO 16 VIR 18 LIB 20 ESC 23 SAG 25 CAP 28 AQU 30 PEI

1982

JAN-1 PEI 2 ÁRI 4 TOU 6 GÊM 8 CÂN 10 LEÃO 12 VIR 14 LIB 17 ESC 19 SAG 22 CAP 24 AQU 26 PEI 29 ÁRI 31 TOU
FEV-2 GÊM 4 CÂN 6 LEÃO 8 VIR 11 LIB 13 ESC 15 SAG 18 CAP 20 AQU 23 PEI 25 ÁRI 27 TOU
MAR-1 GÊM 3 CÂN 6 LEÃO 8 VIR 10 LIB 12 ESC 15 SAG 17 CAP 20 AQU 22 PEI 24 ÁRI 27 TOU 29 GÊM 31 CÂN
ABR-2 LEÃO 4 VIR 6 LIB 9 ESC 11 SAG 14 CAP 16 AQU 19 PEI 21 ÁRI 23 TOU 25 GÊM 27 CÂN 29 LEÃO
MAI-1 VIR 4 LIB 6 ESC 8 SAG 11 CAP 13 AQU 16 PEI 18 ÁRI 20 TOU 22 GÊM 24 CÂN 26 LEÃO 29 VIR 31 LIB
JUN-2 ESC 5 SAG 7 CAP 10 AQU 12 PEI 15 ÁRI 17 TOU 19 GÊM 21 CÂN 23 LEÃO 25 VIR 27 LIB 29 ESC
JUL-2 SAG 4 CAP 7 AQU 9 PEI 12 ÁRI 14 TOU 16 GÊM 18 CÂN 20 LEÃO 22 VIR 24 LIB 27 ESC 29 SAG
AGO-1 CAP 3 AQU 6 PEI 8 ÁRI 10 TOU 13 GÊM 15 CÂN 17 LEÃO 19 VIR 21 LIB 23 ESC 25 SAG 28 CAP 31 AQU
SET-2 PEI 4 ÁRI 7 TOU 9 GÊM 11 CÂN 13 LEÃO 15 VIR 17 LIB 19 ESC 22 SAG 24 CAP 27 AQU 29 PEI
OUT-2 ÁRI 4 TOU 6 GÊM 8 CÂN 10 LEÃO 12 VIR 15 LIB 17 ESC 19 SAG 22 CAP 24 AQU 27 PEI 29 ÁRI 31 TOU
NOV-2 GÊM 4 CÂN 6 LEÃO 9 VIR 11 LIB 13 ESC 15 SAG 18 CAP 21 AQU 23 PEI 25 ÁRI 28 TOU 30 GÊM
DEZ-2 CÂN 4 LEÃO 6 VIR 8 LIB 10 ESC 13 SAG 15 CAP 18 AQU 20 PEI 23 ÁRI 25 TOU 27 GÊM 29 CÂN 31 LEÃO

1983

JAN-1 LEÃO 2 VIR 4 LIB 7 ESC 9 SAG 12 CAP 14 AQU 17 PEI 19 ÁRI 21 TOU 24 GÊM 26 CÂN 28 LEÃO 30 VIR
FEV-1 LIB 3 ESC 5 SAG 8 CAP 10 AQU 13 PEI 15 ÁRI 18 TOU 20 GÊM 22 CÂN 24 LEÃO 26 VIR 28 LIB
MAR-2 ESC 5 SAG 7 CAP 10 AQU 12 PEI 15 ÁRI 17 TOU 19 GÊM 21 CÂN 23 LEÃO 26 VIR 28 LIB 30 ESC
ABR-1 SAG 3 CAP 6 AQU 8 PEI 11 ÁRI 13 TOU 15 GÊM 18 CÂN 20 LEÃO 22 VIR 24 LIB 26 ESC 28 SAG
MAI-1 CAP 3 AQU 6 PEI 8 ÁRI 11 TOU 13 GÊM 15 CÂN 17 LEÃO 19 VIR 21 LIB 23 ESC 26 SAG 28 CAP 31 AQU
JUN-2 PEI 5 ÁRI 7 TOU 9 GÊM 11 CÂN 13 LEÃO 15 VIR 17 LIB 20 ESC 22 SAG 24 CAP 27 AQU 29 PEI
JUL-2 ÁRI 4 TOU 7 GÊM 9 CÂN 11 LEÃO 13 VIR 15 LIB 17 ESC 19 SAG 22 CAP 24 AQU 27 PEI 29 ÁRI
AGO-1 TOU 3 GÊM 5 CÂN 7 LEÃO 9 VIR 11 LIB 13 ESC 15 SAG 18 CAP 20 AQU 23 PEI 25 ÁRI 28 TOU 30 GÊM
SET-1 CÂN 3 LEÃO 5 VIR 7 LIB 10 ESC 12 SAG 14 CAP 17 AQU 19 PEI 22 ÁRI 24 TOU 26 GÊM 29 CÂN
OUT-1 LEÃO 3 VIR 5 LIB 7 ESC 9 SAG 11 CAP 14 AQU 16 PEI 19 ÁRI 21 TOU 24 GÊM 26 CÂN 28 LEÃO 30 VIR
NOV-1 LIB 3 ESC 6 SAG 8 CAP 10 AQU 13 PEI 15 ÁRI 18 TOU 20 GÊM 22 CÂN 24 LEÃO 26 VIR 29 LIB
DEZ-1 ESC 3 SAG 5 CAP 8 AQU 10 PEI 13 ÁRI 15 TOU 17 GÊM 20 CÂN 22 LEÃO 24 VIR 26 LIB 28 ESC 30 SAG

1984

JAN-1 SAG 2 CAP 4 AQU 6 PEI 9 ÁRI 11 TOU 14 GÊM 16 CÂN 18 LEÃO 20 VIR 22 LIB 24 ESC 26 SAG 29 CAP 31 AQU
FEV-3 PEI 5 ÁRI 8 TOU 10 GÊM 12 CÂN 15 LEÃO 17 VIR 19 LIB 21 ESC 23 SAG 25 CAP 28 AQU
MAR-1 PEI 4 ÁRI 6 TOU 8 GÊM 11 CÂN 13 LEÃO 15 VIR 17 LIB 19 ESC 21 SAG 23 CAP 26 AQU 28 PEI 31 ÁRI
ABR-2 TOU 5 GÊM 7 CÂN 9 LEÃO 11 VIR 13 LIB 15 ESC 17 SAG 20 CAP 22 AQU 25 PEI 27 ÁRI 30 TOU
MAI-2 GÊM 4 CÂN 6 LEÃO 9 VIR 11 LIB 13 ESC 15 SAG 17 CAP 19 AQU 22 PEI 24 ÁRI 27 TOU 29 GÊM
JUN-1 CÂN 3 LEÃO 5 VIR 7 LIB 9 ESC 11 SAG 13 CAP 16 AQU 18 PEI 21 ÁRI 23 TOU 26 GÊM 28 CÂN 30 LEÃO
JUL-2 VIR 4 LIB 6 ESC 9 SAG 11 CAP 13 AQU 16 PEI 18 ÁRI 21 TOU 23 GÊM 25 CÂN 27 LEÃO 29 VIR 31 LIB
AGO-3 ESC 5 SAG 7 CAP 9 AQU 12 PEI 14 ÁRI 17 TOU 19 GÊM 22 CÂN 24 LEÃO 26 VIR 28 LIB 30 ESC
SET-1 SAG 3 CAP 6 AQU 8 PEI 11 ÁRI 13 TOU 16 GÊM 18 CÂN 20 LEÃO 22 VIR 24 LIB 26 ESC 28 SAG
OUT-1 CAP 3 AQU 5 PEI 8 ÁRI 10 TOU 13 GÊM 15 CÂN 18 LEÃO 20 VIR 22 LIB 24 ESC 26 SAG 28 CAP 30 AQU
NOV-2 PEI 4 ÁRI 7 TOU 9 GÊM 12 CÂN 14 LEÃO 16 VIR 18 LIB 20 ESC 22 SAG 24 CAP 27 AQU 29 PEI
DEZ-1 ÁRI 4 TOU 6 GÊM 9 CÂN 11 LEÃO 13 VIR 15 LIB 17 ESC 20 SAG 22 CAP 24 AQU 26 PEI 29 ÁRI 31 TOU

1985

JAN-1 TOU 3 GÊM 5 CÂN 7 LEÃO 9 VIR 12 LIB 14 ESC 16 SAG 18 CAP 20 AQU 23 PEI 25 ÁRI 28 TOU 30 GÊM
FEV-2 CÂN 4 LEÃO 6 VIR 8 LIB 10 ESC 12 SAG 14 CAP 17 AQU 19 PEI 21 ÁRI 24 TOU 27 GÊM
MAR-1 CÂN 3 LEÃO 5 VIR 7 LIB 9 ESC 11 SAG 14 CAP 16 AQU 18 PEI 21 ÁRI 23 TOU 26 GÊM 28 CÂN 31 LEÃO
ABR-2 VIR 4 LIB 6 ESC 8 SAG 10 CAP 12 AQU 14 PEI 17 ÁRI 20 TOU 22 GÊM 25 CÂN 27 LEÃO 29 VIR
MAI-1 LIB 3 ESC 5 SAG 7 CAP 9 AQU 12 PEI 14 ÁRI 17 TOU 19 GÊM 22 CÂN 24 LEÃO 26 VIR 29 LIB 31 ESC
JUN-2 SAG 4 CAP 6 AQU 8 PEI 11 ÁRI 13 TOU 16 GÊM 18 CÂN 20 LEÃO 23 VIR 25 LIB 27 ESC 29 SAG
JUL-1 CAP 3 AQU 5 PEI 8 ÁRI 10 TOU 13 GÊM 15 CÂN 18 LEÃO 20 VIR 22 LIB 24 ESC 26 SAG 28 CAP 31 AQU
AGO-2 PEI 4 ÁRI 7 TOU 9 GÊM 12 CÂN 14 LEÃO 16 VIR 18 LIB 20 ESC 22 SAG 25 CAP 27 AQU 29 PEI
SET-1 ÁRI 3 TOU 6 GÊM 8 CÂN 10 LEÃO 13 VIR 15 LIB 17 ESC 19 SAG 21 CAP 23 AQU 25 PEI 28 ÁRI 30 TOU
OUT-3 GÊM 5 CÂN 8 LEÃO 10 VIR 12 LIB 14 ESC 16 SAG 18 CAP 20 AQU 23 PEI 25 ÁRI 28 TOU 30 GÊM
NOV-2 CÂN 4 LEÃO 6 VIR 9 LIB 11 ESC 13 SAG 15 CAP 17 AQU 19 PEI 21 ÁRI 24 TOU 26 GÊM 29 CÂN
DEZ-1 LEÃO 4 VIR 6 LIB 8 ESC 10 SAG 12 CAP 14 AQU 16 PEI 19 ÁRI 21 TOU 24 GÊM 26 CÂN 29 LEÃO 31 VIR

1986

JAN-1 VIR 2 LIB 4 ESC 6 SAG 8 CAP 11 AQU 13 PEI 15 ÁRI 17 TOU 20 GÊM 22 CÂN 25 LEÃO 27 VIR 29 LIB
FEV-1 ESC 3 SAG 5 CAP 7 AQU 9 PEI 11 ÁRI 14 TOU 16 GÊM 19 CÂN 21 LEÃO 24 VIR 26 LIB 28 ESC
MAR-2 SAG 4 CAP 6 AQU 8 PEI 11 ÁRI 13 TOU 16 GÊM 18 CÂN 21 LEÃO 23 VIR 25 LIB 27 ESC 29 SAG 31 CAP
ABR-2 AQU 5 PEI 7 ÁRI 9 TOU 12 GÊM 14 CÂN 17 LEÃO 19 VIR 21 LIB 24 ESC 26 SAG 28 CAP 30 AQU
MAI-2 PEI 4 ÁRI 7 TOU 9 GÊM 12 CÂN 14 LEÃO 17 VIR 19 LIB 21 ESC 23 SAG 25 CAP 27 AQU 29 PEI 31 ÁRI
JUN-3 TOU 5 GÊM 8 CÂN 11 LEÃO 13 VIR 15 LIB 17 ESC 19 SAG 21 CAP 23 AQU 26 PEI 28 ÁRI 30 TOU
JUL-3 GÊM 5 CÂN 8 LEÃO 10 VIR 12 LIB 15 ESC 17 SAG 19 CAP 21 AQU 23 PEI 25 ÁRI 28 TOU 30 GÊM
AGO-2 CÂN 4 LEÃO 6 VIR 9 LIB 11 ESC 13 SAG 15 CAP 17 AQU 19 PEI 22 ÁRI 24 TOU 26 GÊM 29 CÂN 31 LEÃO
SET-3 VIR 5 LIB 7 ESC 9 SAG 11 CAP 14 AQU 16 PEI 18 ÁRI 20 TOU 23 GÊM 25 CÂN 28 LEÃO 30 VIR
OUT-2 LIB 4 ESC 7 SAG 9 CAP 11 AQU 13 PEI 15 ÁRI 18 TOU 20 GÊM 23 CÂN 25 LEÃO 27 VIR 30 LIB
NOV-1 ESC 3 SAG 5 CAP 7 AQU 9 PEI 11 ÁRI 14 TOU 16 GÊM 19 CÂN 21 LEÃO 24 VIR 26 LIB 28 ESC 30 SAG
DEZ-2 CAP 4 AQU 6 PEI 9 ÁRI 11 TOU 14 GÊM 16 CÂN 19 LEÃO 21 VIR 24 LIB 26 ESC 28 SAG 30 CAP

1987

JAN-1 AQU 3 PEI 5 ÁRI 7 TOU 10 GÊM 12 CÂN 15 LEÃO 17 VIR 20 LIB 22 ESC 24 SAG 26 CAP 28 AQU 30 PEI
FEV-1 ÁRI 4 TOU 6 GÊM 9 CÂN 11 LEÃO 14 VIR 16 LIB 18 ESC 21 SAG 23 CAP 25 AQU 27 PEI
MAR-1 ÁRI 3 TOU 5 GÊM 8 CÂN 10 LEÃO 13 VIR 15 LIB 18 ESC 20 SAG 22 CAP 24 AQU 26 PEI 28 ÁRI 30 TOU
ABR-2 GÊM 4 CÂN 7 LEÃO 9 VIR 12 LIB 14 ESC 16 SAG 18 CAP 20 AQU 22 PEI 25 ÁRI 27 TOU 29 GÊM
MAI-2 CÂN 4 LEÃO 7 VIR 9 LIB 11 ESC 13 SAG 15 CAP 17 AQU 20 PEI 22 ÁRI 24 TOU 26 GÊM 29 CÂN 31 LEÃO
JUN-3 VIR 5 LIB 8 ESC 10 SAG 12 CAP 14 AQU 16 PEI 18 ÁRI 20 TOU 23 GÊM 25 CÂN 28 LEÃO 30 VIR
JUL-3 LIB 5 ESC 7 SAG 9 CAP 11 AQU 13 PEI 15 ÁRI 18 TOU 20 GÊM 22 CÂN 25 LEÃO 27 VIR 30 LIB
AGO-1 ESC 4 SAG 6 CAP 8 AQU 10 PEI 12 ÁRI 14 TOU 16 GÊM 19 CÂN 21 LEÃO 24 VIR 26 LIB 29 ESC 31 SAG
SET-2 CAP 4 AQU 6 PEI 8 ÁRI 10 TOU 13 GÊM 15 CÂN 17 LEÃO 20 VIR 22 LIB 25 ESC 27 SAG 29 CAP
OUT-1 AQU 3 PEI 6 ÁRI 8 TOU 10 GÊM 12 CÂN 15 LEÃO 17 VIR 20 LIB 22 ESC 24 SAG 26 CAP 29 AQU 31 PEI
NOV-2 ÁRI 4 TOU 6 GÊM 9 CÂN 11 LEÃO 14 VIR 16 LIB 18 ESC 21 SAG 23 CAP 25 AQU 27 PEI 29 ÁRI
DEZ-1 TOU 4 GÊM 6 CÂN 8 LEÃO 11 VIR 14 LIB 16 ESC 18 SAG 20 CAP 22 AQU 24 PEI 26 ÁRI 29 TOU 31 GÊM

1988

JAN-1 GÊM 2 CÂN 5 LEÃO 7 VIR 10 LIB 12 ESC 15 SAG 17 CAP 19 AQU 21 PEI 23 ÁRI 25 TOU 27 GÊM 30 CÂN
FEV-1 LEÃO 4 VIR 6 LIB 9 ESC 11 SAG 13 CAP 15 AQU 17 PEI 19 ÁRI 21 TOU 23 GÊM 26 CÂN 28 LEÃO
MAR-2 VIR 4 LIB 7 ESC 9 SAG 11 CAP 14 AQU 16 PEI 18 ÁRI 20 TOU 22 GÊM 24 CÂN 27 LEÃO 29 VIR
ABR-1 LIB 3 ESC 5 SAG 8 CAP 10 AQU 12 PEI 14 ÁRI 16 TOU 18 GÊM 20 CÂN 23 LEÃO 25 VIR 28 LIB 30 ESC
MAI-3 SAG 5 CAP 7 AQU 9 PEI 11 ÁRI 13 TOU 16 GÊM 18 CÂN 20 LEÃO 23 VIR 25 LIB 28 ESC 30 SAG
JUN-1 CAP 3 AQU 5 PEI 8 ÁRI 10 TOU 12 GÊM 14 CÂN 17 LEÃO 19 VIR 22 LIB 24 ESC 26 SAG 29 CAP
JUL-1 AQU 3 PEI 5 ÁRI 7 TOU 9 GÊM 11 CÂN 14 LEÃO 16 VIR 19 LIB 21 ESC 24 SAG 26 CAP 28 AQU 30 PEI
AGO-1 ÁRI 3 TOU 5 GÊM 8 CÂN 10 LEÃO 13 VIR 15 LIB 18 ESC 20 SAG 22 CAP 24 AQU 26 PEI 28 ÁRI 30 TOU
SET-2 GÊM 4 CÂN 6 LEÃO 9 VIR 11 LIB 14 ESC 16 SAG 19 CAP 21 AQU 23 PEI 25 ÁRI 27 TOU 29 GÊM
OUT-1 CÂN 4 LEÃO 6 VIR 9 LIB 11 ESC 14 SAG 16 CAP 18 AQU 20 PEI 22 ÁRI 24 TOU 26 GÊM 29 CÂN 31 LEÃO
NOV-2 VIR 5 LIB 7 ESC 10 SAG 12 CAP 14 AQU 17 PEI 19 ÁRI 21 TOU 23 GÊM 25 CÂN 27 LEÃO 30 VIR
DEZ-2 LIB 5 ESC 7 SAG 9 CAP 12 AQU 14 PEI 16 ÁRI 18 TOU 20 GÊM 22 CÂN 25 LEÃO 27 VIR 30 LIB

1989

JAN-1 ESC 4 SAG 6 CAP 8 AQU 10 PEI 12 ÁRI 14 TOU 16 GÊM 19 CÂN 21 LEÃO 23 VIR 26 LIB 29 ESC 31 SAG
FEV-2 CAP 4 AQU 6 PEI 8 ÁRI 11 TOU 13 GÊM 15 CÂN 17 LEÃO 20 VIR 22 LIB 25 ESC 27 SAG
MAR-2 CAP 4 AQU 6 PEI 8 ÁRI 10 TOU 12 GÊM 14 CÂN 17 LEÃO 19 VIR 22 LIB 24 ESC 27 SAG 29 CAP 31 AQU
ABR-2 PEI 4 ÁRI 6 TOU 8 GÊM 11 CÂN 13 LEÃO 15 VIR 18 LIB 20 ESC 23 SAG 25 CAP 28 AQU 30 PEI
MAI-2 ÁRI 4 TOU 6 GÊM 8 CÂN 10 LEÃO 13 VIR 15 LIB 18 ESC 20 SAG 22 CAP 25 AQU 27 PEI 29 ÁRI 31 TOU
JUN-2 GÊM 5 CÂN 7 LEÃO 9 VIR 11 LIB 14 ESC 16 SAG 19 CAP 21 AQU 23 PEI 25 ÁRI 27 TOU 30 GÊM
JUL-2 CÂN 4 LEÃO 6 VIR 9 LIB 11 ESC 14 SAG 16 CAP 18 AQU 20 PEI 23 ÁRI 25 TOU 27 GÊM 29 CÂN 31 LEÃO
AGO-3 VIR 5 LIB 8 ESC 10 SAG 12 CAP 15 AQU 17 PEI 19 ÁRI 21 TOU 23 GÊM 25 CÂN 28 LEÃO 30 VIR
SET-1 LIB 4 ESC 6 SAG 9 CAP 11 AQU 13 PEI 15 ÁRI 17 TOU 19 GÊM 21 CÂN 24 LEÃO 26 VIR 29 LIB
OUT-1 ESC 4 SAG 6 CAP 9 AQU 11 PEI 13 ÁRI 15 TOU 17 GÊM 19 CÂN 21 LEÃO 23 VIR 26 LIB 28 ESC 31 SAG
NOV-2 CAP 5 AQU 7 PEI 9 ÁRI 11 TOU 13 GÊM 15 CÂN 17 LEÃO 20 VIR 22 LIB 25 ESC 27 SAG 30 CAP
DEZ-2 AQU 4 PEI 7 ÁRI 9 TOU 11 GÊM 13 CÂN 15 LEÃO 17 VIR 19 LIB 22 ESC 24 SAG 27 CAP 29 AQU

1990

JAN-1 PEI 3 ÁRI 5 TOU 7 GÊM 9 CÂN 11 LEÃO 13 VIR 16 LIB 18 ESC 21 SAG 23 CAP 26 AQU 28 PEI 30 ÁRI
FEV-1 TOU 3 GÊM 5 CÂN 8 LEÃO 10 VIR 12 LIB 15 ESC 17 SAG 20 CAP 22 AQU 24 PEI 26 ÁRI 28 TOU
MAR-2 GÊM 5 CÂN 7 LEÃO 9 VIR 12 LIB 14 ESC 16 SAG 19 CAP 21 AQU 24 PEI 26 ÁRI 28 TOU 30 GÊM
ABR-1 CÂN 3 LEÃO 5 VIR 8 LIB 10 ESC 13 SAG 15 CAP 18 AQU 20 PEI 22 ÁRI 24 TOU 26 GÊM 28 CÂN 30 LEÃO
MAI-3 VIR 5 LIB 8 ESC 10 SAG 13 CAP 15 AQU 17 PEI 20 ÁRI 22 TOU 24 GÊM 26 CÂN 28 LEÃO 30 VIR
JUN-1 LIB 4 ESC 6 SAG 9 CAP 11 AQU 14 PEI 16 ÁRI 18 TOU 20 GÊM 22 CÂN 24 LEÃO 26 VIR 29 LIB
JUL-1 ESC 4 SAG 6 CAP 9 AQU 11 PEI 13 ÁRI 15 TOU 17 GÊM 19 CÂN 21 LEÃO 24 VIR 26 LIB 28 ESC 31 SAG
AGO-2 CAP 5 AQU 7 PEI 9 ÁRI 12 TOU 14 GÊM 16 CÂN 18 LEÃO 20 VIR 22 LIB 25 ESC 27 SAG 30 CAP
SET-1 AQU 3 PEI 6 ÁRI 8 TOU 10 GÊM 12 CÂN 14 LEÃO 16 VIR 19 LIB 21 ESC 24 SAG 26 CAP 29 AQU
OUT-1 PEI 3 ÁRI 5 TOU 7 GÊM 9 CÂN 11 LEÃO 14 VIR 16 LIB 18 ESC 21 SAG 23 CAP 26 AQU 28 PEI 30 ÁRI
NOV-2 TOU 4 GÊM 6 CÂN 8 LEÃO 10 VIR 12 LIB 15 ESC 17 SAG 20 CAP 22 AQU 25 PEI 27 ÁRI 29 TOU
DEZ-1 GÊM 3 CÂN 5 LEÃO 7 VIR 9 LIB 12 ESC 14 SAG 17 CAP 19 AQU 22 PEI 24 ÁRI 26 TOU 28 GÊM 30 CÂN

1991

JAN-1 LEÃO 4 VIR 6 LIB 8 ESC 11 SAG 13 CAP 16 AQU 18 PEI 20 ÁRI 23 TOU 25 GÊM 27 CÂN 29 LEÃO 31 VIR
FEV-2 LIB 4 ESC 7 SAG 9 CAP 12 AQU 14 PEI 17 ÁRI 19 TOU 21 GÊM 23 CÂN 25 LEÃO 27 VIR
MAR-2 LIB 4 ESC 6 SAG 9 CAP 11 AQU 14 PEI 16 ÁRI 18 TOU 20 GÊM 22 CÂN 25 LEÃO 27 VIR 29 LIB 31 ESC
ABR-3 SAG 5 CAP 8 AQU 10 PEI 12 ÁRI 15 TOU 17 GÊM 19 CÂN 21 LEÃO 23 VIR 25 LIB 28 ESC 30 SAG
MAI-2 CAP 5 AQU 7 PEI 10 ÁRI 12 TOU 14 GÊM 16 CÂN 18 LEÃO 20 VIR 22 LIB 25 ESC 27 SAG 30 CAP
JUN-1 AQU 4 PEI 6 ÁRI 8 TOU 10 GÊM 12 CÂN 14 LEÃO 16 VIR 19 LIB 21 ESC 23 SAG 26 CAP 29 AQU
JUL-1 PEI 3 ÁRI 6 TOU 8 GÊM 10 CÂN 12 LEÃO 14 VIR 16 LIB 18 ESC 21 SAG 23 CAP 26 AQU 28 PEI 31 ÁRI
AGO-2 TOU 4 GÊM 6 CÂN 8 LEÃO 10 VIR 12 LIB 15 ESC 17 SAG 20 CAP 22 AQU 25 PEI 27 ÁRI 29 TOU 31 GÊM
SET-3 CÂN 5 LEÃO 7 VIR 9 LIB 11 ESC 13 SAG 16 CAP 18 AQU 21 PEI 23 ÁRI 25 TOU 28 GÊM 30 CÂN
OUT-2 LEÃO 4 VIR 6 LIB 8 ESC 11 SAG 13 CAP 16 AQU 18 PEI 21 ÁRI 23 TOU 25 GÊM 27 CÂN 29 LEÃO 31 VIR
NOV-2 LIB 5 ESC 7 SAG 10 CAP 12 AQU 15 PEI 17 ÁRI 19 TOU 21 GÊM 23 CÂN 25 LEÃO 28 VIR 30 LIB
DEZ-2 ESC 4 SAG 7 CAP 9 AQU 12 PEI 14 ÁRI 17 TOU 19 GÊM 21 CÂN 23 LEÃO 25 VIR 27 LIB 29 ESC

1992

JAN-1 SAG 3 CAP 6 AQU 8 PEI 11 ÁRI 13 TOU 15 GÊM 17 CÂN 19 LEÃO 21 VIR 23 LIB 25 ESC 28 SAG 30 CAP
FEV-2 AQU 4 PEI 7 ÁRI 9 TOU 12 GÊM 14 CÂN 16 LEÃO 18 VIR 20 LIB 22 ESC 24 SAG 27 CAP 29 AQU
MAR-3 PEI 5 ÁRI 8 TOU 10 GÊM 12 CÂN 14 LEÃO 16 VIR 18 LIB 20 ESC 23 SAG 25 CAP 27 AQU 30 PEI
ABR-1 ÁRI 4 TOU 6 GÊM 8 CÂN 10 LEÃO 12 VIR 15 LIB 17 ESC 19 SAG 21 CAP 24 AQU 26 PEI 29 ÁRI
MAI-1 TOU 3 GÊM 5 CÂN 8 LEÃO 10 VIR 12 LIB 14 ESC 16 SAG 19 CAP 21 AQU 24 PEI 26 ÁRI 28 TOU 31 GÊM
JUN-2 CÂN 4 LEÃO 6 VIR 8 LIB 10 ESC 13 SAG 15 CAP 17 AQU 20 PEI 22 ÁRI 25 TOU 27 GÊM 29 CÂN
JUL-1 LEÃO 3 VIR 5 LIB 7 ESC 10 SAG 12 CAP 15 AQU 17 PEI 20 ÁRI 22 TOU 24 GÊM 27 CÂN 29 LEÃO 31 VIR
AGO-2 LIB 4 ESC 6 SAG 8 CAP 11 AQU 13 PEI 16 ÁRI 18 TOU 21 GÊM 23 CÂN 25 LEÃO 27 VIR 29 LIB 31 ESC
SET-2 SAG 5 CAP 7 AQU 10 PEI 12 ÁRI 15 TOU 17 GÊM 19 CÂN 21 LEÃO 24 VIR 26 LIB 28 ESC 30 SAG
OUT-2 CAP 5 AQU 7 PEI 10 ÁRI 12 TOU 14 GÊM 17 CÂN 19 LEÃO 21 VIR 23 LIB 25 ESC 27 SAG 29 CAP
NOV-1 AQU 3 PEI 6 ÁRI 8 TOU 11 GÊM 13 CÂN 15 LEÃO 17 VIR 19 LIB 21 ESC 24 SAG 26 CAP 28 AQU
DEZ-1 PEI 3 ÁRI 6 TOU 8 GÊM 10 CÂN 12 LEÃO 14 VIR 16 LIB 19 ESC 21 SAG 23 CAP 26 AQU 28 PEI 31 ÁRI

1993

JAN-1 ÁRI 2 TOU 4 GÊM 7 CÂN 9 LEÃO 11 VIR 13 LIB 15 ESC 17 SAG 19 CAP 22 AQU 24 PEI 27 ÁRI 29 TOU
FEV-1 GÊM 3 CÂN 5 LEÃO 7 VIR 9 LIB 11 ESC 13 SAG 16 CAP 18 AQU 21 PEI 23 ÁRI 26 TOU 28 GÊM
MAR-2 CÂN 5 LEÃO 7 VIR 9 LIB 11 ESC 13 SAG 15 CAP 17 AQU 20 PEI 22 ÁRI 25 TOU 27 GÊM 30 CÂN
ABR-1 LEÃO 3 VIR 5 LIB 7 ESC 9 SAG 11 CAP 14 AQU 16 PEI 19 ÁRI 21 TOU 24 GÊM 26 CÂN 28 LEÃO 30 VIR
MAI-2 LIB 4 ESC 6 SAG 9 CAP 11 AQU 13 PEI 16 ÁRI 18 TOU 21 GÊM 23 CÂN 25 LEÃO 28 VIR 30 LIB
JUN-1 ESC 3 SAG 5 CAP 7 AQU 10 PEI 12 ÁRI 15 TOU 17 GÊM 19 CÂN 22 LEÃO 24 VIR 26 LIB 28 ESC 30 SAG
JUL-2 CAP 5 AQU 7 PEI 10 ÁRI 12 TOU 15 GÊM 17 CÂN 19 LEÃO 21 VIR 23 LIB 25 ESC 27 SAG 30 CAP
AGO-1 AQU 3 PEI 6 ÁRI 8 TOU 11 GÊM 13 CÂN 15 LEÃO 17 VIR 19 LIB 21 ESC 24 SAG 26 CAP 28 AQU 31 PEI
SET-2 ÁRI 5 TOU 7 GÊM 10 CÂN 12 LEÃO 14 VIR 16 LIB 18 ESC 20 SAG 22 CAP 24 AQU 27 PEI 29 ÁRI
OUT-2 TOU 4 GÊM 7 CÂN 9 LEÃO 11 VIR 13 LIB 15 ESC 17 SAG 19 CAP 22 AQU 24 PEI 27 ÁRI 29 TOU
NOV-1 GÊM 3 CÂN 5 LEÃO 8 VIR 10 LIB 12 ESC 14 SAG 16 CAP 18 AQU 20 PEI 23 ÁRI 26 TOU 28 GÊM 30 CÂN
DEZ-3 LEÃO 5 VIR 7 LIB 9 ESC 11 SAG 13 CAP 15 AQU 18 PEI 20 ÁRI 23 TOU 25 GÊM 28 CÂN 30 LEÃO

1994

JAN-1 VIR 3 LIB 5 ESC 8 SAG 10 CAP 12 AQU 14 PEI 17 ÁRI 19 TOU 22 GÊM 24 CÂN 26 LEÃO 28 VIR 31 LIB
FEV-2 ESC 4 SAG 6 CAP 8 AQU 11 PEI 13 ÁRI 16 TOU 18 GÊM 20 CÂN 23 LEÃO 25 VIR 27 LIB
MAR-1 ESC 3 SAG 5 CAP 7 AQU 10 PEI 12 ÁRI 15 TOU 17 GÊM 20 CÂN 22 LEÃO 24 VIR 26 LIB 28 ESC 30 SAG
ABR-1 CAP 4 AQU 6 PEI 9 ÁRI 11 TOU 14 GÊM 16 CÂN 18 LEÃO 21 VIR 23 LIB 25 ESC 27 SAG 29 CAP
MAI-1 AQU 3 PEI 6 ÁRI 8 TOU 11 GÊM 13 CÂN 16 LEÃO 18 VIR 20 LIB 22 ESC 24 SAG 26 CAP 28 AQU 31 PEI
JUN-2 ÁRI 5 TOU 7 GÊM 10 CÂN 12 LEÃO 14 VIR 16 LIB 19 ESC 21 SAG 23 CAP 25 AQU 27 PEI 29 ÁRI
JUL-2 TOU 4 GÊM 7 CÂN 9 LEÃO 11 VIR 14 LIB 16 ESC 18 SAG 20 CAP 22 AQU 24 PEI 27 ÁRI 29 TOU
AGO-1 GÊM 3 CÂN 6 LEÃO 8 VIR 10 LIB 12 ESC 14 SAG 16 CAP 18 AQU 21 PEI 23 ÁRI 26 TOU 28 GÊM 31 CÂN
SET-2 LEÃO 4 VIR 6 LIB 8 ESC 10 SAG 13 CAP 15 AQU 17 PEI 19 ÁRI 22 TOU 24 GÊM 27 CÂN 29 LEÃO
OUT-2 VIR 4 LIB 6 ESC 8 SAG 10 CAP 12 AQU 14 PEI 17 ÁRI 19 TOU 22 GÊM 24 CÂN 27 LEÃO 29 VIR 31 LIB
NOV-2 ESC 4 SAG 6 CAP 8 AQU 11 PEI 13 ÁRI 15 TOU 18 GÊM 20 CÂN 23 LEÃO 25 VIR 28 LIB 30 ESC
DEZ-2 SAG 4 CAP 6 AQU 8 PEI 10 ÁRI 13 TOU 15 GÊM 18 CÂN 20 LEÃO 23 VIR 25 LIB 27 ESC 29 SAG 31 CAP

1995

JAN-1 CAP 2 AQU 4 PEI 7 ÁRI 9 TOU 12 GÊM 14 CÂN 16 LEÃO 19 VIR 21 LIB 23 ESC 25 SAG 27 CAP 30 AQU
FEV-1 PEI 3 ÁRI 5 TOU 8 GÊM 10 CÂN 13 LEÃO 15 VIR 17 LIB 19 ESC 22 SAG 24 CAP 26 AQU 28 PEI
MAR-2 ÁRI 5 TOU 7 GÊM 10 CÂN 12 LEÃO 14 VIR 17 LIB 19 ESC 21 SAG 23 CAP 25 AQU 27 PEI 30 ÁRI
ABR-1 TOU 3 GÊM 6 CÂN 9 LEÃO 11 VIR 13 LIB 15 ESC 17 SAG 19 CAP 21 AQU 24 PEI 26 ÁRI 28 TOU
MAI-1 GÊM 3 CÂN 6 LEÃO 8 VIR 10 LIB 13 ESC 15 SAG 17 CAP 19 AQU 21 PEI 23 ÁRI 26 TOU 28 GÊM 31 CÂN
JUN-2 LEÃO 5 VIR 7 LIB 9 ESC 11 SAG 13 CAP 15 AQU 17 PEI 19 ÁRI 22 TOU 24 GÊM 27 CÂN 29 LEÃO
JUL-2 VIR 4 LIB 6 ESC 8 SAG 10 CAP 12 AQU 14 PEI 17 ÁRI 19 TOU 22 GÊM 24 CÂN 27 LEÃO 29 VIR 31 LIB
AGO-3 ESC 5 SAG 7 CAP 9 AQU 11 PEI 13 ÁRI 15 TOU 18 GÊM 20 CÂN 23 LEÃO 25 VIR 28 LIB 30 ESC
SET-1 SAG 3 CAP 5 AQU 7 PEI 9 ÁRI 12 TOU 14 GÊM 17 CÂN 19 LEÃO 22 VIR 24 LIB 26 ESC 28 SAG 30 CAP
OUT-2 AQU 5 PEI 7 ÁRI 9 TOU 12 GÊM 14 CÂN 17 LEÃO 19 VIR 21 LIB 23 ESC 26 SAG 28 CAP 30 AQU
NOV-1 PEI 3 ÁRI 5 TOU 8 GÊM 10 CÂN 13 LEÃO 15 VIR 18 LIB 20 ESC 22 SAG 24 CAP 26 AQU 28 PEI 30 ÁRI
DEZ-3 TOU 5 GÊM 8 CÂN 10 LEÃO 13 VIR 15 LIB 17 ESC 19 SAG 21 CAP 23 AQU 25 PEI 28 ÁRI 30 TOU

1996

JAN-1 GÊM 4 CÂN 6 LEÃO 9 VIR 11 LIB 14 ESC 16 SAG 18 CAP 20 AQU 22 PEI 24 ÁRI 26 TOU 29 GÊM 31 CÂN
FEV-3 LEÃO 5 VIR 8 LIB 10 ESC 12 SAG 14 CAP 16 AQU 18 PEI 20 ÁRI 23 TOU 25 GÊM 27 CÂN
MAR-1 LEÃO 3 VIR 6 LIB 8 ESC 10 SAG 13 CAP 15 AQU 17 PEI 19 ÁRI 21 TOU 23 GÊM 26 CÂN 28 LEÃO 31 VIR
ABR-2 LIB 4 ESC 7 SAG 9 CAP 11 AQU 13 PEI 15 ÁRI 17 TOU 20 GÊM 22 CÂN 25 LEÃO 27 VIR 30 LIB
MAI-2 ESC 4 SAG 6 CAP 8 AQU 10 PEI 12 ÁRI 15 TOU 17 GÊM 19 CÂN 22 LEÃO 25 VIR 27 LIB 29 ESC 31 SAG
JUN-2 CAP 4 AQU 6 PEI 9 ÁRI 11 TOU 13 GÊM 16 CÂN 18 LEÃO 21 VIR 23 LIB 26 ESC 28 SAG 30 CAP
JUL-2 AQU 4 PEI 6 ÁRI 8 TOU 11 GÊM 13 CÂN 16 LEÃO 18 VIR 21 LIB 23 ESC 25 SAG 27 CAP 29 AQU 31 PEI
AGO-2 ÁRI 4 TOU 7 GÊM 9 CÂN 12 LEÃO 14 VIR 17 LIB 19 ESC 21 SAG 24 CAP 26 AQU 28 PEI 30 ÁRI
SET-1 TOU 3 GÊM 6 CÂN 8 LEÃO 11 VIR 13 LIB 15 ESC 18 SAG 20 CAP 22 AQU 24 PEI 26 ÁRI 28 TOU 30 GÊM
OUT-3 CÂN 5 LEÃO 8 VIR 10 LIB 13 ESC 15 SAG 17 CAP 19 AQU 21 PEI 23 ÁRI 26 TOU 28 GÊM 30 CÂN
NOV-2 LEÃO 4 VIR 7 LIB 9 ESC 11 SAG 13 CAP 16 AQU 18 PEI 20 ÁRI 22 TOU 24 GÊM 27 CÂN 29 LEÃO
DEZ-2 VIR 4 LIB 6 ESC 9 SAG 11 CAP 13 AQU 15 PEI 17 ÁRI 19 TOU 22 GÊM 24 CÂN 26 LEÃO 29 VIR 31 LIB

1997

JAN-1 LIB 3 ESC 5 SAG 7 CAP 9 AQU 11 PEI 13 ÁRI 15 TOU 18 GÊM 20 CÂN 23 LEÃO 25 VIR 28 LIB 30 ESC
FEV-1 SAG 4 CAP 6 AQU 8 PEI 10 ÁRI 12 TOU 14 GÊM 16 CÂN 19 LEÃO 21 VIR 24 LIB 26 ESC
MAR-1 SAG 3 CAP 5 AQU 7 PEI 9 ÁRI 11 TOU 13 GÊM 16 CÂN 18 LEÃO 21 VIR 23 LIB 26 ESC 28 SAG 30 CAP
ABR-1 AQU 4 PEI 6 ÁRI 8 TOU 10 GÊM 12 CÂN 14 LEÃO 17 VIR 19 LIB 22 ESC 24 SAG 27 CAP 29 AQU
MAI-1 PEI 3 ÁRI 5 TOU 7 GÊM 9 CÂN 12 LEÃO 14 VIR 17 LIB 19 ESC 22 SAG 24 CAP 26 AQU 28 PEI 30 ÁRI
JUN-1 TOU 4 GÊM 6 CÂN 8 LEÃO 11 VIR 13 LIB 16 ESC 18 SAG 20 CAP 22 AQU 24 PEI 26 ÁRI 29 TOU
JUL-1 GÊM 3 CÂN 5 LEÃO 8 VIR 10 LIB 13 ESC 15 SAG 18 CAP 20 AQU 22 PEI 24 ÁRI 26 TOU 28 GÊM 30 CÂN
AGO-2 LEÃO 4 VIR 7 LIB 9 ESC 12 SAG 14 CAP 16 AQU 18 PEI 20 ÁRI 22 TOU 24 GÊM 27 CÂN 29 LEÃO 31 VIR
SET-3 LIB 6 ESC 8 SAG 10 CAP 12 AQU 15 PEI 17 ÁRI 19 TOU 21 GÊM 23 CÂN 25 LEÃO 28 VIR 30 LIB
OUT-3 ESC 5 SAG 8 CAP 10 AQU 12 PEI 14 ÁRI 16 TOU 18 GÊM 20 CÂN 23 LEÃO 25 VIR 28 LIB 30 ESC
NOV-1 SAG 4 CAP 6 AQU 8 PEI 10 ÁRI 12 TOU 14 GÊM 17 CÂN 19 LEÃO 21 VIR 24 LIB 26 ESC 29 SAG
DEZ-1 CAP 3 AQU 5 PEI 8 ÁRI 10 TOU 12 GÊM 14 CÂN 16 LEÃO 19 VIR 21 LIB 24 ESC 26 SAG 28 CAP 31 AQU

1998

JAN-1 AQU 2 PEI 4 ÁRI 6 TOU 8 GÊM 10 CÂN 13 LEÃO 15 VIR 18 LIB 20 ESC 23 SAG 25 CAP 27 AQU 29 PEI 31 ÁRI
FEV-2 TOU 4 GÊM 7 CÂN 9 LEÃO 11 VIR 14 LIB 16 ESC 19 SAG 21 CAP 23 AQU 25 PEI 27 ÁRI
MAR-2 TOU 4 GÊM 6 CÂN 8 LEÃO 11 VIR 13 LIB 16 ESC 18 SAG 21 CAP 23 AQU 25 PEI 27 ÁRI 29 TOU 31 GÊM
ABR-2 CÂN 4 LEÃO 7 VIR 9 LIB 12 ESC 14 SAG 17 CAP 19 AQU 21 PEI 23 ÁRI 25 TOU 27 GÊM 29 CÂN
MAI-2 LEÃO 4 VIR 7 LIB 9 ESC 12 SAG 14 CAP 16 AQU 19 PEI 21 ÁRI 23 TOU 25 GÊM 27 CÂN 29 LEÃO 31 VIR
JUN-3 LIB 5 ESC 8 SAG 10 CAP 13 AQU 15 PEI 17 ÁRI 19 TOU 21 GÊM 23 CÂN 25 LEÃO 28 VIR 30 LIB
JUL-3 ESC 5 SAG 8 CAP 10 AQU 12 PEI 14 ÁRI 16 TOU 18 GÊM 21 CÂN 23 LEÃO 25 VIR 28 LIB 30 ESC
AGO-2 SAG 4 CAP 6 AQU 8 PEI 11 ÁRI 13 TOU 15 GÊM 17 CÂN 19 LEÃO 21 VIR 24 LIB 26 ESC 29 SAG 31 CAP
SET-3 AQU 5 PEI 7 ÁRI 9 TOU 11 GÊM 13 CÂN 15 LEÃO 18 VIR 20 LIB 23 ESC 25 SAG 28 CAP 30 AQU
OUT-2 PEI 4 ÁRI 6 TOU 8 GÊM 10 CÂN 13 LEÃO 15 VIR 17 LIB 20 ESC 23 SAG 25 CAP 27 AQU 30 PEI
NOV-1 ÁRI 3 TOU 5 GÊM 7 CÂN 9 LEÃO 11 VIR 14 LIB 16 ESC 19 SAG 21 CAP 24 AQU 26 PEI 28 ÁRI 30 TOU
DEZ-2 GÊM 4 CÂN 6 LEÃO 9 VIR 11 LIB 14 ESC 16 SAG 19 CAP 21 AQU 23 PEI 25 ÁRI 28 TOU 30 GÊM

1999

JAN-1 CÂN 3 LEÃO 5 VIR 7 LIB 10 ESC 12 SAG 15 CAP 17 AQU 19 PEI 22 ÁRI 24 TOU 26 GÊM 28 CÂN 30 LEÃO
FEV-1 VIR 4 LIB 6 ESC 9 SAG 11 CAP 14 AQU 16 PEI 18 ÁRI 20 TOU 22 GÊM 24 CÂN 26 LEÃO
MAR-1 VIR 3 LIB 6 ESC 8 SAG 11 CAP 13 AQU 15 PEI 17 ÁRI 19 TOU 21 GÊM 23 CÂN 26 LEÃO 28 VIR 30 LIB
ABR-2 ESC 4 SAG 7 CAP 9 AQU 12 PEI 14 ÁRI 16 TOU 18 GÊM 20 CÂN 22 LEÃO 24 VIR 27 LIB 29 ESC
MAI-2 SAG 4 CAP 7 AQU 9 PEI 11 ÁRI 13 TOU 15 GÊM 17 CÂN 19 LEÃO 21 VIR 24 LIB 26 ESC 29 SAG 31 CAP
JUN-3 AQU 5 PEI 8 ÁRI 10 TOU 12 GÊM 14 CÂN 16 LEÃO 18 VIR 20 LIB 23 ESC 25 SAG 28 CAP 30 AQU
JUL-2 PEI 5 ÁRI 7 TOU 9 GÊM 11 CÂN 13 LEÃO 15 VIR 17 LIB 20 ESC 22 SAG 25 CAP 27 AQU 30 PEI
AGO-1 ÁRI 3 TOU 5 GÊM 7 CÂN 9 LEÃO 12 VIR 14 LIB 16 ESC 19 SAG 21 CAP 24 AQU 26 PEI 28 ÁRI 30 TOU
SET-2 GÊM 4 CÂN 6 LEÃO 8 VIR 10 LIB 13 ESC 15 SAG 18 CAP 20 AQU 22 PEI 25 ÁRI 27 TOU 29 GÊM
OUT-1 CÂN 3 LEÃO 5 VIR 8 LIB 10 ESC 12 SAG 15 CAP 17 AQU 20 PEI 22 ÁRI 24 TOU 26 GÊM 28 CÂN 30 LEÃO
NOV-1 VIR 4 LIB 6 ESC 9 SAG 11 CAP 14 AQU 16 PEI 18 ÁRI 21 TOU 23 GÊM 25 CÂN 27 LEÃO 29 VIR
DEZ-1 LIB 3 ESC 6 SAG 8 CAP 11 AQU 13 PEI 16 ÁRI 18 TOU 20 GÊM 22 CÂN 24 LEÃO 26 VIR 28 LIB 31 ESC

2000

JAN-1 ESC 3 SAG 5 CAP 7 AQU 10 PEI 12 ÁRI 14 TOU 16 GÊM 18 CÂN 20 LEÃO 23 VIR 25 LIB 27 ESC 29 SAG
FEV-1 CAP 4 AQU 6 PEI 8 ÁRI 11 TOU 13 GÊM 15 CÂN 17 LEÃO 19 VIR 21 LIB 23 ESC 26 SAG 28 CAP
MAR-2 AQU 4 PEI 7 ÁRI 9 TOU 11 GÊM 13 CÂN 15 LEÃO 17 VIR 20 LIB 22 ESC 24 SAG 27 CAP 29 AQU
ABR-1 PEI 3 ÁRI 5 TOU 7 GÊM 9 CÂN 11 LEÃO 14 VIR 16 LIB 18 ESC 21 SAG 23 CAP 26 AQU 28 PEI 30 ÁRI
MAI-3 TOU 5 GÊM 7 CÂN 9 LEÃO 11 VIR 13 LIB 15 ESC 18 SAG 20 CAP 23 AQU 25 PEI 28 ÁRI 30 TOU
JUN-1 GÊM 3 CÂN 5 LEÃO 7 VIR 9 LIB 12 ESC 14 SAG 17 CAP 19 AQU 22 PEI 24 ÁRI 26 TOU 28 GÊM 30 CÂN
JUL-2 LEÃO 4 VIR 7 LIB 9 ESC 11 SAG 14 CAP 16 AQU 19 PEI 21 ÁRI 24 TOU 26 GÊM 28 CÂN 30 LEÃO
AGO-1 VIR 3 LIB 5 ESC 8 SAG 10 CAP 13 AQU 15 PEI 18 ÁRI 20 TOU 22 GÊM 24 CÂN 26 LEÃO 28 VIR 30 LIB
SET-2 ESC 4 SAG 6 CAP 9 AQU 11 PEI 14 ÁRI 16 TOU 18 GÊM 20 CÂN 23 LEÃO 25 VIR 27 LIB 29 ESC
OUT-1 SAG 4 CAP 6 AQU 9 PEI 11 ÁRI 13 TOU 16 GÊM 18 CÂN 20 LEÃO 22 VIR 24 LIB 26 ESC 29 SAG 31 CAP
NOV-3 AQU 5 PEI 8 ÁRI 10 TOU 12 GÊM 14 CÂN 16 LEÃO 18 VIR 20 LIB 23 ESC 25 SAG 27 CAP 30 AQU
DEZ-2 PEI 5 ÁRI 7 TOU 9 GÊM 11 CÂN 13 LEÃO 15 VIR 18 LIB 20 ESC 22 SAG 25 CAP 27 AQU 30 PEI

Apêndice D

Tábuas dos signos de Vênus e Marte

As tábuas seguintes devem ser confiáveis para determinar os signos de Vênus e Marte, exceto durante os dois dias em que o planeta está mudando de signo. Será necessário um mapa calculado com precisão para certificar-se da localização dos signos desses planetas. E, em todo caso, o grau exato de cada posição do planeta será necessário se o que se busca é fazer experiências precisas com os "aspectos" entre dois mapas.

Localização de Vênus nos signos

1927

1-9 jan	Capricórnio
10 jan-1 fev	Aquário
2-26 fev	Peixes
27 fev-22 mar	Áries
23 mar-16 abr	Touro
17 abr-11 mai	Gêmeos
12 mai-7 jun	Câncer
8 jun-7 jul	Leão
8 jul-9 nov	Virgem
10 nov-8 dez	Libra
9-31 dez	Escorpião

1928

1-3 jan	Escorpião
4-28 jan	Sagitário
29 jan-22 fev	Capricórnio
23 fev-17 mar	Aquário
18 mar-11 abr	Peixes
12 abr-5 mai	Áries
6-29 mai	Touro
30 mai-23 jun	Gêmeos
24 jun-17 jul	Câncer
18 jul-11 ago	Leão
12 ago-4 set	Virgem
5-28 set	Libra
29 set-23 out	Escorpião
24 out-16 nov	Sagitário
17 nov-11 dez	Capricórnio
12-31 dez	Aquário

1929

1-5 jan	Aquário
6 jan-2 fev	Peixes
3 fev-7 mar	Áries
8 mar-19 abr	Touro
20 abr-2 jun	Áries
3 jun-7 jul	Touro
8 jul-4 ago	Gêmeos
5-30 ago	Câncer
31 ago-25 set	Leão
26 set-19 out	Virgem
20 out-12 nov	Libra
13 nov-6 dez	Escorpião
7-30 dez	Sagitário
31 dez	Capricórnio

1930

1-23 jan	Capricórnio
24 jan-16 fev	Aquário
17 fev-12 mar	Peixes
13 mar-5 abr	Áries
6-30 abr	Touro
1-24 mai	Gêmeos
25 mai-18 jun	Câncer
19 jun-14 jul	Leão
15 jul-9 ago	Virgem
10 ago-6 set	Libra
7 set-11 out	Escorpião
12 out-21 nov	Sagitário
22 nov-31 dez	Escorpião

1931

1-3 jan	Escorpião
4 jan-6 fev	Sagitário
7 fev-4 mar	Capricórnio
5-31 mar	Aquário
1-25 abr	Peixes
26 abr-20 mai	Áries
21 mai-13 jun	Touro
14 jun-8 jul	Gêmeos
9 jul-2 ago	Câncer
3-26 ago	Leão
27 ago-19 set	Virgem
20 set-13 out	Libra
14 out-6 nov	Escorpião
7-30 nov	Sagitário
1-24 dez	Capricórnio
25-31 dez	Aquário

1932

1-18 jan	Aquário
19 jan-11 fev	Peixes
12 fev-8 mar	Áries
9 mar-3 abr	Touro
4 abr-5 mai	Gêmeos
6 mai-12 jul	Câncer
13-27 jul	Gêmeos
28 jul-8 set	Câncer
9 set-6 out	Leão
7 out-1 nov	Virgem
2-25 nov	Libra
26 nov-20 dez	Escorpião
21-31 dez	Sagitário

1933

1-13 jan	Sagitário
14 jan-6 fev	Capricórnio
7 fev-2 mar	Aquário
3-26 mar	Peixes
27 mar-19 abr	Áries
20 abr-28 mai	Touro
29 mai-8 jun	Gêmeos
9 jun-2 jul	Câncer
3-26 jul	Leão
27 jul-20 ago	Virgem
21 ago-14 set	Libra
15 set-10 out	Escorpião
11 out-15 nov	Sagitário
16 nov-4 dez	Capricórnio
5-31 dez	Aquário

1934

1 jan-5 abr	Aquário
6 abr-5 mai	Peixes
6 mai-1 jun	Áries
2-27 jun	Touro
28 jun-22 jul	Gêmeos
23 jul-16 ago	Câncer
17 ago-10 set	Leão
11 set-4 out	Virgem
5-28 out	Libra
29 out-21 nov	Escorpião
22 nov-15 dez	Sagitário
16-31 dez	Capricórnio

1935

1-7 jan	Capricórnio
8-31 jan	Aquário
1-25 fev	Peixes
26 fev-21 mar	Áries
22 mar-15 abr	Touro
16 abr-10 mai	Gêmeos
11 mai-6 jun	Câncer
7 jun-6 jul	Leão
7 jul-8 nov	Virgem
9 nov-7 dez	Libra
8-31 dez	Escorpião

1936

1-2 jan	Escorpião
3-27 jan	Sagitário
28 jan-21 fev	Capricórnio
22 fev-16 mar	Aquário
17 mar-10 abr	Peixes
11 abr-4 mai	Áries
5-28 mai	Touro
29 mai-22 jun	Gêmeos
23 jun-16 jul	Câncer
17 jul-10 ago	Leão
11 ago-4 set	Virgem
5-27 set	Libra
28 set-22 out	Escorpião
23 out-15 nov	Sagitário
16 nov-10 dez	Capricórnio
11-31 dez	Aquário

1937

1-5 jan	Aquário
6 jan-1 fev	Peixes
2 fev-8 mar	Áries
9 mar-13 abr	Touro
14 abr-3 jun	Áries
4 jun-6 jul	Touro
7 jul-3 ago	Gêmeos
4-29 ago	Câncer
30 ago-24 set	Leão
25 set-18 out	Virgem
19 out-11 nov	Libra
12 nov-5 dez	Escorpião
6-29 dez	Sagitário
30-31 dez	Capricórnio

1938

1-22 jan	Capricórnio
23 jan-15 fev	Aquário
16 fev-11 mar	Peixes
12 mar-4 abr	Áries
5-28 abr	Touro
29 abr-23 mai	Gêmeos
24 mai-18 jun	Câncer
19 jun-13 jul	Leão
14 jul-8 ago	Virgem
9 ago-6 set	Libra
7 set-13 out	Escorpião
14 out-14 nov	Sagitário
15 nov-31 dez	Escorpião

1939

1-3 jan	Escorpião
4 jan-5 fev	Sagitário
6 fev-4 mar	Capricórnio
5-30 mar	Aquário
31 mar-24 abr	Peixes
25 abr-19 mai	Áries
20 mai-13 jun	Touro
14 jun-8 jul	Gêmeos
9 jul-1 ago	Câncer
2-25 ago	Leão
26 ago-19 set	Virgem
20 set-13 out	Libra
14 out-6 nov	Escorpião
7-30 nov	Sagitário
1-24 dez	Capricórnio
25-31 dez	Aquário

1940

1-18 jan	Aquário
19 jan-11 fev	Peixes
12 fev-7 mar	Áries
8 mar-3 abr	Touro
4 abr-5 mai	Gêmeos
6 mai-4 jul	Câncer
5-31 jul	Gêmeos
1 ago-8 set	Câncer
9 set-5 out	Leão
6-31 out	Virgem
1-25 nov	Libra
26 nov-19 dez	Escorpião
20-31 dez	Sagitário

1941

1-12 jan	Sagitário
13 jan-5 fev	Capricórnio
6 fev-1 mar	Aquário
2-26 mar	Peixes
27 mar-19 abr	Áries
20 abr-13 mai	Touro
14 mai-6 jun	Gêmeos
7 jun-1 jul	Câncer
2-26 jul	Leão
27 jul-20 ago	Virgem
21 ago-14 set	Libra
15 set-9 out	Escorpião
10 out-5 nov	Sagitário
6 nov-4 dez	Capricórnio
5-31 dez	Aquário

1942

1 jan-5 abr	Aquário
6 abr-5 mai	Peixes
6 mai-1 jun	Áries
2-26 jun	Touro
27 jun-22 jul	Gêmeos
23 jul-16 ago	Câncer
17 ago-9 set	Leão
10 set-3 out	Virgem
4-27 out	Libra
28 out-20 nov	Escorpião
21 nov-14 dez	Sagitário
15-31 dez	Capricórnio

1943

1-7 jan	Capricórnio
8-31 jan	Aquário
1-24 fev	Peixes
25 fev-20 mar	Áries
21 mar-14 abr	Touro
15 abr-10 mai	Gêmeos
11 mai-6 jun	Câncer
7 jun-6 jul	Leão
7 jul-8 nov	Virgem
9 nov-7 dez	Libra
8-31 dez	Escorpião

1944

1-2 jan	Escorpião
2-27 jan	Sagitário
28 jan-20 fev	Capricórnio
21 fev-16 mar	Aquário
17 mar-9 abr	Peixes
10 abr-3 mai	Áries
4-28 mai	Touro
29 mai-21 jun	Gêmeos
22 jun-16 jul	Câncer
17 jul-9 ago	Leão
10 ago-2 set	Virgem
3-27 set	Libra
28 set-21 out	Escorpião
22 out-15 nov	Sagitário
16 nov-10 dez	Capricórnio
11-31 dez	Aquário

1945

1-4 jan	Aquário
5 jan-1 fev	Peixes
2 fev-10 mar	Áries
11 mar-6 abr	Touro
7 abr-3 jun	Áries
4 jun-6 jul	Touro
7 jul-3 ago	Gêmeos
4-29 ago	Câncer
30 ago-23 set	Leão
24 set-18 out	Virgem
19 out-11 nov	Libra
12 nov-5 dez	Escorpião
6-29 dez	Sagitário
30-31 dez	Capricórnio

1946

1-21 jan	Capricórnio
22 jan-14 fev	Aquário
15 fev-10 mar	Peixes
11 mar-4 abr	Áries
5-28 abr	Touro
29 abr-23 mai	Gêmeos
24 mai-17 jun	Câncer
18 jun-12 jul	Leão
13 jul-8 ago	Virgem
9 ago-6 set	Libra
7 set-15 out	Escorpião
16 out-7 nov	Sagitário
8 nov-31 dez	Escorpião

1947

1-4 jan	Escorpião
5 jan-5 fev	Sagitário
6 fev-4 mar	Capricórnio
5-29 mar	Aquário
30 mar-24 abr	Peixes
25 abr-19 mai	Áries
20 mai-12 jun	Touro
13 jun-7 jul	Gêmeos
8 jul-1 ago	Câncer
2-25 ago	Leão
26 ago-18 set	Virgem
19 set-12 out	Libra
13 out-5 nov	Escorpião
6-29 nov	Sagitário
30 nov-23 dez	Capricórnio
24-31 dez	Aquário

1948

1-17 jan	Aquário
18 jan-10 fev	Peixes
11 fev-7 mar	Áries
8 mar-3 abr	Touro
4 abr-6 mai	Gêmeos
7 mai-28 jun	Câncer
29 jun-2 ago	Leão
3 ago-7 set	Câncer
8 set-5 out	Leão
6-31 out	Virgem
1-25 nov	Libra
26 nov-19 dez	Escorpião
20-31 dez	Sagitário

1949

1-12 jan	Sagitário
13 jan-5 fev	Capricórnio
6 fev-1 mar	Aquário
2-25 mar	Peixes
26 mar-19 abr	Áries
20 abr-13 mai	Touro
14 mai-6 jun	Gêmeos
7-30 jun	Câncer
1-25 jul	Leão
26 jul-19 ago	Virgem
20 ago-14 set	Libra
15 set-9 out	Escorpião
10 out-5 nov	Sagitário
6 nov-5 dez	Capricórnio
6-31 dez	Aquário

1950

1 jan-5 abr	Aquário
6 abr-4 mai	Peixes
5-31 mai	Áries
1-26 jun	Touro
27 jun-21 jul	Gêmeos
22 jul-15 ago	Câncer
16 ago-9 set	Leão
10 set-3 out	Virgem
4-27 out	Libra
28 out-20 nov	Escorpião
21 nov-13 dez	Sagitário
14-31 dez	Capricórnio

1951

1-7 jan	Capricórnio
8-31 jan	Aquário
1-24 fev	Peixes
25 fev-21 mar	Áries
22 mar-15 abr	Touro
16 abr-10 mai	Gêmeos
11 mai-6 jun	Câncer
7 jun-7 jul	Leão
8 jul-9 nov	Virgem
10 nov-7 dez	Libra
8-31 dez	Escorpião

1952

1-2 jan	Escorpião
3-27 jan	Sagitário
28 jan-20 fev	Capricórnio
21 fev-16 mar	Aquário
17 mar-9 abr	Peixes
10 abr-4 mai	Áries
5-28 mai	Touro
29 mai-21 jun	Gêmeos
22 jun-16 jul	Câncer
17 jul-9 ago	Leão
10 ago-3 set	Virgem
4-27 set	Libra
28 set-21 out	Escorpião
22 out-15 nov	Sagitário
16 nov-10 dez	Capricórnio
11-31 dez	Aquário

1953

1-5 jan	Aquário
6 jan-1 fev	Peixes
2 fev-13 mar	Áries
14-31 mar	Touro
1 abr-5 jun	Áries
6 jun-7 jul	Touro
8 jul-3 ago	Gêmeos
4-29 ago	Câncer
30 ago-24 set	Leão
25 set-18 out	Virgem
19 out-11 nov	Libra
12 nov-5 dez	Escorpião
6-29 dez	Sagitário
30-31 dez	Capricórnio

1954

1-22 jan	Capricórnio
23 jan-15 fev	Aquário
16 fev-11 mar	Peixes
12 mar-4 abr	Áries
5-28 abr	Touro
29 abr-23 mai	Gêmeos
24 mai-17 jun	Câncer
18 jun-13 jul	Leão
14 jul-8 ago	Virgem
9 ago-6 set	Libra
7 set-22 out	Escorpião
23-27 out	Sagitário
28 out-31 dez	Escorpião

1955

1-6 jan	Escorpião
7 jan-5 fev	Sagitário
6 fev-4 mar	Capricórnio
5-30 mar	Aquário
31 mar-24 abr	Peixes
25 abr-19 mai	Áries
20 mai-13 jun	Touro
14 jun-7 jul	Gêmeos
8 jul-1 ago	Câncer
2-25 ago	Leão
26 ago-18 set	Virgem
19 set-13 out	Libra
14 out-5 nov	Escorpião
6-30 nov	Sagitário
1-24 dez	Capricórnio
25-31 dez	Aquário

1956

1-17 jan	Aquário
18 jan-11 fev	Peixes
12 fev-7 mar	Áries
8 mar-4 abr	Touro
5 abr-7 mai	Gêmeos
8 mai-23 jun	Câncer
24 jun-4 ago	Gêmeos
5 ago-8 set	Câncer
9 set-5 out	Leão
6-31 out	Virgem
1-25 nov	Libra
26 nov-19 dez	Escorpião
20-31 dez	Sagitário

1957

1-12 jan	Sagitário
13 jan-5 fev	Capricórnio
6 fev-1 mar	Aquário
2-25 mar	Peixes
26 mar-19 abr	Áries
20 abr-13 mai	Touro
14 mai-6 jun	Gêmeos
7 jun-1 jul	Câncer
2-26 jul	Leão
27 jul-19 ago	Virgem
20 ago-14 set	Libra
15 set-19 out	Escorpião
20 out-5 nov	Sagitário
6 nov-6 dez	Capricórnio
7-31 dez	Aquário

1958

1 jan-6 abr	Aquário
7 abr-5 mai	Peixes
6-31 mai	Áries
1-26 jun	Touro
27 jun-22 jul	Gêmeos
23 jul-15 ago	Câncer
16 ago-9 set	Leão
10 set-3 out	Virgem
4-27 out	Libra
28 out-20 nov	Escorpião
21 nov-14 dez	Sagitário
15-31 dez	Capricórnio

1959

1-7 jan	Capricórnio
8-31 jan	Aquário
1-24 fev	Peixes
25 fev-20 mar	Áries
21 mar-14 abr	Touro
15 abr-10 mai	Gêmeos
11 mai-6 jun	Câncer
7 jun-8 jul	Leão
9 jul-20 set	Virgem
21-24 set	Leão
25 set-9 nov	Virgem
10 nov-7 dez	Libra
8-31 dez	Escorpião

1960

1-2 jan	Escorpião
3-27 jan	Sagitário
28 jan-20 fev	Capricórnio
21 fev-15 mar	Aquário
16 mar-9 abr	Peixes
10 abr-5 mai	Áries
6-28 mai	Touro
29 mai-21 jun	Gêmeos
22 jun-15 jul	Câncer
16 jul-9 ago	Leão
10 ago-2 set	Virgem
3-26 set	Libra
27 set-21 out	Escorpião
22 out-15 nov	Sagitário
16 nov-10 dez	Capricórnio
11-31 dez	Aquário

1961

1-5 jan	Aquário
6 jan-2 fev	Peixes
3 fev-5 jun	Áries
6 jun-7 jul	Touro
8 jul-3 ago	Gêmeos
4-29 ago	Câncer
30 ago-23 set	Leão
24 set-17 out	Virgem
18 out-11 nov	Libra
12 nov-4 dez	Escorpião
5-28 dez	Sagitário
29-31 dez	Capricórnio

1962

1-21 jan	Capricórnio
22 jan-14 fev	Aquário
15 fev-10 mar	Peixes
11 mar-3 abr	Áries
4-28 abr	Touro
29 abr-22 mai	Gêmeos
23 mai-17 jun	Câncer
18 jun-12 jul	Leão
13 jul-8 ago	Virgem
9 ago-6 set	Libra
7 set-31 dez	Escorpião

1963

1-6 jan	Escorpião
7 jan-5 fev	Sagitário
6 fev-4 mar	Capricórnio
5-29 mar	Aquário
30 mar-23 abr	Peixes
24 abr-18 mai	Áries
19 mai-12 jun	Touro
13 jun-7 jul	Gêmeos
8-31 jul	Câncer
1-25 ago	Leão
26 ago-18 set	Virgem
19 set-12 out	Libra
13 out-5 nov	Escorpião
6-29 nov	Sagitário
30 nov-23 dez	Capricórnio
24-31 dez	Aquário

1964

1-16 jan	Aquário
17 jan-10 fev	Peixes
11 fev-7 mar	Áries
8 mar-4 abr	Touro
5 abr-9 mai	Gêmeos
10 mai-17 jun	Câncer
18 jun-5 ago	Gêmeos
6 ago-8 set	Câncer
9 set-5 out	Leão
6-31 out	Virgem
1-24 nov	Libra
25 nov-19 dez	Escorpião
20-31 dez	Sagitário

1965

1-12 jan	Sagitário
13 jan-5 fev	Capricórnio
6 fev-1 mar	Aquário
2-25 mar	Peixes
26 mar-18 abr	Áries
19 abr-12 mai	Touro
13 mai-6 jun	Gêmeos
7-30 jun	Câncer
1-25 jul	Leão
26 jul-19 ago	Virgem
20 ago-13 set	Libra
14 set-9 out	Escorpião
10 out-5 nov	Sagitário
6 nov-7 dez	Capricórnio
8-31 dez	Aquário

1966

1 jan-6 fev	Aquário
7-25 fev	Capricórnio
26 fev-6 abr	Aquário
7 abr-5 mai	Peixes
6-31 mai	Áries
1-26 jun	Touro
27 jun-21 jul	Gêmeos
22 jul-15 ago	Câncer
16 ago-8 set	Leão
9 set-2 out	Virgem
3-26 out	Libra
27 out-19 nov	Escorpião
20 nov-13 dez	Sagitário
14-31 dez	Capricórnio

1967

1-6 jan	Capricórnio
7-30 jan	Aquário
31 jan-23 fev	Peixes
24 fev-20 mar	Áries
21 mar-14 abr	Touro
15 abr-10 mai	Gêmeos
11 mai-6 jun	Câncer
7 jun-8 jul	Leão
9 jul-9 set	Virgem
10 set-1 out	Leão
2 out-9 nov	Virgem
10 nov-7 dez	Libra
8-31 dez	Escorpião

1968

1 jan	Escorpião
2-26 jan	Sagitário
27 jan-20 fev	Capricórnio
21 fev-15 mar	Aquário
16 mar-8 abr	Peixes
9 abr-3 mai	Áries
4-27 mai	Touro
28 mai-20 jun	Gêmeos
21 jun-15 jul	Câncer
16 jul-8 ago	Leão
9 ago-2 set	Virgem
3-26 set	Libra
27 set-21 out	Escorpião
22 out-14 nov	Sagitário
15 nov-9 dez	Capricórnio
10-31 dez	Aquário

1969

1-4 jan	Aquário
5 jan-2 fev	Peixes
3 fev-6 jun	Áries
7 jun-6 jul	Touro
7 jul-3 ago	Gêmeos
4-28 ago	Câncer
29 ago-22 set	Leão
23 set-17 out	Virgem
18 out-10 nov	Libra
11 nov-4 dez	Escorpião
5-28 dez	Sagitário
29-31 dez	Capricórnio

1970

1-21 jan	Capricórnio
22 jan-14 fev	Aquário
15 fev-10 mar	Peixes
11 mar-3 abr	Áries
4-27 abr	Touro
28 abr-22 mai	Gêmeos
23 mai-16 jun	Câncer
17 jun-12 jul	Leão
13 jul-8 ago	Virgem
9 ago-7 set	Libra
8 set-31 dez	Escorpião

1971

1-7 jan	Escorpião
8 jan-5 fev	Sagitário
6 fev-4 mar	Capricórnio
5-29 mar	Aquário
30 mar-23 abr	Peixes
24 abr-17 mai	Áries
18 mai-12 jun	Touro
13 jun-6 jul	Gêmeos
7-31 jul	Câncer
1-24 ago	Leão
25 ago-17 set	Virgem
18 set-17 out	Libra
18 out-5 nov	Escorpião
6-29 nov	Sagitário
30 nov-23 dez	Capricórnio
24-31 dez	Aquário

1972

1-16 jan	Aquário
17 jan-10 fev	Peixes
11 fev-7 mar	Áries
8 mar-3 abr	Touro
4 abr-10 mai	Gêmeos
11 mai-11 jun	Câncer
12 jun-6 ago	Gêmeos
7 ago-7 set	Câncer
8 set-4 out	Leão
5-30 out	Virgem
31 out-24 nov	Libra
25 nov-18 dez	Escorpião
19-31 dez	Sagitário

1973

1-11 jan	Sagitário
12 jan-4 fev	Capricórnio
5-28 fev	Aquário
1-24 mar	Peixes
25 mar-18 abr	Áries
19 abr-12 mai	Touro
13 mai-5 jun	Gêmeos
6-30 jun	Câncer
1-25 jul	Leão
26 jul-19 ago	Virgem
20 ago-13 set	Libra
14 set-9 out	Escorpião
10 out-5 nov	Sagitário
6 nov-7 dez	Capricórnio
8-31 dez	Aquário

1974

1-29 jan	Aquário
30 jan-28 fev	Capricórnio
1 mar-6 abr	Aquário
7 abr-4 mai	Peixes
5-31 mai	Áries
1-25 jun	Touro
26 jun-21 jul	Gêmeos
22 jul-14 ago	Câncer
15 ago-8 set	Leão
9 set-2 out	Virgem
3-26 out	Libra
27 out-19 nov	Escorpião
20 nov-13 dez	Sagitário
14-31 dez	Capricórnio

1975

1-6 jan	Capricórnio
7-30 jan	Aquário
31 jan-23 fev	Peixes
24 fev-19 mar	Áries
20 mar-13 abr	Touro
14 abr-9 mai	Gêmeos
10 mai-6 jun	Câncer
7 jun-9 jul	Leão
10 jul-2 set	Virgem
3 set-4 out	Leão
5 out-9 nov	Virgem
10 nov-7 dez	Libra
8-31 dez	Escorpião

1976

1 jan	Escorpião
2-26 jan	Sagitário
27 jan-19 fev	Capricórnio
20 fev-15 mar	Aquário
16 mar-8 abr	Peixes
9 abr-2 mai	Áries
3-27 mai	Touro
28 mai-20 jun	Gêmeos
21 jun-14 jul	Câncer
15 jul-8 ago	Leão
9 ago-1 set	Virgem
2-26 set	Libra
27 set-20 out	Escorpião
21 out-14 nov	Sagitário
15 nov-9 dez	Capricórnio
10-31 dez	Aquário

1977

1-4 jan	Aquário
5 jan-2 fev	Peixes
3 fev-6 jun	Áries
7 jun-2 ago	Gêmeos
3-28 ago	Câncer
29 ago-22 set	Leão
23 set-17 out	Virgem
18 out-10 nov	Libra
11 nov-4 dez	Escorpião
5-27 dez	Sagitário
28-31 dez	Capricórnio

1978

1-20 jan	Capricórnio
21 jan-13 fev	Aquário
14 fev-9 mar	Peixes
10 mar-2 abr	Áries
3-27 abr	Touro
28 abr-22 mai	Gêmeos
23 mai-16 jun	Câncer
17 jun-12 jul	Leão
13 jul-8 ago	Virgem
9 ago-7 set	Libra
8 set- 31 dez	Escorpião

1979

1-7 jan	Escorpião
8 jan-5 fev	Sagitário
6 fev-3 mar	Capricórnio
4-29 mar	Aquário
30 mar-23 abr	Peixes
24 abr-18 mai	Áries
19 mai-11 jun	Touro
12 jun-6 jul	Gêmeos
7-30 jul	Câncer
31 jul-24 ago	Leão
25 ago-17 set	Virgem
18 set-11 out	Libra
12 out-4 nov	Escorpião
5-28 nov	Sagitário
29 nov-22 dez	Capricórnio
23-31 dez	Aquário

1980

1-16 jan	Aquário
17 jan-9 fev	Peixes
10 fev-6 mar	Áries
7 mar-3 abr	Touro
4 abr-12 mai	Gêmeos
13 mai-5 jun	Câncer
6 jun-6 ago	Gêmeos
7 ago-7 set	Câncer
8 set-4 out	Leão
5-30 out	Virgem
31 out-24 nov	Libra
25 nov-18 dez	Escorpião
19-31 dez	Sagitário

1981

1-11 jan	Sagitário
12 jan-4 fev	Capricórnio
5-28 fev	Aquário
1-24 mar	Peixes
25 mar-17 abr	Áries
18 abr-12 mai	Touro
13 mai-5 jun	Gêmeos
6-29 jun	Câncer
30 jun-24 jul	Leão
25 jul-18 ago	Virgem
19 ago-12 set	Libra
13 set-8 out	Escorpião
9 out-5 nov	Sagitário
6 nov-8 dez	Capricórnio
9-31 dez	Aquário

1982

1-23 jan	Aquário
24 jan-2 mar	Capricórnio
3 mar-6 abr	Aquário
7 abr-4 mai	Peixes
5-30 mai	Áries
31 mai-25 jun	Touro
26 jun-20 jul	Gêmeos
21 jul-14 ago	Câncer
15 ago-7 set	Leão
8 set-2 out	Virgem
3-26 out	Libra
27 out-18 nov	Escorpião
19 nov-12 dez	Sagitário
13-31 dez	Capricórnio

1983

1-5 jan	Capricórnio
6-29 jan	Aquário
30 jan-22 fev	Peixes
23 fev-19 mar	Áries
20 mar-13 abr	Touro
14 abr-9 mai	Gêmeos
10 mai-6 jun	Câncer
7 jun-10 jul	Leão
11 jul-27 ago	Virgem
28 ago-5 out	Leão
6 out-9 nov	Virgem
10 nov-6 dez	Libra
7-31 dez	Escorpião

1984

1 jan	Escorpião
2-25 jan	Sagitário
26 jan-19 fev	Capricórnio
20 fev-14 mar	Aquário
15 mar-7 abr	Peixes
8 abr-2 mai	Áries
3-26 mai	Touro
27 mai-20 jun	Gêmeos
21 jun-14 jul	Câncer
15 jul-7 ago	Leão
8 ago-1 set	Virgem
2-25 set	Libra
26 set-20 out	Escorpião
21 out-13 nov	Sagitário
14 nov-9 dez	Capricórnio
10-31 dez	Aquário

1985

1-4 jan	Aquário
5 jan-2 fev	Peixes
3 fev-6 jun	Áries
7 jun-6 jul	Touro
7 jul-2 ago	Gêmeos
3-28 ago	Câncer
29 ago-22 set	Leão
23 set-16 out	Virgem
17 out-9 nov	Libra
10 nov-3 dez	Escorpião
4-27 dez	Sagitário
28-31 dez	Capricórnio

1986

1-20 jan	Capricórnio
21 jan-13 fev	Aquário
14 fev-9 mar	Peixes
10 mar-2 abr	Áries
3-26 abr	Touro
27 abr-21 mai	Gêmeos
22 mai-15 jun	Câncer
16 jun-11 jul	Leão
12 jul-7 ago	Virgem
8 ago-7 set	Libra
8 set-31 dez	Escorpião

1987

1-7 jan	Escorpião
8 jan-5 fev	Sagitário
6 fev-3 mar	Capricórnio
4-28 mar	Aquário
29 mar-22 abr	Peixes
23 abr-17 mai	Áries
18 mai-11 jun	Touro
12 jun-5 jul	Gêmeos
6-30 jul	Câncer
31 jul-23 ago	Leão
24 ago-16 set	Virgem
17 set-10 out	Libra
11 out-3 nov	Escorpião
4-28 nov	Sagitário
29 nov-22 dez	Capricórnio
23-31 dez	Aquário

1988

1-15 jan	Aquário
16 jan-9 fev	Peixes
10 fev-6 mar	Áries
7 mar-3 abr	Touro
4 abr-17 mai	Gêmeos
18-27 mai	Câncer
28 mai-6 ago	Gêmeos
7 ago-7 set	Câncer
8 set-4 out	Leão
5-29 out	Virgem
30 out-23 nov	Libra
24 nov-17 dez	Escorpião
18-31 dez	Sagitário

1989

1-10 jan	Sagitário
11 jan-3 fev	Capricórnio
4-27 fev	Aquário
28 fev-23 mar	Peixes
24 mar-16 abr	Áries
17 abr-11 mai	Touro
12 mai-4 jun	Gêmeos
5-29 jun	Câncer
30 jun-24 jul	Leão
25 jul-18 ago	Virgem
19 ago-12 set	Libra
13 set-8 out	Escorpião
9 out-5 nov	Sagitário
6 nov-10 dez	Capricórnio
11-31 dez	Aquário

1990

1-16 jan	Aquário
17 jan-3 mar	Capricórnio
4 mar-6 abr	Aquário
7 abr-4 mai	Peixes
5-30 mai	Áries
31 mai-25 jun	Touro
26 jun-20 jul	Gêmeos
21 jul-13 ago	Câncer
14 ago-7 set	Leão
8 set-1 out	Virgem
2-25 out	Libra
26 out-18 nov	Escorpião
19 nov-12 dez	Sagitário
13-31 dez	Capricórnio

1991

1-5 jan	Capricórnio
6-29 jan	Aquário
30 jan-22 fev	Peixes
23 fev-18 mar	Áries
19 mar-13 abr	Touro
14 abr-9 mai	Gêmeos
10 mai-6 jun	Câncer
7 jun-11 jul	Leão
12 jul-21 ago	Virgem
22 ago-6 out	Leão
7 out-9 nov	Virgem
10 nov-6 dez	Libra
7-31 dez	Escorpião

1992

1-25 jan	Sagitário
26 jan-18 fev	Capricórnio
19 fev-13 mar	Aquário
14 mar-7 abr	Peixes
8 abr-1 mai	Áries
2-26 mai	Touro
27 mai-19 jun	Gêmeos
20 jun-13 jul	Câncer
14 jul-7 ago	Leão
8-31 ago	Virgem
1-25 set	Libra
26 set-19 out	Escorpião
20 out-13 nov	Sagitário
14 nov-8 dez	Capricórnio
9-31 dez	Aquário

1993

1-3 jan	Aquário
4 jan-2 fev	Peixes
3 fev-6 jun	Áries
7 jun-6 jul	Touro
7 jul-1 ago	Gêmeos
2-27 ago	Câncer
28 ago-21 set	Leão
22 set-16 out	Virgem
17 out-9 nov	Libra
10 nov-2 dez	Escorpião
3-26 dez	Sagitário
27-31 dez	Capricórnio

1994

1-19 jan	Capricórnio
20 jan-12 fev	Aquário
13 fev-8 mar	Peixes
9 mar-1 abr	Áries
2-26 abr	Touro
27 abr-21 mai	Gêmeos
22 mai-15 jun	Câncer
16 jun-11 jul	Leão
12 jul-7 ago	Virgem
8 ago-7 set	Libra
8 set-31 dez	Escorpião

1995

1-7 jan	Escorpião
8 jan-4 fev	Sagitário
5 fev-2 mar	Capricórnio
3-28 mar	Aquário
29 mar-22 abr	Peixes
23 abr-16 mai	Áries
17 mai-10 jun	Touro
11 jun-5 jul	Gêmeos
6-29 jul	Câncer
30 jul-23 ago	Leão
24 ago-16 set	Virgem
17 set-10 out	Libra
11 out-3 nov	Escorpião
4-27 nov	Sagitário
28 nov-21 dez	Capricórnio
22-31 dez	Aquário

1996

1-15 jan	Aquário
16 jan-9 fev	Peixes
10 fev-6 mar	Áries
7 mar-3 abr	Touro
4 abr-7 ago	Gêmeos
8 ago-7 set	Câncer
8 set-4 out	Leão
5-29 out	Virgem
30 out-23 nov	Libra
24 nov-17 dez	Escorpião
18-31 dez	Sagitário

1997

1-10 jan	Sagitário
11 jan-3 fev	Capricórnio
4-27 fev	Aquário
28 fev-23 mar	Peixes
24 mar-16 abr	Áries
17 abr-10 mai	Touro
11 mai-4 jun	Gêmeos
5-28 jun	Câncer
29 jun-23 jul	Leão
24 jul-17 ago	Virgem
18 ago-12 set	Libra
13 set-8 out	Escorpião
9 out-5 nov	Sagitário
6 nov-12 dez	Capricórnio
13-31 dez	Aquário

1998

1-9 jan	Aquário
10 jan-4 mar	Capricórnio
5 mar-6 abr	Aquário
7 abr-3 mai	Peixes
4-29 mai	Áries
30 mai-24 jun	Touro
25 jun-19 jul	Gêmeos
20 jul-13 ago	Câncer
14 ago-6 set	Leão
7-30 set	Virgem
1-25 out	Libra
26 out-17 nov	Escorpião
18nov-11 dez	Sagitário
12-31 dez	Capricórnio

1999	
1-4 jan	Capricórnio
5-28 jan	Aquário
29 jan-21 fev	Peixes
22 fev-18 mar	Áries
19 mar-12 abr	Touro
13 abr-8 mai	Gêmeos
9 mai-5 jun	Câncer
6 jun-12 jul	Leão
13 jul-15 ago	Virgem
16 ago-7 out	Leão
8 out-9 nov	Virgem
10 nov-5 dez	Libra
6-31 dez	Escorpião

2000	
1-24 jan	Sagitário
25 jan-18 fev	Capricórnio
19 fev-13 mar	Aquário
14 mar-6 abr	Peixes
7 abr-1 mai	Áries
2-25 mai	Touro
26 mai-18 jun	Gêmeos
19 jun-13 jul	Câncer
14 jul-6 ago	Leão
7-31 ago	Virgem
1-24 set	Libra
25 set-19 out	Escorpião
20 out-13 nov	Sagitário
14 nov-8 dez	Capricórnio
9-31 dez	Aquário

Localização de Marte nos signos

1927

1 jan-21 fev	Touro
22 fev-16 abr	Gêmeos
17 abr-5 jun	Câncer
6 jun-24 jul	Leão
25 jul-10 set	Virgem
11 set-25 out	Libra
26 out-7 dez	Escorpião
8-31 dez	Sagitário

1928

1-18 jan	Sagitário
19 jan-27 fev	Capricórnio
28 fev-7 abr	Aquário
8 abr-16 mai	Peixes
17 mai-25 jun	Áries
26 jun-8 ago	Touro
9 ago-2 out	Gêmeos
3 out-19 dez	Câncer
20-31 dez	Gêmeos

1929

1 jan-10 mar	Gêmeos
11 mar-12 mai	Câncer
13 mai-3 jul	Leão
4 jul-21 ago	Virgem
22 ago-5 out	Libra
6 out-18 nov	Escorpião
19 nov-28 dez	Sagitário
29-31 dez	Capricórnio

1930

1 jan-6 fev	Capricórnio
7 fev-16 mar	Aquário
17 mar-24 abr	Peixes
25 abr-2 jun	Áries
3 jun-14 jul	Touro
15 jul-27 ago	Gêmeos
28 ago-20 out	Câncer
21 out-31 dez	Leão

1931

1 jan-15 fev	Leão
16 fev-29 mar	Câncer
30 mar-9 jun	Leão
10 jun-31 jul	Virgem
1 ago-16 set	Libra
17 set-29 out	Escorpião
30 out-9 dez	Sagitário
10-31 dez	Capricórnio

1932

1-17 jan	Capricórnio
18 jan-24 fev	Aquário
25 fev-2 abr	Peixes
3 abr-11 mai	Áries
12 mai-21 jun	Touro
22 jun-3 ago	Gêmeos
4 ago-19 set	Câncer
20 set-12 nov	Leão
13 nov-31 dez	Virgem

1933

1 jan-5 jul	Virgem
6 jul-25 ago	Libra
26 ago-8 out	Escorpião
9 out-18 nov	Sagitário
19 nov-27 dez	Capricórnio
28-31 dez	Aquário

1934

1 jan-3 fev	Aquário
4 fev-13 mar	Peixes
14 mar-21 abr	Áries
22 abr-1 jun	Touro
2 jun-14 jul	Gêmeos
15 jul-29 ago	Câncer
30 ago-17 out	Leão
18 out-10 dez	Virgem
11-31 dez	Libra

1935

1 jan-28 jul	Libra
29 jul-15 set	Escorpião
16 set-27 out	Sagitário
28 out-6 dez	Capricórnio
7-31 dez	Aquário

1936

1-13 jan	Aquário
14 jan-21 fev	Peixes
22 fev-31 mar	Áries
1 abr-12 mai	Touro
13 mai-24 jun	Gêmeos
25 jun-9 ago	Câncer
10 ago-25 set	Leão
26 set-13 nov	Virgem
14 nov-31 dez	Libra

1937

1 jan-12 mar	Escorpião
13 mar-13 mai	Sagitário
14 mai-7 ago	Escorpião
8 ago-29 set	Sagitário
30 set-10 nov	Capricórnio
11 nov-20 dez	Aquário
21-31 dez	Peixes

1938

1-29 jan	Peixes
30 jan-11 mar	Áries
12 mar-22 abr	Touro
23 abr-6 jun	Gêmeos
7 jun-21 jul	Câncer
22 jul-6 set	Leão
7 set-24 out	Virgem
25 out-10 dez	Libra
11-31 dez	Escorpião

1939

1-28 jan	Escorpião
29 jan-20 mar	Sagitário
21 mar-23 mai	Capricórnio
24 mai-20 jul	Aquário
21 jul-23 set	Capricórnio
24 set-18 nov	Aquário
19 nov-31 dez	Peixes

1940

1-2 jan	Peixes
3 jan-16 fev	Áries
17 fev-31 mar	Touro
1 abr-16 mai	Gêmeos
17 mai-2 jul	Câncer
3 jul-18 ago	Leão
19 ago-4 out	Virgem
5 out-19 nov	Libra
20 nov-31 dez	Escorpião

1941

1-3 jan	Escorpião
4 jan-16 fev	Sagitário
17 fev-1 abr	Capricórnio
2 abr-15 mai	Aquário
16 mai-1 jul	Peixes
2 jul-31 dez	Áries

1942

1-10 jan	Áries
11 jan-6 mar	Touro
7 mar-25 abr	Gêmeos
26 abr-13 jun	Câncer
14 jun-31 jul	Leão
1 ago-16 set	Virgem
17 set-31 out	Libra
1 nov-14 dez	Escorpião
15-31 dez	Sagitário

1943

1-25 jan	Sagitário
26 jan-7 mar	Capricórnio
8 mar-16 abr	Aquário
17 abr-26 mai	Peixes
27 mai-6 jun	Áries
7 jun-22 ago	Touro
23 ago-31 dez	Gêmeos

1944

1 jan-27 mar	Gêmeos
28 mar-21 mai	Câncer
22 mai-11 jul	Leão
12 jul-28 ago	Virgem
29 ago-12 out	Libra
13 out-24 nov	Escorpião
25 nov-31 dez	Sagitário

1945

1-4 jan	Sagitário
5 jan-13 fev	Capricórnio
14 fev-24 mar	Aquário
25 mar-1 mai	Peixes
2 mai-10 jun	Áries
11 jun-22 jul	Touro
23 jul-6 set	Gêmeos
7 set-10 nov	Câncer
11 nov-25 dez	Leão
26-31 dez	Câncer

1946

1 jan-21 abr	Câncer
22 abr-19 jun	Leão
20 jun-8 ago	Virgem
9 ago-23 set	Libra
24 set-5 nov	Escorpião
6 nov-16 dez	Sagitário
17-31 dez	Capricórnio

1947

1-24 jan	Capricórnio
25 jan-3 mar	Aquário
4 mar-10 abr	Peixes
11 abr-20 mai	Áries
21 mai-30 jun	Touro
1 jul-12 ago	Gêmeos
13 ago-30 set	Câncer
1 out-30 nov	Leão
1-31 dez	Virgem

1948

1 jan-11 fev	Virgem
12 fev-17 mai	Leão
18 mai-16 jul	Virgem
17 jul-2 set	Libra
3 set-16 out	Escorpião
17 out-25 nov	Sagitário
26 nov-31 dez	Capricórnio

1949

1-3 jan	Capricórnio
4 jan-10 fev	Aquário
11 fev-20 mar	Peixes
21 mar-29 abr	Áries
30 abr-9 jun	Touro
10 jun-22 jul	Gêmeos
23 jul-6 set	Câncer
7 set-26 out	Leão
27 out-25 dez	Virgem
26-31 dez	Libra

1950

1 jan-27 mar	Libra
28 mar-10 jun	Virgem
11 jun-9 ago	Libra
10 ago-24 set	Escorpião
25 set-5 nov	Sagitário
6 nov-14 dez	Capricórnio
15-31 dez	Aquário

1951

1-21 jan	Aquário
22 jan-28 fev	Peixes
1 mar-9 abr	Áries
10 abr-20 mai	Touro
21 mai-2 jul	Gêmeos
3 jul-17 ago	Câncer
18 ago-3 out	Leão
4 out-23 nov	Virgem
24 nov-31 dez	Libra

1952

1-19 jan	Libra
20 jan-26 ago	Escorpião
27 ago-11 out	Sagitário
12 out-20 nov	Capricórnio
21 nov-29 dez	Aquário
30-31 dez	Peixes

1953

1jan-7 fev	Peixes
8 fev-19 mar	Áries
20 mar-30 abr	Touro
1 mai-13 jun	Gêmeos
14 jun-28 jul	Câncer
29 jul-13 set	Leão
14 set-31 out	Virgem
1 nov-19 dez	Libra
20-31 dez	Escorpião

1954

1 jan-8 fev	Escorpião
9 fev- 11 abr	Sagitário
12 abr-2 jul	Capricórnio
3 jul-23 ago	Sagitário
24 ago-20 out	Capricórnio
21 out-3 dez	Aquário
4-31 dez	Peixes

1955

1-14 jan	Peixes
15 jan-25 fev	Áries
26 fev-9 abr	Touro
10 abr-25 mai	Gêmeos
26 mai-10 jul	Câncer
11 jul-26 ago	Leão
27 ago-12 out	Virgem
13 out-28 nov	Libra
29 nov-31 dez	Escorpião

1956

1-13 jan	Escorpião
14 jan-27 fev	Sagitário
28 fev-13 abr	Capricórnio
14 abr-2 jun	Aquário
3 jun-5 dez	Peixes
6-31 dez	Áries

1957

1 jan-27 fev	Áries
28 fev-16 mar	Touro
17 mar-3 mai	Gêmeos
4 mai-20 jun	Câncer
21 jun-7 ago	Leão
8 ago-23 set	Virgem
24 set-7 nov	Libra
8 nov-22 dez	Escorpião
23-31 dez	Sagitário

1958

1 jan-2 fev	Sagitário
3 fev-16 mar	Capricórnio
17 mar-26 abr	Aquário
27 abr-6 jun	Peixes
7 jun-20 jul	Áries
21 jul-20 set	Touro
21 set-28 out	Gêmeos
29 out-31 dez	Touro

1959

1 jan-9 fev	Touro
10 fev-9 abr	Gêmeos
10 abr-31 mai	Câncer
1 jun-19 jul	Leão
20 jul-4 set	Virgem
5 set-20 out	Libra
21 out-2 dez	Escorpião
3-31 dez	Sagitário

1960

1-13 jan	Sagitário
14 jan-22 fev	Capricórnio
23 fev-1 abr	Aquário
2 abr-10 mai	Peixes
11 mai-19 jun	Áries
20 jun-1 ago	Touro
2 ago-20 set	Gêmeos
21 set-31 dez	Câncer

1961

1 jan-5 mai	Câncer
6 mai-27 jun	Leão
28 jun-16 ago	Virgem
17 ago-30 set	Libra
1 out-12 nov	Escorpião
13 nov-23 dez	Sagitário
24-31 dez	Capricórnio

1962

1-31 jan	Capricórnio
1 fev-11 mar	Aquário
12 mar-18 abr	Peixes
19 abr-27 mai	Áries
28 mai-8 jul	Touro
9 jul-21 ago	Gêmeos
22 ago-10 out	Câncer
11 out-31 dez	Leão

1963

1 jan-2 jun	Leão
3 jun-26 jul	Virgem
27 jul-11 set	Libra
12 set-24 out	Escorpião
25 out-4 dez	Sagitário
5-31 dez	Capricórnio

1964

1-12 jan	Capricórnio
13 jan-19 fev	Aquário
20 fev-28 mar	Peixes
29 mar-6 mai	Áries
7 mai-16 jun	Touro
17 jun-29 jul	Gêmeos
30 jul-14 set	Câncer
15 set-5 nov	Leão
6 nov-31 dez	Virgem

1965

1 jan-28 jun	Virgem
29 jun-19 ago	Libra
20 ago-3 out	Escorpião
4 out-13 nov	Sagitário
14 nov-22 dez	Capricórnio
23-31 dez	Aquário

1966

1-29 jan	Aquário
30 jan-8 mar	Peixes
9 mar-16 abr	Áries
17 abr-27 mai	Touro
28 mai-10 jul	Gêmeos
11 jul-24 ago	Câncer
25 ago-11 out	Leão
12 out-3 dez	Virgem
4-31 dez	Libra

1967

1 jan-11 fev	Libra
12 fev-31 mar	Escorpião
1 abr-18 jul	Libra
19 jul-9 set	Escorpião
10 set-22 out	Sagitário
23 out-30 nov	Capricórnio
1-31 dez	Aquário

1968

1-8 jan	Aquário
9 jan-16 fev	Peixes
17 fev-26 mar	Áries
27 mar-7 mai	Touro
8 mai-20 jun	Gêmeos
21 jun-4 ago	Câncer
5 ago-20 set	Leão
21 set-8 out	Virgem
9 out-28 dez	Libra
29-31 dez	Escorpião

1969

1 jan-24 fev	Escorpião
25 fev-20 set	Sagitário
21 set-3 nov	Capricórnio
4 nov-13 dez	Aquário
14-31 dez	Peixes

1970

1-23 jan	Peixes
24 jan-6 mar	Áries
7 mar-17 abr	Touro
18 abr-1 jun	Gêmeos
2 jun-17 jul	Câncer
18 jul-2 set	Leão
3 set-19 out	Virgem
20 out-5 dez	Libra
6-31 dez	Escorpião

1971

1-23 jan	Escorpião
24 jan-12 mar	Sagitário
13 mar-3 mai	Capricórnio
4 mai-6 nov	Aquário
7 nov-26 dez	Peixes
27-31 dez	Áries

1972

1 jan-10 fev	Áries
11 fev-27 mar	Touro
28 mar-12 mai	Gêmeos
13 mai-28 jun	Câncer
29 jun-15 ago	Leão
16 ago-30 set	Virgem
1 out-15 nov	Libra
16 nov-30 dez	Escorpião
31 dez	Sagitário

1973

1 jan-12 fev	Sagitário
13 fev-26 mar	Capricórnio
27 mar-8 mai	Aquário
9 mai-20 jun	Peixes
21 jun-12 ago	Áries
13 ago-29 out	Touro
30 out-24 dez	Áries
25-31 dez	Touro

1974

1 jan-27 fev	Touro
28 fev-20 abr	Gêmeos
21 abr-9 jun	Câncer
10 jun-27 jul	Leão
28 jul-12 set	Virgem
13 set-28 out	Libra
29 out-10 dez	Escorpião
11-31 dez	Sagitário

1975

1-21 jan	Sagitário
22 jan-3 mar	Capricórnio
4 mar-11 abr	Aquário
12 abr-21 mai	Peixes
22 mai-1 jul	Áries
2 jul-14 ago	Touro
15 ago-17 out	Gêmeos
18 out-25 nov	Câncer
26 nov-31 dez	Gêmeos

1976

1 jan-18 mar	Gêmeos
19 mar-16 mai	Câncer
17 mai-6 jul	Leão
7 jul-24 ago	Virgem
25 ago-8 out	Libra
9 out-20 nov	Escorpião
21 nov-31 dez	Sagitário

1977

1-2 jan	Sagitário
3 jan-9 fev	Capricórnio
10 fev-20 mar	Aquário
21 mar-27 abr	Peixes
28 abr-6 jun	Áries
7 jun-17 jul	Touro
18 jul-1 set	Gêmeos
2 set-26 out	Câncer
27 out-31 dez	Leão

1978

1-26 jan	Leão
27 jan-10 abr	Câncer
11 abr-14 jun	Leão
15 jun-4 ago	Virgem
5 ago-19 set	Libra
20 set-2 nov	Escorpião
3 nov-12 dez	Sagitário
13-31 dez	Capricórnio

1979

1-20 jan	Capricórnio
21 jan-27 fev	Aquário
28 fev-7 abr	Peixes
8 abr-16 mai	Áries
17 mai-26 jun	Touro
27 jun-8 ago	Gêmeos
9 ago-24 set	Câncer
25 set-19 nov	Leão
20 nov-31 dez	Virgem

1980

1 jan-11 mar	Virgem
12 mar-4 mai	Libra
5 mai-10 jul	Escorpião
11 jul-29 ago	Sagitário
30 ago-12 out	Capricórnio
13 out-22 nov	Aquário
23 nov-31 dez	Peixes

1981

1 jan-6 fev	Aquário
7 fev-17 mar	Peixes
18 mar-25 abr	Áries
26 abr-5 jun	Touro
6 jun-18 jul	Gêmeos
19 jul-2 set	Câncer
3 set-21 out	Leão
22 out-16 dez	Virgem
17-31 dez	Libra

1982

1 jan-3 ago	Libra
4 ago-20 set	Escorpião
21 set-31 out	Sagitário
1 nov-10 dez	Capricórnio
11-31 dez	Aquário

1983

1-17 jan	Aquário
18 jan-24 fev	Peixes
25 fev-5 abr	Áries
6 abr-16 mai	Touro
17 mai-29 jun	Gêmeos
30 jun-13 ago	Câncer
14 ago-29 set	Leão
30 set-18 nov	Virgem
19 nov-31 dez	Libra

1984

1-11 jan	Libra
12 jan-17 ago	Escorpião
18 ago-5 out	Sagitário
6 out-15 nov	Capricórnio
16 nov-25 dez	Aquário
26-31 dez	Peixes

1985

1 jan-2 fev	Peixes
3 fev-15 mar	Áries
16 mar-26 abr	Touro
27 abr-10 jun	Gêmeos
11 jun-25 jul	Câncer
26 jul-10 set	Leão
11 set-27 out	Virgem
28 out-14 dez	Libra
15-31 dez	Escorpião

1986

1 jan-2 fev	Escorpião
3 fev-29 mar	Sagitário
30 mar-9 out	Capricórnio
10 out-26 nov	Aquário
27 nov-31 dez	Peixes

1987

1-8 jan	Peixes
9 jan-20 fev	Áries
21 fev-5 abr	Touro
6 abr-21 mai	Gêmeos
22 mai-6 jul	Câncer
7 jul-22 ago	Leão
23 ago-8 out	Virgem
9 out-24 nov	Libra
25 nov-31 dez	Escorpião

1988

1-8 jan	Escorpião
9 jan-22 fev	Sagitário
23 fev-6 abr	Capricórnio
7 abr-22 mai	Aquário
23 mai-13 jul	Peixes
14 jul-23 out	Áries
24 out-1 nov	Peixes
2 nov-31 dez	Áries

1989

1-19 jan	Áries
20 jan-11 mar	Touro
12 mar-29 abr	Gêmeos
30 abr-16 jun	Câncer
17 jun-3 ago	Leão
4 ago-19 set	Virgem
20 set-14 nov	Libra
15 nov-18 dez	Escorpião
19-31 dez	Sagitário

1990

1-29 jan	Sagitário
30 jan-11 mar	Capricórnio
12 mar-20 abr	Aquário
21 abr-31 mai	Peixes
1 jun-12 jul	Áries
13 jul-31 ago	Touro
1 set-14 dez	Gêmeos
15-31 dez	Touro

1991

1-21 jan	Touro
22 jan-3 abr	Gêmeos
4 abr-26 mai	Câncer
27 mai-15 jul	Leão
16 jul-1 set	Virgem
2 set-16 out	Libra
17 out-29 nov	Escorpião
30 nov-31 dez	Sagitário

1992

1-9 jan	Sagitário
10 jan-18 fev	Capricórnio
19 fev-28 mar	Aquário
29 mar-5 mai	Peixes
6 mai-14 jun	Áries
15 jun-26 jul	Touro
27 jul-12 set	Gêmeos
13 set-31 dez	Câncer

1993

1 jan-27 abr	Câncer
28 abr-23 jun	Leão
24 jun-12 ago	Virgem
13 ago-27 set	Libra
28 set-9 nov	Escorpião
10 nov-20 dez	Sagitário
21-31 dez	Capricórnio

1994

1-28 jan	Capricórnio
29 jan-7 mar	Aquário
8 mar-14 abr	Peixes
15 abr-23 mai	Áries
24 mai-3 jul	Touro
4 jul-16 ago	Gêmeos
17 ago-4 out	Câncer
5 out-12 dez	Leão
13-31 dez	Virgem

1995

1-22 jan	Virgem
23 jan-25 mai	Leão
26 mai-21 jul	Virgem
22 jul-7 set	Libra
8 set-20 out	Escorpião
21 out-30 nov	Sagitário
1-31 dez	Capricórnio

1996

1-8 jan	Capricórnio
9 jan-15 fev	Aquário
16 fev-24 mar	Peixes
25 mar-2 mai	Áries
3 mai-12 jun	Touro
13 jun-25 jul	Gêmeos
26 jul-9 set	Câncer
10 set-30 out	Leão
31 out-31 dez	Virgem

1997

1-3 jan	Virgem
4 jan-8 mar	Libra
9 mar-19 jun	Virgem
20 jun-14 ago	Libra
15 ago-28 set	Escorpião
29 set-9 nov	Sagitário
10 nov-18 dez	Capricórnio
19-31 dez	Aquário

1998

1-25 jan	Aquário
26 jan-4 mar	Peixes
5 mar-13 abr	Áries
14 abr-24 mai	Touro
25 mai-6 jul	Gêmeos
7 jul-20 ago	Câncer
21 ago-7 out	Leão
8 out-27 nov	Virgem
28 nov-31 dez	Libra

1999

1-26 jan	Libra
27 jan-5 mai	Escorpião
6 mai-5 jul	Libra
6 jul-2 set	Escorpião
3 set-17 out	Sagitário
18 out-26 nov	Capricórnio
27 nov-31 dez	Aquário

2000

1-4 jan	Aquário
5 jan-12 fev	Peixes
13 fev-23 mar	Áries
24 mar-3 mai	Touro
4 mai-16 jun	Gêmeos
17 jun-1 ago	Câncer
2 ago-16 set	Leão
17 set-4 nov	Virgem
5 nov-23 dez	Libra
24-31 dez	Escorpião

Apêndice E

Tábuas de cálculo do ascendente (ou signo nascente)

Determinar o grau exato do zodíaco que estava em ascensão no horizonte leste no momento do nascimento de qualquer indivíduo requer um cálculo preciso com base não só no horário exato do nascimento (de preferência a partir de um registro escrito, e não da memória da mãe), mas também no fuso horário correto e se havia horário de verão ou outro sistema de economia da luz do dia em vigor. Porém, em muitos casos as tábuas seguintes possibilitarão fazer uma razoável estimativa do signo do zodíaco que estava ascendendo ou nascendo, ou determinar os dois signos mais prováveis e a partir deles escolher o que parece ser o mais correto. (As tábuas foram adaptadas a partir de *Star Signs for Lovers*, cortesia de Stein & Day, Inc., editores, via CRCS Publications, edição de capa dura exclusiva do distribuidor.)

Nota: Se você nasceu durante o período de horário de verão ou durante a Segunda Guerra Mundial, certifique-se de subtrair uma hora do horário do seu nascimento antes de usar essas tábuas para calcular seu ascendente.

Exemplo: Se você nasceu em 3 de janeiro, às 9 horas, as tábuas para janeiro (1 a 7) mostrarão que seu ascendente está mais provavelmente entre 7 e 15 graus de Aquário. Admitindo que seu horário de nascimento é exatamente 9 horas (e não uma estimativa da pessoa que registrou isso!), seu ascendente está então aproximadamente entre 9 e 10 graus de Aquário.

Observe que usar as tábuas seguintes será somente uma rápida suposição, porque os fatores fuso horário, período de guerra e horário de verão complicam a questão e devem ser verificados minuciosamente através de um serviço ou programa de cálculo competente para uma definição totalmente confiável do ascendente.

1 de janeiro

AM		PM	
1	21 Libra	1	13 Touro
2	12 Escorpião	2	3 Gêmeos
3	14 Escorpião	3	19 Gêmeos
4	26 Escorpião	4	4 Câncer
5	8 Sagitário	5	17 Câncer
6	21 Sagitário	6	29 Câncer
7	4 Capricórnio	7	10 Leão
8	19 Capricórnio	8	22 Leão
9	7 Aquário	9	3 Virgem
10	28 Aquário	10	16 Virgem
11	23 Peixes	11	28 Virgem
12 meio-dia	19 Áries	12 meia-noite	10 Libra

7 de janeiro

AM		PM	
1	25 Libra	1	22 Touro
2	7 Escorpião	2	9 Gêmeos
3	18 Escorpião	3	25 Gêmeos
4	29 Escorpião	4	9 Câncer
5	12 Sagitário	5	21 Câncer
6	26 Sagitário	6	3 Leão
7	10 Capricórnio	7	15 Leão
8	25 Capricórnio	8	26 Leão
9	15 Aquário	9	8 Virgem
10	7 Peixes	10	20 Virgem
11	4 Áries	11	2 Libra
12 meio-dia	29 Áries	12 meia-noite	14 Libra

13 de janeiro

AM		PM	
1	29 Libra	1	29 Touro
2	12 Escorpião	2	15 Gêmeos
3	24 Escorpião	3	29 Gêmeos
4	5 Sagitário	4	13 Câncer
5	18 Sagitário	5	26 Câncer
6	1 Capricórnio	6	8 Leão
7	16 Capricórnio	7	19 Leão
8	3 Aquário	8	1 Virgem
9	23 Aquário	9	13 Virgem
10	18 Peixes	10	24 Virgem
11	14 Áries	11	7 Libra
12 meio-dia	8 Touro	12 meia-noite	18 Libra

19 de janeiro

AM		PM	
1	5 Escorpião	1	6 Gêmeos
2	16 Escorpião	2	21 Gêmeos
3	28 Escorpião	3	6 Câncer
4	10 Sagitário	4	18 Câncer
5	23 Sagitário	5	1 Leão
6	7 Capricórnio	6	13 Leão
7	22 Capricórnio	7	24 Leão
8	11 Aquário	8	6 Virgem
9	3 Peixes	9	18 Virgem
10	29 Peixes	10	29 Virgem
11	24 Áries	11	12 Libra
12 meio-dia	17 Touro	12 meia-noite	23 Libra

25 de janeiro

AM		PM	
1	9 Escorpião	1	12 Gêmeos
2	21 Escorpião	2	28 Gêmeos
3	3 Sagitário	3	11 Câncer
4	15 Sagitário	4	23 Câncer
5	28 Sagitário	5	5 Leão
6	13 Capricórnio	6	17 Leão
7	29 Capricórnio	7	29 Leão
8	19 Aquário	8	10 Virgem
9	13 Peixes	9	22 Virgem
10	8 Áries	10	4 Libra
11	3 Touro	11	16 Libra
12 meio-dia	24 Touro	12 meia-noite	28 Libra

31 de janeiro

AM		PM	
1	14 Escorpião	1	18 Gêmeos
2	26 Escorpião	2	3 Câncer
3	8 Sagitário	3	16 Câncer
4	20 Sagitário	4	28 Câncer
5	3 Capricórnio	5	10 Leão
6	19 Capricórnio	6	22 Leão
7	7 Aquário	7	3 Virgem
8	28 Aquário	8	15 Virgem
9	23 Peixes	9	27 Virgem
10	19 Áries	10	9 Libra
11	13 Touro	11	21 Libra
12 meio-dia	2 Gêmeos	12 meia-noite	2 Escorpião

6 de fevereiro

AM		PM	
1	18 Escorpião	1	24 Gêmeos
2	29 Escorpião	2	8 Câncer
3	12 Sagitário	3	21 Câncer
4	26 Sagitário	4	3 Leão
5	9 Capricórnio	5	15 Leão
6	25 Capricórnio	6	26 Leão
7	14 Aquário	7	8 Virgem
8	6 Peixes	8	20 Virgem
9	2 Áries	9	2 Libra
10	28 Áries	10	14 Libra
11	20 Touro	11	26 Libra
12 meio-dia	9 Gêmeos	12 meia-noite	7 Escorpião

12 de fevereiro

AM		PM	
1	23 Escorpião	1	29 Gêmeos
2	5 Sagitário	2	13 Câncer
3	17 Sagitário	3	26 Câncer
4	1 Capricórnio	4	8 Leão
5	15 Capricórnio	5	19 Leão
6	2 Aquário	6	1 Virgem
7	23 Aquário	7	13 Virgem
8	17 Peixes	8	24 Virgem
9	14 Áries	9	7 Libra
10	8 Touro	10	18 Libra
11	28 Touro	11	29 Libra
12 meio-dia	15 Gêmeos	12 meia-noite	12 Escorpião

18 de fevereiro

AM		PM	
1	27 Escorpião	1	6 Câncer
2	10 Sagitário	2	18 Câncer
3	22 Sagitário	3	1 Leão
4	6 Capricórnio	4	13 Leão
5	21 Capricórnio	5	24 Leão
6	9 Aquário	6	6 Virgem
7	1 Peixes	7	18 Virgem
8	27 Peixes	8	29 Virgem
9	23 Áries	9	12 Libra
10	16 Touro	10	23 Libra
11	6 Gêmeos	11	5 Escorpião
12 meio-dia	21 Gêmeos	12 meia-noite	17 Escorpião

24 de fevereiro

AM		PM	
1	3 Sagitário	1	10 Câncer
2	14 Sagitário	2	23 Câncer
3	27 Sagitário	3	5 Leão
4	12 Capricórnio	4	17 Leão
5	28 Capricórnio	5	29 Leão
6	16 Aquário	6	10 Virgem
7	10 Peixes	7	22 Virgem
8	9 Áries	8	4 Libra
9	5 Touro	9	16 Libra
10	27 Touro	10	28 Libra
11	12 Gêmeos	11	9 Escorpião
12 meio-dia	27 Gêmeos	12 meia-noite	21 Escorpião

2 de março

AM		PM	
1	7 Sagitário	1	16 Câncer
2	20 Sagitário	2	28 Câncer
3	3 Capricórnio	3	10 Leão
4	18 Capricórnio	4	22 Leão
5	5 Aquário	5	3 Virgem
6	26 Aquário	6	15 Virgem
7	21 Peixes	7	27 Virgem
8	17 Áries	8	9 Libra
9	11 Touro	9	21 Libra
10	2 Gêmeos	10	2 Escorpião
11	18 Gêmeos	11	14 Escorpião
12 meio-dia	2 Câncer	12 meia-noite	26 Escorpião

8 de março

AM		PM	
1	12 Sagitário	1	20 Câncer
2	25 Sagitário	2	2 Leão
3	9 Capricórnio	3	14 Leão
4	24 Capricórnio	4	26 Leão
5	14 Aquário	5	8 Virgem
6	6 Peixes	6	19 Virgem
7	2 Áries	7	1 Libra
8	28 Áries	8	13 Libra
9	20 Touro	9	25 Libra
10	8 Gêmeos	10	7 Escorpião
11	24 Gêmeos	11	18 Escorpião
12 meio-dia	8 Câncer	12 meia-noite	29 Escorpião

14 de março

AM		PM	
1	17 Sagitário	1	25 Câncer
2	29 Sagitário	2	7 Leão
3	15 Capricórnio	3	19 Leão
4	2 Aquário	4	29 Leão
5	21 Aquário	5	13 Virgem
6	15 Peixes	6	24 Virgem
7	12 Áries	7	7 Libra
8	7 Touro	8	18 Libra
9	27 Touro	9	29 Libra
10	14 Gêmeos	10	12 Escorpião
11	29 Gêmeos	11	24 Escorpião
12 meio-dia	13 Câncer	12 meia-noite	5 Sagitário

20 de março

AM		PM	
1	21 Sagitário	1	29 Câncer
2	5 Capricórnio	2	12 Leão
3	21 Capricórnio	3	23 Leão
4	8 Aquário	4	5 Virgem
5	1 Peixes	5	17 Virgem
6	27 Peixes	6	29 Virgem
7	22 Áries	7	11 Libra
8	16 Touro	8	23 Libra
9	4 Gêmeos	9	5 Escorpião
10	20 Gêmeos	10	16 Escorpião
11	5 Câncer	11	28 Escorpião
12 meio-dia	18 Câncer	12 meia-noite	10 Sagitário

26 de março

AM		PM	
1	27 Sagitário	1	4 Leão
2	12 Capricórnio	2	16 Leão
3	28 Capricórnio	3	28 Leão
4	17 Aquário	4	10 Virgem
5	10 Peixes	5	22 Virgem
6	6 Áries	6	4 Libra
7	2 Touro	7	16 Libra
8	23 Touro	8	28 Libra
9	11 Gêmeos	9	9 Escorpião
10	26 Gêmeos	10	21 Escorpião
11	10 Câncer	11	3 Sagitário
12 meio-dia	23 Câncer	12 meia-noite	15 Sagitário

1 de abril

AM		PM	
1	2 Capricórnio	1	10 Leão
2	18 Capricórnio	2	21 Leão
3	5 Aquário	3	3 Virgem
4	26 Aquário	4	14 Virgem
5	21 Peixes	5	26 Virgem
6	17 Áries	6	8 Libra
7	11 Touro	7	20 Libra
8	1 Gêmeos	8	2 Escorpião
9	17 Gêmeos	9	14 Escorpião
10	2 Câncer	10	25 Escorpião
11	15 Câncer	11	8 Sagitário
12 meio-dia	27 Câncer	12 meia-noite	20 Sagitário

7 de abril

AM		PM	
1	8 Capricórnio	1	14 Leão
2	24 Capricórnio	2	26 Leão
3	12 Aquário	3	8 Virgem
4	5 Peixes	4	19 Virgem
5	1 Áries	5	1 Libra
6	26 Áries	6	13 Libra
7	19 Touro	7	25 Libra
8	8 Gêmeos	8	6 Escorpião
9	23 Gêmeos	9	18 Escorpião
10	7 Câncer	10	29 Escorpião
11	20 Câncer	11	12 Sagitário
12 meio-dia	2 Leão	12 meia-noite	25 Sagitário

13 de abril

AM		PM	
1	14 Capricórnio	1	19 Leão
2	29 Capricórnio	2	29 Leão
3	21 Aquário	3	12 Virgem
4	15 Peixes	4	24 Virgem
5	12 Áries	5	6 Libra
6	7 Touro	6	18 Libra
7	27 Touro	7	29 Libra
8	14 Gêmeos	8	12 Escorpião
9	29 Gêmeos	9	23 Escorpião
10	13 Câncer	10	5 Sagitário
11	25 Câncer	11	17 Sagitário
12 meio-dia	7 Leão	12 meia-noite	1 Capricórnio

19 de abril

AM		PM	
1	20 Capricórnio	1	23 Leão
2	8 Aquário	2	5 Virgem
3	29 Aquário	3	17 Virgem
4	25 Peixes	4	29 Virgem
5	21 Áries	5	11 Libra
6	14 Touro	6	23 Libra
7	4 Gêmeos	7	4 Escorpião
8	20 Gêmeos	8	15 Escorpião
9	5 Câncer	9	28 Escorpião
10	17 Câncer	10	10 Sagitário
11	29 Câncer	11	22 Sagitário
12 meio-dia	11 Leão	12 meia-noite	10 Capricórnio

25 de abril

AM		PM	
1	27 Capricórnio	1	28 Leão
2	17 Aquário	2	9 Virgem
3	10 Peixes	3	21 Virgem
4	6 Áries	4	3 Libra
5	2 Touro	5	15 Libra
6	23 Touro	6	27 Libra
7	11 Gêmeos	7	9 Escorpião
8	26 Gêmeos	8	20 Escorpião
9	10 Câncer	9	3 Sagitário
10	22 Câncer	10	14 Sagitário
11	4 Leão	11	27 Sagitário
12 meio-dia	16 Leão	12 meia-noite	12 Capricórnio

1 de maio

AM		PM	
1	4 Aquário	1	3 Virgem
2	24 Aquário	2	14 Virgem
3	19 Peixes	3	26 Virgem
4	16 Áries	4	8 Libra
5	10 Touro	5	20 Libra
6	29 Touro	6	2 Escorpião
7	17 Gêmeos	7	13 Escorpião
8	1 Câncer	8	25 Escorpião
9	15 Câncer	9	7 Sagitário
10	27 Câncer	10	19 Sagitário
11	9 Leão	11	3 Capricórnio
12 meio-dia	21 Leão	12 meia-noite	18 Capricórnio

7 de maio

AM		PM	
1	21 Aquário	1	7 Virgem
2	5 Peixes	2	18 Virgem
3	1 Áries	3	1 Libra
4	26 Áries	4	13 Libra
5	19 Touro	5	24 Libra
6	7 Gêmeos	6	6 Escorpião
7	23 Gêmeos	7	18 Escorpião
8	7 Câncer	8	29 Escorpião
9	20 Câncer	9	12 Sagitário
10	1 Leão	10	25 Sagitário
11	13 Leão	11	9 Capricórnio
12 meio-dia	25 Leão	12 meia-noite	24 Capricórnio

13 de maio

AM		PM	
1	20 Aquário	1	12 Virgem
2	14 Peixes	2	24 Virgem
3	10 Áries	3	6 Libra
4	5 Touro	4	18 Libra
5	26 Touro	5	29 Libra
6	13 Gêmeos	6	11 Escorpião
7	29 Gêmeos	7	22 Escorpião
8	12 Câncer	8	5 Sagitário
9	25 Câncer	9	17 Sagitário
10	7 Leão	10	29 Sagitário
11	18 Leão	11	15 Capricórnio
12 meio-dia	29 Leão	12 meia-noite	2 Aquário

19 de maio

AM		PM	
1	29 Aquário	1	16 Virgem
2	25 Peixes	2	28 Virgem
3	21 Áries	3	10 Libra
4	14 Touro	4	22 Libra
5	3 Gêmeos	5	4 Escorpião
6	19 Gêmeos	6	15 Escorpião
7	4 Câncer	7	27 Escorpião
8	17 Câncer	8	9 Sagitário
9	29 Câncer	9	21 Sagitário
10	11 Leão	10	5 Capricórnio
11	22 Leão	11	21 Capricórnio
12 meio-dia	4 Virgem	12 meia-noite	9 Aquário

25 de maio

AM		PM	
1	8 Peixes	1	21 Virgem
2	4 Áries	2	3 Libra
3	29 Áries	3	15 Libra
4	22 Touro	4	27 Libra
5	10 Gêmeos	5	9 Escorpião
6	25 Gêmeos	6	20 Escorpião
7	9 Câncer	7	2 Sagitário
8	22 Câncer	8	14 Sagitário
9	4 Leão	9	27 Sagitário
10	16 Leão	10	11 Capricórnio
11	27 Leão	11	28 Capricórnio
12 meio-dia	9 Virgem	12 meia-noite	17 Aquário

31 de maio

AM		PM	
1	19 Peixes	1	25 Virgem
2	16 Áries	2	7 Libra
3	10 Touro	3	19 Libra
4	29 Touro	4	2 Escorpião
5	16 Gêmeos	5	13 Escorpião
6	1 Câncer	6	24 Escorpião
7	14 Câncer	7	7 Sagitário
8	27 Câncer	8	19 Sagitário
9	8 Leão	9	2 Capricórnio
10	20 Leão	10	18 Capricórnio
11	2 Virgem	11	5 Aquário
12 meio-dia	13 Virgem	12 meia-noite	26 Aquário

6 de junho

AM		PM	
1	29 Peixes	1	1 Libra
2	25 Áries	2	13 Libra
3	17 Touro	3	24 Libra
4	7 Gêmeos	4	5 Escorpião
5	22 Gêmeos	5	18 Escorpião
6	6 Câncer	6	29 Escorpião
7	19 Câncer	7	11 Sagitário
8	1 Leão	8	24 Sagitário
9	13 Leão	9	8 Capricórnio
10	25 Leão	10	23 Capricórnio
11	7 Virgem	11	12 Aquário
12 meio-dia	18 Virgem	12 meia-noite	5 Peixes

12 de junho

AM		PM	
1	10 Áries	1	5 Libra
2	3 Touro	2	17 Libra
3	26 Touro	3	29 Libra
4	13 Gêmeos	4	10 Escorpião
5	28 Gêmeos	5	22 Escorpião
6	11 Câncer	6	4 Sagitário
7	24 Câncer	7	16 Sagitário
8	6 Leão	8	29 Sagitário
9	18 Leão	9	14 Capricórnio
10	29 Leão	10	29 Capricórnio
11	11 Virgem	11	21 Aquário
12 meio-dia	23 Virgem	12 meia-noite	15 Peixes

18 de junho

AM		PM	
1	19 Áries	1	10 Libra
2	13 Touro	2	22 Libra
3	3 Gêmeos	3	3 Escorpião
4	19 Gêmeos	4	15 Escorpião
5	3 Câncer	5	27 Escorpião
6	17 Câncer	6	8 Sagitário
7	28 Câncer	7	21 Sagitário
8	10 Leão	8	5 Capricórnio
9	22 Leão	9	20 Capricórnio
10	4 Virgem	10	8 Aquário
11	16 Virgem	11	29 Aquário
12 meio-dia	28 Virgem	12 meia-noite	25 Peixes

24 de junho

AM		PM	
1	29 Áries	1	14 Libra
2	22 Touro	2	26 Libra
3	10 Gêmeos	3	8 Escorpião
4	25 Gêmeos	4	19 Escorpião
5	9 Câncer	5	1 Sagitário
6	21 Câncer	6	14 Sagitário
7	4 Leão	7	26 Sagitário
8	16 Leão	8	11 Capricórnio
9	27 Leão	9	27 Capricórnio
10	8 Virgem	10	16 Aquário
11	20 Virgem	11	10 Peixes
12 meio-dia	2 Libra	12 meia-noite	5 Áries

30 de junho

AM		PM	
1	8 Touro	1	19 Libra
2	29 Touro	2	1 Escorpião
3	16 Gêmeos	3	12 Escorpião
4	29 Gêmeos	4	24 Escorpião
5	13 Câncer	5	6 Sagitário
6	26 Câncer	6	18 Sagitário
7	8 Leão	7	1 Capricórnio
8	20 Leão	8	17 Capricórnio
9	2 Virgem	9	4 Aquário
10	13 Virgem	10	24 Aquário
11	25 Virgem	11	19 Peixes
12 meio-dia	7 Libra	12 meia-noite	16 Áries

6 de julho

AM		PM	
1	17 Touro	1	24 Libra
2	6 Gêmeos	2	5 Escorpião
3	22 Gêmeos	3	17 Escorpião
4	6 Câncer	4	29 Escorpião
5	19 Câncer	5	11 Sagitário
6	1 Leão	6	24 Sagitário
7	13 Leão	7	8 Capricórnio
8	25 Leão	8	23 Capricórnio
9	6 Virgem	9	12 Aquário
10	18 Virgem	10	5 Peixes
11	29 Virgem	11	1 Áries
12 meio-dia	12 Libra	12 meia-noite	26 Áries

12 de julho

AM		PM	
1	24 Touro	1	28 Libra
2	12 Gêmeos	2	10 Escorpião
3	28 Gêmeos	3	21 Escorpião
4	11 Câncer	4	3 Sagitário
5	23 Câncer	5	16 Sagitário
6	6 Leão	6	29 Sagitário
7	17 Leão	7	14 Capricórnio
8	29 Leão	8	29 Capricórnio
9	11 Virgem	9	20 Aquário
10	23 Virgem	10	14 Peixes
11	5 Libra	11	10 Áries
12 meio-dia	17 Libra	12 meia-noite	5 Touro

18 de julho

AM		PM	
1	2 Gêmeos	1	3 Escorpião
2	18 Gêmeos	2	15 Escorpião
3	3 Câncer	3	27 Escorpião
4	16 Câncer	4	8 Sagitário
5	28 Câncer	5	21 Sagitário
6	10 Leão	6	4 Capricórnio
7	22 Leão	7	20 Capricórnio
8	3 Virgem	8	8 Aquário
9	15 Virgem	9	29 Aquário
10	27 Virgem	10	25 Peixes
11	10 Libra	11	19 Áries
12 meio-dia	21 Libra	12 meia-noite	13 Touro

24 de julho

AM		PM	
1	9 Gêmeos	1	8 Escorpião
2	24 Gêmeos	2	19 Escorpião
3	8 Câncer	3	1 Sagitário
4	21 Câncer	4	13 Sagitário
5	3 Leão	5	26 Sagitário
6	15 Leão	6	11 Capricórnio
7	26 Leão	7	27 Capricórnio
8	8 Virgem	8	16 Aquário
9	20 Virgem	9	8 Peixes
10	2 Libra	10	4 Áries
11	14 Libra	11	29 Áries
12 meio-dia	26 Libra	12 meia-noite	22 Touro

30 de julho

AM		PM	
1	15 Gêmeos	1	12 Escorpião
2	29 Gêmeos	2	24 Escorpião
3	13 Câncer	3	5 Sagitário
4	26 Câncer	4	18 Sagitário
5	7 Leão	5	1 Capricórnio
6	19 Leão	6	16 Capricórnio
7	1 Virgem	7	3 Aquário
8	13 Virgem	8	24 Aquário
9	24 Virgem	9	19 Peixes
10	7 Libra	10	15 Áries
11	18 Libra	11	8 Touro
12 meio-dia	1 Escorpião	12 meia-noite	29 Touro

5 de agosto

AM		PM	
1	21 Gêmeos	1	17 Escorpião
2	6 Câncer	2	28 Escorpião
3	18 Câncer	3	11 Sagitário
4	1 Leão	4	23 Sagitário
5	13 Leão	5	7 Capricórnio
6	24 Leão	6	22 Capricórnio
7	6 Virgem	7	11 Aquário
8	18 Virgem	8	3 Peixes
9	29 Virgem	9	29 Peixes
10	12 Libra	10	25 Áries
11	23 Libra	11	17 Touro
12 meio-dia	5 Escorpião	12 meia-noite	7 Gêmeos

11 de agosto

AM		PM	
1	27 Gêmeos	1	21 Escorpião
2	10 Câncer	2	3 Sagitário
3	23 Câncer	3	15 Sagitário
4	5 Leão	4	28 Sagitário
5	17 Leão	5	13 Capricórnio
6	29 Leão	6	29 Capricórnio
7	11 Virgem	7	20 Aquário
8	22 Virgem	8	14 Peixes
9	4 Libra	9	10 Áries
10	16 Libra	10	4 Touro
11	28 Libra	11	26 Touro
12 meio-dia	10 Escorpião	12 meia-noite	13 Gêmeos

17 de agosto

AM		PM	
1	2 Câncer	1	26 Escorpião
2	16 Câncer	2	8 Sagitário
3	28 Câncer	3	21 Sagitário
4	10 Leão	4	4 Capricórnio
5	22 Leão	5	19 Capricórnio
6	3 Virgem	6	7 Aquário
7	15 Virgem	7	28 Aquário
8	27 Virgem	8	23 Peixes
9	9 Libra	9	19 Áries
10	21 Libra	10	13 Touro
11	2 Escorpião	11	2 Gêmeos
12 meio-dia	14 Escorpião	12 meia-noite	19 Gêmeos

23 de agosto

AM		PM	
1	8 Câncer	1	1 Sagitário
2	20 Câncer	2	13 Sagitário
3	2 Leão	3	26 Sagitário
4	15 Leão	4	10 Capricórnio
5	26 Leão	5	25 Capricórnio
6	8 Virgem	6	15 Aquário
7	20 Virgem	7	8 Peixes
8	1 Libra	8	4 Áries
9	13 Libra	9	29 Áries
10	25 Libra	10	22 Touro
11	7 Escorpião	11	9 Gêmeos
12 meio-dia	18 Escorpião	12 meia-noite	25 Gêmeos

29 de agosto

AM		PM	
1	13 Câncer	1	5 Sagitário
2	26 Câncer	2	18 Sagitário
3	7 Leão	3	1 Capricórnio
4	19 Leão	4	16 Capricórnio
5	1 Virgem	5	3 Aquário
6	13 Virgem	6	23 Aquário
7	24 Virgem	7	17 Peixes
8	7 Libra	8	14 Áries
9	18 Libra	9	8 Touro
10	29 Libra	10	29 Touro
11	12 Escorpião	11	16 Gêmeos
12 meio-dia	24 Escorpião	12 meia-noite	29 Gêmeos

4 de setembro

AM		PM	
1	18 Câncer	1	10 Sagitário
2	29 Câncer	2	23 Sagitário
3	12 Leão	3	6 Capricórnio
4	24 Leão	4	22 Capricórnio
5	5 Virgem	5	11 Aquário
6	17 Virgem	6	3 Peixes
7	29 Virgem	7	29 Peixes
8	11 Libra	8	24 Áries
9	23 Libra	9	17 Touro
10	5 Escorpião	10	6 Gêmeos
11	16 Escorpião	11	22 Gêmeos
12 meio-dia	28 Escorpião	12 meia-noite	6 Câncer

10 de setembro

AM		PM	
1	23 Câncer	1	15 Sagitário
2	5 Leão	2	28 Sagitário
3	16 Leão	3	13 Capricórnio
4	28 Leão	4	29 Capricórnio
5	10 Virgem	5	19 Aquário
6	22 Virgem	6	13 Peixes
7	4 Libra	7	8 Áries
8	16 Libra	8	3 Touro
9	28 Libra	9	24 Touro
10	9 Escorpião	10	12 Gêmeos
11	21 Escorpião	11	28 Gêmeos
12 meio-dia	3 Sagitário	12 meia-noite	11 Câncer

16 de setembro

AM		PM	
1	28 Câncer	1	20 Sagitário
2	10 Leão	2	3 Capricórnio
3	21 Leão	3	19 Capricórnio
4	3 Virgem	4	7 Aquário
5	14 Virgem	5	28 Aquário
6	26 Virgem	6	23 Peixes
7	8 Libra	7	18 Áries
8	20 Libra	8	13 Touro
9	2 Escorpião	9	2 Gêmeos
10	14 Escorpião	10	18 Gêmeos
11	25 Escorpião	11	3 Câncer
12 meio-dia	8 Sagitário	12 meia-noite	16 Câncer

22 de setembro

AM		PM	
1	2 Leão	1	26 Sagitário
2	14 Leão	2	9 Capricórnio
3	26 Leão	3	25 Capricórnio
4	8 Virgem	4	14 Aquário
5	19 Virgem	5	7 Peixes
6	1 Libra	6	2 Áries
7	14 Libra	7	28 Áries
8	25 Libra	8	20 Touro
9	7 Escorpião	9	9 Gêmeos
10	18 Escorpião	10	24 Gêmeos
11	29 Escorpião	11	8 Câncer
12 meio-dia	12 Sagitário	12 meia-noite	21 Câncer

28 de setembro

AM		PM	
1	7 Leão	1	1 Capricórnio
2	19 Leão	2	16 Capricórnio
3	29 Leão	3	3 Aquário
4	12 Virgem	4	23 Aquário
5	24 Virgem	5	17 Peixes
6	6 Libra	6	14 Áries
7	18 Libra	7	8 Touro
8	29 Libra	8	28 Touro
9	12 Escorpião	9	15 Gêmeos
10	23 Escorpião	10	29 Gêmeos
11	5 Sagitário	11	13 Câncer
12 meio-dia	18 Sagitário	12 meia-noite	26 Câncer

4 de outubro

AM		PM	
1	11 Leão	1	6 Capricórnio
2	23 Leão	2	21 Capricórnio
3	5 Virgem	3	9 Aquário
4	17 Virgem	4	1 Peixes
5	29 Virgem	5	27 Peixes
6	11 Libra	6	23 Áries
7	23 Libra	7	16 Touro
8	4 Escorpião	8	6 Gêmeos
9	16 Escorpião	9	21 Gêmeos
10	27 Escorpião	10	6 Câncer
11	10 Sagitário	11	18 Câncer
12 meio-dia	22 Sagitário	12 meia-noite	1 Leão

10 de outubro

AM		PM	
1	16 Leão	1	12 Capricórnio
2	28 Leão	2	28 Capricórnio
3	10 Virgem	3	18 Aquário
4	21 Virgem	4	12 Peixes
5	3 Libra	5	8 Áries
6	15 Libra	6	3 Touro
7	27 Libra	7	24 Touro
8	9 Escorpião	8	12 Gêmeos
9	21 Escorpião	9	27 Gêmeos
10	3 Sagitário	10	10 Câncer
11	14 Sagitário	11	23 Câncer
12 meio-dia	27 Sagitário	12 meia-noite	5 Leão

16 de outubro

AM		PM	
1	21 Leão	1	18 Capricórnio
2	3 Virgem	2	5 Aquário
3	14 Virgem	3	26 Aquário
4	26 Virgem	4	22 Peixes
5	8 Libra	5	17 Áries
6	20 Libra	6	11 Touro
7	2 Escorpião	7	2 Gêmeos
8	13 Escorpião	8	18 Gêmeos
9	25 Escorpião	9	2 Câncer
10	7 Sagitário	10	16 Câncer
11	19 Sagitário	11	28 Câncer
12 meio-dia	3 Capricórnio	12 meia-noite	10 Leão

22 de outubro

AM		PM	
1	26 Leão	1	24 Capricórnio
2	7 Virgem	2	14 Aquário
3	19 Virgem	3	6 Peixes
4	1 Libra	4	2 Áries
5	13 Libra	5	28 Áries
6	24 Libra	6	20 Touro
7	6 Escorpião	7	8 Gêmeos
8	18 Escorpião	8	24 Gêmeos
9	29 Escorpião	9	8 Câncer
10	11 Sagitário	10	20 Câncer
11	25 Sagitário	11	2 Leão
12 meio-dia	9 Capricórnio	12 meia-noite	14 Leão

28 de outubro

AM		PM	
1	29 Leão	1	2 Aquário
2	12 Virgem	2	21 Aquário
3	24 Virgem	3	16 Peixes
4	6 Libra	4	12 Áries
5	18 Libra	5	7 Touro
6	29 Libra	6	27 Touro
7	11 Escorpião	7	14 Gêmeos
8	22 Escorpião	8	29 Gêmeos
9	5 Sagitário	9	13 Câncer
10	17 Sagitário	10	25 Câncer
11	29 Sagitário	11	7 Leão
12 meio-dia	15 Capricórnio	12 meia-noite	19 Leão

3 de novembro

AM		PM	
1	4 Virgem	1	9 Aquário
2	17 Virgem	2	1 Peixes
3	29 Virgem	3	27 Peixes
4	10 Libra	4	22 Áries
5	22 Libra	5	16 Touro
6	4 Escorpião	6	4 Gêmeos
7	15 Escorpião	7	20 Gêmeos
8	27 Escorpião	8	5 Câncer
9	9 Sagitário	9	17 Câncer
10	21 Sagitário	10	29 Câncer
11	5 Capricórnio	11	12 Leão
12 meio-dia	21 Capricórnio	12 meia-noite	23 Leão

9 de novembro

AM		PM	
1	9 Virgem	1	17 Aquário
2	21 Virgem	2	10 Peixes
3	3 Libra	3	6 Áries
4	15 Libra	4	2 Touro
5	27 Libra	5	23 Touro
6	9 Escorpião	6	1 Gêmeos
7	20 Escorpião	7	26 Gêmeos
8	2 Sagitário	8	10 Câncer
9	14 Sagitário	9	23 Câncer
10	27 Sagitário	10	4 Leão
11	11 Capricórnio	11	16 Leão
12 meio-dia	28 Capricórnio	12 meia-noite	28 Leão

15 de novembro

AM		PM	
1	14 Virgem	1	26 Aquário
2	26 Virgem	2	21 Peixes
3	7 Libra	3	17 Áries
4	19 Libra	4	11 Touro
5	2 Escorpião	5	1 Gêmeos
6	13 Escorpião	6	17 Gêmeos
7	24 Escorpião	7	2 Câncer
8	7 Sagitário	8	15 Câncer
9	19 Sagitário	9	27 Câncer
10	2 Capricórnio	10	9 Leão
11	18 Capricórnio	11	21 Leão
12 meio-dia	5 Aquário	12 meia-noite	3 Virgem

21 de novembro

AM		PM	
1	18 Virgem	1	5 Peixes
2	1 Libra	2	1 Áries
3	13 Libra	3	26 Áries
4	24 Libra	4	19 Touro
5	6 Escorpião	5	8 Gêmeos
6	18 Escorpião	6	23 Gêmeos
7	29 Escorpião	7	7 Câncer
8	11 Sagitário	8	20 Câncer
9	24 Sagitário	9	2 Leão
10	8 Capricórnio	10	14 Leão
11	24 Capricórnio	11	26 Leão
12 meio-dia	12 Aquário	12 meia-noite	8 Virgem

27 de novembro

AM		PM	
1	23 Virgem	1	15 Peixes
2	5 Libra	2	12 Áries
3	17 Libra	3	7 Touro
4	29 Libra	4	27 Touro
5	10 Escorpião	5	14 Gêmeos
6	22 Escorpião	6	29 Gêmeos
7	4 Sagitário	7	13 Câncer
8	16 Sagitário	8	25 Câncer
9	29 Sagitário	9	7 Leão
10	14 Capricórnio	10	19 Leão
11	29 Capricórnio	11	29 Leão
12 meio-dia	21 Aquário	12 meia-noite	12 Virgem

3 de dezembro

AM		PM	
1	28 Virgem	1	25 Peixes
2	10 Libra	2	21 Áries
3	22 Libra	3	14 Touro
4	3 Escorpião	4	4 Gêmeos
5	15 Escorpião	5	20 Gêmeos
6	27 Escorpião	6	5 Câncer
7	9 Sagitário	7	17 Câncer
8	21 Sagitário	8	29 Câncer
9	5 Capricórnio	9	11 Leão
10	20 Capricórnio	10	23 Leão
11	8 Aquário	11	5 Virgem
12 meio-dia	1 Peixes	12 meia-noite	17 Virgem

9 de dezembro

AM		PM	
1	2 Libra	1	6 Áries
2	14 Libra	2	2 Touro
3	26 Libra	3	23 Touro
4	8 Escorpião	4	11 Gêmeos
5	20 Escorpião	5	26 Gêmeos
6	1 Sagitário	6	10 Câncer
7	14 Sagitário	7	23 Câncer
8	26 Sagitário	8	4 Leão
9	11 Capricórnio	9	16 Leão
10	27 Capricórnio	10	28 Leão
11	16 Aquário	11	9 Virgem
12 meio-dia	10 Peixes	12 meia-noite	21 Virgem

15 de dezembro

AM		PM	
1	7 Libra	1	16 Áries
2	19 Libra	2	10 Touro
3	1 Escorpião	3	1 Gêmeos
4	12 Escorpião	4	17 Gêmeos
5	24 Escorpião	5	1 Câncer
6	6 Sagitário	6	15 Câncer
7	18 Sagitário	7	27 Câncer
8	1 Capricórnio	8	9 Leão
9	17 Capricórnio	9	21 Leão
10	4 Aquário	10	3 Virgem
11	24 Aquário	11	14 Virgem
12 meio-dia	19 Peixes	12 meia-noite	26 Virgem

21 de dezembro

AM		PM	
1	12 Libra	1	26 Áries
2	23 Libra	2	19 Touro
3	5 Escorpião	3	7 Gêmeos
4	17 Escorpião	4	23 Gêmeos
5	29 Escorpião	5	7 Câncer
6	11 Sagitário	6	20 Câncer
7	24 Sagitário	7	2 Leão
8	8 Capricórnio	8	13 Leão
9	23 Capricórnio	9	25 Leão
10	12 Aquário	10	7 Virgem
11	5 Peixes	11	19 Virgem
12 meio-dia	1 Áries	12 meia-noite	1 Libra

27 de dezembro

AM		PM	
1	17 Libra	1	5 Touro
2	28 Libra	2	26 Touro
3	10 Escorpião	3	13 Gêmeos
4	22 Escorpião	4	29 Gêmeos
5	4 Sagitário	5	12 Câncer
6	16 Sagitário	6	25 Câncer
7	29 Sagitário	7	6 Leão
8	14 Capricórnio	8	18 Leão
9	29 Capricórnio	9	29 Leão
10	20 Aquário	10	12 Virgem
11	14 Peixes	11	24 Virgem
12 meio-dia	10 Áries	12 meia-noite	6 Libra

Apêndice F

Bibliografia e abreviações

Indiquei com asteriscos livros especialmente recomendados por serem particularmente relevantes no entendimento da compatibilidade.

Bibliografia e abreviações usadas pelo autor para os livros, entrevistas e questionários citados no livro.

AKT Stephen Arroyo, *Astrology, Karma & Transformation: The Inner Dimensions of the Birth Chart.* Sebastopol, CA: CRCS Publications, 1978, 1992.

***APF Stephen Arroyo, *Astrology, Psychology and the Four Elements: An Energy Approach to Astrology & Its Use in the Counseling Arts.* Sebastopol, CA: CRCS Publications, 1976 [*Astrologia, Psicologia e os Quatro Elementos*, publicado pela Editora Pensamento, São Paulo, 1984].

***CIH Stephen Arroyo, *Chart Interpretation Handbook: Guidelines for Understanding the Essentials of the Birth Chart* (ed. por Jerilyn Marshall). Sebastopol, CA: CRCS Publications, 1989.

EXP Stephen Arroyo, *Exploring Jupiter: The Astrological Key to Progress, Prosperity and Potential* (ed. por Barbara McEnerney). Sebastopol, CA: CRCS Publications, 1996.

NIM Stephen Arroyo e Liz Greene, *New Insights in Modern Astrology: The Jupiter / Saturn Conference Lectures.* Sebastopol, CA: CRCS Publications, 1991.

PCS Stephen Arroyo, *Practicing the Cosmic Science: Key Insights in Modern Astrology*. Sebastopol, CA: CRCS Publications, 1999.

***RAL Stephen Arroyo, *Relationships & Life Cycles: Modern Dimensions of Astrology*. Sebastopol, CA: CRCS Publications, 1980.

EA indica citação de entrevista feita pelo autor.

QA indica citação de questionário elaborado pelo autor.

Bibliografia e abreviações usadas no texto

AAA Mark Graubard, *Astrology and Alchemy*. Nova York: Philosophical Library, 1953.

ACG Ronald Davison, *Astrology: The Classic Guide to Understanding Your Horoscope*. Sebastopol, CA: CRCS Publications, 1979, 1987.

ADS Marcia Moore e Mark Douglas, *Astrology, the Divine Science*. York Beach, ME: Arcane Books, 1978.

AES Percy Seymour, *Astrology: The Evidence of Science*. Londres: Arkana Books, 1991.

AFM Grant Lewi, *Astrology for the Millions*. St. Paul, MN: Llewellyn Publications, 1978.

AGS Donna Cunningham, *An Astrological Guide to Self-Awareness*. Sebastopol, CA: CRCS Publications, 1978.

AHB Julia Parker, *The Astrologer's Handbook*. Londres: Hamlyn Books, e Sebastopol, CA: CRCS Publications, 1995.

AOC Arthur Koestler, *The Act of Creation: A Study of the Conscious and Unconscious in Science and Art*. Nova York: Dell Publishing Co. Inc., 1967.

APS Ralph Metzner, Ph.D., "Astrology: Potential Science an Intuitive Art", *The Journal of Astrological Studies*, 1970 (esgotado).

CSA Laurence L. Cassidy, Ph.D., SJ, "Contemporary Science and Astrology", *CAO Times Journal*, Nova York, 1980 (esgotado).

EFA C.E.O. Carter, *Essays on the Fundamentals of Astrology*. Wheaton, IL: Theosophical Publishing House, 1978.

HBM Herb Goldberg, *The Hazards of Being Male*. Nova York: Signet Books, 1977.

***HHH Lois H. Sargent, *How to Handle Your Human Relations*. Tempe, AZ: American Federation of Astrologers, 1970.

IDH Stanley Keleman, *In Defense of Heterosexuality*. Berkeley, CA: Center Press, 1982 (entre em contato com a Center Press para verificar a disponibilidade: 2045, Francisco St., Berkeley, CA 94709 ou <center-press.com>).

IHH Theodore Zeldin, *An Intimate History of Humanity*. Londres: Vintage Books, 1998.

INC Manly P. Hall, *Incompatibility, A Crisis in Modern Living*. Los Angeles, CA: The Philosophical Research Society, 1956.

JCT Eleanor Bertine, Dra. *Jung's Contribution to Our Time*. Nova York: Putnam's/C. G. Jung Foundation for Analytical Psychology, Inc., 1967.

MS Donna Cunningham, *Moon Signs*. Ballantine Books (originalmente publicado por Samuel Weiser, Inc., sob o título *Being a Lunar Type in a Solar World*), 1988.

PHB Jeff Mayo, *The Planets and Human Behavior*. Reino Unido: L.N. Fowler, e Sebastopol, CA: CRCS Publications, 1988.

PIC Mary Coleman, *Picking Your Perfect Partner*. Sebastopol, CA: CRCS Publications, 1996.

SCK Eugene Kennedy, *Sexual Counseling*. Nova York: Continuum Publishing Company, 1977.

SMH Marc Robertson, *Sex, Mind and Habit Compatibility*. Tempe, AZ: American Federation of Astrologers, 1975.

SSA Dra. Karen Shanor, *The Sexual Sensitivity of the American Male*. Nova York: Ballantine Books, 1979.

***SSN Debbie Kempton Smith, *Secrets from a Stargazer's Notebook*. Nova York: Bantam Books, 1982 (acesse <barnesandnoble.com> ou <amazon.com> para obter cópias).

***SUH Ronald Davison, *Synastry: Understanding Human Relations*. Santa Fe, NM, Aurora Publications, 1977.

SWK Arthur Koestler, *The Sleepwalkers: A History of Man's Changing Vision of the Universe*. Londres: Penguin Books, 1989.

SYN C. G. Jung, "Synchronicity: An Acausal Connecting Principle", *in The Structure and Dynamics of the Psyche*. Londres: Routledge & Kegan Paul, 1960.

TF Lynne McTaggart, *The Field*. Londres: Element Books, 2003.

TMM Bronwyn Elko, "The Magus of Magnetism: An Interview with Dr. Percy Seymour", *in The Mountain Astrologer*, nº 80, 1998, disponível em <http://cura.free.fr/decem/09seym.html>.

VT Camille Paglia, *Vamps and Tramps*. Nova York, Vintage Books, 1994.

WA Tiffany Holmes, *Woman's Astrology*. Nova York: Dutton, 1985.